Ullstein Materialien

S. 81 Einseitigkeit des Mannes!
Bisexualität bei
Wandervögeln. Nährboden für Nazi-Ideologie
(97)

93 Hitler über die Ehe
Heldentod, Vaterlandsliebe mit
kirchenliedartiger Verbrämung

111 Frau Untergeordnete, aber als Mutter
verklärt.

117 Übergang Patriarchat – Matriarchat
diskrytlos!

S. 270
272

Cord, mehd, ich will
alles anders haben
Vorbereitkleidung

Ullstein Materialien
Ullstein Buch Nr. 35099
im Verlag Ullstein GmbH,
Frankfurt/M – Berlin – Wien

Originalausgabe

Umschlagentwurf:
Kurt Weidemann
Alle Rechte vorbehalten
© 1981 by Verlag Ullstein GmbH,
Frankfurt/M – Berlin – Wien
Printed in Germany 1981
Gesamtherstellung:
Ebner Ulm
ISBN 3 548 35099 2

Juni 1981

CIP-Kurztitelaufnahme der
Deutschen Bibliothek

Rieger, Eva:
Frau, Musik und Männerherrschaft: zum
Ausschluß d. Frau aus d. dt. Musik-
pädagogik, Musikwiss. u. Musikausübung /
Eva Rieger. – Orig.-Ausg. –
Frankfurt/M; Berlin; Wien:
Ullstein, 1981.
   (Ullstein-Buch; Nr. 35099: Ullstein-
   Materialien)
   ISBN 3-548-35099-2
NE: GT

Eva Rieger

Frau, Musik und Männer-herrschaft

Zum Ausschluß der Frau
aus der deutschen
Musikpädagogik,
Musikwissenschaft
und Musikausübung

Mit 42 Abbildungen

Ullstein Materialien

Für C.

Inhalt

Alfred von Ehrmann

Geiger und Weiber

»Il Violino« sagt der Welsche,
»Le Violon« nennt's der Franzos.
Daß man so das Genus fälsche,
Wundert unsereinen groß.

Nulla chelus metior quam tangere Virginis alvü.
Hoc notum Juvem. Virgineog chore

Kein besser fidel nicht sein soll.
Den fidlen auff der Jungfrawn bauch
Das mussn die Junge meiötein woll
Es ist der Jungesellen brauch.

Uns erscheint die Violine
Immer nur als eine Frau.
Zeigt sich doch das Feminine
Schon in ihrem Körperbau.

Schlank der Hals, das Köpfchen zierlich,
Sanftgeschwellt der Busen – und
Etwas breiter, wie natürlich,
(Nicht zu breit!) das Hüftenrund.

Ringsherum so niedlich plastisch
Und so angenehm konvex!
Wem bewiese das nicht drastisch,
Daß die kleine braune Hex'

(Bis auf manches... zum Exempel
Bis auf die – wie nenn' ich's nur? –
Doppeltüre zu dem Tempel
Ihrer heimlichsten Natur),

Daß, behaupt ich, diese braune
Hexe voller süßer List,
Trotz der sonderbaren Laune
Der *zwei f,* ein Weibchen ist!

Auch in diesem Sinne weiblich,
Weil entsetzlich kapriziös,
Ewig wechselnd, unausbleiblich
Schwankend zwischen gut und bös.

Heut mit leisem Wonnebeben
Unsrer werbenden Gewalt
Rückhaltlos dahingegeben,
Morgen karg, verstockt und kalt,

In sonoren Hochzeitsfeiern
Heute uns als süße Braut,
Schon entblößt von allen Schleiern,
Lächelnd, weinend angetraut –

Dann auf einmal wieder spröde,
Voller Trotz und voller Stolz,
Oder unbegreiflich blöde,
Dumm und stumm, ein Ding aus Holz...

Geigen sind wie Frauenzimmer,
Halten uns nicht immer still,
Und sie wollen grad nicht immer,
Wann grad unsereiner will.

Unserm heftigsten Begehren
Widersetzen sie sich oft.
Sie versagen und gewähren
Ursachlos und unverhofft.

(Kosmische Besonderheiten
Laufen freilich nebenher.
Denn es folgen den Gezeiten
Geigen, Weiber, Mond und Meer.)

Und doch ist das tiefste Sehnen
Aller Geigen, aller Fraun,
An die Schulter sich zu lehnen
Einem, dem sie ganz vertraun.

Einem, dessen treues Werben
Jahrelange sie umgibt,
Sanft im Arme hinzusterben:
»Tu mit mir, was dir beliebt!«

Als besiegte Siegerinnen
Ihrer Niederlage froh...
Geigen streichen, Weiber minnen:
Wunderbares Quiproquo!

Aus: (Die Musik 13. Jg. 2/1913)

Einleitung

Der gesamte Komplex »Frau und Musik« ist sowohl innerhalb der Musikwissenschaft als auch der Musikpädagogik kaum bearbeitet worden, so daß es sich bei dieser Arbeit lediglich um eine Hervorhebung der Problematik und um einen bescheidenen Versuch handeln kann, die historische Entwicklung zu deuten und in Bezug zur Gegenwart zu bringen.

Die Schwierigkeit bei der Erarbeitung eines solchen Themas ergibt sich nicht nur aus der Größe der weißen Fläche, sondern auch daraus, daß man verschiedene Fachrichtungen verbinden muß, will man die Zusammenhänge annähernd begreifen: die Musikwissenschaft, die Musikpädagogik, die historische Pädagogik, musiksoziologische und musikpsychologische Ergebnisse sowie feministische Theorien, die sich auf das weiblich-kreative Schaffen – meist im Bereich der Literatur und bildenden Kunst – beziehen. Hinzu kommt, daß innerhalb der angeführten Fachrichtungen die frauenspezifischen Belange häufig einseitig oder gar verfälschend bearbeitet worden sind.

Die vorliegende Studie entstand ursprünglich aus dem Bedürfnis heraus, die Situation des Mädchens im musikpädagogischen Sektor historisch aufzuarbeiten. Das berufliche Interesse der Verfasserin sowie die durch die Frauenbewegung ausgelöste Betroffenheit über die desolate Lage der Frau im gesamten kulturellen Umfeld ließen den Wunsch nach einer eingehenderen Studie entstehen, die sich im Lauf der Untersuchung ausweitete. Je mehr sich eine isolierte Betrachtung musikpädagogischer Phänomene als unzureichend erwies, um so mehr wucherten andere, ursprünglich kaum wahrgenommene bzw. als nebensächlich eingestuften Bereiche. Das vorliegende Resultat ist zwangsläufig unvollständig, als einige Gebiete lediglich angerissen werden konnten. Sie harren einer künftigen Bearbeitung.

Ein Beispiel mag diesen Domino-Effekt illustrieren. Die Auffälligkeit, mit der in musikhistorischen Werken Beethoven als betont männlich-heldischer Komponist gerühmt wird, ließ über die Kritik dieses Tatbestandes hinaus die Frage nach den Hintergründen wachwerden. Es zeigte sich, daß der Musik selbst sexistische Strukturen innewohnen: ein bislang unbeachtetes Phänomen, vor allem hinsichtlich der viel propagierten »humanen« Aussage der Kulturmusik. Wenn Musik fast ausschließlich von Männern produziert worden ist, von ihnen gespielt und dirigiert wurde und jahrhundertelang in der Öffentlichkeit nur von ihnen gesungen werden durfte, dann bildet die männliche Identität einen integralen Bestandteil der ästhetischen Produktion selber. Darüber hinaus vollzieht sich der heutige Kulturbetrieb »durch die Brille der einen Hälfte der Kulturmenschheit«[1] und schwört die Frau auf männliche Werte und Vorstellungen ein.

Dieser Sachverhalt wurde niemals offengelegt, sondern der Frau eingeredet, daß sie künstlerisch unkreativ sei. So Schopenhauer, der betonte, »daß die eminentesten Köpfe des ganzen Geschlechts es nie zu einer wirklich großen, echten und originellen Leistung in den schönen Künsten«[2] gebracht hätten. Die Gründe lieferte Kurt Singer gleich mit:

> »Frauen sind unproduktiv in Musikdingen, ihr tieferes Sein ist in anderer Art von Mutterschaft verankert. Vielleicht liegt auch hier ein Geheimnis still und unlösbar verborgen: daß nämlich das Weib Anregerin und Inhalt hehrster Musik sein soll ... Im Kunstwerk reagiert der wahrhaft Berufene sein Innenleben ab. Was das Leben spannte und ballte, löst und entspannt die Partitur.«[3]

Im Zuge der Frauenbewegung sind vielerlei Diskriminierungen und Ungerechtigkeiten bloßgelegt worden. Wie steht die deutsche Musikwissenschaft hierzu? In den letzten Jahren verlagerte sich das Forschungsinteresse, wohl auch durch kritische Einwände bedingt, von der ausschließlichen Beschäftigung mit notierter Musik. Das Problemfeld der sozialen Relationen wurde, wenn auch zögernd, einbezogen. Selten kam es jedoch zu einer Integration musikalisch-gesellschaftlicher Belange, meist blieb es bei einer Addition. Die Frage, warum Frauen in allen musikalisch-produktiven Bereichen und in fast allen musikalisch-reproduktiven Bereichen eklatant unterrepräsentiert sind, mußte unter dieser mangelnden Integration zwangsläufig leiden; sie ist auch so gut wie nie gestellt worden. Im Gegenteil, die Belange der Frau wurden ignoriert bzw. unter diejenigen des Mannes gestellt. Zuweilen wurde die geschlechtsspezifische Sozialisation ignoriert, so daß der Eindruck entstand, als seien Frauen von Natur aus minderwertig.

Wenn es in einer Studie über die Salonmusik des 19. Jahrhunderts beispielsweise heißt, daß klavierspielende Frauen nichts anderes im Sinn hatten, als sich an mittelmäßigen Stücken zu versuchen, »deren gefällige Brillanz und Sentimentalität sie unmittelbar ansprachen«[4],

wird damit vermittelt, daß es sich um beschränkt-oberflächliche
Frauen handelte. Kein Wort darüber, daß die Bildung für das sich
ökonomisch erfolgreich durchsetzende Bürgertum geschlechtsspezifisch aufgeteilt und die Frau bewußt auf einen dilettierenden Status
zurechtgestutzt wurde. Auch nichts darüber, daß das Salonmusizieren
ihr die – wenn auch zwielichtige – Chance gab, sich bei gesellschaftlichen Anlässen zu produzieren, etwas, was ihr sonst verwehrt war.
Solche Fehldeutungen sind nicht bewußt diskriminierend gemeint,
sondern sie entstammen dem musikwissenschaftlichen Selbstverständnis, das in der Frau eine minderbegabte Erscheinung sah und
sieht, die nur dort im Kulturbetrieb eine Rolle spielt, wo sie unentbehrlich ist (als Sängerin). In Anlehnung an Nietzsches Ausdruck von
der »Weibs-Ästhetik« kann man sich der schmunzelnden Zuhörer-
schaft sicher sein, wenn man vom Podium herab den Begriff der
»Tante-Frieda-Ästhetik« prägt und ihn zugleich erklärt als »Pseudo-
verständlichkeit für jedermann, leere Eingängigkeit, die keine besonderen Vorbedingungen erfordert«[5]. Die mangelnde Bildungsmöglich-
keit der Frau schlägt auf sie zurück und wird zu ihrem eigenen Mangel.
Sie muß den Preis der Lächerlichkeit doppelt bezahlen: durch kulturellen Ausschluß und zugleich durch zugewiesene Unfähigkeit, diese
ihr verschlossene Kultur zu begreifen.

Es gehört zu den gängigen Argumenten, sich auf die objektiven
Verbesserungen im Laufe der Jahrhunderte zu berufen und damit
beweisen zu wollen, daß die Emanzipation der Künstlerin sich im
Zuge der ökonomischen Entwicklung zwangsläufig verbessern muß.
Vieles hieran ist wahr. Die Auflösung der Familienstruktur, die
wachsende Single-Bewegung, die zunehmende Mobilität und ökonomische Unabhängigkeit der Frau gestatten der Künstlerin Freiheiten
wie nie zuvor. In ideologischer Hinsicht könnte man hingegen meinen,
daß es eher Rück- als Fortschritte gibt. 1794 mutmaßte der streitbare
Verfechter für die Frauenemanzipation, Theodor Gottlieb von Hippel, daß die Seltenheit künstlerischer Manifestationen eine Folge der
erschwerten gesellschaftlichen Bedingungen und nicht der »Natur«
der Frau immanent sei.[6] 1961 sinnierte der Musikforscher Eberhard
Preussner angesichts eines Komponistinnenwettbewerbs über weibliches Können. Nachdem er konzediert hat, daß von der Inspiration,
vom Geschmacklichen und von der Gestaltung her der Frau keine
Grenzen gesetzt sind, dämpfen dunkle Vorahnungen das Gesagte:
»Die letzte Frage, ob einer Frau jener Blick in den Abgrund erlaubt
ist, den Männer wie Beethoven getan haben, um von den letzten

Dingen aussagen zu können, bleibt offen. Propheten waren Männer, Sibyllen Frauen.«[7] Abgesehen davon, daß man angesichts der Tatsache, daß Beethoven zum männlichen Heros par excellence abgestempelt wurde, sich fragen muß, ob Frauen überhaupt einen Blick in den Beethovenschen »Abgrund« tun wollen, sitzt der Stachel bei einer solchen Aussage deshalb so tief, weil Preussner metaphysisch und somit unangreifbar aussagt. Die Reaktion von Frauen auf solche männlich-glorifizierende und weiblich-verachtende Ansichten bestand in dem Rückzug in die Sprachlosigkeit oder – schlimmer noch – der Adaption dieser Aussagen. Das von der bürgerlichen Gesellschaft geschaffene Wesen »Frau« wurde freiwillig hörig:

>»Die Unterdrückung der Frau ist schon lange nicht mehr Sache des
>äußerlichen Zwanges durch den Mann oder des Druckes gesell-
>schaftlicher Institutionen, sondern ebenso des der Frau eigenen
>Kulturcharakters.«[8]

In den Notenarchiven und Musikbibliotheken verstauben viele Kompositionen von Frauen. In jüngster Zeit sind Bemühungen im Gange, verschollene Künstlerinnen aufzuspüren sowie deren Werke als denen von Männern gleichrangig anzupreisen.[9] Die gerechtfertigte Bemühung um ein weibliches Kulturerbe darf aber nicht dazu führen, das Kreativitätsverbot, mit dem Frauen jahrhundertelang belegt wurden, zu negieren. Daß die ideologischen Ketten oft unsichtbar waren, erschwerte den Widerstand gegen das Verbot. Diese Ketten legten sich wie parfümierte Blumen um den weißen Hals der Frau: Erst beim Versuch, sie abzulegen, verwandelten sie sich in niederdrückende Gewichte. Vom Ausmaß an Nichtproduktivität ist auszugehen und nicht von der Zahl der vernachlässigten Werke und Komponistinnen. In den Biographien und Tagebüchern der Künstlerinnen sind zahlreiche Spuren des meist von den Betroffenen selber nicht als Gewaltverhältnis erkannten Geschlechterkampfes zu finden. Diese zu interpretieren, scheint der Aufklärung zweckdienlicher als eine Glorifizierung oder Aneinanderreihung bislang vernachlässigter Werke und Komponistinnen.

Die schulische Institution als Sozialisationsanstalt, die nicht nur kulturelle Werte und Normen vermittelt, sondern den Schichten und Geschlechtern ihren »natürlichen« Platz zuweist, hat viel dazu beigetragen, kirchlich-staatliche Interessen zum Nachteil der Frau zu perpetuieren. Der Musikunterricht eignete sich im besonderen Maße dazu. Die musikpädagogische Forschung hat zwar in den letzten Jahren Forschungen zur Rezeption, zu einem Theoriebegriff und zu einem verbesserten Selbstverständnis unter Einbezug der Historie unternommen. Aber die Stellung von Mädchen und Frauen wurde eher beiläufig erwähnt, z. B. bei Schünemann oder Sowa. Einzig Annemarie Krille, die 1938 mit dem Thema »Beiträge zur Geschichte der Musikerziehung und Musikübung der deutschen Frau 1750–1820« promovierte, legte eine Arbeit vor, in der die Frau zentral behandelt und nicht zum schmückenden Beiwerk degradiert wird (leider krankt die Studie an zaghafter Mäßigung). Im Bereich der allgemeinen Pädagogik gibt es, von Untersuchungen zu Einzelaspekten abgesehen, die Studie Blochmanns, die aus der geisteswissenschaftlichen Richtung kommend, in einem Gang durch die Geschichte auszugsweise verschiedene Pädagogen zitiert und durch eine Aneinanderreihung die Situation der Mädchenschulbildung aus ihren Anfängen nachzeichnet. Die ideologischen Vorgaben lassen ein Resumé zu, das wirklichkeitsfern und idealistisch verbrämt schließt. Zwar sieht Blochmann die Gefahr der bloßen Anpassung an den männlichen Maßstab oder im Gegensatz dazu die Übertreibung des rein Femininen, aber sie folgert: »Dennoch scheint sich hier und da ein neuer Typus abzuzeichnen, dem es gelingt, überlegen, fröhlich und unbefangen dem veränderten Leben in eigener Weise zu begegnen und ihm Gestalt zu verleihen.«[10] Auch die Soziologin Pross ist in einer Studie über Bildungschancen von Mädchen guten Muts, daß Frauen sich selbst an den Haaren aus dem Sumpf ziehen können:

> »Sicher ist, daß zahlreiche Frauen, nähmen sie nur etwas konsequenter die Mühe des Widerstands gegen den Widerstand auf sich, im öffentlichen Bereich und in der Erwerbssphäre sehr viel häufiger das Terrain zu erobern vermöchten, das zu erobern sie wünschen.«[11]

Und auf die Musik bezogen, geht Krille 1938 sogar so weit zu behaupten, daß Frauen neben Komposition, Unterricht und praktischer Musikausübung auch das Feld der Musikschriftstellerin gewonnen hätten.[12]

Diese Positionen haben eines gemeinsam: Sie gaukeln vor, daß es der Frau durch individuelle Kraftanstrengung gelingen könnte, gesellschaftliche Machtstellungen – und um diese handelt es sich – zu erreichen. Diesen Annahmen liegen zwei Mißverständnisse zugrunde. Einmal werden die sozialpsychischen Zwänge nicht erwähnt, denen die Frau unterliegt (z. B. in ihrer Rolle als Ehefrau, ihren Aufgaben in der frühkindlichen Erziehung und dem ihr auferlegten Selbstverständnis) und die ihrer Selbstverwirklichung im künstlerisch-kulturellen

Bereich im Wege stehen. Zum anderen wird impliziert, daß mit der Durchsetzung der formalen Gleichberechtigung ein Idealzustand erreicht wäre. Eine charakterlich-seelische Angleichung an den Mann wäre aber deshalb problematisch, weil der Mann als der bislang gesellschaftlich Vorherrschende wiederum subsumierende Funktion innehätte.

Diese Studie ordnet zwar die historischen Erscheinungen in ihren politisch-ökonomischen Kontext ein. Man würde jedoch der Einseitigkeit verfallen, würden alle Erscheinungen der Erziehungs- und Kulturgeschichte funktionalistisch auf die ökonomische Basis zurückgeführt und andere Aspekte weggelassen. Theweleit hat die Mängel der marxistischen Geschichtsschreibung diesbezüglich kritisiert:

»Deutlich geworden sollte sein, wie wenig bisher die wichtigsten Züge des Kontinuums der Herrschaftssicherung über das Mann/

Frau-Verhältnis von der bürgerlichen wie von der marxistischen Geschichtsbeschreibung überhaupt wahr- bzw. ernstgenommen worden sind: insbesondere die Installierung des Mangels, der künstlich/gewaltsam erzeugten Ungleichheit im Produktionsverhältnis Mann/Frau, wodurch es zu einem Verhältnis der Anti-Produktion immer von neuem gemacht wurde – Unterdrückungen, Hierarchien, Geschlechterkampf produzierend ...«[13]

Es müssen also andere Faktoren als nur ökonomische berücksichtigt werden. Die Arbeit dient vornehmlich dem Ziel, das Ausmaß des weiblichen Ausschlusses zu verdeutlichen und Wege zu skizzieren, um diesem ungerechten Zustand zu begegnen. Die Untersuchungen reichen dabei oft in psychologische Bereiche hinein. Genauso wie die herrschende Schicht sich der Musik bediente, um sich gegenüber anderen Schichten ideologisch abzusichern, wurde die Vormachtstellung des Mannes in der musikalischen Kultur mit dem Preis der gewaltsamen Unterdrückung der Frau bezahlt. Hinter solchen Mechanismen stecken Angst und irrationale Wünsche, die zu durchleuchten ansatzweise versucht wurde.

Es soll nicht verschwiegen werden, daß die strenge wissenschaftliche Deduktion, die methodisch-theoretische Eindeutigkeit nicht immer geleistet werden konnte. Zu groß waren die Materiallücken, zu groß das gestellte Thema, zu groß auch der Mangel an geeigneten Vorarbeiten. Vor die Wahl gestellt, entweder ein Teilgebiet wissenschaftlich stringent zu bearbeiten oder eine erste Übersicht zu erstellen, wurde das zweite vorgezogen. Dies geschah auch bewußt in dem Versuch, das abgegrenzte Handlungsinteresse der Fachwissenschaften zugunsten einer globaleren Sichtweise aufzugeben. Dennoch waren Eingrenzungen erforderlich: Mit der Ausprägung der Geschlechterrollen Ende des 18. Jahrhunderts sind entscheidende musikrelevante Veränderungen verbunden. Die im 18. und 19. Jahrhundert vollzogenen Wandlungen betreffen unsere heutige E-Musik sowie unser Hörverhalten, daher behandelt diese Studie die Zeit davor nur oberflächlich und widmet sich den Veränderungen ab 1750. Und da sie sich mehr mit der E-Musik als mit der Volksmusik (an der Frauen stets beteiligt waren) befaßt, rückt zwangsläufig die Mittelschichtfrau in den Vordergrund. Schließlich wurde eine Beschränkung auf deutsche Verhältnisse vorgenommen, da andere Länder bezüglich weiblicher Musikbeteiligung andere Entwicklungen durchliefen (z. B. Italien in der Renaissance).

So gilt diese Untersuchung mehreren Fragestellungen, die untereinander verzahnt sind. Nachdem im ersten Teil festgestellt wird, mit welchen Inhalten und aus welchen Gründen sich Musikunterricht für Mädchen ausgeprägt hat, soll im zweiten Abschnitt versucht werden, die Musik als Trägerin geschlechtsspezifischer Ideologien zu identifizieren, die eine schlichte Kopierung und Übernahme seitens schaffender Frauen erschwert. Im nächsten Abschnitt wird anhand einiger Frauenschicksale gezeigt, wie die Rollenzuweisung dazu gedient hat, kreative Tendenzen bei Frauen zu ersticken. Im letzten Teil werden die verschiedenen musikalischen Berufe daraufhin abgeklopft, inwiefern sie den Künstlerinnen Verhinderungen entgegenstellen, und schließlich wird an den bislang bruchstückhaften Theorien zu einer weiblichen Ästhetik geprüft, ob sie sich auf den musikalischen Bereich anwenden lassen.

»Man verstärkt die Brauchbarkeit der soziologischen Forschungsarbeit als Werkzeug der gesellschaftlichen Praxis dadurch, daß man sich bei der Forschung nicht selbst betrügt, in dem man das, was man wünscht oder von dem man denkt, daß es sein soll, von vornherein in die Erforschung dessen, was ist und war, hineinprojiziert.«[14]

Es hat sich innerhalb der letzten Jahre wohl allgemein die Einsicht durchgesetzt, daß die jeweiligen Interessen des Autors/Forschers/ Wissenschaftlers in das zu beobachtende Objekt einfließen. Die Distanz zu dem zu erforschenden Gegenstand kann nicht gewonnen werden, indem eine fiktive Objektivität vorgegaukelt wird, sondern indem die eigenen Voraussetzungen *bewußt* reflektiert werden.[15]

»Wissenschaftliche Objektivität ist eher über die kritische Reflexion der gesellschaftlichen Bedingungen von Subjektivität als über eine scheinbar die Interessen ausschaltende Distanz des Subjekts zum Objekt zu erreichen. Bei der Absteckung einer Forschungsstrategie etwa spielen mit Sicherheit Momente eine Rolle, die man als Wertungen, als politische Entscheidungen sehen muß.«[16]

Obgleich sich die beiden obigen Zitate auszuschließen scheinen, zeigt sich, daß dies nicht sein muß. Wenn Blochmann am Schluß ihrer nach herkömmlichem wissenschaftlichen Selbstverständnis »objektiven« Untersuchung eine besondere Erziehung des Mädchens für ihre Familienaufgaben fordert[17], ist das eine verbrämte Fortführung der um das 18. Jahrhundert entstehenden Postulate von der »Bestimmung des Weibes« zur Ehefrau und Mutter. Ein sich aus einer bestimmten Sozialordnung ergebendes ungleiches Verhältnis wurde damals zu einer naturgegebenen Selbstverständlichkeit erklärt und eine Über-

schreitung mit Sanktionen belegt (z. B. in der Beschimpfung künstlerisch selbständiger Frauen als »Mannweiber«, wie dies im 19. Jahrhundert geschah). Es scheint, als hätte Blochmann trotz ihrer Kritik an
dieser Ideologie sie dennoch verinnerlicht, so daß sie sie schließlich in
verwässerter Form übernimmt. Auch Krille kann sich nicht von der
besonderen Bestimmung der Frau lösen, wobei zu berücksichtigen ist,
daß ihre Studie während der Nazi-Herrschaft erschien und das Thema
selbst einer Provokation nahekam. Einzig Zinnecker öffnete neue
Wege, indem er feststellt, daß die formal vollzogene Gleichberechtigung im Erziehungswesen der Frau keinesfalls die gleichen Chancen
einräumt.[18] Beides: eine formale Gleichberechtigung bzw. eine Son-
derzuweisung in den familialen Bereich, kann nicht das Ziel einer
wirklichen Befreiung der Frau sein. Solange weder politische noch
soziale Herrschaftsstrukturen angetastet werden, können pseudo-
emanzipatorische Versuche nur mit der Verfestigung des Patriarchats
enden, das seine Herrschaftsabsicherung in differenziertere und weitaus schwieriger zu diagnostizierende Bereiche verlagert. Und zum
anderen verändert die Frau durch die Anpassung an den männlichen
Standard (auf Musik bezogen an die vom Mann erfundenen Techniken und Ausdrucksweisen) ihren Kulturcharakter, indem sie sich dem
Mann anpaßt, statt nach eigenen Ausdrucksmöglichkeiten zu forschen.

Als Voraussetzung dieser Studie wird davon ausgegangen, daß bis
jetzt keinerlei wissenschaftliche »Beweise« vorliegen, daß
– Frauen »unschöpferischer« sind als Männer;
– Frauen aufgrund ihrer biologischen Reproduktionsfähigkeit
  zwangsläufig für die Aufzucht von Kindern zuständig sind;
– Frauen aufgrund naturgegebener »weiblicher« Eigenschaften für
  die emotionale und leibliche Regeneration des Mannes zu sorgen haben.

Eine feministische Forschungsstrategie hat also – unter Berücksichtigung der Maxime, daß nicht von vornherein projiziert wird, als auch
in dem Bewußtsein, daß kritische Fragestellungen und Reflexion über
eine Scheinobjektivität zu stehen haben, drei Ebenen. Sie sollte die
eigene Betroffenheit, die die Motivation für Frauenstudien begründet, nicht leugnen; sie sollte sich an den traditionellen, von Männern
geschaffenen Kriterien für Wissenschaftlichkeit orientieren, dabei
aber gleichzeitig die Methoden und Inhalte dieser Forschung hinter-
fragen. Und schließlich sollte sie versuchen, die patriarchalen Verhältnisse offenzulegen, so daß sich Gedanken über eine musikalische

Kultur freisetzen können; einer Kultur, bei der endlich beide Geschlechter befriedet sind und im gegenseitigen Respekt miteinander arbeiten können.

Besonderer Dank gilt Erika Kronshage, die in vielen Diskussionen zur Entstehung dieser Arbeit beitrug. Den Angestellten der Universitätsbibliothek Göttingen, die unermüdlich und hilfsbereit Bücher heranschafften, sei ebenfalls gedankt.

Die Frauenrechtlerin Käthe Schirmacher schrieb 1896: »Ich möchte es anhören, wie die Gesellschaft, die die einzelne Frau in die Konservendose lötet, sich darüber entsetzt, wenn dieser Aufenthalt unangenehm gefunden wird, das Gemüse in Gärung übergeht und die Büchse sprengt.«[19] In erster Linie richtet sich diese Schrift an Frauen in der Hoffnung, daß sie ihre »Konservendosen« nicht nur sprengen, sondern anfangen, neue Räumlichkeiten aufzubauen, die ihnen selbst gehören.

I. Die Frau im musikpädagogischen Bereich

1.1 DAS MITTELALTER

Innerhalb musikpädagogischer Geschichtsschreibung wird die musikalische Bildung der Frau selten gesondert beachtet. Bei Schünemann finden wir eine gelegentliche Erwähnung; auch Paul geht in den Marginalien auf sie ein. Es ist aber nicht einzusehen, daß die mangelhafte Mädchenbildung in automatischer Parallelität eine mangelhafte Erwähnung in der historischen Aufarbeitung nach sich ziehen soll, zumal die Verdrängung den Anschein erweckt, als hätte es gleiche Voraussetzungen gegeben. Daß dies mitnichten der Fall war, soll in den folgenden Abschnitten dargelegt werden.

Während die Fachwelt sich häufig mit den gehobenen Ständen beschäftigt hat, sind die Kenntnisse über die Erziehung der weiblichen Unterschicht gering. Mädchen wurden zur Feldarbeit, zu häuslichen Pflichten und höchstens zum notdürftigen Lesen des Katechismus angeleitet. Mit zunehmendem Alter wuchsen sie in die Aufgaben der Magd des elterlichen oder brüderlichen Hauses hinein, wobei sie auf ihre spätere Hausfrauenrolle vorbereitet wurden.

Die adeligen und vornehmen Töchter dagegen genossen eine andere Erziehung, die auch die musikalische Betätigung einschloß. Sie wurden oft von einer Meisterin oder Zuchtmeisterin unterrichtet, die sie nicht selten auch in Musik unterwies. Im Gegensatz zu späteren Zeiten genossen einige Mädchen sogar einen wissenschaftlichen Unterricht, der dem der Jungen gleichgestellt war. Er wurde von einem Geistlichen oder Mönch erteilt.

Die Frauenklöster wurden allgemein zu Erziehungsanstalten der höheren Mädchen. Es ergab sich dort die Gelegenheit zu musikalischer Ausübung. Der gregorianische Choral entwickelte sich zu einem vorrangigen Ausdrucksmittel für das geistige Leben der Frau.[1] Hier beginnen sich jedoch die Unterschiede zum männlichen Geschlecht auszuprägen: eine Frau durfte nicht christliche Priesterin werden (obwohl adelige Frauen innerhalb ihrer Klöster die Macht im Rang eines Bischofs einnahmen und gelegentlich den Krummstab als Zeichen ihrer Würde trugen). Dadurch wurde den Frauen der so lebens-

wichtige Zugang zur gesellschaftlichen Macht entzogen, den sie in
früheren Jahrhunderten durchaus innegehabt hatten.

Ein wichtiges Bildungsmittel wurde ihnen außerdem verwehrt: die
des Reisens. »Die Kriege, Reisen und längerer Aufenthalt in fremden
Ländern gaben den Männern die Fertigkeit in anderen Zungen,
Knaben und Jünglinge wurden zu diesem Zwecke auf Reisen
geschickt.«[2] Frauen konnten sich allenfalls von den herumreisenden
Spielleuten die Poesie des Tages vermitteln lassen. So waren sie
wenigstens befähigt, mitsamt den älteren Volksliedern auch neue zu
tradieren. Trotz dieser Barrieren wundert es, daß sie als »Förderer
und Anregerinnen der mittelalterlichen . . . Kunst«[3] gelten, waren sie
doch sowohl in ihrer Umweltswahrnehmung als auch in einer berufsmäßig ausgeübten musikalischen Betätigung eingeschränkt.

>   »Die künstlerisch entwickelte Lyrik des Mittelalters kennt keine
>   Frau als Dichterin. Der Frauendienst als Motiv der Liebeslieder
>   schloß sie von selbst aus; auch der politische und gnomische Spruch
>   gehört nicht in das Bereich des Weibes.«[4]

Das Singen sowie das Instrumentalspiel gehörten hingegen durchaus
zu den Fertigkeiten der mittelalterlichen Frau. Jahrhunderte hindurch
ist das hohe Niveau des Nonnengesangs in zeitgenössischen Berichten
gerühmt worden.

Im 9. Jahrhundert wurde der gregorianische Choral erstmals aufgezeichnet. Da die Komponisten damals anonym blieben, ist nicht
nachweisbar, inwiefern Frauen beteiligt waren. Sie müssen sich viel
damit beschäftigt haben, denn einige Frauen leisteten Hervorragendes, so Mechthild von Magdeburg (1212–1282), die sogenannte geistli-

Frauenmusik im Freien. (16. Jahrhundert)

che Liebeslieder schuf. Lamprecht von Regensburg behauptet 1218 gar, daß Frauen dieses Genre erfunden hätten: »Diese Kunst stammt von Frauen unserer Zeit in Brabant und Bayern. Guter Gott, was für eine Art von Kunst ist das, die eine alte Frau besser versteht als ein kluger Mann?«[5] Und als Mechthild im Sterben lag, bat sie die Nonnen, ihr das eigene Requiem vorzusingen. Auch Hildegard von Bingen (1098–1178) verdient hervorgehoben zu werden: Sie schrieb Responsorien, Sequenzen, Hymnen, Antophone, und war darüber hinaus eine genaue Kennerin der medizinischen Lehren ihrer Zeit.

Sophie Drinker hebt in ihrer Studie hervor, daß die außerordentlichen Leistungen der Nonnen beweisen, daß Frauen »sogar in Zeiten geistlicher Unterdrückung fähig waren, in musikalischen Begriffen zu denken«[6]. Zieht man zusätzlich in Betracht, daß große Komponisten einer Vielzahl von Vorläufern erwachsen, ist es durchaus vorstellbar, daß es zahlreiche weibliche Musikschaffende gab, die unbekannt geblieben sind. Die der Frau zugewiesene Minderwertigkeit sowie die männlich geprägte Musikwissenschaft taten ein übriges, um die Werke von Frauen im Lauf der Jahrhunderte vergessen zu machen.

Im frühen Mittelalter standen Frauen zuweilen auf einer Höhe gelehrter Bildung, wie sie selbst von außerordentlichen Vertretern des Klerus kaum erreicht wurde. Frauen, die sich für ein klösterliches Leben entschieden hatten, wurden der Ordensregel gemäß im Lesen und Singen unterrichtet; sie bekamen auch Lateinunterricht. Der Psalmengesang war beliebt. In einem berühmten Brief beschrieb Hieronymus im 9. Jahrhundert die Erziehung der Novizin:

»Als Aufseherin werde ihr eine ältliche Jungfrau von erprobter Treue und Sittsamkeit vorgesetzt, die ihre Erziehung leite und sie durch ihr eigenes Beispiel gewöhne, nachts zum Gebet und Psalmengesang sich zu erheben, früh die Hymnen zu singen, zur Terz, Sext und Non wie eine Streiterin Christi in die Schlachtreihe zu treten... zur Speise diene ihr ein wenig Kohl und Weißbrot und selten einige Fischlein... sie soll so essen, daß sie hungere, damit sie gleich nach dem Mahle lesen und Psalmen singen kann...«[7]

Im 9. und 10. Jahrhundert gab es Frauenklöster, in denen die Wissenschaften auf hohem Niveau gepflegt wurden. Frauen waren den Männern in ihrer Suche nach Erkenntnis gleichgestellt: »Römische Dichter und Prosaiker blieben den gottgeweihten Jungfrauen nicht fremd, und manches Mädchen beschäftigte sich den Männern gleich mit dem gefährlichen Studium heidnischer Klassiker.«[8] Das musiktheoretische Studium wurde auch gepflegt. Die Nonne Hrotsvith von Gandersheim ließ in einem ihrer Stücke einen Lehrer über das Wesen und die Einteilung der Musik reden, wobei erkennbar ist, daß sie die zeitgenössischen Musiklehrbücher kannte und beherrschte. Aber auch den weltlichen Gesängen waren die Nonnen zugetan. Karl der Große verbot ihnen gar, die Kunst des Schreibens zu mißbrauchen, um »Liebeslieder niederzuschreiben und einander mitzuteilen«.

Es ist – bis auf die Verteilung kirchlicher Ämter – eine gleichberechtigte Bildung von Nonnen und Mönchen sowie von Knaben und Mädchen festzustellen. Die Geschlechter waren in der Art der Züchtigung, der Überwachung der Jugend und der Einteilung der Schulstunden gleichgestellt – eine Erscheinung, die erst rund tausend Jahre später, in unserem Jahrhundert, wieder auftritt. Aus der Tatsache, daß Mädchen körperlich gezüchtigt wurden (so ist überliefert, daß die heilige Adelheid Maulschellen an falsch singende Mädchen austeilte[9],) wäre es falsch, eine besonders brutale Verletzung der weiblich-zarten Psyche abzuleiten. Erst in den darauffolgenden Jahrhunderten wurde mit der Betonung der angeblich schwächeren Konstitution des weiblichen Geschlechts eine Ungleichheit festgeschrieben.

Vom 10. Jahrhundert an ließen immer mehr Eltern ihre Kinder in Klöstern ausbilden. Außer im Lesen, Schreiben und Psalter bekamen die weltlichen Mädchen Unterricht in Handarbeiten. Man stickte, spann und webte allerdings nicht für Mann und Kind, sondern um durch die Herstellung eines schönen Gegenstandes eine Selbstbestätigung zu erlangen. Es galt als besonderes Lob für eine vornehme Frau, sich durch ihre Geschicklichkeit in feinen Stickarbeiten auszuzeichnen.

Diese Erscheinungen weisen auf einen merkwürdigen Tatbestand hin: Die Frau behielt ihre Würde (und dementsprechend ihr wissenschaftlich-künstlerisches Leistungspotential), solange sie vom Mann getrennt war. Sie verlor sie in dem Augenblick, da der Mann sie sich nach seinen Vorstellungen »zurechtrückte«.

Im 12. und 13. Jahrhundert nahm die gelehrte Laienbildung ab. Die höfische Zeit führte Prunk- und Genußsucht in die Frauenwelt ein; zugleich wurden verfeinerte Lebensformen angestrebt. Daher legte man auf die sorgfältige Ausbildung der adligen Töchter Wert; sie lernten weiterhin Latein, aber auch Singen und Saitenspiel.

Die bürgerlichen Kreise strebten dem Adel nach. Die in den Handelsstädten wohnenden reicheren Bürger ließen oft ihre Töchter in höfischer Weise erziehen; die höfische Kunst des schulgerechten

Gesangs und Saitenspiels erfuhr eine verbreiterte Wertschätzung.

Diese Bildung war jedoch weder in der Breite noch qualitativ den ökonomischen Bedürfnissen des 13. und 14. Jahrhunderts angepaßt. Es wurde nun auch für ärmere Schichten unabdingbar, lesen, schreiben und rechnen zu können. So entstanden neben den Klosterschulen, den Dom- und Stiftsschulen eine Reihe von Privatschulen, darunter die Jungfrauenschulen (maidlinschulen).

Die deutschen Schreib- und Leseschulen sowie die Klipp- und Winkelschulen konnten ebenfalls von Mädchen besucht werden. Dort gab es gemeinsam mit den Knaben Unterricht im Lesen und Schreiben und manchmal auch im Rechnen. In einigen Städten gab es besondere Mädchenschulen unter der Leitung von Lehrerinnen (leerfrouwen); diese waren jedoch schlecht vorgebildet.

Die Töchter von Handwerkern arbeiteten entweder in der väterlichen Werkstatt oder sie erlernten ein ihnen noch offenstehendes Handwerk (Leinenweberei, Schleierweberei, Handschuh- und Hutmacherei u. a.). Die Mütter übernahmen häufig bildende und erzieherische Aufgaben, wobei Frömmigkeit, Keuschheit, Fleiß und die demütige Unterordnung unter den Familienvater selbstverständlich war.[10]

Das 14. und 15. Jahrhundert ist symptomatisch für die unterschiedliche Stellung der Frau in den Zünften. Es gab Gewerbe mit zünftiger Ordnung, die ausschließlich aus Frauen bestanden, z. B. innerhalb der Textilverarbeitung. Carl Bücher hat weibliche Berufe aus der Zeit zwischen 1350 und 1460 aus Frankfurter Urkunden aufgespürt und insgesamt 44 verschiedene Berufsarten namhaft gemacht, von der Schnurmacherin über die Hosenstrickerin bis zur Ärztin. »Man konnte sich zuweilen selbst von zarten Händen rasieren und immer in den Weinschenken sich von weiblichen Musikanten, wie Lautenschlägerinnen und Schellenträgerinnen, etwas vorspielen lassen.« Er folgert: »Einer der höchsten Träume unserer modernen Emanzipationsfreude war somit im Mittelalter schon einmal volle Wirklichkeit.«[11] Zugleich leitete die voranschreitende Herausdrängung der Frau aus ihrem gewerblichen Beruf[12] ihre Beschränkung auf haushälterische und mütterliche Aufgaben ein, zumal die Zünfte sich von rein gewerblichen Vereinen zu Unterabteilungen der Gemeinden mit rechtlichen, politischen, militärischen und administrativen Funktionen verwandelten.

Unter den fahrenden Leuten befanden sich musizierende Frauen. Stets tauchten Spielleute und Bettler dort auf, wo gefeiert wurde.

Frauen waren als Spielweiber und Künstlerinnen, als Gauklerinnen und Tänzerinnen, als Leier- und Harfenmädchen tätig. Bei Kaiserkrönungen, auf Reichstagen, Kirchenversammlungen, Messen und Märkten erschienen sie, um vorzuspielen und zu singen. Einer der Gründe lag darin, daß im 13. und 14. Jahrhundert durch Hungers- und Kriegsnot, Hagelschlag, Viehsterben und sonstige Katastrophen manchmal ganze Dörfer ausgelöscht wurden, so daß die Bewohner auf Wanderschaft gehen mußten. Frauen waren darauf angewiesen, etwas zu lernen, womit sich Geld verdienen ließ.[13] Es ist naheliegend, daß Frauen nicht nur reproduzierend tätig waren, sondern selbst Lieder und Instrumentalstücke schufen; ebenso denkbar ist es, daß sie diese Fähigkeiten und Fertigkeiten an ihre Töchter weitergaben.

Vom Ende des 14. bis zum Beginn des 16. Jahrhunderts veränderte der zügig voranschreitende Frühkapitalismus das soziale Gefüge. Vor allem in Italien bildete sich die Klasse der Kaufleute und Unternehmer heraus. Dieses Großbürgertum löste sich einerseits von den Feudalherren, da es die finanziellen Belastungen nicht tragen mochte; andererseits verbündete es sich mit ihm, um die unteren Volksschichten weiterhin unterdrückt zu lassen. In der Renaissance prägte sich das Selbstverständnis dieser neuen Schicht. Bildende Künstler, Dichter, Gelehrte und auch Musiker erforschten die Antike; eine neue Kultur blühte auf, die die von der mittelalterlichen Kirche gepredigte Askese ablehnte und die Bejahung der Diesseitigkeit betonte. Mit dem Aufkommen des Persönlichkeitsideals im 14. Jahrhundert konnte in Italien eine Reihe von Frauen eine vertiefte Bildung genießen, z. B. die Lehrerin des Kanonischen Rechts, Novella d'Andrea, Isabella d'Este oder Viktoria Collana. Diese Frauen waren den Männern gleichgestellt und standen in hohem Ansehen. Auch die weiblichen Mitglieder der italienischen Herrscherfamilien beteiligten sich entscheidend an dem künstlerischen Leben. So trugen Frauen wesentlich zur Verfeinerung des weltlichen Liedes bei. Die weibliche Gesangsstimme, die in ihrer vollen Reife für den gregorianischen Choral bis ins 14. Jahrhundert hinein abgelehnt worden war, wurde nun freigesetzt. Von den Fesseln einer artifiziellen Gesangsweise befreit, vertieften sich Frauen in das Liedgenre. In Deutschland freilich sah die Lage anders aus. Die Auswirkungen der italienischen Renaissance machten sich bemerkbar. Die Frau war auf ihren häuslichen Umkreis beschränkt. Der Gesandte des Königs Heinrich VIII. von England, der in Deutschland dessen künftige Gattin, Anna von Cleve, aufsuchte, berichtete an seinen Herrscher:

»Weder singt sie noch spielt sie ein Instrument, denn in Deutschland rügt man es und sieht es als Veranlassung zur Leichtfertigkeit an, wenn große Damen gebildet sind oder irgendwelche Kenntnisse in Musik besitzen.«[14]

Erst im 16. Jahrhundert kam eine ausgeprägte Musikpflege in den deutschen Höfen auf.

Innerhalb der schulischen Ausbildung trat im Vergleich zum Mittelalter der Religionsunterricht zurück. In musikpädagogischen Schriften über diese Zeit wird der geschlechtsspezifische Faktor unerwähnt gelassen: »In allen Schulen des Mittelalters, ob sie Palast- oder Klosterschulen, Dom- und Stifts- und Stadtschulen hießen, nahm der Gesangsunterricht neben dem Latein- und Religionsunterricht die vornehmste Stellung ein.«[15] Es entsteht dadurch der fälschliche Eindruck, als hätten Mädchen Zugang zu diesen Schulen gehabt. Auch Schünemann unterläuft ein Widerspruch, wenn er schreibt: »Im Grunde geht die Musikerziehung völlig parallel mit der der Knaben, nur werden an Frauen nicht die gleichen Forderungen gestellt. Man begnügt sich meist mit einfacheren Übungen und dem eigentlich Elementaren.«[16] Die Tatsache, daß Mädchen der vertiefte Umgang mit der hohen Musik verwehrt war, zeigt, daß es auseinanderlaufende – und nicht parallele – Bestrebungen gab, die von der geschlechtsspezifischen Interessenlage geprägt waren. Niemöller gibt in seiner breit angelegten Untersuchung einen Einblick in die Vielfalt musikerzieherischer Aufgaben. Die Erziehung der Jungen, mit der er sich, ohne es explizit zu erwähnen, ausschließlich befaßt, war eng mit dem künstlerisch-wissenschaftlichen Kulturbereich verbunden:

»In der Spannung zwischen wissenschaftlicher Fachdisziplin innerhalb der septem artes liberales und künstlerischer, ›poetischer‹ Ausdrucksform, zwischen religiös-sittlichem Bildungsfaktor und reinem auf den Tageszweck ausgerichtetem Utilitätsfach im Hinblick auf die unlösbare Verbindung von Lateinschule und Kirche, zwischen geistiger Durchdringung und reinem gesanglichen Exercitium (ars und usus), zwischen zeitraubender, mühevoller Pflichterfüllung und, zusammen mit Spiel und Leibesübung, Mittel zur Erholung von den Studien, zwischen Ornamentum von Schule, Kirche und Stadt und mit Argwohn betrachteter, möglichst zurückgedrängter Belastung wird die Musik als ein einzigartiger, vieldeutiger und deshalb ebenso interessanter als wichtiger Bildungs- und Kulturwert erkennbar, der weit über den Rahmen der Musikpädagogik im engeren Sinne hinausragt.«[17]

Da Mädchen sowohl von der musikalisch-aktiven Betätigung in der Kirche als auch von kirchlichen Ämtern ausgeschlossen waren, brauchte sich ihre Musikerziehung nur auf das Nötigste zu beschränken. (Auch die öffentliche Musikübung außerhalb der Kirche wurde auf Knaben und Männer beschränkt).

Der Reformator Martin Luther (1483–1546) nimmt bezüglich der weiblichen Bildung eine zwiespältige Funktion ein. Als einer der ersten setzte er sich auch praktisch-konkret für den elementaren Mädchenunterricht ein. Andererseits vertrat er seine Reformation in Einklang mit den Interessen des Bürgertums, des Adels und der Fürsten. Was die Frau betraf, wurde das Frauenideal der Ritterromantik, die die äußerliche Schönheit der Frau verherrlichte und mit der rohen Wirklichkeit kaum etwas gemein hatte, abgelöst von dem Frauenideal der sittlich reinen und seelisch integren Hausfrau und Mutter. Dies bedeutete die ideologisch verklärte Einbindung der Frau in die Kleinfamilie (»klein« im Vergleich zu den größeren Gemeinschaften des Mittelalters). Luther legte den Grundstein zu einer moralischen Festlegung der Frau auf ihre angeblich natürliche Bestimmung zur Gattin und Mutter, die im 19. Jahrhundert ihren Höhepunkt fand und die erste Frauenbewegung als Protest dagegen auslöste.

In seinen Plädoyers für die Bildung der Volksmassen als Alternative zu den Klöstern, die allmählich abgeschafft wurden, fand eine patriarchale Verfestigung des Rollenschemas statt. Luther sah die Volksmassen stets als fromme und ergebene Untertanen, wobei der Frau der ehrerbietige Platz zu seiten ihres Gatten vorgesehen war.

In den von Luther propagierten Schreib- und Leseschulen gab es neben der intensiven religiösen Unterweisung zuweilen auch einen vom Küster erteilten Unterricht in Lesen und Schreiben, sowie im Singen von Kirchenliedern. Ihm war Musik eine

> »Zuchtmeisterin, so die Leute gelinder und sanftmütiger, sittsamer und vernünftiger macht ... Man soll die Musik von Not wegen in Schulen behalten und die Jugend stets in dieser Kunst üben, denn sie machet fein geschickte Leute.«[18]

Die Jahrhunderte währende Verbindung von Herrschaftsinteressen mit Musikunterricht wird offenbar: Luther ging es um eine Untertanengesinnung, die kirchliche Frömmigkeit einschloß. Zu diesem Zweck sollten Kinder aller Volksschichten Lieder erlernen. Musik wurde nicht nur ihrer ausschmückenden Funktion für kirchliche Riten wegen gelehrt, sondern ihr erzieherischer Wert rückt zusätzlich ein: Derart funktionalisiert, schien sie für die Mädchenbildung sinnvoll.

Im Lauf der Reformationsbewegung wurde die Institution der Choralisten eingestellt und von Luther durch den Schulchor ersetzt. Gemeindegesang und Liturgie, Schülerchor und christliches Lied bildeten die Grundpfeiler evangelischer Kirchenmusikpraxis.[19] Dabei weitete sich die Kluft zwischen Jungen und Mädchen stärker als zuvor aus.

Der verhältnismäßig große Raum, der der musikalisch-schulischen Betätigung eingeräumt wurde, läßt sich durch die Beziehungen zur Kirche erklären. Alle Kunst- und Musikausübung war der Kirche gewidmet. Wenn also die musikalischen Elemente, »das rechte fundamentum musices«, gelehrt wurde, dann diente das dem sonntäglichen Gottesdienst. Die Knaben hatten im Chor den Gemeindegesang anzuführen, so daß sie in der Schule sowohl den »cantus planus« (einstimmigen Chorgesang) als auch den »cantus figuralis« (polyphonen Chorgesang) erlernen und beherrschen mußten. Außerdem mußte der Chor bürgerlichen Festivitäten durch seinen Gesang eine höhere Weihe geben.

»Bei der figuralen Kirchenmusik helfen tüchtige Jungen als Stimmführer. Männerstimmen treten zur Kantorei hinzu, die als Singechor der Kirche die Hauptdienste übernimmt. Aus diesen Vereinigungen, in denen Kalandsbrüderschaften, Fraternitäten und Kirchenvereine nachwirken, gehen die großen Kantoreiverbände hervor, die das deutsche Musikleben und die Kirchenmusik Jahrhunderte hindurch getragen und mitbestimmt haben.«[20]

Während alle Schüler den »cantus planus« erlernen mußten, wurden die begabteren Jungen zum »cantus figuralis« ausgelesen. Es war selbstverständlich, daß die nötige Zeit für die Proben bereitgestellt wurde: im allgemeinen eine Stunde täglich. In erster Linie wurde die Musica sacra gesungen, wobei auch komplexe Werke von Orlando di Lasso, Gallus, Senfl, Walther u. a. zum Erklingen gebracht wurden. Aber auch weltliche Gesänge waren zugelassen; sie waren zu Schulandachten und Schulfesten bestimmt. Dem weltlichen Volkslied wurde dagegen seiner mangelnden Gebrauchsfunktion gemäß wenig Beachtung geschenkt.[21]

Lateinischer Unterricht, Musik und Kirche greifen ineinander. Die Musik war fest mit dem Gesamtplan der (Knaben)schule verbunden. Der Schulmeister war oft Organist und Kantor in Personalunion. In größeren Schulsystemen rückte der Kantor von seinem Ansehen her neben Rektor und Konrektor auf den dritten Platz – ein Beweis für den hohen Stellenwert des Faches Musik zu jener Zeit.

Während Knaben vom Gehörsingen über musiktheoretische Grundelemente zur hohen Gesangskunst hingeführt wurden, differierte die schulische Praxis für das weibliche Geschlecht. Für die Mädchen der unteren Schichten wurden Jungfrauenschulen ausgebaut, deren Unterricht in kürzerer Zeit als der der Jungen absolviert wurde. Luther schreibt: »Wollte Gott, eine jegliche Stadt hätte auch eine Magdschule, darinnen des Tags die Maidlin eine Stunde das Evangelium hörten, es wäre zu deutsch oder lateinisch.«[22] Zum Unterrichtspensum gehörte auch das Singen von Psalmen und geistlichen Gesängen. Wenn es zwar vereinzelt vorkam, daß Mädchen sogar solmisieren lernten, waren die Anforderungen im allgemeinen so niedrig gehalten, daß die Schülerinnen bei kirchlichen Gemeindegesängen gerade mitsingen konnten.

In der Schulordnung aus der Brandenburgischen Visitations- und Consistorial-Ordnung heißt es 1573 von den Jungfer-Schulen:

»Die Jungfrauenschulen sind sehr nützlich, und wohl erdacht, darum sollen die Bürger ihre Töchter darin lesen, schreiben, beten, und christliche Gesänge lernen lassen.«[23]

Und in der Schulordnung aus der Pommerschen Kirchenordnung heißt es 1563 von den gleichen Schulen:

»Die Jungfrauen sollen des Werktages vier Stunden in die Schule gehen, die andere Zeit sollen sie bei den Eltern lernen haushalten. Vor allen Dingen sollen sie im Katechismus, in Psalmen, christlichen Gesängen, Sprüchen aus der heiligen Schrift fleißig unterrichtet, auch zum Gebet und zur Predigt gehalten werden.«[24]

Während in den Lateinschulen musikalische Höchstleistungen abverlangt wurden, befand sich die musikalische Volksbildung auf einem Tiefstand. Dies ist jedoch nicht nur ein schichtspezifisches, sondern auch ein geschlechtsspezifisches Problem. Während zumindest einem Teil des männlichen Geschlechts der Zugang zur hohen Kunst ermöglicht war, war den meisten Frauen der Zugang versperrt. In diesen Jahren wird die zwischen den Geschlechtern vorherrschende Differenz hinsichtlich musikerzieherischer Bemühungen gefestigt. Während die Kloster-, Dom- und Stiftsschulen für Wissenschaft und Kunst zuständig waren und dem klerikalen sowie gelehrten männlichen Nachwuchs dieses Wissen vermittelten, hatten die Nonnenklöster den Anschluß verloren. Es kommt zu einer rückläufigen Entwicklung: Je mehr die Kirche die Vormachtstellung des Mannes betont und der Frau ihren Platz an seiner Seite zuweist, desto rascher verlieren Frauen den eigenständigen Zugang zu Wissenschaft und Kunst.

Wenn Schünemann den Schulchören eine zentrale Funktion zuweist, zeigt er unwillentlich auf, in welchem Maße Frauen aus der Musikausübung ausgeschlossen waren:

> »Die Schulchöre ... dienen der Kirche und Gemeinde und stehen im Mittelpunkt allen Lebens. Von der Geburt leiten sie durch Höhe- und Haltepunkte des Lebens bis zum letzten Gang. Und sie bereichern und vertiefen Liturgie und Gottesdienst, sie durchleuchten den Alltag mit geistlichen Gesängen, verschönen die Festtage und bringen schließlich auch Freude und Frohsinn, Übermut und Ausgelassenheit. Ihr Singen und Treiben ist Ausdruck innerer Einkehr, erworbener Kultur und echter ursprünglicher Lebensfreude.«[25]

Obwohl seit 1919 keine größere zusammenfassende Darstellung der Schulverhältnisse im 16. Jahrhundert und ihrer Entwicklung erschienen ist und schon gar nicht eine über den schulischen Musikunterricht[26], läßt sich nachweisen, daß Mädchen und Frauen vom Erlernen der höheren Musik ausgeschlossen waren. Indem also in der Reformation der Frau der Zugang zu allen höheren Bildungswerten versperrt wurde, ging diese Zeit am eigentlichen Kern der Frauenbildungsfrage vorbei. Die elementare Bildung, die Mädchen an den Volksschulen erhielten, diente ihrer Einordnung in Familie und Kirche. Durch den 30jährigen Krieg verfiel selbst diese Minimalbildung: Die meisten jener Schulen waren gezwungen, ihre Tätigkeit einzustellen.

> »Die Nachwirkungen der Hexenprozesse und -verbrennungen des Mittelalters, die in den Ketzerverfolgungen jetzt ihre Wiedererstehung feierten, taten ein übriges, das Verlangen der Frau nach ›sündigem‹ Wissen, das ihr vielfach zum Verhängnis geworden war, für lange Zeit zu dämpfen.«[27]

1.2 DAS 17. JAHRHUNDERT

Allmählich schwand die religiöse und ethische Monopolstellung der Kirche. Als Folge des sich ausbreitenden kapitalistischen Handels hatten sich Nationalstaaten gebildet, z. B. in Holland und England. Deutschland hingegen, durch die Bauernkriege geschwächt, laborierte an seiner territorialen Zersplitterung; die Fürsten waren verständlicherweise wenig an einen Zusammenschluß interessiert. Das empordrängende und zur Macht strebende Bürgertum jedoch bedurfte aus Handelsinteresse der übergreifenden Einigung. Diese geistigen und kulturellen Strömungen beeinflußten auch die Musik. Gerade das Bürgertum aber, das sich zunehmend manifestierte, war durch die Ungleichheit zwischen den Geschlechtern geprägt. Die bürgerliche Frau wurde mehr denn je als Hüterin des erworbenen Besitzes benötigt; ihre Rolle als Mutter, Ehefrau und Haushaltsführerin ließ ihre geistige Ausbildung unnötig erscheinen. (Aber auch in den blühenden europäischen Zentren, z. B. in Italien, ging mit der Zerstörung des Feudalismus die Macht der Damen in den Schlössern und Palästen zurück[28].)

In diesem Jahrhundert weicht das humanistische Bildungsideal des »vollkommenen Gelehrten« der Vorstellung des »vollkommenen Hofmannes«. In den höheren Schichten wandte man sich der französisch-galanten Lebensweise zu. Sowohl der Adel als auch das wohlhabendere Bürgertum waren hiervon betroffen. Zunächst schien es, als würde die Frau dadurch auf eine neue Stufe der gesellschaftlichen Achtung gestellt. Es gab auch Bestrebungen, die Mädchenbildung mit der der Jungen gleichzustellen (z. B. bei Comenius), aber auch Gegendarstellungen wie die von Hans Michael Moscherosch, der 1643 in seiner Schrift »Insomnis cura parentum« die wenigen Pflichten der Jungfrau umschrieb: Sie sollte beten, schreiben, singen und den Haushalt führen können.[29]

Zwar scheint die sich vergrößernde Zahl literarischer Veröffentlichungen, die im 18. und 19. Jahrhundert weiter ansteigen sollte, auf eine neue Wertschätzung der Frau hinzuweisen. Es geht aber meist darum, die Tätigkeit der Frau einzugrenzen statt auszuweiten. Diese »Gelehrsamkeit« hat wenig mit wirklichem Wissen und vertieften Erkenntnissen zu tun. Sie wird außerdem mit den »weiblichen« Eigenschaften Tugend, Sittsamkeit und Frömmigkeit vermengt und moralisch verbrämt. Es kam selten vor, daß so dedizierte Meinungen wie die der Anna Maria Schurmann formuliert wurden. Sie wehrte sich gegen das gängige Vorurteil, daß die Frau keine Neigung zum Studium habe und führte die weibliche Zurückhaltung auf die fehlende Anleitung zurück.[30] Solche Ansichten erklangen vereinzelt durch die Jahrhunderte hindurch, wurden jedoch nur wenig beachtet.

Im sozialen Musikerstand löste sich das feste mittelalterliche Gildenwesen und die Berufsart des freien Musikers begann sich herauszubilden. Die Kirchen stellten Organisten und Kapellmeister an, die gleichzeitig als Komponisten tätig waren.[31] Ein ähnliches Bild bietet sich bei den städtischen Musikstätten. Diese Personalunion

Titelblatt der ersten englischen gestochenen Klaviermusik. 1611.

zwischen ausübendem Musiker und Komponist mußte sich hinsichtlich der schöpferischen Fähigkeiten der Frau negativ auswirken; ihr
blieb fast nur der häusliche Bereich übrig. (In Italien freilich kündigte
sich mit dem Aufkommen der Oper die Bühnenlaufbahn der Sängerin
an).

Im Laufe des 16. Jahrhunderts waren Frauen aus den Zünften herausgedrängt worden. Immer mehr hatten die Stadtväter die Interessen der Handelsherren wahrgenommen. Da nur Männer auf Handelsreisen geschickt wurden (eine ungeschützte Frau durfte Reisen zu ausländischen Handelszentren nicht wagen), entstand bei der Frau ein Mobilitätsmangel, der sich im Lauf der Jahre ungünstig auf ihre Machtstellung bezüglich der Zünfte auswirkte. Sie, die noch im 15. Jahrhundert in reinen Frauenzünften gearbeitet hatte (z. B. der Garnmacherei, der Goldspinnerei usw.), war mit ihrer Handelsware auf kleinstem Raum begrenzt; schließlich zerfielen auch die letzten Frauenzünfte.

So verloren die Frauen die wenige Macht, die sie besessen hatten, in allen Schichten. An den Höfen wurden sie von den ausübenden Berufsmusikern verdrängt. In der bürgerlichen Schicht hielt man eine Ausbildung im schulischen und künstlerischen Bereich für überflüssig und hinderlich. Und in den Handwerkerschichten verloren sie mit der Aufgabe ihrer Zünfte auch den aktiven Zugang zu den Liedern und Tänzen (es ist naheliegend, daß der häusliche Rückzug einen eher reproduktiven als produktiven Umgang mit Musik zur Folge hatte).

Um die Mitte des 17. Jahrhunderts büßte die Schulmusik – hier verstanden als die Ausbildung an den Knaben-Oberschulen – ihren Vorrang ein. Durch die fortschreitende kapitalistische Produktionsweise bedingt behaupteten sich nun die Naturwissenschaften zu Lasten der Künste. Die Musik war nicht mehr wie zu Luthers Zeiten ein Medium, um Gott ansprechen zu können, sondern sie wurde zu einer selbständigen Kunst, die von einigen wenigen ausgeübt wurde. In adligen Kreisen verdrängte weltliche Instrumentalmusik die geistliche Vokalmusik; man engagierte hierzu Privatlehrer oder eigene Instrumentalisten: »Wir Untertanen wollen uns auch ohne Musik behelfen. Denn die Kunst-Musik ist nicht ein wesentliches Stück des Gottesdienstes, sie ist Menschenerfindung und kann sehr wohl durch den Gesang der Gemeinde ersetzt werden.«[32]

Solange die Musik im Quadrivium beschlossen war und mit der Kirche im Einklang stand, war ihre schulische Machtstellung unangefochten. Nun jedoch wurde sie von den Realien verdrängt. Je mehr die weltliche Musik an Einfluß und Bedeutung gewann, umso mehr wurde die Kirchenmusik zu einer »neuen, aber nicht mit und in dem Menschen lebenden Kunst«[33]. In den sogenannten Ritterakademien, die im höheren Schulwesen als Vorbereitungsanstalt für den diplomatischen, juristischen und militärischen Staatsdienst vorgesehen waren

Konzert. Gemälde von
Gerhard Terborch
(17. Jahrhundert)

(und selbstverständlich nur männlichen Jugendlichen vorbehalten
waren), hatte die Musik überhaupt keinen Platz mehr. Auch in den
Realschulen, die den Bedürfnissen des Handel und Gewerbe treiben-
den Bürgertums entgegenkamen, wurde Musik nicht benötigt.

Die Kinder der breiten Massen wurden im allgemeinen der Schulpflicht vom 5. bis zum 12. Lebensjahr unterworfen. Die ökonomi-
schen Verhältnisse ließen es dringlich erscheinen, das Analphabeten-
tum abzuschaffen. Man maß den Kirchenliedern systemstabilisie-
rende Funktionen zu; die Kernfächer waren also neben Lesen,
Schreiben und Rechnen auch Religion und Singen. Knaben und
Mädchen waren nicht gleichgestellt; häufig wurden an Knaben höhere
Anforderungen gestellt. Wir erfahren z. B., daß König Friedrich I. in
Preußen eine Visitation abhalten ließ, um festzustellen, ob in jedem
Dorf ein Schulmeister sei, der die *Knaben* unterweise.[34] Es haperte an
der Durchführung der Schulpflicht, da die Feudalstaaten keine oder
ungenügende materielle Voraussetzungen für ihre Durchsetzung
schufen.

»Nur der dürftigste Unterricht konnte gedeihen. Er vollzog sich in mechanischem Abfragen und Auswendiglernen, wobei der ›Memorierstoff‹, der aus Bibelsprüchen und Gesangbuchversen bestand, die wichtigste Rolle spielte.«[35]

Man begnügte sich mit dem gehörmäßigen Einüben der wichtigsten liturgischen Gesänge, Psalmen, Hymnen und Lieder. Ziel war die Befähigung zur gottesdienstlichen Teilnahme. Eine systematische Einführung in das Notensingen fand nicht mehr statt.

Die Braunschweig-Wolfenbüttelsche Schulordnung von 1651 erwähnt in einem Passus die musikalische Betätigung von Mädchen. In den Mädchen- oder Jungfrauenschulen »soll man die geistlichen Lieder Lutheri und anderer gottseliger Männer«[36] fleißig üben.

Daß geschlechtsspezifische Unterschiede auch in den unteren Schichten bestanden, zeigt der Lehrplan des Pädagogen August Hermann Francke. Während die Mädchen nur so viel lernen sollten, daß sie die Kirchengesänge »fein langsam und andächtiglich« singen und Melodien und Worte verstehen konnten, wurden die Knaben »in die Principia der Figural-Musik« eingeführt[37].

1.3 DAS 18. JAHRHUNDERT

> » . . . so halte ich es für Pflicht des Erziehers, das aufstrebende Genie des Mädchens zurückzudrükken, und auf alle Weise zu verhindern, daß es selbst die Größe seiner Anlagen nicht bemerke.«
> (Heydenreich, 1800)

Die sich im 17. Jahrhundert anbahnende Herausbildung des Bürgertums setzte sich weiter fort. Diese Klasse hob sich von den Volksmassen ab, die ursprünglich alleine im Gegensatz zum Adel gestanden hatten. Im kulturellen Sektor vollzog sich die gesellschaftliche Umschichtung in dreifacher Weise: einmal durch die Abwendung des Großbürgertums vom Volkstümlichen, durch eine bewußte Übernahme französischer Kunst und Kultur, und schließlich mit der Heranbildung und Ausprägung eines eigenen Kunststils.[38]

Die Musik wurde zur bürgerlichen Lieblingskunst. In ihr ließen sich Empfindungen ausdrücken, die mit Worten nicht zu umreißen waren.

Die deutsche Oper und auch die Institution des öffentlichen Konzerts entstanden. Letztere entwickelte sich aus dem Collegium musicum, einer studentisch-männlich geprägten Vereinigung. Während das Großbürgertum zunächst französische Tanzschlager und italienische Opernarien bevorzugte, entstand in den mittleren bürgerlichen Schichten das Bedürfnis nach einem eigenen deutschen Sololied. Von 1740 an erschienen zahlreiche einfache Lieder mit Klavierbegleitung.

Die um 1750 vom Bürger ökonomisch und kulturell erreichte Machtstellung spiegelt sich auch in der Musik dieser Schicht wider. Nicht nur Lieder waren beliebt, auch die reine Instrumentalmusik blühte auf. Die Klaviersonate entwickelte sich zu einer Formhülse für Affekte; Philip E. Bach war in Deutschland der prominenteste Vertreter. Musik trat aus ihrer Stellung als Zweckkunst, die im Auftrag weltlicher oder kirchlicher Obrigkeiten geschrieben und verwertet wurde, heraus; das Schaffen aus innerem Antrieb wurde zur Maxime erhoben. »Mit dem Entstehen der Warenwirtschaft ergab sich auf weltlichem Gebiet eine neue Funktion der Musik: sie wurde Genußmittel und Ausgleich gegen den aufreibenden Kampf jedes einzelnen um seine Existenz«.[39]

Dieses Zitat geht wie so häufig vom Mann aus, denn die Frau des Bürgers galt als sein Anhang und bekam die existenzielle Notsituation des um den Broterwerb im Außenleben kämpfenden Ehemannes nicht in dem spezifischen obigen Sinne zu spüren. Die Ausprägung dieser Musik war in hohem Maße von der Bedürfnislage des Mannes abhängig. Die ökonomische Situation erzwang ein konkurrierendes und ausbeuterisches Verhalten, das zu Hause bzw. im kulturellen Bereich kompensiert werden mußte. Die Kunst mußte außerdem dazu herhalten, das Selbstverständnis des Bürgers ideologisch zu ver-brämen.

Um die Mitte dieses Jahrhunderts herum bildeten sich in deutschen Städten Musikgesellschaften. Im Gegensatz zu den »Liebhaberkonzerten« betonten sie das eigene Musizieren. Zwar ist anzunehmen, daß Frauen der Zugang gestattet wurde, da diese Gruppierungen einem geistig-ideellen Bedürfnis entsprangen, doch war ihr Image ausgeprägt männlich: »Am gleichen Pult sitzt der Kaufmann und der Rechtsanwalt, der Stadtschreiber und der Arzt, der Offizier und der Lehrer.«[40] Innerhalb der Hauskonzerte fanden die Frauen ein eigenes Betätigungsfeld, das sie singend oder am Tasteninstrument ausfüllten. In die gleiche Zeit fällt jedoch die Spaltung des bürgerlichen Konzertbetriebs in Dilettanten und Berufsmusiker. Der gemeinnützige Cha-

rakter vieler Veranstaltungen schwand; der Konzertbetrieb aus Profit-
interesse setzte sich durch. Das Unternehmertum löste die Musizier-
kreise ab. »Aus einem reinen Unternehmen der Laien wird schließlich
eine Organisation zugunsten der Berufsmusiker, aus einem geschlossenen Vereinszirkel eine öffentliche allgemeine Musikpflege der
Stadt.«[41] Auf Frauen bezogen hieß das, daß Männer ihren Lebensunterhalt mit Musik verdienen wollten. Frauen konnten nur mithalten,
wenn sie wirklich benötigt wurden, was einzig auf die Sängerin zutraf.

Diese Kommerzialisierung konnte Frauen auf breiter Basis nur
schaden. Der Begriff des Dilettanten, ursprünglich positiv gemeint,
erhielt den Beigeschmack des Beschränkten und wurde im 19. Jahrhundert fast ausschließlich auf Frauen bezogen.

Obwohl Frauen mittlerweile auf der Opernbühne akzeptiert waren,
blieben sie im Konzertsaal – und zwar sowohl auf der Bühne als auch
im Zuschauerraum – Objekte des Spotts. In Forkels Musikalischem

Karikatur
(18. Jahrhundert)

Almanach erfahren wir von einer Frau, die Ende des 18. Jahrhunderts in einem öffentlichen Konzert singen wollte. Es kam zu Aufregung und Empörung; ihre Bekannten schnitten sie und bei Gesellschaften, wo sie zugegen war, sprach man laut von »Operistinnen und von Leuten, die ihren Stand vergessen«[42]. Um 1800 konnte es noch vorkommen, daß man bei Konzerten beim Einnehmen der Plätze im Saal so weit ging, »daß man, wenn Kaufmanns-, Bürgers- oder andere ungraduierte Frauen sie besuchen, um sie herum die Stühle leer läßt, damit sie denn doch fühlen – ihr gehört nicht in eine solche Gesellschaft«[43].

Von Interesse für die spezielle Situation der Frau ist der allmähliche Wandel der Institution der Familie. Der sogenannte »Familiensinn«, der im Mittelalter unbekannt war (gemeint ist die affektive Bindung von Eltern und Kindern innerhalb eines privaten Bereichs), bildete sich vom 15. Jahrhundert an heraus. Im 18. Jahrhundert wurde die gesamte Gesellschaft davon ergriffen:

> »Begünstigt wurde er (der Familiensinn) durch die parallel verlaufende politische Entwicklung zur absolutistischen Monarchie, die ihrerseits die patriarchalisch-autoritäre Stellung des Vaters förderte und die rechtliche Stellung der Frau verschlechterte.«[44]

Gerade im Philantropismus, auf den anschließend eingegangen wird, zeigte sich die Verbindung zwischen der ideologischen Verfestigung familiärer Bande und autoritärer Strukturen, die sich auf die Rolle der Frau und ihre Teilnahme an Wissenschaft und Kunst so verhängnisvoll auswirken sollte. Wenn Rousseau und Pestalozzi hier herausgegriffen werden, so deshalb, weil sie zeitgenössische und nachfolgende Musikpädagogen nicht unerheblich beeinflußten. Es ist fast als zynisch zu bezeichnen, daß zwei große Persönlichkeiten dieses Jahrhunderts, die viel für die Vorantreibung neuer Erziehungsideen leisteten, die Frauen in ihren emanzipatorischen Bemühungen zurückwarfen. Rousseau fordert eine musikalische Erziehung für alle Mädchen des Volkes; bei näherer Betrachtung offenbart sich, daß sie als Anhang der Männer gelten und demnach eine mindere Ausbildung erhalten sollen. Ihm zufolge soll der Lehrer nicht mit Zwang sparen; er ist sogar nötig, weil sich Frauen später dem Urteil ihres Mannes unterwerfen müssen und sie daher Sanftmut erlernen sollen.[45]

Während Pestalozzi die ärmeren Schichten vertritt, bezieht sich Rousseau auf die Besitzenden. Bei Rousseau kommt die häufig zu beobachtende Parallelität schichtspezifischer und geschlechtsspezifischer Diskriminierung zum Vorschein. Die Erziehung der Armen ist unnötig: »Der Arme braucht keine Erziehung; sie wird durch seinen Stand bezwungen; es wäre gefährlich, alle Talente aller Menschen auszubilden.«[46]

Seine Sophie (als Prototyp der Frau der gebildeten Schichten) benötigt kein theoretisches Wissen oder gar gelehrte Bildung. Sie erhält frühzeitig eine religiöse Unterweisung. Sie soll lernen, sich zunächst der elterlichen Autorität, dann der des Gatten zu unterwerfen. In der Mädchenerziehung gibt Rousseau manche pädagogische Forderung auf, die er an die Erziehung des Jungen stellte, vor allem die nach geistiger Selbständigkeit. Während Jungen in körperlicher Ertüchtigung gestählt werden, sollen Mädchen mehr in der Armut geschult werden. Hinsichtlich der Musik sieht Rousseau für den Jungen Notenlernen und Blattsingen vor, spricht jedoch dem Mädchen Talent ab (»c'est un goût plutôt qu'un talent«). Sie braucht diese Kunstfertigkeit nicht zu erlernen. Da der Knabe von Natur aus begabter ist, müssen seine allgemeinen musikalischen Anlagen gesichert und erhalten bleiben.

Heinrich Pestalozzi nimmt innerhalb der allgemeinen Pädagogik einen hohen Rang ein. Das humane Anliegen, allen Volksschichten den Zugang zu einer Allgemeinbildung zu ermöglichen, seine Betonung der Menschenbildung sowie sein Unterricht, der auf Anschauung und elementaren Aufbau fußte, haben Pädagogen nachhaltig beeinflußt. Es darf aber auch nicht übersehen werden, daß seine – wohl aus einer neurotischen Persönlichkeit geborene – Sicht der Mutter den Grundstein für eine Mutterideologie legte, die die Frau moralisch an den Haushalt kettete und ihr den Zugang zu einer vertieften Beschäftigung mit Wissenschaft und Kunst verbarrikadierte. Pestalozzi verleiht der mütterlichen Funktion der Frau einen sakralen Charakter. Seine rationalen Fähigkeiten weichen einem Schwall nebulöser Emotionen:

»Ich glaubte an meine Mutter, ihr Herz zeigte mir Gott; Gott ist der Gott meiner Mutter... Mutter! Mutter! du zeigtest mir Gott in deinen Befehlen, und ich fand ihn in meinem Gehorsam. Mutter! Mutter! wenn ich Gottes vergesse, so vergesse ich deiner, und wenn ich Gott liebe, so bin ich deinem Unmündigen an deiner Statt; ich schließe mich zu deinem Elenden ein, und dein Weinendes ruht auf meinen Armen, wie auf Mutterarmen.

Mutter! Mutter! wenn ich dich liebe, so liebe ich Gott, und meine Pflicht ist mein höchstes Gut.«[47]

Als »Göttliche« wurde der Frau eine statische Funktion delegiert, die in moralische Gefilde reichte. Es entstand ein ideologisches Gewebe, aus dem die Herauslösung sich weitaus komplizierter gestalten sollte, als hätte man es mit pol-artigen Gegensätzen zu tun gehabt. »Dieses Bild der großen Mutter, die über der Erde brütet, ist das Bild der Gertrud und eines jeden Weibes, das seine Wohnstube zum Heiligtum Gottes erhebt und ob Mann und Kindern den Himmel verdient.«[48]

Es scheint, als würde Pestalozzi seine regressive Lust und seine Angst auf die Frau projizieren. Sie, die ihn als Kind übermächtig beschützte, soll ihm als Ehefrau denselben Schutz gewähren. Durch die Überhöhung in moralische Bereiche wurden der Frau bei Nichterfüllung ihrer »göttlichen« Pflichten Schuldgefühle vermittelt. Sie versündigte sich, wenn sie ihnen nicht nachzukommen vermochte (bemerkenswerterweise übernahm sich seine Ehefrau kräftemäßig und brach einmal körperlich zusammen).

In musikerzieherischer Hinsicht betrachtet Pestalozzi die Mutter als Hüterin des Liedguts. Man braucht nicht »Schönsänger, nicht Fachmann zu sein, und kann doch durch ein Lied, durch den Gesang der Mutter das Gefühl für Schönheit und Klang und die Freude am Singen wecken«[49].

Ähnlich wie bei Rousseau steht auch für ihn fest, daß die Frau ihre spezifisch weiblichen Fähigkeiten und Kräfte der Natur verdankt. Er folgert, daß sie nicht ausgebildet zu werden brauchen, da sie auf natürlichem Wege entstehen; ein Argument, das den Frauen die Türen zu Wissenschaft und Kunst zuschlug. Die Gelehrsamkeit ist nur für Knaben sinnvoll. Wie Blochmann untertreibend bemerkt, ist er hinsichtlich einer höheren Schulbildung für Mädchen »eher hemmend als fördernd gewesen«[50].

Wo Musik zur allgemeinen Freude, Erbauung und Harmonie erziehen soll, wird sie Mädchen wie Jungen gleichermaßen gelehrt. In einem Artikel über die musikalische Bildung von Jungen und Mädchen aus dem Jahre 1804 wird die Grenze deutlich gezogen:

»Es wird ja nicht verlangt, lauter Sänger und Musiker von Profession zu bilden, sondern nur den Sinn und die Fähigkeit, welche für Gesang und Tonkunst in der Seele des Kindes liegen, zum ganzen Erziehungszweck nicht unbenutzt zu lassen.«[51]

Die Musikerziehung darf somit nicht zu einer möglichen beruflichen Bestimmung und Ausübung hinführen. Wäre dies der Fall, würde man mit Sicherheit Mädchen ausgeschlossen haben.

Nicht nur Pestalozzi, sondern seine begeisterten Anhänger, die Philantropen, hatten über ihr Jahrhundert hinaus eine große Ausstrahlung (noch heute werden sie in historischen Darstellungen der Pädagogik ausführlich gewürdigt). Einer von ihnen, Basedow, widmete in seinem »Methodenbuch« einen längeren Abschnitt der Mädchenbildung. Er ist in auffälliger Weise darum bemüht, bei Mädchen zwischen einer wünschenswerten Halbbildung und einer verurteilungswürdigen ernsthaften Unterweisung zu trennen.

»Sie müssen vornehmlich und der Sachkenntnis gemäß lesen; aber rednerisch oder theatermäßig deklamieren zu können, ist ihnen überflüssig. Die Regeln des Silbenmaßes und der Versarten müssen sie wissen, aber ich gebe dem keinen Groschen, der meine Tochter zur Poetin zu machen gedenkt.«[52]

»Ich wünsche, daß meine Tochter von allen diesen Kunstfertigkeiten so viel erwerbe, als nötig ist, sich zuweilen mit der Ausübung zu ergötzen und den zufälligen Beurteilern keinen Ekel zu erwecken. Aber ich könnte mich nicht darüber freuen, wenn sie in irgend etwas von dieser Art eine Meisterin würde... Wenn man von wenigen Ausnahmen ausgeht, so wird man durchgängig finden, daß Meisterschaften von dieser Art den Mädchen und Frauen entweder mehr schaden als nützen, oder doch die gehörige Wirksamkeit weit besserer Triebe und Gaben verhindern. Ich wünsche zwar, daß sich die Mädchen und Frauen an unschuldigen Schauspielen und Werken sowohl des Witzes als der Kunst vergnügen... aber ich möchte nicht gern sehen, daß meine Tochter sich zu dem geringsten Grade des Kunstrichteramtes gewöhnte.«[53]

Wie er sich die musikalische Betätigung von Schülerinnen vorstellt, wird in seinem »Elementarwerk« deutlich. Rousseau ist sein Vorbild. So wie Rousseaus »Sophie« nach dem Gefühl und ohne Notenkenntnisse das Singen lernt, verlangt Basedow das gleiche: »Eine Strophe zur rechten Zeit könnte manche schädliche Laune unterbrechen.«[54] Musik also, um sich bei Laune zu halten, um sich eine Verschnaufpause zu gönnen.

Ein zweiter begeisterter Anhänger des Philantropismus, Joachim Heinrich Campe, vertritt ähnliche Ansichten. Seine Sorgen konzentrieren sich auf die angebliche Doppelbelastung der Frau: »Unter hundert preiswürdigen Tonkünstlerinnen, Zeichnerinnen, Stickerinnen, Tänzerinnen usw. möchte wohl kaum eine gefunden werden, die zugleich alle Pflichten einer vernünftigen und guten Gattin, einer auf alles aufmerksamen und selbsttätigen Hausfrau und einer sorgfältigen Mutter... zu erfüllen nur versteht.«[55] In dem 1787 erstmalig erschienen Buch »Vätherlicher Rath an meine Tochter«, das bis 1832 zehn

Auflagen erlebte und sich allgemeiner Beliebtheit erfreute, wehrt Campe sich gegen Gelehrsamkeit und »Schöngeisterei« bei der Frau des Mittelstandes und untermauert dies durch pseudo-wissenschaftliche Aussagen. Er fragt sich, ob eine Frau sich überhaupt mit den schönen Künsten beschäftigen sollte, und bis zu welchem Grade und unter welchen Bedingungen ihr eine solche Ausbildung zu »gestatten« sei. Die Vorteile sieht er darin, daß die Frau befähigt wird, sowohl sich selbst, als auch ihrem Gatten das Leben zu versüßen sowie »Gram und Sorgen zu verscheuchen«. Er zieht eine genaue Grenzlinie: Sie soll nur insoweit sich ausbilden, als es ohne Vernachlässigung ihrer hausfraulichen Tätigkeit und ihrer Gesundheit möglich ist, »und dann zweitens alle diese Dinge nicht aufs Paradieren und Glänzen, sondern lediglich auf das Vergnügen und den Nutzen ihres kleinen häuslichen Zirkels«[56] abgerichtet sind.

»Wenn also ein junges Frauenzimmer deines Standes *alles,* was sie als künftige Hausmutter wissen, können und ausüben muß, mit Lust und Eifer treibt; wenn sie früh und spät an *allen* Geschäften ihrer Mutter in Küche und Keller, in Hof und Garten, bei der Anordnung und Besorgung des ganzen Hauswesens gern und munter Anteil nimmt; wenn sie sich eine solche *Geschicklichkeit* darin und eine solche *Neigung* dazu erwirbt, daß sie von ihrem fünfzehnten Jahre an, in Ansehung der meisten hausmütterlichen Geschäfte, schon an die Stelle ihrer Mutter treten, und alles, was bis dahin diese tat oder zu tun schuldig war, nunmehr auch verrichten, und zwar eben so gut, als diese selbst, verrichten kann und wirklich verrichtet: dann mag sie, aber wohlverstanden! nicht zur Befriedigung einer eitlen Begierde nach Lob und Bewunderung, sondern lediglich in der obenerwähnten besseren Absicht, denjenigen Überschuß an Zeit und Kraft, den andere junge Personen ihres Geschlechts mit zwecklosen und verderblichen Lesereien oder mit tändelndem Nichtstun versplittern, den schönen Künsten widmen, und Zeichnen, Spielen, Tanzen und Singen lernen.«[57]

Sodann operiert er mit der Angst, indem er die Gefahren des Krummsitzens bei der Erlernung der schönen Künste ausmalt. Campe zufolge wird das Empfindungsvermögen verzärtelt, werden die Nerven überspannt und geschwächt. Des weiteren hält er es für schädlich, daß Mädchen sich zu sehr in den Künsten üben, weil ihnen dadurch die Langweiligkeit des Haushalts verdeutlicht wird. Es wird der der Musik zugewandten Frau vor Augen gehalten, daß die Auseinandersetzung mit der Kunst, soweit diese die Grenze des Gehörsingens überschreitet und in eine wie auch immer geartete ernsthafte Beschäftigung mit ihr übergeht, mit dem Verlust ihrer Weiblichkeit zu büßen ist. Im gleichen Atemzug werden ihr die moralischen, ja gottgegebenen Pflichten der Ehefrau und Mutter eingegeben. Die Wahl zwischen ernsthafter Bildung und der Hausfrauentätigkeit ist schließlich keine Wahl mehr, sondern die Gegenüberstellung der edlen Bestimmung der Frau mit der kalten, ihr Geschlecht und ihre »Natur« verneinenden gefühllosen Kreatur.

Die Philantropen wurden als humane Neuerer der pädagogischen Landschaft gefeiert, und sie haben tatsächlich mit ihrer Propagierung der Anschaulichkeit und Natürlichkeit dazu beigetragen, kinderfeindliche Erziehungsmaßnahmen abzubauen. Kant nannte die Bewegung eine Revolution auf dem Gebiet der Pädagogik; viele Anstalten entstanden nach dem Muster des von Basedow initiierten Philantropinum in Dessau, einer Musterschule. Der negative Aspekt ihrer Bestrebungen wird jedoch kaum beachtet. In einer von Katharina Rutschky herausgegebenen bemerkenswerten Quellensammlung erhält man einen weitverstreuten Eindruck der psychischen Hintergründe dieser Erziehungstheorien des 18. und 19. Jahrhunderts. Für unseren Aspekt aufschlußreich ist ihr Abschnitt über einige Phantasien zur Erziehung und zum Erzieherberuf. Die Pädagogen Campe, Basedow und andere beabsichtigten mit ihren Theorien die Besserung des Menschengeschlechts von Grund auf. Diese pessimistische Grundhaltung, die von der Schlechtigkeit des Kindes ausgeht, kehrt sich in Größenwahn und Allmachtsphantasien um, die entweder auf den Erzieher selbst oder auf das von ihm geplante Projekt bezogen werden. Durch Textbeispiele wird belegt, wie sehr der Erzieher sich als Stellvertreter Gottes begreift, dem eine unantastbare Autorität und Kraft zusteht. Indem er das religiöse Erbe fortsetzt, versteht er seine Arbeit als pädagogisches Wirken Gottes. »Da der männliche Erzieher mit göttlicher Schöpferkraft gesegnet ist, kann er auch die Phantasie hegen, daß er die Frau völlig überflüssig macht.«[58]

Erstaunlicherweise sind die Philantropen übermäßig vertreten. Und es scheint kein Zufall zu sein, daß beispielsweise Campe und Basedow, die nicht müde werden, die Frau auf ihre Tugenden und Bestimmung zur Ehefrau und Mutter festzulegen, in höchstem Maße sexual-, leib- und freiheitsfeindlich mit ihren Zöglingen umgehen. Es offenbaren sich Herrschaftsgelüste, die gleichzeitig durch die moralische Funktion verbrämt werden, die sich der Erzieher gibt. Der totalitäre Charakter der Erziehung deckt sich mit dem Versuch, die

Frau totalitär in den Dienst des Mannes zu stellen.

In dem Maße, in dem sich das Bürgertum vom Adel ablöst und eine eigene Identität zu suchen beginnt, muß es gleichzeitig abgrenzen: zum Kind und zur Frau. Die Verdrängung der eigenen Triebwünsche, die mit der Ausprägung der bürgerlichen Moral einhergeht, gestattet weder dem Kind das Ausleben eigener Triebe, noch der Frau die dem Mann wie selbstverständlich zufallende Möglichkeit eigener Bildung. Zugleich gönnt sich der Erzieher in seinen pädagogischen Texten die Aktualisierung der Phantasien. Wenn Campe die Infibulation (Ring zur Verhinderung der Onanie bei Knaben) empfiehlt, dann scheint in der latent-sadistischen Auslebung des eigenen Triebverzichts ein Äquivalent in der bösartigen Verurteilung der weiblichen Freude an der Kunst (Basedow spricht von »Ekel«, s. S. 41). Zwar ließ sich der Frau kein Gerät vorschreiben, um ihr das Singen und Musizieren zu verbieten; dennoch kommt die Verlagerung des Komplexes in moralische Gefilde einem Verbot gleich.

Aber auch die Gegner der Philanthropen formierten sich. Die Vertreter der humanistischen Bildung mißtrauten ihnen zunächst, weil sie befürchteten, durch deren Forderung nach möglichst breiter Volksbildung könnte die Frau nach den gleichen Grundsätzen wie der Mann erzogen werden. Friedrich Niethammer geht in seiner 1808 verfaßten Schrift über den Streit des Philantropinismus und Humanismus innerhalb der Erziehung auch auf die Frauenbildung ein. Nachdem er zugeben muß, daß die meisten Pädagogen in ihren Theorien »das ganze schöne Geschlecht völlig vergessen, und eben deswegen ihren Faden so ungehindert nacheinander fortgesponnen haben«[59], fragt er die Philantropen, ob sie etwa die gleiche Bildung für Knaben und Mädchen anstreben. Aus dieser Unsicherheit heraus versucht er eine theoretische Begründung für die Verschiedenartigkeit der Bildung zu skizzieren. Hierbei wiederholt er die Thesen von der Andersartigkeit des weiblichen Gemüts, die eine Artverschiedenheit des Unterrichts und der Erziehung nach sich ziehen müsse. In seiner Koppelung der geschlechtsspezifischen Andersartigkeit mit der individuellen Verschiedenartigkeit (gemeint ist mit letzterem die Priorität der höheren Schichten über die niedrigen) wird die oft beobachtete Verbindung zwischen schicht- und geschlechtsspezifischer Benachteiligung wieder einmal bestätigt. Die Verfechter konservativer Erziehungssysteme, die die Hand- bzw. Kopfarbeit auf die jeweiligen Bevölkerungsschichten verteilt sehen wollen, sind zugleich Verfechter eines Erziehungssystems, das Frauen bildungsmäßig benachteiligt.

Da die Frau zur Regenerierung des Ehemannes bereitstehen muß, würde ihre Ausbildung sein Erholungspotential gefährden und ist daher um jeden Preis zu verhindern:

»Aber daran muß ich erinnern, was diese geistreichen, in ihrem Berufe verwahrlosten, Weiber in ihrem Hause sind... Während die kunst- und geistreichen Mütter musizieren, singen, zeichnen, malen, studieren, dichten, Bücher lesen oder schreiben, sind die unglücklichen Kinder ohne Aufsicht und Anleitung, körperlich und geistig verwahrlost. Dem Manne ergeht es nicht besser. Die Kunst- und Geisteswerke, selbst die witzigen Einfälle der geistreichen Frau sind nicht für ihn, als wenn er die Probe zu überhören hat, und wenn er von der Arbeit kommt, um in der Unterhaltung mit seiner Frau im Schoße seiner Familie sich zu erholen, findet er die Frau entweder durch geistige Anstrengung abgespannt, oder von einem Schwarm von Witzlingen umgeben, von denen sie sich bewundern läßt.« [60]

Die Möglichkeit einer sich ergänzenden Tätigkeit (Haushalt *und* Bildung) wird gar nicht erst erwogen, sondern es wird beides als unzulässige Addition, die zur Überforderung führe, gesehen. Niethammer reicht somit den gegnerischen Philantropen die Hand; seine Befürchtungen, jene könnten eine Gleichstellung zwischen Knaben und Mädchen anstreben, erwiesen sich auch als unbegründet.

Die Einführung der Schulpflicht im 18. Jahrhundert brachte für die Mädchenbildung geringe Vorzüge, die dadurch teilweise rückgängig gemacht wurden, daß Lehrerinnen nicht seminaristisch ausgebildet werden durften. Dort, wo die Schulen nach Geschlechtern getrennt waren, mußte der Mädchenunterricht von ungenügend ausgebildeten Lehrkräften übernommen werden, was sich auf die Qualität negativ auswirkte.

Es wäre müßig, die verschiedenen Mädchenschulen (Jungfrauen-, Trivial-, Volks-, Industrie- und Arbeiterschulen), die alle eine höhere Bildung ausschlossen, voneinander abzugrenzen. Abgesehen von lokalen und pädagogisch bedingten Unterschieden würde dies die Fiktion erwecken, als hätte es eine Theorie der Mädchenschulbildung gegeben, die sich auf die verschiedenen Schularten niederschlüge. In Wirklichkeit bedingte die wirtschaftliche Entwicklung die schulischen Institutionen. Bei den sogenannten Industrieschulen beispielsweise erwies es sich als notwendig für die sich ausbreitenden Manufakturen, Kinder in die Produktion einzubeziehen. Industrie-Schulpädagogen

nannten als Erziehungsziel die »Industriosität«[61], was hieß, Kraft und
Material optimal zu nutzen und stets auf rationellere und qualitative
Verbesserung der Produktion hinzuarbeiten.

Für Mädchen der untersten Schichten bedeutete dies den ersten
Kontakt mit der kapitalistischen Produktionsweise. Später wurden die
Industrieschulen aufgelöst und die Kinderarbeit verlagerte sich in die
neuentstandenen Großbetriebe. Die verbreitetste Arbeit in den Schulen war die Textilarbeit, an der beide Geschlechter beteiligt waren.
Das Singen hatte dabei begleitende Funktion, um die Arbeit erträgli-
cher zu gestalten. Zum Surren der Spinnräder sangen die Kinder z. B.:

»Zur Arbeit, nicht zum Müßiggang,
bin ich bestimmt auf Erden,
drum will ich, Herr mein Leben lang
durch Arbeit nützlich werden.«[62]

Wer nicht für die Fabrikarbeit konditioniert wurde, blieb für den
Haushalt übrig. Ein Zeitgenosse berichtet, daß man den Mädchenunterricht auf das einfachste mechanische Lesen und Buchstabenmalen
beschränkte; alle »edleren Gedanken, Ansichten und Kenntnisse«
hielt man von ihnen zurück:

»Wenn sie die vermeintlichen Elemente – Lesen, Schreiben und die
Anfangsgründe des Rechnens – und oft kaum noch diese gefaßt
hatten, dann führte man ihnen noch etwa einige biblische Beweis-
stellen der kritischen Dogmen, einige Trostsprüche und ein paar
Bogen voll Katechismus-Fragen und Antworten zu Gemüte, und
verstieß sie aus dem ABC Unterrichte ohne Gnade und Barmherzigkeit, an den Kochherd, in die Kinderstube, in die Putzzimmer,
aufs Feld oder sonst wohin.«[63]

Die musikalische Erziehung blieb bis zum Ende des 18. Jahrhunderts,
dem Gesamtunterricht entsprechend, auf niedrigster Stufe. Choräle
und Lieder wurden nach dem Gehör und nach der Papageienmethode
eingedrillt. Das Lernziel ist augenscheinlich: Mädchen sollten in der
Kirche mitsingen können und gleichzeitig Verhaltensweisen wie
Anpassung, Ehrerbietung und Gehorsam verinnerlichen. Krille gibt
in ihrer Studie viele zeitgenössische Belege dafür, daß »am Gesang der
Mädchen . . . den Pädagogen nichts gelegen (ist), als Mütter haben sie
mit dem Kirchenlied gelernt, was sie im Haus und in der Familie
gebrauchen«[64].

Während für die männliche Jugend Universitäten, Gymnasien, Ritterakademien, lateinische, Real- und Kriegsschulen, Philantropine usw.

bereitstanden, existierten für Mädchen Klöster und Pensionen, »die in der Regel nichts taugten … Die Etablierung des – in unserer Ausdrucksweise – allgemeinbildenden und weiterführenden Schulwesens im ausgehenden 18. Jahrhundert benachteiligt Mädchen systematisch, ›dank‹ pädagogisch-anthropologischer ›Theorien‹ über die Bestimmung der Frau«[65]. Mädchen werden noch in Humboldts großen Schulplänen von 1809 an keiner Stelle erwähnt, wobei Humboldt durchaus die Bildungsansprüche etwa der Handwerker berücksichtigt. Die Frau bildete die unterste Rangstufe, und da das erfolgreiche Durchlaufen des Gymnasiums als Vorstufe zur Universität konzipiert war, wurde ihr jede höhere Bildung verwehrt. Dies verwundert um so mehr, als die Französische Revolution und die Aufklärung es moralisch kaum vertretbar ließen, Frauen ungebildet zu belassen. Die Vertreter des neuen Humanitätsideals wie Kant und Rousseau lehnten eine Umsetzung ihrer Gedanken auf die Frauenerziehung ab. Es scheint, als wäre die Angst vor der Konkurrenz, vor der Auflösung der Familie bzw. vor dem Verlust weiblicher Werte stärker als der verbale Anspruch auf Humanität.

Ende des 18. Jahrhunderts gab es drei Arten von Mädchenanstalten: die privaten Institute und Pensionen, die sich auf französische Salonbildung spezialisierten, weitere kleinere Privatunternehmungen und einige wenige öffentliche städtische »Höhere Töchterschulen«. Der sich neu konstituierende Beamtenstand hatte ein gezieltes Interesse an höheren Töchterschulen. Zum einen wollte man durch die Pflege kultureller Fertigkeiten sich von den unteren Schichten absetzen, zum anderen sollte die Tochter eine standesgemäße Partie eingehen. Diese »Kultur« war in Wirklichkeit eine der französischen Salonbildung angenäherte oberflächliche Hülse.

Es wäre wenig ergiebig, auf einzelne Ausbildungsstätten einzugehen und über den musikunterrichtlichen Anteil zu referieren. Der Unterrichtsplan unterschied sich regional und aufgrund vieler Faktoren (Lehrerangebot usw.). Aufschlußreicher scheinen die ideologischen Vorgaben einiger Theoretiker. Sie zeigen, wie beispielsweise bei Niemeyer, daß die Einteilung der Mädchenbildung gemäß der drei sozialen Stände nicht zufällig ist bzw. auf mangelnde Beschäftigung mit diesem Problem zurückzuführen ist, sondern einem bewußten Kalkül entspringt. Ganz unten stehen die »weiblichen Arbeitsklassen«, für die Töchterschulen in Städten eingerichtet werden; die Mädchen vom Lande erhalten Unterricht in einer gemischten Volksschule. Vom Unterrichtsinhalt heißt es, daß alles, was bloße »Künste-

lei« betrifft, in den weiblichen Arbeitsklassen zu entfernen ist. Nur das
»allgemein Brauchbare« sollte gelernt werden. Bei den Töchterschulen der bürgerlichen Mittelschicht sollte das Mädchen nur so viel
lernen, daß sie die hausfraulichen Pflichten erfüllte; in den Töchterschulen für die gebildeten Stände wurde die Ausbildung verstärkt,
aber zugleich eingegrenzt. Ein »zu starker Hang zum Lesen« bei
jungen Frauen wurde nämlich als gefährlich eingestuft, da die Phantasie dieser Frauen ohnehin durch die »stillere Lebensart« sich schneller
entzünde. Immerhin: »Musik . . . füllt manche Stunde edel aus, fesselt
an das Haus, und läßt sich mit sittlichen Gefühlen in eine schöne
Harmonie bringen.« Sie soll aber nicht zum Virtuosentum führen, und
Niemeyer warnt vor Stimmschäden beim Singen, das Mädchen »in den
kritischen Jahren« besonders schädige.[66]

Bekamen Mädchen keinen oder nur wenigen schulischen Musikun-
terricht, weil es kaum Schulen für sie gab, relativiert sich diese
Tatsache etwas dadurch, daß Knaben ebenfalls nur sporadischen
Unterricht erhielten. Als obligatorisches Fach verschwand der
Gesangunterricht bis zum Ende des 18. Jahrhunderts aus dem Lehrplan der höheren Schulen.[67] Der Grund ist einleuchtend: Die Notwendigkeit, mit Musik die Gemeinde bzw. das kirchliche Volk zum
Gehorsam zu erziehen, ging zurück, es traten andere Mittel an ihre
Stelle. Die Musikpädagogik hatte sich als eigenständige Fachrichtung
noch nicht genügend entwickelt, um die Notwendigkeit ihres Faches
vertreten zu können. Hinzu kam, daß andere Fächer sich inhaltlich
stärker ausweiteten, was durch die wirtschaftliche Entwicklung
bedingt war.

Bei der außerschulischen Musikerziehung gilt es zu unterscheiden
zwischen den realen Bildungsmöglichkeiten und den theoretischen
Schriften. Gegen Ende des 18. Jahrhunderts erzwang der Bedarf an
ausgebildeten Gesangskräften vereinzelt Ausbildungsmöglichkeiten
für Frauen. Als Johann Adam Hiller in Leipzig Gesangssolisten
benötigte und keine fand, sprangen Orchestermitglieder ein. Unzufrieden mit diesem Zustand, begann er, Nachwuchs selbst auszubilden. 1767 nahm er erstmals eine Frau, Gertrud Schmehling, zur
Ausbildung an; durch den Erfolg bestärkt (sie wurde eine weltbe-
kannte Sängerin), nahm er auswärtige junge Mädchen auf und bot
ihnen sogar Unterkunft und Verpflegung.[68] Dieses Institut existierte
zehn Jahre, blieb aber eine Ausnahmeerscheinung. Die Traktate
dieser Zeit sprechen eine andere Sprache.

In dem Abschnitt über die Philantropen wurde bereits etwas auf die außerschulische künstlerische Bildung eingegangen. Von wenigen Ausnahmen abgesehen, bewegen sich die meisten Traktate über die außerschulische Musikerziehung auf der gleichen Ebene (wobei stets der bürgerliche Stand gemeint ist, da Arbeitertöchter keine Möglichkeit hatten, sich weiterzubilden). Singen und Klavierspielen gehörten durchaus zur Mädchenerziehung, doch durften diese Fähigkeiten den Hausgebrauch nicht überschreiten. Zuweilen finden wir die musikalischen Fähigkeiten über die Elementarbildung wie Schreiben und Lesen gestellt (was dem begrenzten Charakter jedoch keinen Abbruch tut). Goethes Mutter genoß beispielsweise eine beschränkte Bildung, »nur im Gesang und Klavierspiel hatte sie es zu einer schönen Fertigkeit gebracht«[69]. Und Johanna Schopenhauer berichtet über ihre Mutter:

> »Ein paar Polonaisen, ein paar Murkis auf dem Klavier, ein paar Lieder, bei denen sie sich selbst zu accompagnieren wußte, lesen und schreiben für den Hausbedarf war so ziemlich alles, was man sie gelehrt hatte.«[70]

Die »künstlerische« Betätigung der bürgerlichen Frau offenbart sich als dubiose Angelegenheit. Einerseits sollte Prestige vorgegaukelt und der Wert des Mädchens hinsichtlich seiner Heirat gesteigert werden. Andererseits sahen verantwortliche Pädagogen, daß diese Halbbildung vom Kind unverdaut blieb und somit ohne jeglichen erzieherischen Wert war. Die meisten männlichen Traktatschreiber scheinen jedoch vorrangig von der Sorge geplagt zu sein, daß durch die Bildung der Haushalt vernachlässigt werden könnte. Wir erfahren von einem zehnjährigen

> »Dirnchen, welches alle Musenalmanache und Moderomane gelesen hat, ein Schock empfindsamer Gedichtchen und desgleichen auswendig weiß und allerliebst zu deklamieren versteht, in der skandalösen Geschichte der heidnischen Gottheiten und Helden, Mythologie genannt, trefflich bewandert ist – daneben aber nichts von Wirtschaft, nichts von häuslichen Geschäften, nichts von weiblichen Arbeiten weiß, die tändelnden ausgenommen«[71].

Obgleich das Kind sich »trefflich« in der Mythologie auskennt, bleibt sein Können »totes Gedächtniswerk«. Es galt, die geistigen Kräfte um jeden Preis auszuschalten, um das Mädchen für die hauswirtschaftlichen Aufgaben zu konditionieren. Das männliche Interesse an den weiblichen Dienstleistungen kollidiert mit dem Interesse mancher Eltern, ihre Töchter in höhere Schichten einzuheiraten.

Karikatur (1799)

Die gängige Halbbildung bestand in der Regel aus Unterricht in Französisch, Klavierspiel und Handarbeiten. Hatten Gouvernanten im 17. Jahrhundert vorwiegend in den vornehmen Häusern der Oberschicht gearbeitet, wurden sie nun zunehmend von bürgerlichen Familien angestellt. Da aber diese weiblichen Gouvernanten ihrerseits nur eine Halbbildung erhalten hatten, blieb die Erziehung ihrer Zöglinge auf einem niedrigen Stand. In Musik war es allenfalls »eine Arie oder ein Chanson«, das sie beibringen konnten[72], und ein wenig Klavierspiel gehörte auch dazu.

Anhand eines Leserbriefes an den »Critischen Musicus an der Spree« erhalten wir einen Eindruck vom niedrigen musikalischen Ausbildungsniveau. Eine Schülerin schreibt:

»(Da der Lehrer) nicht Lust hat, mich zwei oder drei Jahre lang aufzuhalten, so verwirft er alle Manieren . . . Übrigens gibt er mir die Hoffnung, daß ich am ehesten die neuesten Arien anzufangen im Stande sein soll, dieweil ich außer der Schmiedecourante, dem Gassenhauer und zwei polnischen Tänzen schon zum wenigsten ein halb Dutzend Choräle in der Hand habe, und folglich zu den schweren Stücken vorbereitet bin. Ich muß nicht vergessen, Ihnen zu sagen, daß mein unverdrossener Meister sonst allezeit eine Maultrommel, oder Weidenpfeife bei sich zu führen pflegt, womit er meine Töne öfters begleitet, damit er, wie er sagt, mir einige Begriffe von Konzepten beibringe!«[73]

Johann Daniel Hensel gehörte zu den wenigen Kritikern. Er bemängelte, daß Mädchen außer deutsch lesen und schreiben nur soviel Französisch beherrschten, um »einen Brief zusammenstoppeln« zu können. Von der Erdkunde wüßten sie gerade, »daß Amsterdam noch in Europa liegt«. Zu den Künsten merkt Hensel kritisch an:

»Von Künsten lernen sie meist Musik. Damit sie aber dem Kinde nicht so schwer werde, darf es sich nicht bequemen, einen richtigen Anschlag und Vortrag auf dem Klavier zu lernen, sondern, damit es fein bald etwas hört, bekommt es ein Fortepiano oder wohl gar einen Flügel unter die Hand, welches sie dann gleich in der Anlage verderbt. Ebenso sieht es um die Wahl der Stücke aus. Damit das Kind Lust bekommen soll,... muß der Klaviermeister lauter Menuette oder Anlösen geben, die etwa in der letzten Tanzstunde vorkamen,... oder ein süßes Liedchen von Liebe und Mondschein, das dann wohl auch singen gelernt wird.«[74]

Aber auch Hensel setzt seine Grenzen nach oben. Das Klavier und die Harfe hält er für passende Instrumente, aber bereits die Streichinstrumente werden für problematisch erklärt.

»Blasinstrumente, z. B. die Flaute sollten eigentlich nur diejenigen lernen, die eine recht starke Brust haben, und nicht viel singen können... Aber man sollte auch von einem Frauenzimmer nicht immer verlangen, daß sie zugleich spielen und singen sollte. Dies gehört für große Meister, wenns gut ausfallen soll.«[75]

Von Hensel stammt eine Auflistung der Wissenschaften und Künste, deren Erlernung von Frauen als unentbehrlich, weniger unentbehrlich und entbehrlich eingestuft wird. Musiktheorie und Komposition stehen an letzter Stelle.

Es können im folgenden nur wenige Auszüge stellvertretend und in exemplarischer Funktion für die zahlreichen Schriften zitiert werden, die zu dieser Zeit erschienen. Wenn es darum geht, Frauen, die gewagt haben, ihre Interessen vor die des Mannes zu stellen, moralisch zu verurteilen, erweisen sich deren Autoren als erfinderisch.

»Daß man Übung in den freien Künsten zu einem Hauptgegenstand des weiblichen Erziehungsunterrichts erhob, verdient an sich zwar

keinen Tadel; daß man aber einen Hauptzweck dieser Übung
darein setzte, daß die Weiber Künstlerinnen und Virtuosinnen sein
sollten, während man verständigerweise nur Erweckung des Kunst-
sinnes und Belebung des Kunstgeschmackes dabei hätte bezwecken
sollen, hat zu den Ausartungen weiblicher Bildung geführt, die
allerdings Tadel verdienen.«[76]

Warum diese Ausartungen Tadel verdienen, begründet Justus Möser
in seinen berühmten »Patriotischen Phantasien«. Er schildert die Lage
eines Witwers, der verzweifelt nach Ersatz für seine vortreffliche aber
leider verstorbene Ehefrau sucht:

> »Ich höre von keiner, oder man sagt mir sogleich, diese Person hat
> sehr vielen Verstand, eine schöne Lektüre, und ein überaus zärtli-
> ches Herz. Sie spricht französisch, auch wohl englisch und italie-
> nisch, spielt, singt und tanzt vortrefflich, und ist die artigste Person
> von der Welt.
> Zu meinem Unglück ist mir aber mit allen diesen Vollkommenhei-
> ten gar nichts gedient. Ich wünsche eine rechtschaffene christliche
> Frau, von gutem Herzen, gesunder Vernunft, einem bequemen
> häuslichen Umgange und lebhaften doch eingezogenem Wesen;
> eine fleißige und emsige Haushälterin, eine reinliche verständige
> Köchin, und eine aufmerksame Gärtnerin.«[77]

Haushälterische Fähigkeiten stehen weit über dem Erwerb von Künsten:

> »Das Weben ist leichter gelernt, als das Klavierspielen. Wenn man
> es recht kann: so ist es auch wirklich angenehmer, und unsre
> Nachbarinnen können sich nicht so sehr an einem Konzert ergöt-
> zen, als meine Tochter an einem neuen Muster. Was ihre Augen
> sehen, können ihre Hände machen, und der Nutzen davon ist
> merklich größer als der verschwindende Schall des schönsten
> Konzerts.«[78]

Auch Christoph Meiners geht in seiner vierbändigen »Geschichte des
weiblichen Geschlechts« auf die Künste ein, wobei er sich unbemerkt
widerspricht: »Unter den schönen Künsten, in welchen Personen des
andern Geschlechts unterrichtet werden, ist keine für die Bestimmung
des Weibes so wichtig, als die edle, wenn gleich nicht schöne Haushal-
tungskunst.«[79] Schön oder nicht schön, das ist die Frage. Er folgert
daraus, daß Mädchen höchst liebenswürdig und achtungswert sein
können, ohne trefflich singen oder spielen zu können. Nur wenn sie
»von ihrem Genius mächtig dazu aufgefordert« werden, ist das
Instrumentalspiel zu billigen. Daß ein Wechselspiel zwischen dem

UNENTBEHRLICHE, WENIGER ENTBEHRLICHE UND ENTBEHRLICHE KÜNSTE UND WISSENSCHAFTEN FÜR FRAUEN (nach Hensel, 1787)

	Wissenschaften	Künste
Unentbehrliche Kenntnisse:	Schreiben, Rechnen, Kenntnisse der Erdkunde, Kenntnisse der Geschichte	Stricken, Nähen, Waschen, Färben, Spitzen (Rundschnüre, Blonden), Kochen, Backen, Getränkeherstellung, Weibl. Landwirtschaft (Federvieh- und Rindviehzucht)
Weniger unentbehrlich, aber doch sehr nützliche Kenntnisse:	Übung im Vorlesen, Weitläufigere Schreibkenntnisse, Vertiefte Geschichte, Diätetik, Fremdsprachen	Tanzen, *Musik* (Instrumentalspiel und Singen), Zeichnen und Malen, Gartenbau, Seidenbau, Landökonomie
Entbehrliche, für den guten Ton nötig und bloß vergnügende Kenntnisse:	Mathematik, Tiefere Philosophie, Rede- und Dichtkunst, ausführliche Erlernung aller oben genannten Kenntnisse (=Vertiefung)	*Theoretische Musik und Komposition* Bildende Künste Reuten

Drang des Genius und der Erziehung besteht, wird ignoriert.

Ein Abschnitt wird den verabscheuungswürdigen Frauen gewidmet, die sich nicht damit begnügen,

»verständige Gattinnen, Mütter, und Hausfrauen, oder angenehme und unterrichtete Gesellschafterinnen zu werden. Es ist ihnen auch nicht genug, an der Seite der Männer in den Tempel der Kunst einzugehen. Nein! Sie wollen auch in die innersten Heiligtümer der Wissenschaften eindringen«[80].

Ihnen wird die weibliche Identität abgesprochen, sie sind »Weiber mit einem männlichen Geiste«. Diese Diffamierung der künstlerisch aktiven Frau als Mannweib hat sich hartnäckig gehalten. Die Angst, solcherart gebrandmarkt zu werden, hielt viele Frauen von einer vertieften Beschäftigung mit Kunst und Wissenschaft ab.

Da einige Frauen sich anscheinend weder von moralischen Appellen, von den Ansprüchen der Ehemänner auf Haushaltsführung noch von dem Vorwurf der Vermännlichung abschrecken ließen, Kunst zu betreiben, wurde nach weiteren Argumenten gesucht, um sie von der künstlerischen Ausübung abzuhalten. Als günstig erwies sich die These von der angeblich schwächlichen Konstitution der Frau, die oft mit düsteren Voraussagen möglicher Krankheiten gekoppelt wurde.[81] Vertraten gelehrte Ärzte diese Thesen, erhielten sie dadurch besonderes Gewicht. Der Mediziner Uden war einer von ihnen:

»Auch die Musik, sag' ich, wie sie gewöhnlich gelehrt wird, gehört zu den unnützen Kenntnissen. So ein vortreffliches Mittel, die ganze Seele aufzuheitern, sie abgibt, so wird gerade dieser Endzweck am wenigsten erreicht, da man sie zu künstlich macht ... am wenigsten darf ich die außerordentliche Leidenschaft für den Gesang, die sich unserer Mitbürger bemeistert hat, wegen der traurigen Folgen auf die Gesundheit der Sängerinnen, rühmen. Wie oft hab' ich Vater und Tochter beklagt, wenn die Eine alle ihre Kräfte bis zum Blutsturz aufbot, sein Ohr und sein Herz zu bezaubern, und der Andere sich dem melodischen Zauber ohne Nachdenken überließ, und mittelbar den Tod, den unvermeidlich frühen Tod seiner Tochter beförderte.«[82]

Das Erzwingen hoher Töne sowie das lange Atemanhalten ist der Gesundheit abträglich. Uden mißbilligt insbesondere die virtuose Schulung bei Frauen; er rechnet daher die Musik zu den »unnützen und schädlichsten Künsten«.

Allenfalls Laute, Zither und Harfe waren als »Fraueninstrumente« toleriert[83]. Andere Instrumente wurden als »angreifend« oder schlicht unweiblich abgelehnt. Diese Postulate beziehen ihre Wirkung aus der Lächerlichmachung. Selbst bei der Leistung großer Geigerinnen überwiege »das Gefühl des Unschicklichen«, meint der Verfasser eines Artikels im »Musikalischen Almanach auf das Jahr 1784«. Dieses Unschickliche entspringe

> »aus Verbindung der Ideen zwischen körperlicher Bewegung und Kleidermode, zwischen der Natur des Instruments und der allgemein anerkannten weiblichen Stimmung, zwischen körperlicher Positur und sittlichem Anstand . . . es kommt uns also lächerlich an, wenn wir ein Frauenzimmer in Poschen, noch schlimmer allenfalls, im Reifrock, am großen Violon erblicken; lächerlich, wenn wir sie in großen hin und her fliegenden Manschetten die Violin, lächerlich, wenn wir sie in hoher Fontange (eine große Haube) das Horn blasen sehen«[84].

Er fügt hinzu, das Violoncell wirke geradezu »unsittlich«. Auch Heydenreich ist der Auffassung, Violin- und Orgelspiel vertrage sich nicht »mit den Grazien des weiblichen Geschlechts«[85].

Er begründet die Unweiblichkeit des Violinspiels durch die Armbewegungen sowie die Gesichter, die Frauen beim Spielen ziehen.

Es gibt in der Literatur dieser Zeit ausführliche Auseinandersetzungen darüber, ob dieses oder jenes Instrument nicht doch »ziemlich« ist; auch darüber, ob Frauen durch amazonenhafte Kleidung besser aussehen und spielen würden. Neben der Gesundheitsschädigung sind die Vorwürfe der Unschicklichkeit, der Unsittlichkeit und der Lächerlichkeit am häufigsten aufgeführt. Aber auch lernpsychologische Gründe müssen zuweilen herhalten: J. F. May hält Mädchen erst nach dem 16. Lebensjahr für »reif zum Begreifen«[86].

Wenn alle Ermahnungen nichts fruchten, muß der Mann im eigenen Interesse ein Verbot aussprechen. Dem Musikerzieher wird es zur moralischen Pflicht gemacht, musikalische Anlagen zu zerstören:

> »Wenn Frauenzimmer für gewisse Wissenschaften und Künste entschieden großes Genie besitzen, darf man dieses Genie seinem Fluge überlassen, oder ist es nicht vielmehr Pflicht ihm die Flügel zu verschneiden? Es kommt bei der Beantwortung dieser Frage darauf an, ob man berechtigt sei vorauszusetzen, daß durch das herrschende Interesse für die Wissenschaft und die immer glücklichern Fortschritte in der Bearbeitung derselben, in der Seele des Frauenzimmers sein Eifer und seine Liebe auch für die wichtigsten weiblichen Pflichten geschwächt werde... kann es mit allem Grunde vorausgesetzt werden, so halte ich es für Pflicht des

Erziehers, das aufstrebende Genie des Mädchens zurückzudrükken, und auf alle Weise zu verhindern, daß es selbst die Größe seiner Anlagen nicht bemerke.«[87]

Mit einer bloßen Aneinanderreihung negativer Zitate ist noch nicht geklärt, warum diese Männer so viel Zeit und Energie darauf verwandten, Frauen den Zugang zur Kunst und Wissenschaft zu verwehren. Dies soll ansatzweise anhand des Traktats »Über die Weiber« von Ernst Brandes geschehen, das 1787 anonym erschien. Wie Uden vor ihm, versucht auch Brandes, die Minderwertigkeit der Frau medizinisch-physiologisch zu belegen. Die Frau besitzt in ihren »Säften... ungleich mehr wässerige Feuchtigkeiten als in den unsrigen, im Blute der Männer sind hingegen weit mehr Eisenteile«. Beim Verbrennen von Leichen ist festgestellt worden, daß der weibliche Körper schneller als der männliche verbrennt. Dies ist der Beleg dafür, daß der Frau Charakterfestigkeit fehlt, und Brandes folgert daraus, daß die Natur die Frau zur Unterordnung schuf.

Man könnte meinen, in Brandes einen Frauenfeind zu sehen. Doch es zeigt sich, daß die Lage der Dinge nicht so einfach ist. Er gibt seine Abhängigkeit offen zu:

»Ich habe nicht die mindeste Ursache, mich über das weibliche Geschlecht zu beklagen. Von meinen frühesten Jahren wurden mir die größten Freuden durch Weiber. Was verdanke ich ihnen nicht alles! Sie bildeten, sie entwickelten meine Empfindung, diese Quelle meiner größten Seligkeiten, wenn auch meiner größten Leiden.

Noch itzt, mitten im Genusse der reinsten, erhabensten Gefühle, die die Freundschaft zu geben vermag, würde ich verdorren, sauer, bitter werden, wenn ich mich nicht zu Zeiten herausreißen, in eure Arme, beste der Weiber, fliegen könnte, um dort Sanftheit, Heiterkeit der Seele, neues Leben zu schöpfen, um von euch erquickt wieder neu aufzublühen, aufs Neue fähig zu werden, Freude zu genießen und Freude zu verbreiten.«[88]

Brandes benötigt seinerseits die Frau, um durch sie Kraft zu schöpfen. Zu den weiblichen Qualitäten, die er zur Regenerierung seiner emotional-physischen Kräfte schätzt und braucht, zählt er Anhänglichkeit, Aufopferung, zarte Empfindung, die Fähigkeit zu lieben und Belesenheit, sofern über sie nie geprahlt wird. In dem Augenblick, wo die Frau selbst etwas fordert, oder wo sie etwa wagt, sich auf eine Stufe mit ihm zu stellen, entsteht Angst. Wir können diese Angst mit der Angst des Kindes vor Verlust des mütterlichen Schutzes vergleichen.

Zwar besitzt die Frau schlechtere Nerven und weniger Intelligenz – sie ist angeblich auch kleinlicher und eitler. Der Mann pocht auf sein Herrschaftsrecht. Die Frau ist zwar seine erste Vertrauensperson, jedoch bedeutet das für sie keinesfalls gleichwertige Partnerschaft.

Diese Dialektik in der männlichen Sicht: einerseits die Frau in mütterlich-wärmender Schutzfunktion, andererseits die Hervorkehrung der männlichen Überlegenheit, wird in diesen Jahrzehnten betont und gefestigt. Es scheint, als würde die Angst, diesen Hort emotionaler Wärme und unbeschränkter Herrschaft zu verlieren, zu immer konstruierteren Theorien führen. Bei Brandes brechen die Ängste auch durch. Er fürchtet, daß unter den Männern »eine unerträgliche Rauheit, eine immer in Tätlichkeiten ausbrechende Wildheit« herrschen würde, wenn sie nur eine Generation hindurch ohne Frauen auskommen müßten. Die Männer wären »aller sanften Empfindungen, dieses Balsams des Lebens«[89], beraubt.

Einen Beitrag zur Erklärung dieser Phänomene leistet Ullrich Herrmann in einer Studie über die Mädchenpädagogik im 18. Jahrhundert. Er weist darauf hin, daß in vielen Schriften dieser Zeit der ökonomische, politische und moralische Niedergang der Staaten auf die Verwahrlosung der Frauen, insbesondere das Lotterleben der adligen Damen zurückgeführt wird (z. B. bei Rousseau, Meiners u. a.). Aus der Analogie Landesvater/Hausvater bzw. Landesmutter/Hausmutter resultiert die Forderung nach einer moralisch festen und ökonomisch tüchtigen Hausmutter als Gefährtin des Hausvaters. Das intakte Gemeinwesen soll auf den Festen intakter Hauswirtschaften ruhen. Herrmann spricht davon, daß die Stellung der Frau »entscheidend aufgewertet« wird.[90] Es fällt schwer, eine Aufwertung hierin zu erkennen, da durch die moralische Verbrämung der Hausfrauenrolle der Frau um so leichter eine vertiefte Beschäftigung mit der Kunst verboten werden konnte.

Es handelt sich um einen mehrschichtigen und komplizierten Prozeß. So sehr die Interpretation Herrmanns stimmig ist, vermag sie nur einen Aspekt der Vorgänge abzudecken, die nicht nur im ökonomischen, sondern auch im psychischen Bereich liegen und von vielerlei Ängsten begleitet sind. Die Gründe für diese Ängste sind mindestens auf zwei Ebenen zu suchen. Zum einen hatten die männlichen Bürger durch den Kampf um das ökonomische Überleben in der kapitalistischen Gesellschaft bestimmte Eigenschaften ihres Wesens verloren; sie verlangten nun, daß die Frauen dafür kompensierten. Da dies auf partnerschaftlichem Wege nicht denkbar war, mußten unterdrückeri-

sche Methoden praktiziert werden. Die Frau durfte nur geben,
nehmen durfte sie nicht. Wagte sie dies dennoch, war sie sich der
männlichen Verachtung sicher. Brandes spricht von »Prätentionen
der Weiber«, die selbst unterhalten werden wollen, statt sich darauf zu
beschränken, ihre Ehemänner zu unterhalten.

Da die ökonomischen Bedingungen sich zunehmend verschärften,
wurde mit der Ideologie der natürlichen Bestimmung zur Ehefrau und
Mutter der Rahmen für die körperlich-seelische Regenerierung des
Mannes geschaffen, von der sich Frauen bis heute nicht zu befreien
vermochten.

Die andere Ebene hat ihre Wurzeln im 18. Jahrhundert. Frauen
gingen daran, Forderungen nach der Teilnahme an Kunst und Wissenschaft zu stellen, und, durch die französischen Einflüsse bedingt, diese
Teilnahme zu praktizieren. 1742 schrieb Dorothea Leporin die
»Gründliche Untersuchung der Ursachen, die das weibliche
Geschlecht vom Studieren abhalten«. Zum erstenmal wurde somit
von einer Frau das Studium als Mittel der Berufsbildung genannt. 1789
verlangte Olympe de Gouges eine »Erklärung der Frauenrechte«,
wonach alle männlichen Vorrechte abgeschafft werden sollten. Sie
endete auf dem Schafott: der Mann drängte in der Folgezeit der
Französischen Revolution die Frau auf ihre »weiblichen« Pflichten
zurück. Elisabeth Blochmann spricht vorsichtig von »neuen Tendenzen der Zeit, die . . . die Bereitschaft der Frau zur Abhängigkeit vom
Manne zu bedrohen scheinen«[91]. Die zahlreichen Traktate der Vertreter der Ideologie von der Bestimmung des Weibes fallen in das letzte
Drittel des 18. Jahrhunderts (Campe gehörte zu den ersten). Es paßt
hierzu, daß der Begriff der »Bestimmung« als entscheidende Kategorie nur auf die Mädchenbildung angewandt wurde, bei Knaben jedoch
die metaphysischen Nebentöne fehlten[92]. Je mehr der Frau das
angeblich Naturgegebene ihrer Bestimmung verdeutlicht werden
konnte, um so besser konnte es gelingen, schöpferische Begabungen
und Fähigkeiten zu zerstören.

Im 18. Jahrhundert gibt es kaum Äußerungen von engagierten
Frauen, die die propagierte Verdummung durchschauten. Nina d'Aubigny, die 1803 eine berühmt gewordene Schrift über die Förderung
des Gesangs bei Frauen verfaßte, bemühte sich, den männlichen
Postulaten Rechnung zu tragen, aber gleichzeitig eine bessere Ausbildung zu fordern. Sie räumte mit dem Vorurteil auf, daß Frauen durch
künstlerische Ausbildung eitel wurden und wagte sogar eine Kritik:
»In dem Benehmen der Männer gegen uns (liegt) im allgemeinen ein

mächtiges Hindernis zu unserer wahren Vervollkommnung«. Sie widerlegte auch die Ansicht, daß das harmonische Ganze der Frau durch ihre Talente gestört werden könnte, und kritisierte den stupiden Drill, der eine vertiefte Beschäftigung mit Musik geradezu verhinderte: »Lehrer und Eltern sind zufrieden, wenn die Schülerin gleich einem Papagei der Gesellschaft ein halbdutzend in das Ohr fallende Stücke vortrillern oder spielen kann.«[93]

Im restlichen Teil entwickelte d'Aubigny eine Elementarlehre des Singens, von der wir wissen, daß sie Beethoven schätzte.

1.4 DAS 19. JAHRHUNDERT

Die Tendenz, die geringere Ausbildung der Frau aus ihrer Minderwertigkeit sowie aus ihrer »Bestimmung« als Ehefrau und Mutter herzuleiten, setzte sich im 19. Jahrhundert fort. Führende pädagogische Theoretiker machten keinen Hehl daraus, daß sie in ihren ausführlichen Gedankengängen das männliche Geschlecht vor Augen hatten. So Herbart, der die übliche Meinung vertrat, daß die Frau ihren Einfluß mehr durch ihr Feingefühl als durch die Ausprägung kognitiver Fähigkeiten ausüben sollte. Er setzte Mädchenschulen mit Elementarschulen gleich.[94] Auch Schleiermacher vertrat die Ansicht, daß eine vertiefte Ausbildung dem Mädchen eher schaden als nutzen könne; zum Erwerb von »Fertigkeiten« hielt er die Elementarschule für durchaus geeignet.[95]

Man sollte sich an dieser Stelle einmal verdeutlichen, wie zentral der Beruf der Hausfrau zu dieser Zeit war. Ein Mann, der seinen Verdienst im bürgerlichen Beruf suchte, war auf eine Ehefrau angewiesen. Als Vorsteherin des gesamten Haushalts buk sie Brot, stellte Haushaltswaren wie Seife und Kerzen her, schlachtete und übernahm die Herstellung von Wurstwaren. Die weibliche Kleidung wurde von ihr oder den weiblichen Familienmitgliedern genäht. Die Handarbeit war keine überflüssige Zierde, sondern eine Notwendigkeit. Es wurden Nutzgegenstände gesponnen, gehäkelt und gestickt. Die Wäsche und das Rollen der Wäsche war eine langwierige Prozedur, die mitten in der Nacht begann. Da die Dielen nicht gestrichen waren und viele Haushaltsgeräte aus Holz bestanden, wurde viel Zeit und Kraft für die Hausreinigung benötigt.[96]

Erst im Lauf dieses Jahrhunderts, als Maschinen viele Arbeiten ersetzten, zerfiel der eigentliche Sinn der Hausfrau. Die Ideologie von

ihrer »natürlichen Bestimmung« wurde jedoch weiter aufrechterhalten.

Eine der Ursachen für die widersprüchlichen Erscheinungen im
Bildungsbereich liegt in der ökonomischen Entwicklung. Der indu-
strielle Produktionsstand erforderte eine über die Ansprüche der
Volksschule hinausgehende Ausbildung. Galt dies bisher fast ausschließlich für das männliche Geschlecht, erwies es sich nun jedoch als
erforderlich, durch eine staatlich geregelte Ausbildung auch Frauen
für bestimmte Berufe zu qualifizieren.

Mit zunehmender Einführung von Maschinen wurden Frauen in die
Fabrikarbeit einbezogen. Vom Textilgewerbe ausgehend breiteten
sich die Möglichkeiten der Frauenarbeit schnell aus, denn die Frau
konnte durch niedrige Lohnansprüche und größere Flexibilität Vorteile gegenüber dem Mann geltend machen. Sie wurde selbst im Berg-
und Maschinenbau eingesetzt, wobei eine Schwangerschaft ebenso-
wenig berücksichtigt wurde wie die familialen Pflichten. Während also
in den unteren Schichten Menschen an der Arbeitslast buchstäblich
zugrunde gingen, wurde in den mittleren und höheren Ständen eine
Ideologie weiterhin verfochten, die zu viel Bildung als ungesund und
unweiblich brandmarkte.

Zum zweiten hatte sich das bereits im 18. Jahrhundert entstandene
Verlangen vieler Frauen nach mehr Bildung nicht gänzlich unterdrük-
ken lassen. In der Nationalliteratur der klassischen und später der
romantischen Epoche fanden die Frauen des Mittelstandes ein Frauenbild, das sich nicht nur dem Mann anlehnte, sondern durchaus etwas
Eigengestaltetes enthielt. Einige deutsche Frauen nahmen am geistigen Leben ihrer Zeit teil[97] und wirkten dadurch beispielgebend,
obwohl sie aus gesellschaftlicher Sicht stets die Unterlegenen blieben.

Ende des 18. Jahrhunderts hatte sich das staatliche Bildungswesen
insofern ausgebildet, als die Elementarschulen und die Schulen für die
männliche Jugend institutionalisiert waren. Der Musikunterricht
hatte in den Knabenschulen eine patriotisch-männliche Funktion:

> »Was die Vaterlandslieder anlangt, so verlangen diese markigen
> Rhythmus, kräftigen Ton, großen Chor und aufrichtige Begeiste-
> rung fürs Vaterland. Bei vaterländischen Festen oder größeren
> politischen Ereignissen in der Schule solche Lieder singen zu lassen,
> ist besonders für Knaben von sittlichem Werte«.[98]

Die Bemühungen, institutionalisierte Mädchenschulen zu errichten,
waren erst ab 1870 auf breiterer Basis erfolgreich. Man stritt sich noch
bis zur Mitte des 19. Jahrhunderts darüber, ob Mädchen außerhäus-

lich unterrichtet werden oder mit Privatunterricht vorliebnehmen sollten. Trotzdem kam es schon nach 1820 zur Gründung zahlreicher Töchterschulen und Pensionen.

Aufgrund der verweigerten staatlichen Unterstützung waren die Töchterschulen nicht einheitlich konzipiert. Durch die verstärkte Industrialisierung und Urbanisierung Deutschlands in der zweiten Jahrhunderthälfte bedingt, verringerte sich die Zahl der Privatschulen laufend, und es wurden öffentliche »höhere Mädchenschulen« gegründet. Die Vorherrschaft der privaten Schulen blieb jedoch bis zum Ende des Jahrhunderts unangefochten.

Zinnecker gibt in seiner detaillierten Analyse (1973) Gründe für diese Vorgänge an. Die höheren Töchterschulen und Pensionate wurden als Statussymbole für die Familien benötigt, die den erfolgreichen wirtschaftlichen Konkurrenzkampf dokumentieren wollten. Im erstarkenden kapitalistischen Wirtschaftssystem wurden die Statuskriterien vom Reichtum des einzelnen Bürgers abgeleitet, so daß die höhere Schulbildung der Kinder zu einer der unerläßlichen und sozial hoch bewerteten bürgerlichen Aufwandnormen wurde.[99] Das Klavierspielen gehörte neben dem Zeichnen und dem Konversieren in Fremdsprachen (meist französisch) zum festen Bestandteil weiblicher Bildung, wobei zu bedenken ist, daß dies nur solche sozialen Kreise betraf, die ein gesichertes Einkommen hatten und genug verdienten, um ihren Töchtern eine solche Ausbildung zu bezahlen (die Bezeichnung »Töchterschule« verrät, daß eher die Eltern, vielmehr der Vater, gemeint sind).

Die 1805 geborene Marie d'Agoult, die Mutter Cosima Wagners, schildert in ihrem Memoiren die Selbstverständlichkeit, mit der ein gut erzogenes junges Mädchen, das in die Gesellschaft eingeführt wurde, Tanzen, Zeichnen und Musik gelernt haben mußte, ob es wollte oder nicht, »und oft im Hinblick auf einen Gatten, der vielleicht weder Künste noch Bälle lieben würde, und am Tage nach der Hochzeit das Klavier abschaffen, die Bleistifte wegwerfen, die Tänze untersagen würde... Niemals hat man uns in der Musik oder im Zeichnen anders als das banalste Zeug gelehrt«[100].

Was die höheren Mädchenschulen an Pflege einer Mußekultur nicht zu leisten vermochten, wurde von den Pensionaten willig übernommen. 1874 kritisierte ein Schulfachmann: »Ein bißchen Klimpern und französisch parlieren gilt vielen Familien doch im Grunde heute wie im vorigen Jahrhundert als das non plus ultra weiblicher Vollkommenheiten«.[101]

Das Klavier als Mädcheninstrument erlebte eine Blütezeit.[102] Es wurde aber nicht dazu benutzt, um komplexe Kunstwerke kennenzulernen oder um formale, künstlerische und interpretatorische Feinheiten aufzuspüren. Gemeinsam mit Gesang, Gesellschaftstanz, Konversation in französischer Sprache, dilettierender Malerei und Handarbeit diente das Instrumentalspiel dazu, einen oberflächlichen Geschmack zu kultivieren, der einen zweckfreien Müßiggang vorgaukeln sollte.

»Die künstlerisch-handwerklichen Fertigkeiten und die inhaltlichen Bereiche der Verfeinerung des Geschmacks sind häufig ebenso festgelegt wie die Art der Repräsentation in der festlichen oder halbformellen gesellschaftlichen Öffentlichkeit. Die vereinheitlichte und ent-individualisierte Mußekultur wird systematisch im Gruppen-Unterricht der höheren Töchterschulen und Pensionate vorbereitet.«[103]

Indem nur Dilettantisches zugelassen und wirkliche Kunsterfahrung ausgespart wurde, bekamen Mädchen und Frauen ein schales Derivat geboten, auf das sich nicht bauen ließ. Engagierten Frauen der 1. Frauenbewegung war daher die ästhetisierende Bildung ein rotes Tuch. Luise Büchner, die Schwester des Schriftstellers Georg Büchner und Fürsprecherin der Frauenfrage, kritisierte, daß das »Ästhetische« in den Mädchenschulen einen zu großen Raum einnahm. Das Gefühl für das Schöne und Gute durfte ihrer Ansicht nach nicht auf einige Fächer beschränkt bleiben, sondern sollte ein Ergebnis des gesamten Unterrichts sein. Sie plädierte dafür, die kognitiven Anteile der Bildung bei Frauen zu verstärken.[104] Auch Luise Otto-Peters prangerte 1876 das Inhumane einer solchen Halbbildung an, die mit der Ziellosigkeit des weiblich-bürgerlichen Daseins korreliere: »Wenn die Frau daheim bleibt und der Gemahl ihr Zeit läßt, bis Mitternacht oder länger auf ihn zu warten –: was hat sie da weiter zu tun als ein wenig zu musizieren oder zu lesen, zu sticken – und all dies zweck- und ziellos, nur – um sich die Zeit zu vertreiben?«[105]

Zinnecker spricht vom »ambivalenten Charakter der weiblichen Privilegien«. Obwohl die Frau dem Mann gegenüber den Vorteil einer ästhetischen Bildung scheinbar genoß, wurde sie in Wirklichkeit diskriminiert durch die Festlegung ihrer Rolle als Repräsentierende sowie durch die Art der Halbbildung.

Die Jahrzehnte um 1850–1900 sind gekennzeichnet von steigenden Frequenzziffern in den bestehenden Schulen, einer Ausdehnung ihrer Unterrichtspensen und der Verbesserung der Lehrerbildung (1874

Die Ausbildung.
Karikatur
(19. Jahrhundert)

erließ die preußische Regierung erstmals eine staatliche Prüfungsord-
nung für die Lehrerinnenseminare, und das Seminar der Berliner
Augustaschule wurde 1877 die erste staatliche Anstalt dieser Art).
Dadurch, daß die bürgerliche Ehefrau in den außerhäuslichen Pro-
duktionsprozeß einbezogen wurde, schmolz die soziale Grundlage der
»Damenrolle«. Strukturell verändernd wirkte weiterhin die durch die
Industrialisierung bedingte bereits erwähnte hauswirtschaftliche Ent-
lastung. Die Notwendigkeit selbständigen Erwerbs seitens vieler
Frauen stieß mit den starren Ideologien zusammen; es entstanden auf
Frauenseite vielfältige geistige Impulse, die in die erste Frauenbewegung mündeten. Deren Ziele galten verständlicherweise vorrangig der
Ausbildungsverbesserung. In den Jahren 1880–1890 verlangten engagierte Kräfte die Einrichtung sogenannter Realkurse für Frauen in
Berlin. Frauen wollten nicht nur auf die neuen Gebiete ihrer volks-
wirtschaftlichen Verwertung übergeleitet werden, sondern es ging
ihnen auch um ein humanes Anliegen, der Umsetzung des Rechtes auf
persönliche Kraftentfaltung und Selbstbestimmung. Nach umfassen-
den Diskussionen wurden drei Punkte für die Ausbildung als unabdingbar hingestellt: die Schulung des logischen Denkens, das Anknüp-
fen an moderne Bildungsinteressen, und die allgemeine Bildungs-
grundlage für sowohl gewerbliche oder kaufmännische Berufe als

auch für die Universität. Nach großen Schwierigkeiten gelang es, diese Realkurse durchzusetzen, wobei der berufliche Verwertungsaspekt Vorrang vor dem bildenden Element erhielt.

>So schätzenswert auch die sprachlich-ästhetische Bildung sein mag, zu der die höhere Mädchenschule den Grund zu legen sucht, so reichen Genuß sie bei späterer Vertiefung gewährt, so erscheint sie doch in unserer Zeit nicht einmal ausreichend, die Frau in ihren Familienbeziehungen, besonders bei der Erziehung der Kinder, ihre Aufgabe voll erfüllen zu lassen.«[106]

schrieb Gertrud Bäumer. Der Lehrplan der Realkurse entsprach denn auch diesem Gesichtspunkt, und sie berichtete nicht ohne Stolz:

>Zum ersten Male, kann man wohl sagen, in der Bildungsgeschichte des 19. Jahrhunderts wurde in dieser Anstalt mit dem Ästhetisieren in der höheren Mädchenbildung tatsächlich gebrochen, zum erstenmal der praktische Versuch gemacht, die Frauenbildung der oberen Stände mit einem gesunden Realismus zu durchdringen.«[107]

Musik besaß also keinen reellen Bildungswert. Es wurde als Fortschritt bewertet, daß das Fach fehlte. Die oben geschilderten Realkurse waren jedoch eine Ausnahmeerscheinung. Der Kampf um die Inhalte weiblicher Bildung wurde heftig fortgeführt. In der allgemeinen Ordnung des höheren Mädchenschulwesens bildete das Lyzeum, in das man 16jährig eintrat und das die Lehrerinnenbildung mit einschloß, ein offenes Feld für ideologische Feldzüge. Um die gegensätzlichen Positionen bezüglich der ästhetischen Bildung aufzuzeigen, werden einige Pädagogen zitiert, die um diese Zeit ihre Abhandlungen schrieben.

Karl Schmidt beschreibt in seiner Geschichte der Pädagogik 1862 die Unterrichtsziele, die aus dem seelenvollen, natur- und gottesfrommen »Wesen« der Frau abzuleiten sind. Im Mittelpunkt der schulischen Unterweisung stehen der Religions- und der kunstgewerblichästhetische Unterricht. Letzterer soll höchstens »das Moment der Schönheit des Weibes betonen«. Dazu sollen die üblichen prestigehaltigen Fertigkeiten beitragen: »...die Poesie in ihrer ganzen Skala, Gesang daneben, des Mädchens Lust, Klavierspiele, seine Freude: das sind die Momente, in die das Mädchen eingeführt werden muß, um in die Kunst einzudringen und an sich selbst die Schönheit darzustellen.«[108]

Auch Richard Schornstein, der 1866 eine Untersuchung zur höheren Mädchenbildung veröffentlichte, ist dem Vergangenen verhaftet.

Er bezeichnet Ehrgeiz bei Frauen als Krankheit, Bescheidenheit dagegen als die edelste weibliche Tugend, und unternimmt den bemerkenswerten Versuch, der Frau ihren zweitrangigen Status als Privileg hinzustellen, z. B. anhand der religiösen Unterweisung:

»Den Stoff für den Unterricht bildet in unserer Schule nur das Wort Gottes in seiner Geschichte und Lehre und daneben das aus der Erfahrung von der Kraft dieses Wortes hervorquillende Kirchenlied ... des Lehrers Wirken (geht) während der Stunden vor allem darauf hin, der alles Menschliche überragenden Heiligkeit des göttlichen Wortes und dem Beweise des Geistes und der Kraft, welchen es selbst von sich gibt, die Herzen zu erschließen. Dazu wird ihm die Unmittelbarkeit der weiblichen Seele entgegen kommen, welche nicht geschickter Beweise bedürftig ist, aber auch nicht durch Formeln und Lehrsätze, sondern durch das Zeugnis Gottes selbst in das Heiligtum innerer Empfänglichkeit sich einführen lassen wird, wo die Kraft des Geistes sich unmittelbar bekundet.«[109]

Dies hat kaum etwas mit Erziehung oder Bildung gemein, sondern ist reine Indoktrination, wobei das Kirchenlied eine manipulative Funktion erhält. Für den Musikunterricht schwebt Schornstein vor, den Sinn für das Schöne zu nähren und auszubilden. Mehr als durch irgendein anderes Mittel findet die innere Persönlichkeit durch Gesang ihren Ausdruck, wenn das Singen nicht der Eitelkeit dient. »Der pflegenden Mutter fehle nicht der Gesang«: die an Pestalozzi gemahnende Vorstellung der sorgenden Mutter, die stets ein fröhliches Lied auf den Lippen hat, würdigt die Musikerziehung zu einem manipulierenden Medium herab.

Pädagogen, die solchen Träumen nachhingen, mußten letzten Endes kapitulieren. Dies war weniger den engagierten Frauenrechtlerinnen zu verdanken, sondern eher den ökonomischen Verhältnissen, die eine Ausbildung der kognitiven Fähigkeiten bei Frauen unabdingbar werden ließen. Das Fach Musik litt zwangsläufig unter diesen pragmatischen Zwängen. Da weder die konservativen Befürworter noch die progressiven Vertreter der Schulbildung sich vom Fach Musik über das Singen hinaus viel versprachen; da auch die Vertreter staatlicher Interessen, die die wirtschaftliche Verwertbarkeit im Auge hatten, mit diesem Fach wenig anfangen konnten, blieb der Musikunterricht auf niedrigster Stufe. Es scheint, als hätte das Nützlichkeitsprinzip die Oberhand behalten. Von den ästhetischen Fächern fand das Zeichnen als Vorstufe für Handarbeiten breiteren Raum und

Anerkennung als der Gesang,[110] und an Volksschulen wurden neben Chorälen und Volksliedern kriegsverherrlichende Lieder gesungen wie z. B. »Held Friedrich zog mit seinem Heer«, »Heil dir im Siegerkranz« usw.[111] Ansonsten diente das Singen der Anleitung zum gemeinsamen Familiengesang. Es konnte daher vorkommen, daß gegen Ende des 19. Jahrhunderts Mädchen größeren Raum für das Fach Musik zugestanden bekamen als Knaben. Der Gesangunterricht an den höheren Knabenschulen fristete ein völlig untergeordnetes Dasein.[112] Lieder wurden meist passiv nachgesungen, wobei solche Qualitäten wie unreflektierte Hingabebereitschaft und religiöse Eingebundenheit gefördert werden sollten.

Eine Erweiterung musikerzieherischer Belange an den höheren Mädchenschulen fand erst 1908 statt. Im Lehrplan von 1894 blieb noch alles beim alten:

> »Der Gesangunterricht in der Schule hat weder den Zweck, stimmliche Kunstleistungen zu erzielen, noch die Schülerinnen zur Wiedergabe schwieriger Tonsätze zu befähigen. Seine erste und wichtigste Aufgabe bleibt die Einprägung einstimmiger Choräle und schlichter ein- und zweistimmiger Volkslieder... Mädchen und Frauen sind von alters die berufenen Hüterinnen des dichterischen Gutes, das im Volksliede ruht. Jede Mädchenschule hat die Pflicht, mit dafür zu sorgen, daß der gemeinsame Haus- und Familiengesang wieder zu Ehren komme, indem sie vorzugsweise solche geistlichen und weltlichen Lieder übt, die nach Wort und Weise

wert sind, ein Lebensgut der Schüler zu werden. Gegen diese Aufgabe tritt die Rücksicht auf die Einübung mehrstimmiger Motetten usw. zu Schulfeiern zurück.«[113]

Je mehr das Klavierspielen zum Statussymbol für höhere Töchter avancierte, desto rascher stieg der Anteil der Familien, die Gouvernanten und Hauslehrer benötigten. Wer es sich leisten konnte, beschäftigte neben dem Privaterzieher noch einen Musiklehrer; oft wurden die Töchter zu einem benachbarten Kantor geschickt.

Die Tendenz, Musik aus kommerziellen Gründen leicht spielbar und dadurch schneller abnutzbar zu komponieren, sie außerdem für weite Kreise konsumierbar zu machen, setzte sich im 19. Jahrhundert beschleunigt fort. »Salonalbums lagen auf meinem Klavier und sentimentale Lieder und Schmachtfetzen sang ich zu jeder Stunde des Tages«[114], beschreibt rückblickend die 1872 geborene Sängerin Anna Bahr-Mildenburg ihre Jugend. Die rasche ökonomische Verwertbarkeit seichter Musik traf sich mit dem Interesse des Bürgertums, die Töchter zwecks Einheiratung in bessere Kreise mit pseudo-künstlerischen Attributen auszustatten. Daher widmeten Komponisten oft die für Dilettanten geschriebenen Stücke den Frauen (z. B. Czerny, Vanhal, Steibelt).[115] Die innere Hohlheit dieser Werke degradierte das Musizieren ebenfalls zu einer Mode, die keinem inneren Bedürfnis entsprang:

»Wie fleißig aber übt erst die junge Dame! Täglich bringt sie einige Stunden am Klavier zu, und man sollte meinen, das Musizieren sei ihr ein unentbehrliches Lebensbedürfnis. Seltsam nur, daß später in der Ehe dieses Bedürfnis so bald schwindet! Die Flitterwochen sind noch nicht vorüber, und schon rügt der Gatte, was er als Bräutigam nie merkte, daß seine junge Frau stets dieselben Sachen spielt, und es kommt ihm wohl gar so vor, als sei der ganze Vortrag mehr mechanisch.

Nur kurze Zeit, und die einst so unermüdliche Spielerin behauptet, keine Zeit mehr zum Spielen zu haben.«[116]

Die verbreitete musikalische Ausbildung junger Frauen, obwohl noch so dilettantisch angelegt, bot die Aussicht auf berufliche Verwertung. Zu Beginn des 19. Jahrhunderts standen Frauen lediglich die Berufe der Erzieherin, Kinderwärterin, Krankenwärterin, Lehrerin und Haushälterin offen. »Außerdem gibt noch Virtuosität in irgendeiner Wissenschaft oder Kunst, z. B. in der Musik, ... Gelegenheit genug, um etwas davon als ein Erwerbsmittel zu benutzen«[117], schrieb Betty Gleim 1810 in ihrem Buch über Mädchenerziehung, wobei sie beschwichtigend hinzufügt, daß nicht an öffentliche Ämter für Frauen gedacht sei. Ihr Bemühen, die männliche Konkurrenzangst zu dämpfen, war überflüssig, da Frauen aufgrund ihrer mangelnden Kenntnisse sowieso auf der untersten beruflichen Rangstufe hängen blieben. Insbesondere unverheirateten und daher ökonomisch unversorgten Frauen, denen zudem eine reelle Berufsausbildung verwehrt worden war, erschien es sinnvoll, ihre in der Jugend erworbenen instrumentalen und vokalen Fähigkeiten zu verwerten, wobei es sich bitter rächte, daß sie ihrerseits meist oberflächlich ausgebildet worden waren.

»Es ließe sich ein langes, trauriges Lied vom Elend der Musiklehrerinnen singen, deren Honorar zwischen dem warmen Mittagessen und wenigen Reichsnickeln schwankt. Denn leider ist der Musikunterricht vollständig vogelfrei. Wer das ›Gebet einer Jungfrau‹ notdürftig klimpern kann, wer mit dem mißglückten Vortrag des ›Wanderers‹ eine Gesellschaft gequält hat, der hält sich für befähigt, Musikunterricht zu erteilen. Das Proletariat ist deshalb hier so groß, wie in keinem andern Stande.«[118]

Clara Schumann wurde bei ihren Tourneen regelrecht belagert, wie anläßlich eines Besuchs in London:

»Viele arme Lehrerinnen melden sich auch wieder, ach! wie soll ich ihnen helfen! sie glauben immer alle, ich kenne ganz London und brauche sie nur als Lehrerinnen vorzuschlagen. Es tut einem das Herz oft weh, wenn man sie wieder gehen sieht – wie manche von ihnen haben kaum das Brot.«[119]

Trotz dieser Misere strömten Frauen in diese Berufssparte; um 1900 gab es in Berlin auf 504 männliche bereits 244 weibliche Privatlehrer für Musik.[120]

Bis zur Mitte des 19. Jahrhunderts wurden Einzelpersonen oder Musikgesellschaften iniativ und gründeten Ausbildungsstätten in fast jeder größeren Stadt. Bis 1850 blieb der öffentliche Musikunterricht fast ausschließlich unter Aufsicht dieser Gesellschaften. Der Großteil dieser Institute war der beruflichen Perspektive entsprechend für die Qualifikation männlicher Jugendlicher gedacht. Kantoren, Organisten, Orchestermitglieder, Komponisten – hier hatten Frauen nichts zu suchen.

In einer kürzlich erschienenen ausführlichen Studie über die Anfänge institutioneller Musikerziehung in Deutschland erfährt man nur wenig über geschlechtsspezifische Unterteilungen. Es wird einer gesonderten Untersuchung bedürfen, um dies herauszuarbeiten. Zuweilen kommt es zu Ungenauigkeiten. Über eine geplante Anstalt kommentiert der Autor: »Von sozialen Schranken ist in der gesamten Planung ... keine Rede.«[121] Betrachtet man aber die Planung innerhalb dieser zitierten Schrift, werden nur männliche Zöglinge erwähnt. Die Frau wird dagegen als Inspirierende beschworen und auf ein imaginäres Podest gestellt. Der Eleve hat ein »Kunstgenie« zu sein, und Frauen fällt die Rolle anheim, dieses Kunstgenie zu inspirieren: »Ja, ihr deutschen Frauen, hier ist euer lieblichster Wirkungskreis ... Und will schon die Zartheit eurer Sitte, die Feinheit eurer Blüte, daß ihr, ach, nicht mit in unserm Tempel wohnet: so ist doch euer inniger Anteil an diesem Beginnen eine Hauptsorge unseres Plans.«[122] So weltfremd die Vorstellung eines erhabenen Künstlers ist, der sich in einem Tempel des Schönen über alles Niedrige erheben soll, um so realistischer ist die Ausschaltung der Frau. Hier dient die Kunst als Abschirmung vor dem »Niedrigen«, zu dem die »Alltagsfrau« gehört. Um die Niedrigkeit der eigenen Gefühle gegenüber Frauen zu verbergen, werden sie überhöht und in eine realitätsferne Rolle gedrängt.

Diese Ansätze hatten mit den wirklichen Institutsgründungen wenig gemein. Dagegen wirkte sich die gängige Ansicht, Mädchen seien zum längeren Üben körperlich nicht fähig, auf die Institutsbildung aus: Es wurde zunächst nur an Knabenklassen gedacht. In einem Plan für ein Musikkonservatorium heißt es 1809:

>»Wir sind weit entfernt, den großen Vorteil dieser Anstalten und die Bildung zur Kunst bloß auf Knaben und Jünglinge einschränken zu wollen. Da aber das weibliche Geschlecht, seiner Natur nach, nicht den ganzen Kursus auf die für das männliche vorgeschriebene Weise beendigen und durchführen kann, so würden in den genannten Städten neben jenen musikalischen Schulen ähnliche Institute für Mädchen zu errichten sein, wo bloß im Singen und Klavierspielen von eben den Lehrern täglich in 2 Stunden erteilt würde.« [123]

Wurden Mädchenabteilungen eingerichtet, beschränkten sie sich auf Gesang und Klavier. Erst um 1820 erhielt die Mädchenförderung etwas Antrieb. Entscheidend daran beteiligt waren die Akademien von Johann Bernhard Logier, der, aus England kommend, sich auf klavierspielende Mädchen spezialisiert hatte. Für solche Drillmethoden, wie sie Logier und auch Fanny Schindelmeisser anwandten, schienen sich Mädchen besonders zu eignen. Es kam auch dem väterlichen Geldbeutel zugute, daß sie auf dem schnellen technischen Fortschritt basierten. Logier nahm nur Frauen auf, genauso wie zunächst Schindelmeisser.[124]

An manchen Programmen von Musikinstituten ist zu erkennen, daß

nur männliche Studierende gemeint sind, so z. B. in den vorläufigen
Statuten der Musik-Schule von Halle aus dem Jahre 1833.[125] Immer
dann, wenn die Berufsperspektive vorrangig ist, hat man sie im Auge:
»Jünglingen, welche mit entschiedenem Talent für die Tonkunst, sich
als Künstler vom Fache bekennen wollen, soll diese Anstalt in der
theoretischen und praktischen Musik, einen vollständigen Unterricht
gewähren«.[126] Will man ausschließlich Frauen ansprechen, dann hat
die betreffende Ausbildungsstätte den Charakter einer reinen Privat-
anstalt. 1812 existierten in Leipzig zwei Singinstitute, an denen »junge
Frauenzimmer« aus »vornehmen Häusern« unterrichtet wurden[127].

An den Prüfungsanforderungen einer Anstalt aus dem Jahre 1841
werden die unterschiedlichen Ausbildungsgänge sichtbar: Während
die Mädchen »sich geschickt zeigte(n) in melodischen Verzierungen,
in Dynamik, im Einzel- und Zusammenspiel, in Harmonielehre und
Präludien«, gaben sich die männlichen Prüflinge mit einer polyphonen
Komposition ab und zeigten, daß sie Choralmelodien kontrapunktisch
bearbeiten konnten[128].

Georg Sowa teilt die Anstalten, die um 1830 herum entstanden, in
zwei Gruppen ein: in »allgemeine« und »besondere«. Zu den ersteren
zählen solche, in denen ein umfassender Musikunterricht mit dem Ziel
des Berufsmusikers erteilt wird. Mit den »besonderen« Anstalten sind
spezialisierte Schulen gemeint, in denen meist nur ein einseitiger und
wenig umfassender Unterricht entweder im Gesang, oder im Instrumentalspiel erteilt wird. Obwohl es nicht explizit geäußert wird, kann
man davon ausgehen, daß die erste Gruppe fast ausschließlich Knaben
betrifft. Es wäre aber zu vereinfacht, würde man die Mädchen nur der
zweiten Art von Bildungsstätten zuordnen. Es kam schon wegen des
Bedarfs an Berufssängerinnen zu gelegentlichen Überlappungen.
Aber auch die Pianistinnenlaufbahn begann sich mit Ausprägung des
Konzertbetriebs abzuzeichnen, so daß es zum Überschreiten der
dilettierenden Grenze kommen konnte. Es gibt sogar Institutsgründer
bzw. -planer (z. B. Horstig), die Mädchen und auch die unteren
Schichten aus humanen Gründen einbeziehen.[129] In Sowas Darstellung wird jedoch offenbar, daß es der Bedarf an Berufsmusikern war,
der die Entwicklung entscheidend beeinflußte und vorantrieb.

Eine Aufstellung des Wiener Konservatoriums aus den Jahren
1817–1870 gibt interessante Hinweise über die geschlechtsspezifische
Aufschlüsselung.

167 männl.	Ges.	Klav.	Viol.	Vc.	Kontrabaß	Bläser
Studierende	10	10	54	20	3	53

102 weibl.						
Studierende	94	8	–	–	–	–
(17 ohne Angabe)[130]						

Gründe für die weibliche Abstinenz scheinen darin zu liegen, daß die Orchesterinstrumente mit dem beruflichen Ziel des Orchestermusikers studiert wurden, Frauen also nicht in Frage kamen. Außerdem ergeben die Zahlen im Gesangsbereich einen großen Frauenüberhang. Dies kann eigentlich nur bedeuten, daß viele Frauen zum Selbstzweck studierten, bzw. daß ihre Berufschancen im Vergleich zu ihren männlichen Kollegen mehr als gering waren.

Laut Schülerlisten nahm die größte Zahl der Studierenden nur ein Jahr Unterricht; wir können annehmen, daß es sich gerade um den Teil handelte, der eine Laienausbildung durchlief, also wiederum Frauen.

Nur unter diesen Gesichtspunkten ist die Entwicklung im 19. Jahrhundert zu verstehen. Wenn 1894 geschrieben wurde, daß die rund 230 Konservatorien und Musikschulen Deutschlands jährlich eintausend junge Damen ausbildeten und daß Frauen in der Überzahl waren[132], dann ist dies nur unter dem Aspekt der verkürzten Ausbildung und der verengten inhaltlichen Ausrichtung interpretierbar.

Daß es mit der Qualität nicht weit her war, belegt die Aussage der berühmten Sängerin und Pädagogin Marchesi, die 1854 am Wiener Konservatorium die Arbeit aufnahm. Sie fand keine einzige halbwegs leistungsfähige Schülerin vor. Da die Schülerinnen weder Mimiknoch Deklamationsunterricht bekamen, beschloß sie, »da es auf diese Weise unmöglich war, Opernsängerinnen auszubilden«, privat bei sich Klassen einzurichten, um ihren Schülerinnen den Vorteil einer Opernschule zu bieten. Auch sie beklagte die Kürze der Ausbildungszeit: »Welcher Gesangsschülerin gönnt man jedoch in unserer nach schnellen Erfolgen drängenden Zeit drei Jahre zu ihren Studien? Man will alles in einem Jahre, in sechs Monaten vollbringen, selbst ohne die notdürftigsten Vorstudien gemacht zu haben!«[133]

Die Betrachtung des 19. Jahrhunderts wäre ohne Einbeziehung des Männerchorwesens unvollständig, da das Liedgut einen nachhaltigen Einfluß auf den Schulgesangunterricht ausübte.

SCHEMATISCHE DARSTELLUNG EINES PLANS ZUR ERRICHTUNG MUSIKALISCHER KONSERVATORIEN IN DEUTSCHLAND
(aus dem Jahre 1810, unterzeichnet mit D. K.)[131]

Jungen
1. Klasse (5-10jährige):

Scalen singen, Solfeggiren, Singen leichter melodiöser Stücke, 1- und 2stimmig; genaue Kenntnis der Intervalle und Hauptakkorde; Kenntnis der Noten, des Notenschreibens, aller Taktarten, des Sopran-, Violin- und Baßschlüssels.
Klavier (Pflicht): täglich 3 Stunden
Violinspiel (Pflicht): täglich 3 Stunden
Anderweitiger Unterricht: täglich 3 Stunden

2. Klasse (10-15jährige):

Kenntnis der übrigen Schlüssel, Kenntnis im Auffassen mehr zusammengesetzter Akkorde, Kenntnis im 4stimm. Gesang;
Weiterer Unterricht auf dem Klavier und der Violine, zusätzlich in Bratsche, Flöte, Klarinette und Horn.
Anderweitiger Schulunterricht: täglich 3 Stunden

3. Klasse (13-16jährige)

Vollstimmiger Gesang, Elemente der mathematischen Klangberechnung und der Akustik; historische Kenntnisse der besten Meister, Übung im Partitur-Lesen, Übung im Dirigieren am Klavier, Kenntnis des Umfangs aller Instrumente und der Schreibart für sie; Übung im Selbstkomponieren, größere Vollkommenheit im Instrumentalspiel.

Mädchen
insgesamt 2 Stunden Unterricht:
Singen, Klavierspiel
(Ziel: Teilnahme bei Aufführungen von Vokalstücken)

Der Komponist und Dirigent Carl Friedrich Fasch (1736–1800) unterrichtete von 1787 an auch Damen, die sich seinen Unterrichtsstunden zugesellten; der Übergang zu größeren Zusammenkünften, bei denen gemeinsam gesungen wurde, ergab sich fast zwangsläufig.[134] 1791 gründete er aus diesen Zusammenkünften heraus die Berliner Singakademie, der weitere Chorgründungen in Deutschland folgten. Zwölf Frauenstimmen standen damals 15 Männerstimmen gegenüber. Mit der Zeit wuchs der weibliche Anteil: 1800 standen 71 Frauen 44 Männern gegenüber.

Trotz dieser erfolgreichen Entwicklung gliederte der nachfolgende Leiter Zelter 1809 einen Kreis von 24 Männern heraus, die sich fortan unter sich trafen. Diese »Liedertafel« wird als der Beginn des sich lauffeuerartig verbreitenden Männerchorwesens in Deutschland angesehen.

Die Gründe für diese reinen Männerbünde werden meist als politische angegeben. Zweifelsohne gab es patriotische Impulse. Unklar ist jedoch, warum Frauen explizit ausgeschlossen waren. Preussner vermutet, daß der Gedanke, den sich verbreitenden Frauensingkränzen »alte echte Männergesänge entgegenzustellen«, entscheidend war und er folgert, daß die Männerchöre als Reaktion gegen die Einbeziehung der Frau in das Musikleben entstanden. Zelters eigene Aussagen zeigen in der Tat, daß außermusikalische Ziele die Gründung motivierten. Über seinen Männerbund schrieb er an Goethe:

»Wo Längelei und Wortwesen war, wird entschlossene Tat, und die Langeweile der Freßzirkel, wo nur der Nachbar käuend mit dem Nachbar über Gewerbkrämerei, wo nicht vom Fraße selbst spricht, ist unbekannt, wo alle an Einen hängen, wo Eines für alle gedacht und gemacht ist.«[135]

Die modischen Singetees, bei denen Frauen nicht selten das Sagen hatten, widerten ihn an; er sah in ihnen eine Bedrohung männlichen Geistes. Die Resonanz, die seine Gründung erfuhr, zeigt, daß seine Empfindungen kollektiv-männlicher Art waren. Das Männerchorwesen erhielt ein markig-kraftvolles Image. »Da, wo es sich um ... Mannestaten handelt, muß der Männerchor energisch zur Geltung kommen«[136], rief 1903 Wilhelm II. anläßlich eines Gesangwettstreits den Dirigenten der Gesangvereine zu. Von da aus war es ein leichtes, eine kriegerische Komponente einzubeziehen, wie es Adolf Weissmann 1914 tat. Seiner Ansicht nach ist der Männergesang »der absichtsvollste Ausdruck des männlichen Gemeinschaftsgefühls ... nirgends versinnbildlicht sich der Wille zum Siege stärker als in

ihm«[137]. Daß es sich hierbei nicht nur um ein neues (männliches)
Bewußtsein handelt, sondern um ein bewußtes Korrigieren des
Geschlechterverhältnisses auf Kosten der Frau, wird in seinem Auf-
satz über »Musik und Krieg« artikuliert.

> »Kurz: der Männergesang, die Musik, die ungebrochene Kraft und
> Gemüt ausdrückt, alles Weibliche und Weichliche fernhält, bereitet
> eine politische Tat vor, läßt die Nervenkraft ungeschmälert, ent-
> flammt die Begeisterung…. Noch immer gehört ihm die Liebe des
> Bürgerstandes, und auch die Frau, ans Gehorchen gewöhnt und
> voll Bewunderung für Manneszucht und Kraft, beugt sich vor
> ihm.«[138]

Die von Zelter ausgesprochene Sehnsucht nach Vereinheitlichung,
nach Unterwerfung unter einen, der scheinbar die eigenen Wünsche
vertritt, geht einher mit der Ausgliederung angsterzeugender unbewußter Anteile, zu denen Einbrüche seitens der Frau gehören. Frauen
hatten im 18. Jahrhundert männliches Terrain (im Konzertsaal und als
Sängerin) »erobert«; in den Singegemeinschaften nahmen sie überhand, und in den Singetees und Hauskonzerten walteten sie ebenfalls.
Aus einer solchen Angstreaktion heraus sind die Männerchorgrün-
dungen verständlich. Die nationalistischen Lieder, die sie liebten,
gehörten ihnen alleine: Was hatten Frauen schon mit Krieg und
Patriotismus, mit Kampf-, Wander- und Jagdliedern gemein? Daß bei
den Gründungen der Gedanke an das Zunftwesen der Meistersänger
eine Rolle spielte, und daß Angehörige der bürgerlichen Gebildeten-
schicht (Professoren, Ärzte, Regierungsräte, Offiziere) den Kern
dieser Bewegung bildeten, läßt auf eine bewußte Ausgrenzung der
Frau schließen.

Die Zeltersche Liedertafel lud Frauen einmal jährlich zu festlichen
Veranstaltungen ein. Damit war das Unbewußte gebändigt: Frauen
konnten nicht mehr in männliche Reviere überschwappen, sondern sie
wurden gerufen, wenn es dem männlichen Willen gefiel. Wenn sie
kamen, mußten sie schweigend die mit Glanz und Glorie umrahmte
Männerwelt zur Kenntnis nehmen. Sie war nicht die ihrige, und sie
würden sie nie betreten können.

Die Vermutung liegt nahe, daß sowohl die nationalpatriotischen
Inhalte des Liedguts als auch der Ausschluß der Frau dazu dienten,
das »Männliche« im Mann zu verstärken und ihn gegenüber dem
weiblichen Geschlecht zu erhöhen. Daß das Männerchorwesen im
Lauf des 19. Jahrhunderts die hehren Ziele vernachlässigte und »die
Eitelkeit, das Bier oder das Tanzvergnügen… (zur) Hauptsache«

wurden[139], ändert wenig daran, daß der ungeheure Aufschwung der
Männerchorbewegung neben der unbestreitbar politisch-patrioti-
schen Funktion auch psycho-sexistischen Mechanismen entsprang.

1.5 DAS 20. JAHRHUNDERT

1.5.1 Schulische Musikerziehung

Gegen Ende des 19. Jahrhunderts drängten sich die Mängel der
Mädchenschulbildung den Politikern geradezu auf. Zu rasant war der
Fortschritt auf ökonomischem Gebiet, der sozialwirtschaftlich hauptsächlich gekennzeichnet war durch die Auflösung der alten Hauswirtschaft sowie die abnehmende Heiratsmöglichkeit der Frau.

Durch die Industrialisierung zur außerhäuslichen Arbeit aufgeru-
fen, veränderte sich das Tätigkeitsfeld der Frau erheblich. Es war
zuvor üblich gewesen, daß die Haushalte innerhalb ihrer Hausgemein-
schaft das Lebensnotwendige weitgehend selbst herstellten; diese
Arbeiten entfielen durch die zunehmende Technisierung. Hinzu kam
der Frauenüberschuß: Er lag noch vor dem 1. Weltkrieg bei einem
Überhang von einer Million Frauen. Da das väterliche Einkommen
oft nicht zu ihrem Unterhalt ausreichte und die Wohnungen – bedingt
durch den Zuzug und die entsprechende Raumnot in den Städten –
kleiner wurden, verließen namentlich mittelständische Frauen den
Familienverband und suchten sich eine Arbeit.

Um nun den erwerbstätigen Mann finanziell zu entlasten, sollte dem
Mädchen eine entsprechende berufsvorbereitende Ausbildung
gewährt werden. Der bis dahin so gefürchtete Konkurrenzkampf mit
dem Mann wurde nun als »keine an sich ungesunde Erscheinung«
schmackhaft gemacht.[140] Der Öffentlichkeit wurde behutsam verdeutlicht, daß eine Reform des Mädchenschulwesens aus wirtschaftlichen
Erwägungen unabdingbar sei: Die Erwerbsverhältnisse hätten es mit
sich gebracht, daß gerade in den mittleren und höheren Ständen viele
Mädchen unversorgt blieben und viele »für die Gesamtheit wertvolle
Frauenarbeit brachliegt«[141].

Fortschrittliche Pädagogen hatten bereits seit Mitte des 19. Jahrhunderts eine ernsthafte Bildung der Frauen vor allem aus moralisch-
humanitären Gründen gefordert. Neue Zeitschriften zur Frauenbildung waren entstanden. Aber auch die bürgerliche Frauenbewegung
tat viel, um den Bewußtseinsprozeß voranzutreiben, indem sie –
unabhängig von den wirtschaftlichen Zwängen – für die Frau volles

Bürgerrecht und Bürgerpflicht in der geistigen und sozialen Kultur
forderte. Die Mehrheit der Pädagogen ging jedoch vorsichtiger vor:
Die Zeit war noch nicht »reif«, um die Frau als eigenständiges Wesen
zu definieren. In den Preußischen Bestimmungen zur höheren Mädchenbildung von 1913 hieß es denn auch, daß das weibliche Geschlecht
nur solche Fächer studieren dürfe, soweit sie für Mädchen in Betracht
kämen.[142] Man war bemüht, die männliche Konkurrenzangst zu
dämpfen. Da der Mann seine Familie als Stätte der Erholung benö-
tige, wo er »nach den Anstrengungen des Dienstes eine Ausspan-
nung« suche, müsse er von der Gattin einen höheren Bildungsgrad
verlangen können. Diese sollte imstande sein, ihm bei seinen tagespo-
litischen Auslassungen ein verständiges Ohr zu bieten: »Es muß sich
die Frau ihm anschließen können, wenn er einmal politische Fragen ... zu besprechen wünscht, wenn er literarische Fragen vorbringt,
wenn er auf dem Gebiete der Kunst und Wissenschaft ... sich
aussprechen will.«[143]

Die verstärkte berufliche Orientierung vertrieb langsam aber sicher
die alte Vorstellung von der Kultivierung der literarisch-ästhetischen
Kräfte. Sogar konservative Pädagogen reihten sich nun in die allgemeine Kritik der Bildungsinhalte an höheren Mädchenschulen ein.
Die Ordnung von 1894 erwies sich als ungenügend, insbesondere
deshalb, weil es an Anweisungen fehlte, wie die Mädchenbildung über
das 15. und 16. Lebensjahr hinaus weitergeführt werden sollte.

1908 erfolgte in Preußen eine Reform. In der Neuordnung des
Lehrplans der höheren Mädchenschule hieß es:

> »Es ist zu verhüten, daß die ästhetische und die Gefühlsbildung zu
> sehr überwiegen, daß hauptsächlich die Phantasie angeregt und das
> Gedächtnis in Anspruch genommen wird, während die Verstandes-
> bildung sowie die Erziehung zu selbsttätiger und selbständiger
> Beurteilung der Wirklichkeit zurücktreten.«[144]

Dies bedeutete konkret verstärkten Rechen- und naturwissenschaftli-
chen Unterricht sowie realistischere Lernziele im Sprachenunterricht.
Gleichzeitig beeilte man sich, zu betonen, daß durch diese Neuerun-
gen die »weibliche Eigenart« keinesfalls angetastet werden sollte.
Diese widersprüchliche Haltung, die den Blick sowohl zurück in den
Haushalt als auch nach vorne zur beruflichen Bildung umfaßte, zeigt
sich in der inhaltlichen Ausrichtung der 11. und 12. Klassen des
Lyzeums. Hier wurden Fächer wie Kindererziehung, Hauswirtschaft,
Gesundheitslehre und Wohlfahrtskunde gefordert sowie »die Gebiete
der Barmherzigkeit und Nächstenliebe« (offen blieb freilich, wie

letzteres zu lehren war und warum Knaben davon ausgeschlossen blieben). Das Fach Musik fehlte.

Die Mädchenbildung wurde aber auch von den allgemeinen musikerzieherischen Neuerungen betroffen. Auf Kretzschmars Reformgedanken fußend, wurde ein Bewußtsein für die systematische Entwicklung einer eigenständigen musikpädagogischen Disziplin geschaffen. Das Fach sollte nicht mehr ausschließlich staatlichen und kirchlichen Interessen dienen. Der Musikforscher Hermann Kretzschmar, der zahlreiche Essays zu musikpädagogischen und musiksoziologischen Tagesfragen verfaßte, hob die Musik als persönlichkeitsbildend hervor. In die Erläuterungen zum Musiklehrplan von 1908 fließen die neuen Vorstellungen eines vertieften Musikunterrichts ein. Neben der Erziehung zum Musikhören waren eine Gesanglehre und die Förderung des musikalischen Geschmacks vorgesehen. Die Aneignung »der im geistlichen und weltlichen Liede niedergelegten Schätze der Tonkunst« unterschied sich vom bisherigen Singen dadurch, daß nun auf eine qualitative Auswahl hingewiesen wurde. Schließlich wurde die Vermittlung »der für jeden Gebildeten wünschenswerten Kenntnisse« nicht nur auf gesanglichem Gebiet, sondern der gesamten Musik gefordert.[145] Somit waren – zumindest auf dem Papier – die Ziele der Mädchenbildung im Fach Musik denen der Jungenbildung gleichgestellt.

Zwei Beispiele können die widersprüchlichen Zeitströmungen veranschaulichen, bei denen das Bemühen, das sich wandelnde Aufgabenfeld der Frau im Zuge der sozialwirtschaftlichen Neuerungen zu akzeptieren, auf das traditionelle Frauenbild stößt. 1918 wurden die Richtlinien des preußischen Ministers für Wissenschaft, Kunst und Volksbildung, Adolph Hoffmann, der dem linken Flügel der damaligen SPD angehörte, noch unter dem Eindruck des verheerenden 1. Weltkrieges verfaßt. Sie verbannten »jeglichen Chauvinismus« aus dem Unterricht, verurteilten militärische Einflüsse innerhalb der schulischen Erziehung, hoben die geistliche Ortsschulaufsicht auf und forderten die gemeinsame Erziehung von Knaben und Mädchen.[146] Diese auf Gleichheit fußenden Richtlinien bestätigen erneut, daß der Ruf nach Emanzipation der Frau meist parallel zu der Forderung nach dem Abbau nationalistischer und militärischer Kulte steht.

Das Gegenstück hierzu bildet die 1916 erschienene Schrift Hugo Löbmanns über »Volkslied und musikalische Volkserziehung«. Die alteingesessenen Vorurteile von der gesundheitsschädigenden Wirkung des Studierens bei Frauen werden wiederholt. Löbmann sieht es

im Wesen der Frau begründet, dem Leben die feineren Innenseiten
abzugewinnen. Der unverdorbene Sinn der weiblichen Jugend ist auf
die Verinnerlichung des Lebens gerichtet, und da Musik das »Innenle-
ben höchster Art« darstellt, ist sie für die Mädchenerziehung geeignet.
Da Kunst nach Seele verlangt, ist sie ideal für »das an Seele so reiche
Geschlecht des Weibes«. Denn: »Wer Seelengröße, Seelenstärke
sehen will, der schaue auf das deutsche Weib. Dort treibt der Baum
der Treue seine stärksten Wurzeln, dort verankert der Opfersinn seine
Kraft am tiefsten.«[147]

Die Stellung der Frau wird innerhalb der musikalischen Kultur
umschrieben: »Musik verlangt die ganze Kraft eines ganzen Mannes.
Gewiß! Aber das Erbe, das auch den Größten unter ihnen die Natur zu
verwalten gab, das empfingen sie von der deutschen Mutter.«[148]

Um der Frau ihre passiv-erniedrigte Rolle schmackhaft zu machen,
wird sie idealistisch überhöht:

»Wie schön erscheint die deutsche Jungfrau mit der Laute im Arm,
wenn zartgeformte Hand über das weiche Silber der Saiten gleitet,
wenn weiche Fingerspitzen harte Griffe greifen und Akkordhau-
chen die weiche, feine Stimme begleitet.
Und alles, was die Jungfrau singt, das wird bedeutungsvoll auf ihrer
blühenden Lippe. So steht sie da wie eine Priesterin am Altare des
Edlen, Guten, Schönen.«[149]

Selten ist so offen demonstriert worden, daß eine Erhöhung zugleich
eine Erniedrigung einschließt.[150]

1.5.2 Die Lehrerinnenbildung

Seit dem Mittelalter war es Frauen verwehrt, an höheren Schulen zu
unterrichten. Im 19. Jahrhundert lockerten sich diese Fesseln etwas,
hauptsächlich durch die städtischen Behörden bedingt. Weibliche
Lehrkräfte wurden bei einigen Fächern zugelassen, zu denen der
Elementar-, Handarbeit- und Sprachunterricht gehörten. Mit der
Ausweitung des höheren Mädchenschulwesens verbesserte sich auch
die Lehrerinnenbildung, obwohl der preußische Staatshaushalt für
1890 96 Seminare für Lehrer gegenüber nur acht für Lehrerinnen
vorsah.[151] Volksschullehrerinnen waren für das Lehramt an Mittelschulen und Lyzeen befähigt, wenn sie eine Prüfung nach der Prüfungsordnung für Lehrer an Mittelschulen von 1901 ablegten. Es gab
Einzelverfügungen zur Vorbildung, Prüfung und Anstellungsbedin-
gungen für Gesangslehrer(innen). Die Zeitschrift »Die Frau« berichtet 1906 von der 1. Prüfung von Musiklehrerinnen in Preußen. Vier

Damen des Berliner Konservatoriums Klindworth-Scharwenka erlangten vor dem Professorenkollegium das Reifezeugnis, das ihre Befähigung zur musikalischen Lehrtätigkeit nach den neuen Bestimmungen der Prüfungsordnung auswies.[152] 1910 erschien der lang erwartete Ministerialerlaß einer Prüfungsordnung für Gesangslehrer und -lehrerinnen an höheren Lehranstalten in Preußen.

1907 wurde bei der Prüfungskommission an der Hallenser Universität eine Nebenabteilung eingerichtet, die die Befähigung zur Erteilung des Gesangunterrichts an den höheren Lehranstalten zu prüfen hatte. Wer sich hierfür bewarb, mußte die Prüfung für das höhere Lehramt bereits bestanden haben. Seltsamerweise wird in den Prüfungsanforderungen geschlechtsspezifisch getrennt, und zwar im kompositorischen Bereich. Während männliche Kandidaten die Komposition einer Motette oder eines Liedes für gemischten Chor vorweisen müssen, heißt es in einem Zusatz der Prüfungsordnung: »Von Bewerberinnen wird statt der... Forderung die Umarbeitung a) eines gemischten Chores, b) eines geeigneten Solo-Lieds, Volkslieds oder Chorals... verlangt«[153]. Man hielt Frauen nicht für befähigt, zu komponieren. Aus welchem Geist diese Annahme stammt, ist ungewiß: Es konnte sich entweder um die praktische Erwägung handeln, daß man Frauen bisher kaum das kompositorische Handwerk gelehrt hatte, oder um die ideologische Annahme, daß Frauen zum Komponieren von Natur aus außerstande sind.

1.5.3 Die musische Bewegung

Die zu Beginn dieses Jahrhunderts einsetzende Jugendmusikbewegung bildete einen Teil der als »musische Bewegung« sich kennzeichnenden Zeitströmung. Es wäre für unsere Untersuchung eine eingeengte Sichtweise, wollte man nur die musikalische Entwicklung betrachten. Trotz vielschichtiger Strömungen innerhalb der musischen Bewegung, auf die ausführlich einzugehen weder aus räumlichen noch aus thematischen Gründen möglich oder nötig ist, schälen sich einige Theoreme heraus, die als Leitlinien die ganze Bewegung durchziehen: zum einen die Beschwörung der Gemeinschaft, und zum anderen das Plädoyer für die Einheit des Menschen.

Letzteres hätte auf den ersten Blick Vorteile für die Frau beinhalten können, denn ihr war, genauso wie dem Mann, die Ausprägung einseitiger Charaktereigenschaften vorgeschrieben; sie hatte also genauso wie er die Komplementierung ihres Wesens nötig. Auch der Gemeinschaftsbegriff versprach Verheißendes für sie, die in der

patriarchal geleiteten Kleinfamilieneinheit weniger Partnerschaft als
vielmehr Unterordnung praktizieren mußte.

Hans Hodek sieht in der sich konstituierenden musikalischen
Massenbewegung einen Ausbruchs- und Kompensationsversuch des
sozial absteigenden Mittelstandes. Objektive materielle und soziale
Verschlechterungen, von ihm als »Nivellierung«, »Vermassung« und
»Entpersönlichung« umschrieben, wurden damals als rein geistige Not
begriffen. Man ignorierte die wirtschaftlichen Ursachen und flüchtete
in angenehmere, aber unverbindlichere Sphären. Diese Erklärungs-
versuche Hodeks sind inzwischen von weiteren Arbeiten zur musischen Bewegung bestätigt worden (z. B. von Kolland). Man hat aber
bislang versäumt, das Phänomen der musischen Bewegung nach
geschlechtsspezifischen Gesichtspunkten zu durchleuchten.

Am Ende des 19. Jahrhunderts war neben der Angst vor der
»kalten« Technik die subjektive Angst vor dem Verlust der bürgerlichen Werte spürbar. Das lag gewiß auch daran, daß Frauen in das
Berufsleben einbezogen wurden. Die Berufswelt war von Männern
und männlichen Werten geprägt. Zinnecker hat empirisch nachgewiesen,

> »entsprechend dem Ausmaß, in dem einzelne Frauen oder Frauen-
> gruppen in die weibliche Statusrolle Teile der männlichen ein-
> bauen, übernehmen sie auch die dem Statussystem der Arbeit
> zugeordneten Leistungsanforderungen und -motivation.«[154]

Es liegt nahe, daß Frauen, die in das Berufsleben eintraten, ihre ihnen
zugewiesene weibliche »Wesenhaftigkeit« verloren und sich dem
durch Konkurrenz- und Leistungszwänge deformierten Sozialcharak-
ter des Mannes anzunähern drohten. Gleichzeitig verlief die tech-
nisch-industrielle Entwicklung so rasant, daß Männer in einem noch
nie dagewesenen Ausmaß sich von der Kleinfamilie mit den ihr
innewohnenden Werten wie Innerlichkeit, Häuslichkeit, Gemütlich-
keit, Kultivierung der Künste entfernten und mehr denn je nach
Kompensation verlangten.

> »Sie scheuten sich nicht, dies auszusprechen. Um 1910 formulierte
> der Anführer eines Feldzuges gegen Lehrerinnen an Schulleiter-
> Posten, ›für den Ehemann... sei die Erhaltung der echten weibli-
> chen Eigenart geradezu eine Lebensfrage. Er sei einfach nicht
> imstande, den doppelten Kampf zu kämpfen, einmal mit den
> Widerwärtigkeiten, Mühen und Sorgen des Berufslebens und
> danach noch mit widerstrebenden, eigenwilligen, selbstsüchtigen
> häuslichen Gewalten‹«[155],

schildert die Frauenrechtlerin Helene Lange in ihren Lebenserinnerungen.

Die von Theoretikern der musischen Bewegung wiederholte Forderung nach innerer Durchdringung des ganzen Menschen, nach Umwandlung von technischer Rationalität in Innerlichkeit, nach Aufhebung der Entfremdung, scheint den Schrei des Mannes nach Komplementierung seines einseitig gewordenen Wesens zu beinhalten. Das »seelische Erleben« drohte zu schwinden: Geist und Sinne waren auseinanderdividiert, und man sehnte sich nach einer Fusion. Man könnte auch formulieren: nach einer Verbindung weiblich-männlicher Elemente.

Die Jugendbewegung hatte, verglichen mit der einengenden Vergangenheit, eine befreiende Wirkung für Mädchen. Sie, die eingezwängt gewesen waren in rigide Familiennormen, hatten erstmals die Chance, auszubrechen, ohne moralisch verfemt zu werden. Zwar waren in den ersten Jahren des »Wandervogels«, der als Kern der Jugendbewegung gilt, Mädchen nicht zugelassen, aber schon in der ab ca. 1907 beginnenden zweiten Periode wurden sie aufgenommen. Sie drängten danach, die Gitarre zu erlernen, und das Heimischwerden des Volkstanzes ist vor allem ihnen zu verdanken. 1912 verfünffachte sich ihre Zahl im Vergleich zum Vorjahr, während sich im gleichen Zeitraum die Zahl der männlichen Mitglieder nur verdoppelte.[156]

Eine der wenigen Untersuchungen über die Rolle des Mädchens innerhalb der Jugendbewegung stammt von Elisabeth Busse-Wilson (1920), die die von Hans Blüher konstatierte gleichgeschlechtliche Erotik unter den männlichen Wandervögeln bestätigt. Beide sehen den Grund für die Mädchenabwehr in der repressiven Sexualmoral. Während aber Blüher den »Werbekampf der erosgeladenen Frau« als Grund dafür anführt, daß Frauen gemieden wurden, ist Busse-Wilson der Meinung, daß der Ausbruch des Mädchens aus ihren repressiven Konventionen nur dadurch ermöglicht wurde, daß sie in die Asexualität flüchtete. Zwar stellte diese Haltung nur eine »unvollkommene Zwitterlösung« dar, dennoch bedeutete sie für Mädchen eine nicht hoch genug einzuschätzende Bereicherung, ermöglichte sie ihnen doch ein Freizeitleben außerhalb der Familie.[157] »Die radikale Keuschheit war zwar heroisch, aber zunächst doch mehr Reaktion auf die bürgerliche Sexualmoral als aktive Neugestaltung.«[158]

Daß es zu einem objektiv feststellbaren Zuwachs an Freiheit kam, ist unzweifelhaft. Dennoch gilt festzuhalten, daß die neue Asexualität, zur Norm erhoben, die alte Repression in veränderter Form weiter-

führte und vor allem die Beziehungslosigkeit zwischen den Geschlechtern aufrechterhielt. Hätte man damals überblicken können, daß
Geschlechterphilosophien gesellschaftlich bedingt und daher verän-
derbar sind, und daß die Frau durch ihre Fernhaltung von Kunst,
Wissenschaft, Politik und Beruf bedingt ebenfalls deformiert war und
einer Ergänzung bedurfte, dann hätte diese Bewegung in der Tat
revolutionäre Impulse verbreiten können. Dies geschah jedoch nur
vereinzelt. Nötig gewesen wäre eine bewußte Grenzüberschreitung in
Richtung auf eine Fusion von Intellekt und Gefühl, von Körper und
Seele, Innenbereich und Außenbereich, Abstraktion und Konkre-
tion, und vor allem: von Mann und Frau. Dies hätte jedoch system-
sprengende Auswirkungen gehabt und war weder für die Unterschicht
praktizierbar, noch für die Frau jedweder Schicht. Es hätte bedeutet,
daß man sich über Normen und Standards des sozialen Lebens
hinwegsetzte und dies war auf breiter Basis nicht durchführbar.
Allenfalls einige Künstler machten sich diese Bewegung für ihre
Arbeit nutzbar, wie Line Kossolapow anhand der Kunst des Jugend-
stils und des Expressionismus nachweist.

Je mehr sich die wirtschaftliche Verunsicherung der Mittelschicht
ausbreitete, umso stärker wurden die ideologischen Verfestigungen.
In dem Bestreben, sich abzugrenzen, wurden diffuse und irrationale
Postulate vertreten, die eine Emanzipation verhinderten, zur Unmündigkeit führten und vor allem den Zugang zur reflektierenden
Erkenntnis versperrten. Die Frau bekam kein wirklich neues Angebot. Im Gegenteil, die Sehnsucht nach der »Einheit« manifestierte
sich in Träumen von egalitären Massen und Familienidyllen.

»Auch wir wollen die Hebung der Massen. Aber wir möchten, daß
in der Primär-Zelle des Staates, nämlich in der Familie der Vater
Herr im Hause bleibe und nicht Bundesbruder werde. Unser Weg
führt mühevoll und schwierig in das Reich freier und großer
Geister, in Gottesnähe, wo der gewöhnliche Sterbliche bescheiden
sein muß, aber überselig werden kann.«[159]
Mit solchen irrationalen Fiktionen hämmerten sich die Theoretiker
der musischen Erziehung ein Machtverhältnis zurecht, in dem die
Frau ihren Rahmen abgesteckt bekam: »Denn auch das häusliche
Leben hat keine Formen mehr . . . Da muß nun mehr denn je die Frau
und Mutter der Schönheitsgeist des Hauses sein.«[160] So Georg Götsch,
der mit Walther Hensel zu den reaktionärsten Vertretern zählte; beide
arbeiteten auf musikpädagogischem Gebiet und machten in Büchern
und Aufsätzen von ihren schriftstellerischen Talenten regen

Gebrauch. Hensel, der sich vorzugsweise mit dem sudetendeutschen Volkstum beschäftigte und den Anschluß an das »Reich« propagierte, gab 1929 eine Liedersammlung mit dem Titel »Strampedemi, ein Liederbuch von Jungen Trutz und Art« heraus. Hodek kommentiert: »Der . . . manipulative Charakter der Henselschen Liedersammlungen (wird) deutlich, der die militanten Aggressionen hinter der Einfachheit und Schlichtheit der alten Gesänge verbirgt . . . Züchtigung und Triebregulierung aber war vor allem für die weibliche Jugend gedacht, die nach Hensel am besten hinter dem mittelalterlichen Spinnrad aufgehoben war.«[161]

Als Beispiel kann das Lied »Mädchen und Landsknecht« dienen (Vers 5 und 6):

»Und so uns Gott ein Knäblein schenkt, ein kleines Knäbelein,
So wollen wir es schießen lehrn die wilden Vögelein.
Und so uns Gott ein Mädchen schenkt, ein kleines Mägdelein,
so wollen wir es stricken lehrn von Seiden ein Häubelein.«[162]

Für die Mädchen sammelte Hensel unter dem Titel »Spinnerin Lobunddank« Lieder. Er sah in ihnen eine Auslese »alles Jung-Mädchenhaften, Jung-Fräulichen und Jung-Mütterlichen . . . ein Spiegel und Schatzkästlein«. Als Einteilung wählte er die folgenden Überschriften: »Spinnen – Sinnen – Minnen / Heilige Erde / Mutter und Kind / Die Quellen raunen / Singt und springt / Wenn die Glock ist angeschlagen.«[163]

Exkurs: Verräterische Sprache

Die Implikationen sprachlicher Begrifflichkeit werden in wissenschaftlichen Untersuchungen meist ignoriert. Dabei wohnt den Ausdrücken und benutzten Vergleichen häufig ein assoziativer Kontext inne, der Rückschlüsse auf die psychische Beschaffenheit gestattet. Gerade die Zeit der musischen Bewegung bietet eine Fülle sich monoton wiederholender Begriffe, von denen einige exemplarisch herausgegriffen und interpretiert werden sollen.

In der Schilderung Georg Götsch' über das Musikheim in Frankfurt an der Oder träumt dieser von Regenerationsanstalten für Musiklehrer:

»Wie die Diakonissen ihre ›Mutterhäuser‹ haben, in die sie vom Außendienst jederzeit wieder zurückgerufen werden können, so wären auch für Lehrer der kleinen Orte Mutterhäuser not, wo sie von Zeit zu Zeit Nahrung für ihre Berufsgläubigkeit und ihren Berufsschwung holen könnten. Das Musikheim möchte einen

kleinen Teil dieser großen Aufgabe auf sich nehmen.«[164]
Man will einen Hort der Angstfreiheit, eine geschützte Zuflucht – man
will wieder Kind sein. Götsch spricht von seinem Heim, das »ruhiges
Zusammenwirken, klare Lebensordnung und eine reine Heim-Atmo-
sphäre« besitzen soll. Der Wunsch nach der Kindheit, als die Eltern
die Lebensordnung vorgaben, man sich anzupassen hatte, dafür aber
vor der Außenwelt geschützt war, klingt an. Das Reine entspricht dem
Asexuellen: Es macht sich Angst vor dem anderen Geschlecht breit.[165]
In einem reinen Heim werden keine Erwartungen an einen gestellt;
man kann sich frei von beängstigenden Ansprüchen der Kunst widmen
und folglich »auf den Grundlagen der Musik Kraft holen«.

Auch Höckner glaubt, Musikerziehung könne den Menschen »nicht
beschmutzen, nur edler und reiner werden lassen«[166]. Dies erinnert an
Fäkalientabus und negative Besetzung der Sexualität, wie das in der
Kindheit geschieht; um so mehr, als in den angedeuteten Phantasien
regressive Kindheitssehnsüchte spürbar werden. Daß man nichts
umwälzend Neues will, sondern vielmehr die heile Welt des Kindes
sucht, die eingebettet ist in der statisch-schützenden, autoritären
Familie, wird in den Texten häufig angedeutet. Höckner charakterisiert die Wandervogelbewegung folgendermaßen:

> »Indem er wandernd vom trauernden Berg und Tal, vom tiefen
> Rhein und dem schwebenden Schifflein, von der stolzen Lind' im
> tiefen Tal, von Wasserrauschen und Mühlenrad, Frau Nachtigall
> und Blümlein fein singt, da knüpfen sich ihm mählich wieder die
> uralt heiligen Naturbande, die der unglückliche Zeitengang einst-
> mals zerriß; der Baum, der aus dem mütterlichen Boden gerissen
> wurde, schlägt wieder neue Wurzel.«[167]

Das so häufig beschworene Bild der Wurzel scheint nicht zufällig zu
sein, wie überhaupt das biologistische Vokabular die Sehnsucht nach
festen, naturgegebenen Ordnungen widerzuspiegeln scheint.

> »Im Volkslied, da hat der Wandervogel Umgang mit einem natürli-
> chen Menschen, der sehnt sich, und träumt noch ein volles, ganzes
> Menschentum, das noch mit markigen Wurzeln aus dem Boden
> seiner Allverwandtschaft Nahrung trinkt.«[168]

Nahrung trinkt man als Säugling; das »Sehnen« und »Träumen« ist
wiederum mit Kindheitswünschen gekoppelt.

Vötterle sagt von Hensel: »Im Volkslied sah er den mütterlichen
Grund aller Musikkultur«[169], und der zentrale Stellenwert des Volks-
liedes in der musischen Erziehung zeigt, daß nicht nur er es so sah.
Vermutlich hatte das Volkslied auch die Funktion, einen mütterlichen

Schutz zu gewähren und an die mit Sicherheitsgefühlen verbundene Kindheit anzuknüpfen. Dies wird an anderer Stelle bestätigt:

> »Das Lied gibt bei solcher wesensmäßigen Eingliederung in den Jahres- und Tageslauf dem Leben seine Ordnung, weist den umtreibenden Mächten ihren Platz zu und ankert den Menschen durch das liedgebundene Selbstsingen in dieser Ordnung fest.«[170]

Die Sehnsucht nach der asexuellen Mutter ist häufig gekoppelt mit Ängsten vor der sexuelle Ansprüche stellenden Frau. Volkslied und wurzelechte Rückbesinnung also, um Bedrohungen zu bewältigen? Das Gegenteil der guten und asexuellen Frau klingt auf, wenn zwischen sexueller Ausschweifung und der Unterhaltungsmusik eine Verbindung konstruiert wird: »Der gemeine, lasterhafte Rhythmus dieser Teufelsdirnenmusik nimmt alle Sinne gefangen«.[171] Die »herbe Keuschheit« des Volksliedes, an der man gesunden könne, wird der dämonischen Unterhaltungsmusik gegenübergestellt.[172]

»Doch der wilde Knabe brach . . .« Verbrämte Vergewaltigung?

Die bildliche Darstellung der Frau Musica vermengt sich mit der althergebrachten Polarität von Dirne und Heilige. August Wyneken wehrt die böse Frau ab, indem er dem idealisierten Gegenpart huldigt. »Für uns ist Musik kein Genußmittel, sondern ein Gegenstand unseres Kultus; keine Dienerin, sondern eine Königin«.[173] An anderer Stelle greift er dieses Bild erneut auf, indem er von der »Erziehung zu ritterlichem Dienst« spricht. Die mittelalterlichen Vorstellungen spielen auf eine Überhöhung der Frau durch den Ritter an. Man will sich Frau Musica zu Füßen legen, von ihr inspiriert werden und sie vergöttern. Dieses Bild zeugt von einem wenig partnerschaftlichen Bezug zur Frau.

Die Furcht vor weiblichen Bedrohungen ist gleichzeitig überlagert von der Verlustangst: Man will »das Weibliche«, was immer das auch sein mag, nicht missen. »Es schwindet der musische Mutterboden, und die Wüste der Geistesdürre breitet sich aus.«[174] Götsch versteht diesen Mutterboden als »heilige Mitte«: »Entfernt sich die Musik von dieser Mitte, so wird sie unfruchtbar.«[175] Man könnte anders formulieren: Entfernt sich die Frau von ihrer häuslichen, asexuellen, den Mann nicht bedrohenden Rolle, so wird er unfruchtbar, sprich: impotent.

Der Musikpädagoge Helmut Segler, der diese Jahre persönlich miterlebte, erwähnt die sexuelle Prüderie, die vorherrschte. Streng asketische Verhaltensweisen wurden gepredigt, die nicht eingehalten werden konnten, was zu inneren Konflikten führte.[176] Man würde jedoch unzulässig vereinfachen, wollte man die neurotischen Charakterzüge einzelner Anführer der musischen Bewegung zu deren Entlastung anführen. Zum einen haben die musischen Theoretiker ideologische Vorgaben von großer Tragweite geliefert. Zum anderen hätten sie nicht eine solche Resonanz erfahren, wären ihre individuellen Konflikte vereinzelte pathologische Erscheinungen gewesen. Die ökonomische Brüchigkeit und sexuelle Repression dieser Jahre ließ die neurotischen Charakterzüge zum Allgemeingut werden, wie das Ansteigen der irrationalen Ansprechbarkeit der Massen zur Zeit des Faschismus anschaulich beweist.

Zum Abschluß dieses Exkurses wird die Broschüre »Über die gesamte Musikpflege in Schule und Volk« von Hensel, die 1924 erschien, auf ihre Diktion hin überprüft. Die sich anschließende Skizze versucht, das innere Bild Hensels begreifbar zu machen. Die uns verräterisch erscheinenden Ausdrücke sind kursiv gedruckt.

»Wir brauchen die Industrie darum nicht zu verdammen; aber diese *tödliche Schlange* muß gezähmt, ihres *Giftes* beraubt werden.«

»Das deutsche Volk, die Jugend voran, muß sich erst zu seinen alten Meistern *emporringen.*«

»Der heutige Musikbetrieb führt zum *Chaos,* zur *Auflösung,* die Musikpflege in den Kreisen der Jugendbewegung hingegen kündet eine *aufsteigende* Morgenröte an.«

Er fordert eine »reinliche Scheidung der *absterbenden* und *aufkeimenden* Welt.«

»Und gerade unsere Hausmusik liegt elend *darnieder,* unser Volk kennt und besitzt heute nicht nur nichts *Edles, Gutes* auf diesem Gebiet, sondern ist mit Leib und Seele dem *Teufel* Salon-, Kino- und Tanzmusik verschrieben.«

»Wir brauchen *Persönlichkeiten* als *Führer. Meister* mit ihren *Gefolgschaften;* diese schaffen sich ihre Kulturbrennpunkte selbst, von wo sie *ins Volk ausstrahlen* und *immer weitere Kreise ziehen.*«

Die in der Broschüre enthaltene Zusammenfassung wird vollständig zitiert:

»Nicht staatliche Organisierung des Musikwesens, sondern bloß staatliche Hilfe und Förderung den *schaffenden Männern!* Die Früchte der Jugendbewegung langsam reifen lassen. Keine zwangsweise Verkoppelung zweier unvereinbarer Welten! Die Pflege des echten Volksliedes nie aus dem Auge verlieren, es ist der Weg zu unseren deutschen Meistern! Die Jugend schaffe sich ihre Bücher selber! Man stelle nicht das ganze Musikleben auf die großen Formen ein, sondern auf *gute* Hausmusik! Schulreformen sind gut und notwendig, doch erwarte man nicht zuviel von ihnen! Kampf gegen jeden vereinsmäßigen Betrieb der Musik! Hingegen die Bildung neuer, freier Singgemeinden fördern! Die Musik dem Volke!«

Hensels Sicht ist autoritär. Indem er von »schaffenden Männern« spricht und sie als »Meister«, »Führer« und »Persönlichkeiten« apostrophiert, sind Frauen ausgeschlossen, ohne daß man dies implizit erwähnen müßte. Von den Führern wird Edles und Gutes nach unten ausgestrahlt; das Volk wird positiv beeinflußt, und Tod und Chaos bleiben gebannt.

Die Gegenüberstellung von

Chaos – Auflösung – Tod	*auf*keimen – *auf*steigen –
*ab*sterben – *darnieder*liegen	*empor*ringen

scheint wiederum auf Kastrationsängste hinzuweisen. Die Erektion

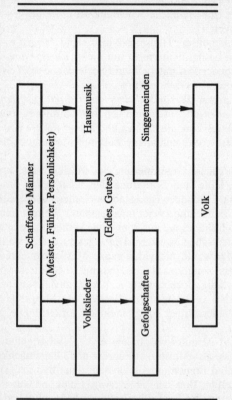

des Phallus als einzige Rettung vor der Auflösung, vor der tödlichen chaotischen Gefahr? Freud hat vor Jahrzehnten auf die Verbindung der Furcht vor dem Verlust männlicher Übermacht und der Kastrationsangst hingewiesen.

1.5.4 Kestenberg-Reform und »Drittes Reich«

Die Kerngedanken der sogenannten Kestenberg-Reform, die eine wissenschaftliche Vorbildung des Musiklehrers, bewußtes Singen und Hören, die Selbsttätigkeit des Kindes und die Gleichstellung des Faches Musik mit anderen Schulfächern beeinhalteten, wurden bereits 1905 auf dem 3. Kunsterziehungstag artikuliert. Dennoch blieb es dem Politiker und Künstler Leo Kestenberg vorbehalten, sie in seine Reformpläne für den schulischen Musikunterricht einzubauen. Obwohl die Reform durch die Nazis rückgängig gemacht wurde und sie insofern wenige praktische Auswirkungen hatte, gelang es Kestenberg, das Fach formal und inhaltlich aufzuwerten: Mit der Ernennung des Musiklehrers zum Studienrat im Jahre 1923 wurde eine längst fällige formale Gleichstellung erreicht.

Die Lehrpläne für die höheren Schulen sind auf den ersten Blick für beide Geschlechter gleich. In der Koppelung von Musik- und Turnunterricht bei Mädchen liegt dennoch ein gradueller Unterschied. Mädchen sollten ihrer angeblichen Natur entsprechend sich mehr auf den körperlichen Ausdruck in Verbindung mit Musik konzentrieren, während bei Jungen die Unterrichtsstunden für das Kennenlernen musikalischer Werke verwendet werden konnten.[177]

An der Volksschule erhielten Mädchen im 3. Schuljahr je eine Stunde weniger in Zeichnen und Singen als Jungen. Sie mußten statt dessen Nadelarbeit verrichten. Durch die Schmälerung der musikalischen Ausbildung zugunsten hausfraulicher Qualifikationen wirkte die alte Rollenzuweisung fort (wenn auch die praktischen Auswirkungen angesichts des Musiklehrermangels und der unzureichenden Unterrichtsqualität gering gewesen waren; es geht hier jedoch weniger um die konkrete Praxis, als um die Vorstellungen der Lehrplangestalter).

In der Mittelschule bekamen Mädchen einen durchgehend zweistündigen Musikunterricht im Gegensatz zu Jungen, die in den letzten drei Schuljahren nur einstündigen Unterricht erhielten. Erkennt man jedoch, daß dafür Knaben erheblich mehr Unterrichtszeit für Fächer wie Rechnen, Raumlehre und Werkunterricht zugesprochen beka-

Klein Marei*).

Aus Christel Lahusens „Volks= und Bänkellieder“.

Geige.

1. Laß uns auf die Wie = se gehn,   klein Ma=rei, und
2. Mußt das Röck=chen fas=sen an,   hüp = fen auf den
3. Hör, zum Tan = ze singt ein klein   Vög=lein sei = ne

1. tan = zen,   wo die blau=en Blüm=lein stehn,   woll'n wir lu=stig
2. Ze = hen,   und im Tan=ze mußt du dann   lu = stig dich auch
3. Wei = se;   all die schönen Blü = me = lein   nik = ken rings im

1. tan = zen!   ⎫
2. dre = hen.   ⎬ Eins, zwei, drei,   eins, zwei, drei! O wie schön
3. Krei = se.   ⎭

1-3. tanzt Marei! Eins, zwei, drei,   eins, zwei, drei,   tan=ze, klein Ma = rei!

---

*) Nach Adolf Strube „Welch ein Singen, Musizier'n“, Liederbuch für Mittel=
schulen. C. Merseburger, Leipzig.

Sozialisation des Mädchens . . .

Der Freiheit Schlachtruf (1812).

(Das Eisenlied.)

Fest und bestimmt. Auch einstimmig.　　　1818. Albert Methfessel, 1785—1869.

1. Der Gott, der Ei = sen wach = sen ließ, der woll = te kei = ne
2. O Deutsch=land, heil = ges Va = ter=land! O deut=sche Lieb und
3. Laßt brau=sen, was nur brau=sen kann, in hel = len, lich = ten
4. Laßt we = hen, was nur we = hen kann, Stan=dar=ten wehn und

1. Knech = te; drum gab er Sä=bel, Schwert und Spieß dem Mann in sei = ne
2. Treu = e! Du ho = hes Land, du schö = nes Land, dir schwö=ren wir aufs
3. Flam=men; ihr Deut=schen al = le, Mann für Mann, fürs Va = ter=land zu=
4. Fah = nen! Wir wol = len heut uns, Mann für Mann, zum Hel = den=to = de

1. Rech = te; drum gab er ihm den küh = nen Mut, den
2. neu = e: dem Bu = ben und dem Knecht die Acht! der
3. sam = men! Und hebt die Her = zen him = mel = an und
4. mah = nen. Auf! flie = ge, deut = sches Siegs=pa = nier, vor=

1. Zorn der frei = en Re = de, daß er be = stän = de
2. füt = re Krähn und Ra = ben! So ziehn wir aus zur
3. him = mel = an die Hän = de und ru = fet al = le
4. an den küh = nen Rei = hen! Wir sie = gen o = der

1. bis aufs Blut, bis in den Tod die Feh = de.
2. Her=manns=schlacht und wol = len Ra = che ha = ben.
3. Mann für Mann: die Knecht=schaft hat ein En = de!
4. ster = ben hier den sü = ßen Tod der Frei = en.

(Gekürzt.) Ernst Moritz Arndt, 1769—1860.

. . . und des Jungen (aus einem Schulliederbuch, 1927)

men, Mädchen dafür mit Nadelarbeit und Hauswirtschaft vorliebnehmen mußten, rundet sich das Bild ab. Zwar war die Schulausbildung
der Mädchen aus ökonomischen Gründen der Jungenbildung in einem
Ausmaß angenähert worden, wie man es sich im Jahrhundert zuvor
kaum erträumt hätte. Bei allem Fortschritt geht aber eindeutig hervor,
daß der außerhäusliche Beruf für Knaben das Lebensziel bedeutete,
für Mädchen jedoch hinter der Berufung zur Hausfrau rangierte.
Musik nahm innerhalb dieses Gesamtgefüges einen der Mädchenbildung »gemäßen« Platz ein. Das bedeutete, daß sich das Fach in
tänzerisch-rhythmischer Anmut in Form keuleschwingender Turne-
rinnen, oder dem Erlernen eines Volksliedrepertoires (das in seiner
altertümelnden Rollenzuweisung Klischees bestätigte) und patriotischen Gesängen erschöpfte.

Die beiden Grundpfeiler der musischen Bewegung, das Streben nach
»Gemeinschaft« sowie nach einem »neuen Menschen«, entsprangen
ideologischen Vorgaben, aus denen auch die nazistische Ideologie
schöpfte. Es wurde bereits aufgezeigt, daß das Verlangen nach einem
neuen, in sich geschlossenen Menschen einer Illusion entsprang und
weder auf allgemeingesellschaftlichem Gebiet, noch im kulturellen
Sektor verwirklicht werden konnte. So entstand ein Surrogat, das von
den Nazis mit irrational-mystischen Begriffen angereichert wurde und
bis dahin ungeahnte Dimensionen erreichte.

Die Stellung der Frau, die ihr ansatzweise bereits innerhalb der
musischen Bewegung zugewiesen wurde, wurde nun nach der Macht-
ergreifung verfestigt. Der Musikunterricht hatte sich, wie alle anderen
Schulfächer auch, einer Gesinnungserziehung unterzuordnen. Da die
Realität mystisch verklärt wurde und zudem intellektuell-kritische
Fähigkeiten verpönt waren, fiel es zunehmend schwerer, sich dieser
Weltanschauung zu entziehen.

Der »Bund Deutscher Mädel« in der Hitlerjugend unterstützte
diese Bestrebungen. Nicht das »Ich«, sondern das »Du und das Wir«
war wesentlich. Nur das Glück der Gesamtheit und der Gemeinschaft
zählte. Die Frau durfte zwar – da sich dies aus wirtschaftlichen
Gründen nicht umgehen ließ – in außerhäuslichen Berufen arbeiten,
die »ihrem Wesen entsprachen«, hatte sich aber ansonsten dem
männlichen Alleinanspruch unterzuordnen.[178]

Für die Musik als Unterrichtsgegenstand galt: »Deutsch und völ-
kisch, gemeinschaftsbildend und willensstärkend, heldisch und
kämpferisch, schlicht und mütterlich, feierlich und heiligende«.[179]

Mit diesen Polarisierungen ging eine bewußte Geschlechtsrollenzu-
weisung einher:

>Musik formt im Verein mit der Gymnastik den politischen Solda-
ten, dessen Wehrhaftigkeit im leiblichen Können gründet, sich
aber erst in der seelischen Haltung vollendet. Sie pflanzt in das
Gemüt das nordische Wertsystem der Ehre und Treue, der Hinge-
bung und der Opferbereitschaft... heute steht vor uns die Aufgabe, durch eine für die Erziehung zum kämpferischen Mann und
zur opferbereiten Frau geeignete Musik auf die Jugend zu wirken.«[180]

Dies deckte sich mit der Ansicht der Nationalsozialisten, die künftige
Mutter als Zielvorstellung der weiblichen Erziehung zu sehen, wobei
ihr noch nicht einmal die Selbstverwirklichung innerhalb dieser Ehe
zugestanden wurde. Denn, so Hitler persönlich: »Auch die Ehe kann
nicht Selbstzweck sein, sondern muß dem einen größeren Ziele, der
Vermehrung und Erhaltung der Art und Rasse dienen. Nur das ist ihr
Sinn und ihre Aufgabe.«[181]

Das Bestreben, Widersprüche und Gegensätze zwischen Klassen
und Schichten aufzuheben, die Gesellschaft als »eine« Gemeinschaft
und »ein« Volk zu propagieren, das einheitlich denkt und handelt, ist
nur auf der Folie der geschlechtsspezifischen Rollenzuweisung
begreifbar. Nie ließen die Nazis einen Zweifel daran, daß alle Ideen,
für die die Frauenbewegung jahrzehntelang gekämpft hatte, falsch
waren. Man wollte eine Zementierung des Gestrigen; die Frauenrolle
sollte sich vorindustriellen Zeiten annähern.

Der Mann wurde zum alleinigen Verwalter kultureller Belange:
»Die Wiedererstarkung unserer Wehrmacht und die Entstehung
zahlreicher Musikkapellen in den Organisationen der politischen
Bewegung haben eine hochbedeutsame Folge auf dem Gebiet der
Musikpflege zur Erscheinung gebracht.«[182] Musik und Politik wurden
bewußt miteinander verflochten. Durch Singen und Musizieren sollte
die nationalsozialistische Gesinnung emotional nachvollzogen werden. Widerstände, die vor allem von rational-kritischer Seite drohten,
galt es auszuräumen. Wie sehr die Rolle der Frau auch mit Hilfe der
Kunst gefestigt wurde, zeigt das folgende Zitat zu den 1933 stattfindenden Kasseler Musiktagen:

>Wenn wir eine neue Bodenständigkeit der Kunst und der künstle-
rischen Betätigung finden wollen, dann bedarf es zuerst einer
inneren Neuordnung unserer ganz alltäglichen Lebensweise. Es
bedarf ihres Einfügens in die uns gegebenen Ordnungen: Familie,

Gemeinde, Staat, Kirche. Sie alle sind nicht dazu geschaffen, daß sie dem Menschen dienen, sondern umgekehrt, daß der Mensch ihnen oder besser gesagt, in ihnen diene.«[183]

Georg Götsch sah 1934 anerkennend die »ungetrennte Einheit von Mensch und Musik« durch die Nazis verwirklicht.[184] Die Masse mußte »gegliedert und geortet«, d. h. in die Kleinfamilie eingebunden werden. Die Familie als Keimzelle von Kultur und Sitte: Diese weltfremde und scheinbar unpolitische Perspektive erweist sich bei näherem Hinsehen als hochpolitisch, sollte doch die Frau von jeglicher Selbstverwirklichung absehen und – außer Kinder gebären – den Ehemann unterstützen, ihm dienen und Energien für den Kampf zukommen lassen. Auf Musik bezogen, eignete sich der Geniekult zur Unterordnung ebenso vorzüglich wie seine Umkehrung, die die Kanalisierung kreativer Leistungen in ungefährliche, volkstümliche Regionen vorsah. Musiklehrer, die Kompositionsversuche mit ihren Schülern wagten, wurden gescholten: »Abgesehen von der Nutzlosigkeit solcher Bestrebungen, zieht man in unserer Jugend damit ein Laster groß, das schon an sich in erschreckendem Maße unter dieser Jugend verbreitet ist: die Ehrfurchtslosigkeit!«[185]

Als vorzügliches Instrument zur Disziplinierung der Massen erwies sich die Hausmusik, da sie nach mehreren Richtungen gleichzeitig wirkte. Man erhoffte sich sowohl eine Gesundung der Volksseele, die an der amerikanisierten Tanzmusik »erkrankt« war, als auch eine Stabilisierung der Familieninstitution. (Amerikanisierte Tanzmusik wurde wohl deshalb bekämpft, weil sie die Rolle der biederen Ehefrau in Frage stellte, indem sie eigenständige sexuelle Bedürfnisse bewußt machte). An der Hausmusik sollten die Familienmitglieder die großen deutschen Meister verehren lernen. »Ebenso sollten Vereine, die sich schon seit langem mit dem Schutze des Familienlebens beschäftigen, wie die deutschen Frauenvereine aller Konfessionen, die Unterstützung der Hausmusik in ihren Aufgabenkreis einreihen«.[186] Diese Forderung eines Kulturfunktionärs zeigt, wie sehr man sich der politischen Wirkung einer solchen musikalisch-kulturellen Lenkung bewußt war.

Im schulischen Musikunterricht wurde wie im außerschulischen Bereich die Rollenzuweisung betont. Beim Jungen kamen die Aspekte des Männlich-Soldatischen, bei Mädchen des Weiblich-Gemütvollen zur Geltung. Die Musikerziehung knüpfte an das 19. Jahrhundert an. In Mädchenliederbüchern sind Lieder enthalten, die jeglichen Realitätsbezug vermissen lassen, wie »Spinnt, ihr Mädchen, spinnet, spinnet, daß ihr eure Kost gewinnet... die bekommt den besten Mann, die am besten spinnen kann«[187], und deren Sinn lediglich darin besteht, frühere häusliche Tätigkeiten, wie die Hausfrauenarbeit überhaupt, zu idealisieren. Dieses Lied ist einer Rubrik »Mutter und Kind« entnommen, die mit dem Hans-Baumann-Lied »Setzt ihr euren Helden Steine« den Auftakt setzt und neben der Vergötterung des »Führers« auch Lieder nationalistischen Gepräges enthält. Neben Liedern, die die Mutter idealisieren, wird ein Abschnitt der »Helden- und Totenverehrung« gewidmet. Ein typisches Beispiel ist das Lied »Heiliges Feuer«, bei dem Deutschland als asexuelle Frau fungiert. Das Tötungstabu der Mutter gegenüber wird benutzt, um sie gegen Außenfeinde zu verteidigen. Die sexuelle Energie bleibt im Männerbund gespeichert, und das Ganze wird mit religiösen Anspielungen verkleistert:

Heiliges Feuer brennt in dem Land, aufwacht das Volk aus dem Schlafe. *Bruder,* wir reichen zum Bund uns die Hand, wir wollen Ehre statt Strafe. Arbeit soll adeln die Taten, und wir sind der Arbeit *Soldaten.*

Braun ist das Kleid wie die Erde von dir, Deutschland, wir grüßen dich wieder. Du bist die *Mutter* von allen und mir, dir danken wir unsere Lieder. Nie wollen wir dich verraten als deiner Arbeit *Soldaten.*

Von der Konzeption her ist dieses Lied vom Mann aus gedacht: Der wehrbereite Jüngling wird angesprochen. Im Grunde war es gleichgültig, ob verschiedene Liederbücher für Jungen und Mädchen herauskamen. Wie sich oben zeigt, können auch Lieder, die scheinbar nur eine Männerwelt berühren, durchaus eine allgemein-rollenstabilisierende Funktion innehaben.

Neu im Gegensatz zu früheren Musikbüchern ist neben der Verschärfung der politisch-ideologischen Gesinnung das Fehlen von Kirchenliedern. Dafür erhielten die Helden- und Vaterlandslieder musikalisch eine kirchenlied-artige Verbrämung (Diatonik, syllabische Vertonung, griffige, feierliche Akkordbegleitung usw.). Man kann eigentlich von einer »Vermännlichung« des schulischen Musikunterrichts sprechen. Landsknechtslieder, Soldatenlieder, Fahrtenlieder, Armeemärsche waren vorgeschrieben.

In der männlichen Hitler-Jugend wurden fast ausschließlich Lieder gesungen, die Angriffs- und Kampfesstimmung erzeugen sollten, wie z. B. »Afrikalied: Panzer rollen«, »Kamerad nun heißt's marschieren«, »Im Feldquartier auf hartem Stein«, »Ein Kampf ist entbrannt«, »Nun laßt die Fahnen fliegen«, »Es zittern die morschen Knochen«, »Zehntausend Mann, die zogen . . .« und viele mehr. Die Frau bekam allenfalls die Funktion des Soldatenliebchens zugewiesen, wie in »Schwarzbraun ist die Haselnuß«.[188]

Innerhalb der Hitlerjugend waren die musikalischen Schulungsformen geschlechtsspezifisch aufgeteilt. Die Hitlerjungen wurden zusätzlich in Spielmanns- und Fanfarenzügen ausgebildet. Daher war nur für Jungen »Bläserschulung« vorgeschrieben, für die Mädchen dagegen »Gymnastik«. Die körperliche Darstellung musikalischer Abläufe war weiterhin Mädchen vorbehalten, während Jungen den Blasinstrumenten ein männliches Image verliehen, das bis heute in Deutschland besteht. Eine männerbündisch-erotische Funktion bekam die Musik an der Front, wo Frauen nichts zu suchen hatten:

»Der Militärmarsch, unter dessen Klängen die Regimenter einst zum Sturm antraten, das Soldatenlied auf dem Marsch und im Kampf, der Choral auf dem Schlachtfeld sind ganz unmittelbar Kampfhilfe. Nicht weniger ist es aber auch der feierliche Große Zapfenstreich zu festlichen Höhepunkten des Soldatenlebens, die fröhliche Marschmusik, welche die todmüden Beine nach der Friedensübung strafft und hebt, die kernhaft fromme, echt deutsche Musik, die den Feldgottesdienst begleitet; die frohe gesellige Musik, die nach aller Überanstrengung und Gefahr die Truppe hebt und entspannt. Wer je in Krieg und Frieden Soldat war, kennt diese nicht hoch genug anzuschlagende Wirksamkeit seiner geliebten Regimentsmusik.«[189]

Abgesehen davon, daß Hodek zuzustimmen ist, wenn er kommentiert: »Der Krieg erscheint als ein einziges großes Singen«[190], erinnert dieser Passus an die übliche Rolle der Frau als aufbauende und entspannende Dienerin des Mannes, der sich nach mühseliger Arbeit in der Familie erholen will. In Ermangelung der Ehefrau muß Frau Musica ihre Dienste tun.

Wie sah die reale berufliche Situation der im musikalischen Bereich tätigen Frau aus? Eine Aufstellung aus dem Jahre 1941 weist 23 000 Frauen auf. Wie zu Beginn des Jahrhunderts, blieb ihnen fast ausschließlich der Privatmusikunterricht als Broterwerb übrig: 16 790 Musiklehrerinnen standen 9511 männlichen Kollegen gegenüber. In den Kulturorchestern spielten Frauen lediglich das traditionell weibliche Instrument Harfe (72 Harfenistinnen sind verzeichnet). Bemerkenswerterweise arbeiteten 3000 Frauen im unterhaltungsmusikalischen Sektor. 250 Organistinnen und 800 Instrumentalsolistinnen runden das Bild ab, wobei letztere zum größeren Teil den Haupterwerb durch Privatunterricht finden mußten.[191]

1.5.5 Die Nachkriegssituation

Die ungleiche Behandlung von Jungen und Mädchen im Musikunterricht wurde nach dem Krieg zunächst fortgesetzt (so bestimmen die Richtlinien des Kultusministeriums von Nordrhein-Westfalen von 1954, daß die Jungenschulen weniger Musikunterricht zugunsten der naturwissenschaftlichen-mathematischen Fächer erhalten)[192], aber allmählich fallengelassen. Heute ist, schon durch die Koedukation bedingt, der formale Rahmen für die Gleichbehandlung gegeben. Die inhaltliche Ausrichtung ist jedoch nach wie vor sexistisch geprägt, wie im folgenden belegt wird.

Nach dem 2. Weltkrieg wurde unbefangen und unkritisch an die Ziele der Jugendmusikbewegung angeknüpft. Daß sie den Boden für die Naziideologie hergegeben hatten, schien niemand zu bekümmern. Musikpädagogen sahen die Gefahren dieser scheinbar unpolitischen Ideologie nicht und übernahmen die alten Parolen bis hin zur identischen Wortwahl. Kurz nach Kriegsende heißt es in einer Verlagsankündigung: »...wir erstreben ... durch die Musik ein Leben aus dem Ursprung auf das Ewige gerichtet –, natürliche Bindung in ewiger Ordnung. Deshalb sind und bleiben Volkslied und Choral der Mutterboden für unsere Arbeit«[193].

Vorstellungen vom Gemeinschaftscharakter der Musik, der gegen die Vermassung des öffentlichen Musiklebens wirken sollte, prägten die Diskussionen dieser Jahre, ohne daß sie einer kritisch-distanzierten Analyse unterzogen wurden. Erst nachdem Adorno durch seine Darmstädter Thesen und die Veröffentlichung seiner Aufsätze zur Kritik des blinden musischen Tuns Kontroversen auslöste, lief ein Umdenkungsprozeß an, der sich allmählich auch in den Unterrichtsmaterialien niederschlug.

Daß auf dem musikerzieherischen Sektor geschlechtsspezifische Diskriminierungen offener und vor allem versteckter Art zu finden sind, soll im folgenden aufgezeigt werden. Dabei werden lediglich einige Beispiele herausgegriffen; es wird späteren Arbeiten vorbehalten sein, umfassendere Analysen vorzunehmen.

Viele Schulbücher enthalten typische Beispiele für die Hochstilisierung und Heroisierung von Komponisten. Die Komponisten- bzw.

Werkauswahl ist ja eine spezifische, die dazu dienen soll, dem Schüler ein bestimmtes Geschichtsbild, und damit verbunden, Wertvorstellungen sozialer, moralischer und ästhetischer Art zu vermitteln. Sowohl die Inhalte als auch die Aussparungen lassen demnach Rückschlüsse über das zu vermittelnde Bild zu.

Der Komponist Luigi Cherubini. Gemälde von Ingres

Freia Hoffmann kritisiert in ihrer Schulbuchanalyse ein Geschichtsbild, das auf Autoritäten fixiert ist: »Die Vorstellung und Erwartung, historisch Entscheidendes gehe nur von Monarchen, Kirchenführern, Feldherrn und Staatsmännern aus, erreicht auf der Seite derer, die man dazu erzieht, Apathie und Kritiklosigkeit.«[194] Daß mit solchem männlich-geprägten Geschichtsbild gerade Mädchen nicht viel anfangen können, braucht kaum betont zu werden. Die männlichen Komponisten werden zu gottähnlichen Wesen.

»Johann Sebastian Bach ist ›eine Erscheinung Gottes‹, ›eine Erscheinung wie Mozart bleibt immer ein Wunder, das nicht weiter zu erklären ist‹, ›in . . . Schubert wohnt ein göttlicher Funke‹.

Brahms ›kommt wie eigens von Gott gesandt‹. ›Darum sind von jeher... Helden gewesen, Sänger und Gotterleuchtete, daß an ihnen die armen, zerrütteten Menschen sich aufrichten, ihres Ursprungs gedenken – und ihres Zieles‹. Wenn ein Komponist stirbt, ›tritt (er) in die Hallen der Unsterblichkeit ein‹, ›seine Sendung‹ ist ›erfüllt‹.«[195]

Mit der Implikation, daß das Komponieren quasi von oben kommt, wird das Bild des Komponisten, der als Stellvertreter Gottes fungiert, abgerundet. Über Schubert heißt es in einem Schulbuch: »Das Meisterlein lächelt... In solchen Stunden entstanden ganz von selbst seine Deutschen und Ländler, die Ahnen der Lannerschen und Straußschen Tanzmusik.«[196] Das Gefühl der Machtlosigkeit, das Schulkinder angesichts solcher übermenschlicher Wesen überkommen kann, ist angesichts ihres männlichen Geschlechts eine zusätzliche Hypothek für Mädchen.

In einem vielbenutzten Musikbuch wird eine Interpretation der Beethovenschen »Eroica« durch Richard Wagner unkommentiert wiedergegeben, was einer Rechtfertigung gleichkommt. Wagner zufolge verrät die Tonsprache Beethovens »männliche Wehmut«; er glaubt, die Trauer eines »mutigen männlichen Herzens« zu hören. Das 1. Thema ist »energisch dahinstreitend – männlich« ... Um dieses Thema »winden und schmiegen sich vom Anfang des Satzes herein all die zarten und weicheren Empfindungen, die sich bis zur Kundgebung des reinen weiblichen Elements entwickeln«.[197] Indem solche Analysen kommentarlos wiedergegeben werden, wird eine Identifikation mit der dahinter verborgenen bzw. offen zutage tretenden Ideologie angeboten.

Die übertriebene Volksliedpflege stellt die Kehrseite des Geniekults dar. Nach dem 2. Weltkrieg bestand der Musikunterricht größtenteils aus dem Singen dieser Lieder, wobei der schulische Bestand nur eine enge Auswahl darstellt. Die Schulbücher sind mit Liedern gefüllt, die Männerberufe besingen (Fährmann, Fuhrmann, Bauer, Jäger, Bergmann); die Hausfrau ist uninteressant. Viele Jägerlieder sind darunter, wobei das Opfer zuweilen auch ein Mädchen sein kann; die Wanderlieder beziehen sich ebenfalls auf Männer. Lieder, in denen Frauen resolut ihre Bedürfnisse artikulieren oder in denen sie als eigenständige Persönlichkeiten vorkommen, fehlen, obwohl solche Lieder durchaus im Volksgut existieren.

Wie steht es aber mit Schulbüchern, die im Zuge neuer didaktischer Entwicklungen eine liberale Konzeption vertreten und vergangene

Ideologien, wie z. B. den Geniekult, ablehnen? Elisabeth Kokemohr
hat in einer Analyse von Schulbuchkonzeptionen aufgezeigt, daß die
Autoren sich häufig nach Wertmaßstäben richten, denen sie sich nicht
immer bewußt sind. Im Vorwort von »Musik aktuell«[198] ist ein hoher
Anspruch vermerkt: »Die Schüler ... sollen nicht auf die Wert- und
Normvorstellungen anderer ... eingeschworen werden.« Wenn aber
15 Frauen 16 mal, 445 Männer jedoch 845 mal erwähnt werden, so
scheinen sexistische Wertvorstellungen gewaltet zu haben. Für den
unbefangenen Leser muß sich der Schluß aufdrängen, daß Frauen
unkünstlerisch, unschöpferisch und auf jeden Fall dem Mann geistig-
künstlerisch unterlegen sind. Auch wenn man Sänger und Sängerinnen einander gegenüberstellt (da sie innerhalb der musikalischen
Sparten der Gleichberechtigung am nächsten kommen), ergeben sich
Relationen von 7:3. Und auch dort, wo Frauen erwähnt sind, werden
sie auf ihre Dienstfunktion für den Mann eingeengt. Clara Schumann
wird nicht als weltberühmte Pianistin oder gar Komponistin dargestellt, sondern wir finden ein Zitat von ihr, in dem sie Brahms lobt;
auch Cosima Wagner ist lediglich als Sachwalterin der Werke ihres
Mannes beschrieben.

Wenn die Verfasser die »sozialen, psychischen, ökonomischen und
politischen Dimensionen des Kulturphänomens Musik« einschließen
wollen, dann dürfte bei einem solchen Anspruch die sexistische
Dimension nicht ausgespart bleiben. Dies wurde jedoch versäumt –
nicht aus absichtlicher Überzeugung, sondern weil es bis jetzt in der
Öffentlichkeit kein genügend geschultes Bewußtsein für eben diese
Dimension gibt.

Für die DDR mag dies ebenfalls gelten. Sie, die die Emanzipation
der Frau mit juristischen Mitteln vorangetrieben hat und auch umzusetzen versucht, tut sich schwer, wenn es darum geht, die Frau als
eigenständiges Subjekt und nicht als Objekt zu begreifen. Ein Beispiel
liefert das Melodram »Lilo Herrmann«, das Paul Dessau vertonte und
das für die Klasse 9/10 der allgemeinbildenden Oberschule vorgeschrieben ist. Dieses Werk gilt als Musterbeispiel des »Sozialistischen
Realismus« und ist seit Jahren im Lehrplan vorgeschrieben. Den
Schlußabschnitt dieses einer Widerständlerin im Dritten Reich gewid-
meten Musikstücks bildet ein Aufruf an die Frauen der Welt, den
gerechten Kampf Lilos fortzusetzen und gemeinsam die Kriegspläne
der Imperialisten zu vereiteln:

»Frauen der Welt,
zeigt auf den Feind mit Fingern, mit Fäusten

stürzt der Kriegsbande Waffen ins Meer,
blockiert die Geleise, schüttet die Sprenglöcher zu:
so rettet Ihr Eure Söhne.
Denn nie war eine Sache gerechter als diese. –
Frauen der Welt,
zu Ende das Fürchten, zu Ende das Klagen –
heut' seid Ihr die Stärkeren!«[199]

Obwohl sich das Melodram um das tapfere Verhalten einer Frau dreht, stehen die Männer im eigentlichen Mittelpunkt des Geschehens. Warum sollen Frauen die Männer retten, die die Iniatoren kriegerischer Handlungen sind? Daß sie gewürdigt werden, »heute« zufällig stärker als sonst zu sein, manifestiert ihre sonstige Unterlegenheit. Der Aufruf an alle Frauen, die von Männern gebauten Gleise und die Sprenglöcher zu blockieren, macht sie zu Handlangern eines nicht von ihnen geführten Kampfes. Was dann wäre, wenn sie eine Tochter anstelle eines Sohnes hätten, wird gar nicht erst erwogen.

In einem Bericht über ein multimediales Unterrichtsprojekt an der Bielefelder Versuchsschule wird emanzipatorisches Handeln als eines der wichtigsten Ziele genannt. In dem behandelten Theaterstück ist folgende Passage enthalten:

»Sie fuhren vorbei an Moses – Cicero – Shakespeare – Sigmund Freud – Albert Einstein – und dann (da sogar Intellektuelle Entspannung brauchen) Lucy, der Meerjungfrau.«

Da ist es nur folgerichtig, daß es wenig später heißt: »Dort waren Kleidung und die Werkzeuge aller freien Männer der Welt – Trompeten, Posaunen, Trommeln, Becken und eine kostbare Tuba.«[200] Ausgerechnet die Instrumente, mit denen Mädchen sich am wenigsten identifizieren können, werden als männlich apostrophiert. Und warum bezieht man nicht auch »die freien Frauen der Welt« mit ein? Mädchen lernen durch solche gedankenlos verwendeten Passagen frühzeitig, daß Kunst und Kultur vom Mann auszugehen haben.[201]

In einem anderen Buch werden Zahlenverhältnisse ausgebreitet, aus denen man die Geschlechtsunterschiede bei Theatermitarbeitern ablesen kann (z. B. 185 männliche Bühnenleiter gegenüber 21 Frauen, 786 Ballettmeister gegenüber 152 Frauen). Da die Zahlen jedoch unkommentiert wiedergegeben werden, erhalten sie einen stabilisierenden Charakter.[202] Eine Absicht ist nicht zu unterstellen, eher Gedankenlosigkeit, wenn z. B. eine Fußballreportage als günstiger Einstieg für eine Musikstunde gewählt wird, dabei übersehend, daß das Interesse bei Mädchen hierfür weitaus geringer ist.[203] Eine Absicht ist eher dort zu unterstellen, wo ein Schulbuch in seiner Konzeption traditionell-konservative Ansätze fortführt. Das 1977 erschienene Schulbuch »Singen und Spielen« fällt durch die konventionelle Einteilung in Tages- und Jahreslauf, durch die veralteten männlichen Berufe (Fuhrmann, Fährmann, Schuster, Schneider usw.) und die Vormachtstellung des Liedes auf. Zum Muttertag steht ein Lied mit der Zeile »Was wärst du ohne Kinder? Sei froh, daß du uns hast«.[204] Mädchen sollen früh erkennen, daß die Frau ihre Identität aus ihren Kindern abzuleiten hat.

Auch bildliche Darstellungen können ideologieprägend wirken. In einem didaktischen Angebot von Liedern und Volksmusik aus der Tschechoslowakei sind 24 mal musizierende Männer abgebildet. Frauen fehlen völlig, so daß der Schüler glauben muß, daß die Volksmusik ausschließlich von Männern verwaltet wird.[205] In einem für die Primarstufe konzipierten Schulbuch ist in einem Abschnitt über Musiziergruppen von 203 abgebildeten Personen nur eine weiblichen Geschlechts: In bewährter Tradition bedient sie die Harfe.[206] Eine solche Massierung erweckt den Eindruck, als würde das deutsche Musikleben unter Ausschluß der Frau funktionieren. Diese Normen erstrecken sich selbst auf den Schulalltag, wenn eine Spielgruppe abgebildet ist, auf der alle Mädchen das traditionelle Mädcheninstrument Blockflöte spielen, während für die Jungen die Schlaginstrumente zur Verfügung stehen.[207]

Man mag diese spontan herausgegriffenen Beispiele als übertrieben hinstellen. Gerade aber, weil die Benachteiligung der Frau oft äußerst subtil vor sich geht, sollte mit gleicher Subtilität nach Spuren sexistischen Denkens und Handelns gesucht werden. In Anlehnung an Lemmermann, der darauf hingewiesen hat, daß der Heroenkult in den Schulbüchern zu einem autoritätsfixierten Denken und Fühlen verleitet[208], ist anzunehmen, daß sexistische Normen unbewußt und unverarbeitet aufgenommen werden, um in die Überzeugung von weiblicher Minderwertigkeit und männlicher Überlegenheit zu münden.

Es gäbe mehrere Wege, dagegen anzugehen. In den Abschnitten zur Werbung, die in neueren Schulbüchern enthalten sind, könnte z. B. auf Rollenstereotypen hingewiesen werden (fast immer hat der Mann als Autoritätsperson das letzte Wort bei Werbespots, und die Musik unterstreicht sexistische Tendenzen); bei Buchillustrationen sollte der proportionale Geschlechteranteil beachtet sowie auf unwürdige Darstellungen der Frau verzichtet werden.[209] Der Geniebegriff wäre zu problematisieren, und in der Mittel- und Oberstufe wären

Unterrichtseinheiten zur geschlechtsspezifischen Benachteiligung in der Musikkultur durchaus denkbar. Zu warnen ist allerdings vor vordergründig-unreflektierten Versuchen einer Abänderung. Mit Liedern, die gegen traditionelle Rollen angehen (z. B. »Wer sagt, daß Mädchen dümmer sind?«)[210] könnte durch die bewußte Implikation der Dummheit der Stachel tiefer hineingestoßen statt herausoperiert werden. Sinnvoller, weil tiefgreifender, erschiene eine grundsätzliche Abschaffung der Lieder, die die geschlechtsspezifische Rollenteilung unterschwellig oder offen vermitteln.

Es kann nicht ausreichen, auf eine egalitäre Geschlechtererziehung hinzuweisen und zu glauben, damit wäre die Gleichberechtigung vollzogen. Mädchen und Frauen müssen eine besondere Förderung genießen, die in der allgemeinen Erziehung von frühkindlicher Sozialisation bis hin im musikalischen Bereich zu der Instrumentenwahl und dem Erlernen von Techniken wie beispielsweise Improvisation und Phantasieren reichen sollte (Jungen interessieren sich für das Schlagzeug und Blasinstrumente, während Mädchen meist mit der Blockflöte abgespeist werden, einem in jeder Hinsicht begrenzten Instrument). Im berufsbildenden Sektor wären gezielte Anreize für bei Mädchen ungewohnte Fachrichtungen wie Dirigieren, Komponieren und Tonmeisterei zu schaffen. Und zuletzt müßten sich die Institutionen umstellen. Nur wenn die institutionellen Einrichtungen parallel zu den ideologischen Verfestigungen ins Wanken geraten, besteht Aussicht auf Veränderung.

Die deutsche Musikpädagogik hat bislang kaum Notiz von geschlechtsspezifischen Benachteiligungen im kreativen Bereich genommen. Sie hat zwar konstatiert, daß es Unterschiede im musikalischen Verhalten gibt, aber eine Begründung hierfür in verschwommener Weise der Zukunft vorbehalten: »Zu klären bleibt, inwieweit geschlechtsspezifische Faktoren, sowie musikalische Lernprozesse hierfür verantwortlich sind.«[211] Ein andermal wird die Erkenntnis, daß Mädchen mehr Schlager hören als Jungen, mit der mangelnden affektiven Zuwendung der Eltern erklärt[212], eine wohl mehr willkürliche als begründete Behauptung. Andere Musikpädagogen begnügen sich damit, die Vorbedingungen kreativer Prozesse aufzuzählen, wobei immerhin mit den metaphysischen Inspirationstheorien herkömmlicher Provenienz aufgeräumt wird. Auch der Begabungsbegriff wurde von alten ideologischen Schlacken gereinigt. Besonders in den Endsechziger und beginnenden siebziger Jahren, als schichtspezifische Benachteiligungen bewußt wurden, setzten diese Reflexionen ein. Die geschlechtsspezifischen Benachteiligungen sind jedoch noch nicht eingehend behandelt worden. Es ist zu hoffen, daß dieses Defizit erkannt wird und daß Maßnahmen zu seinem Abbau ergriffen werden.

Abschließend eine Bemerkung zur Situation der Frau in der musikpädagogischen Theorie. Frauen haben sich in Forschung und Lehre in den traditionell-weiblichen Hochburgen angesiedelt: in der rhythmischen Erziehung, der Heilpädagogik und in der elementaren Musikerziehung. Die Frau war seit jeher zuständig für das Kleinkind; pflegerische Berufe sind ihr bereits im 19. Jahrhundert zugebilligt worden, und schließlich ist ihr – die sie über ihren Körper definiert wird – der Tanz als körperlicher Ausdruck stets genehmigt worden. In den Abteilungen für Schulmusik der bundesdeutschen Hochschulen – den angestammt männlichen Domänen – haben Frauen es schwer, sich in leitender Position durchzusetzen. Die ideologischen Barrieren, die ihnen den Weg versperren, können nur beseitigt werden, wenn das allgemeine Bewußtsein für diese ungerechte Situation geschärft wird und dadurch Frauen auch den Mut bekommen, sich mehr zuzutrauen.

II. Musik als Trägerin geschlechtsspezifischer Ideologien

2.1 GENIE- UND HEROENKULT

Barock / Klassik

Um die Mitte des 18. Jahrhunderts wurde die Übermacht der kirchlichen Kultur gebrochen. Das bürgerliche Laienmusizieren und Konzertwesen nahm an Umfang und Ansehen zu. Der kirchlich-religiöse Habitus wurde mit übernommen; Musik wurde zur Feier, der bürgerliche Konzertsaal zum Kirchenersatz, und der Komponist zum göttlichen Stellvertreter. 1782 forderte Johann Friedrich Reichardt, der Künstler solle ein »Priester« der Kunst sein. Auch Carl Maria von Weber begriff sich als »Priester«, und Franz Liszt meinte sich zu einem geweihten Amte, zu einem »Priestertum ohne Tempel« auserwählt.[1]

Im 19. Jahrhundert wurde der »göttliche« Anteil verabsolutiert, und man neigte dazu, den Schaffensprozeß als etwas Passives darzustellen, von dem die Genies »befallen« wurden. Das handwerkliche Können, das auf Jahre intensiven Studiums und unentwegten Fleißes aufbaut sowie weitere Faktoren wie Konzentration, Ausdauer und günstige Umstände tragen jedoch zu genialen Leistungen ebenso bei wie die unbewußten Anteile. An dieser Stelle werden einige Autoren exemplarisch herausgegriffen, die das Geniale als männlich-göttliche Leistung propagierten und dadurch die Frau auf schöpferischem Gebiet diskriminierten. Daß es sich um breite Strömungen handelt, belegen die vielfachen Auflagen der jeweiligen Werke. Weiningers »Geschlecht und Charakter«, 1903 geschrieben, erfuhr 1918 die 17. Auflage, und Langbehns 1888 veröffentlichtes Buch »Rembrandt als Erzieher« ging 1922 sogar in die 55. Auflage.

Obwohl Weiningers These von dem männlichen und weiblichen Idealtypus heute wenig beachtet wird, gibt es noch Wissenschaftler (z.B. Wellek), die ihn rühmen, die Mann/Frau-Polarität als einen typologischen Gegensatz erkannt und dadurch das typologische Denken in der Psychologie vorangetrieben zu haben.[2] Weininger stellt lapidar fest, daß es zwar Frauen mit genialen Zügen gegeben hat, nie aber ein weibliches Genie, auch nicht unter den »Mannweibern«, und daß es nie eines geben wird. Der Grund: Die Frau ist kein Spiegel des Universums wie der Mann.[3] Sie repräsentiert das dunkle, unklare und unentwickelte Bewußtsein, während dem Mann das helle klare Bewußtsein und die Fähigkeit zum scharfen Denken innewohnt. Da das Genie höchste Klarheit des Bewußtseins zeigt, entfällt somit der Bereich des Genialen für sie. Genie ist also mit höchster Männlichkeit gleichzusetzen. Weder kann die Frau genial sein, noch kann sie Genialität voll erfassen.

Bei einer solchen Mystifizierung ist der Schritt zum Göttlichen nicht weit, und es wundert nicht, daß der den Personenkult ins Extreme treibende Richard Wagner für Weininger den »größten Mensch seit Christus« verkörperte.[4]

In der Verbindung des Genialen mit dem Heroisch-Männlichen liegt eine weitere Ausgrenzung der Frau gegenüber verborgen. Julius Langbehn beklagt als Vorreiter der Jugendbewegung den Verlust von Werten, die es wieder zu gewinnen gelte. Der Künstler soll die Welt verändern. Langbehn will langfristig die Aufhebung gesellschaftlicher Widersprüche. Das Individuum soll in die Gesamtheit münden; es wirkt erst dann nützlich, wenn es sich dem Bau eines Volks- und Weltlebens einfügt; wenn es dient.

Nachdem er diese Unterordnungstheorie breit ausdiskutiert hat, leitet er zur Führung der Masse über. Der Heroenkult steht in engem Bezug zum Geniebegriff. Für Langbehn gehört die »Persönlichkeit« an die Spitze der Kunst, wobei er keinen Zweifel daran läßt, daß diese Persönlichkeit nur männlichen Geschlechts sein kann. Alles Weibliche ist dagegen ein Zeichen von Sentimentalität und Schwäche:

»Es gilt der männlichen Natur des Deutschen auch innerhalb der heimischen Kunst gerecht zu werden; hier wird in bezeichnender aber nicht erfreulicher Weise vielfach ein allzu weiblicher Ton angeschlagen. Weibliche Typen dominieren durchaus in der heutigen deutschen Malerei und Plastik; soweit es sich nicht um die Gestaltung von Porträts handelt, wird die Darstellung kräftiger und edler Männlichkeit geradezu vernachlässigt . . . Kurz, man meidet das Heroische und liebt das Sentimentale.«[5]

Ihm schwebt das Prinzip der »echten Aristokratie« vor. Zu einer aristokratischen Weltauffassung führen die Religionskultur, der Geisteskultus und der Heroenkultus – sie sind nach Langbehn alle ein Appell an die höhere Natur des Menschen. Hier ist der Angelpunkt seiner Weltanschauung: Denn diese drei Bereiche sind jahrhundertelang von Männern beansprucht worden. Männer haben Frauen aus der kirchlichen und geistigen Teilnahme verdrängt: Sie schufen sich einen männlichen Heroenkult (Monarchen, Feldherren, Komponi-

Der Komponist
Johann Sebastian Bach
(Huldigungsblatt)

sten, Philosophen usw.). Diesen will Langbehn zur Errettung der deutschen Kultur wieder anfachen, wobei er betont, daß es das Prinzip der echten Aristokratie ist, daß jeder sich Höherstehenden »willig unterzuordnen hat«[6]. Er sieht sehr wohl, daß das System der Verehrung und Vergötterung nur funktioniert, wenn diejenigen, die die Aufgabe der Verehrung übernehmen, gleichzeitig sich dessen bewußt sind, daß ihr Platz auf einer niedrigen Stufe steht und unveränderbar ist.

Diese zutiefst hierarchische und anti-demokratische, ja menschenfeindliche Einstellung kam der Hochstilisierung einiger weniger zugute und diente dem späteren Faschismus. Ludwig Marcuse erkannte dies 1938:

»Die künstliche Aufbauschung der Kluft zwischen Mensch und
Mensch, Stamm und Stamm, Nation und Nation, Rasse und Rasse
ist die Ursünde; Quelle allen Götzendienstes. Der Geniekult ist
seine geistigste und deshalb gefährlichste Variante.«[7]
Es ist nicht anzunehmen, daß Marcuse bei der »Kluft zwischen
Mensch und Mensch« an Mann und Frau dachte. Dennoch wird der
Sexismus aus den gleichen Wurzeln gespeist wie Nationalismus und
Rassismus. Die Auswüchse des Geniekults sind dort zu finden, wo
Frauen nichts zu suchen haben. Das Genie als männliche Inkarnation
ist Langbehn zufolge zugleich der große Krieger.

»Wie ein Schiff, so kann auch eine Armee und wie ein Kunstwerk,
so kann auch eine Ministerkoalition nur von einem Mann geleitet
werden. Der künstlerische Gehalt des Feldherrn sowie des Staats-
mannes, welche beide im ›König‹ zusammentreffen, beruht auf
eben diesem Zusammenhange; sie alle schaffen individuell.«[8]
Die während des Nationalsozialismus auf die Spitze getriebene Ästhe-
tisierung des Krieges ist somit im Kern vorhanden. Langbehn belehrt
uns: »›Krieg und Kunst‹ ist eine griechische, eine deutsche, eine
arische Lösung« (es fehlt nur noch der Zusatz »eine männliche
Lösung«). Er fährt fort: »Der Deutsche streitet und singt.«[9] Musik
wird mit Kampf gleichgesetzt, Moltke als der große Künstler des
Krieges gepriesen: »Dem Krieg wird ein künstlerischer Charakter
nicht fehlen, solange er von Leuten wie Moltke geleitet wird.«[10]
Die ungeheure Resonanz, die Langbehn mit diesem Buch erzeugte,
läßt Rückschlüsse auf die Bedürfnisse der Leser zu. Zu einer Zeit
erschienen, als technisch-ökonomische Entwicklungen die Welt
erschütterten, war der Bedarf nach überzeitlichen statischen Werten
groß. Man sehnte sich nach einer »objektiv gewordenen Kultur«, um
die Gesellschaftsordnung sowie den eigenen Seelenhaushalt zu stabili-
sieren. Hierfür war man bereit, sich im Sinne eines autoritär-strukturi-
erten Gesamtgefüges einer Ordnung zu beugen, in der die Genies und
Helden in höheren Gefilden weilten, während das Volk die Aufgaben
und Pflichten des Alltags übernahm. Die Frau rangierte an unterster
Stelle. In der Geisteshaltung des Bürgertums und vor allem des
Kleinbürgertums nahm die Kultivierung des Heroischen einen festen
Stellenwert ein. Untersuchungen haben längst erwiesen, daß der
Genietitel nicht angeboren oder automatisch in einem Menschen
enthalten ist, sondern daß er – einem Orden vergleichbar – von den
Mitmenschen bzw. Nachkommen angeheftet wird. Nachdem Forscher
dazu übergingen, nicht nur die Psychologie der Genie-Persönlichkeit,

sondern auch die sozial-psychologischen Hintergründe der Verehrenden einzubeziehen, wurde sichtbar, daß nicht die reale historische Persönlichkeit als Genie verehrt wird, sondern eine Umformung in Gestalt eines verklärten Idealbildes. »Die Menschheit liebt es, die vermeintliche geistige Ursache ihrer eigenen Genußgröße zu verdinglichen und diese Substantiierung als Zauberkraft und mystische Urheberzentrale in eine Persönlichkeit hineinzusehen, eben als ›Genie‹.«[11] Otto Brusatti kommt in einer jüngst vorgelegten Untersuchung über ideologische und nationalistische Elemente in der Musik zu ähnlichen Folgerungen. Er hebt hervor, daß die betreffende Einzelpersönlichkeit durch ihr Werk bzw. durch ihr für das ideologische System vorbildliche Leben der Nation einen Halt gewährt.

»Eine Nation braucht Spitzenleistungen, und je gegenwartsbezogener ihr System ist, um so vordringlicher ist für die Nation ihr Bedürfnis nach diesen. Spitzenleistungen oder als solche angesehene und emporgehobene Errungenschaften der jeweiligen Gegenwart sowie anerkannte historische Vorbilder dienen zur Repräsentation der Nation nach innen und nach außen, haben die Rolle des Aushängeschilds.«[12]

Der Begriff der Nation ist hier zu pauschal; empfehlenswerter wäre die Reduzierung auf den männlichen Bürger. Zumal in Zeiten wirtschaftlicher Brüchigkeit, aber auch dann, wenn die Frauenrolle den Mann bedrohenden Veränderungen ausgesetzt war, wurden Idealbilder benötigt, die den Eindruck des Überlegenen, Erhabenen und kraftvoll Energischen, auch des Unantastbaren vermittelten. Weibliche Genies hätten eine Irritation bewirkt; folglich gab es sie nicht.

Zur Repräsentation des Heldischen bediente man sich der immer gleichen Vorbilder. Im musikalischen Sektor erwies sich Beethoven als ideales Aushängeschild. Er wird bis in die heutige musikwissenschaftliche und populäre Literatur hinein als Held dargestellt. Zuweilen wird eine kriegerische Komponente in ihn projiziert. Als 1870 die deutsche Kriegserklärung an Frankreich abging, rief Cosima Wagner begeistert: »Der Krieg ist die wahre Beethoven-Feier«[13], und für August Halm war Beethoven ein »Stratege der Musik«[14]. Sombart verlegte ihn gar in die Schützengräben:

»Militarismus ist der zum kriegerischen Geist hinaufgesteigerte heldische Geist. Er ist Potsdam und Weimar in höchster Vereinigung. Er ist ›Faust‹ und ›Zarathustra‹ und Beethoven-Partitur in den Schützengräben. Denn auch die Eroica und die Egmont-Ouvertüre sind doch wohl echtester Militarismus.«[15]

Brahms-Denkmal (Wien)

Sombarts 1915 veröffentlichtes Buch »Händler und Helden«, das zweifellos die Funktion hatte, den 1. Weltkrieg zu rechtfertigen, stellt alle Künste in den Dienst der »reinigenden und erhebenden Wirkung des Krieges«. Beethoven wird umfunktioniert, um den Krieg zu legitimieren: »Oder glaubt man etwa, daß aus händlerischem friedfertigem Geist heraus Beethovensche Musik hätte erklingen können?«[16] Paul Bekker benennt für die Eroica die drei Vorbilder Napoleon, Abercromby und Prometheus. »Das Typische ihrer Erscheinungen: Willenskraft, Todesmajestät, Schöpfermacht« faßt Beethoven zusammen und formt daraus sein Gedicht »auf all das Große, Heldenhafte, das menschlichen Erscheinungen überhaupt eigen sein kann«[17]. Größe und Heldentum assoziiert man gemeinhin nicht mit Frauen; mit »menschlichen« Eigenschaften meint Bekker somit »männliche« Eigenschaften.

Diese Zitate zeigen, daß Kriege außerhalb ihrer Funktion der Landesverteidigung bzw. Landeseroberung auch von psychischen Bedürfnissen abhängig sind. Hitlers Gedanken in »Mein Kampf« sind durchzogen von der Suche nach dem verlorengegangenen Heldentum, das er auf die Zeit der Befreiungskriege bezog, da »im Kriege der Mann noch etwas wert war«[18]. Härte und Brutalität verbinden sich mit dem Mythos Soldat/Mann, um der Frau zu zeigen, wer der Mann im Haus (Land) ist. Der Mythos vom Heroischen wird verwebt mit den Assoziationen Mann – Soldat – Führer, und das unausgesprochene Gegenteil lautet: Frau – Schwache – Untergeordnete. Um diesen Tatbestand zu verschleiern, wurde die Frau mit dem Mutterkult verklärt.

Der Schriftsteller Oskar Schmitz wagte 1912 sogar die These, daß Kriege von Zeit zu Zeit erforderlich und erfreulich sind, weil durch sie und nur durch sie der Frau der Respekt vor der kulturellen Überlegenheit des Mannes beigebracht werden kann:

»Wer sich bewußt ist, daß die schöpferischen Kulturwerte männlich sind, während die Schöpferkraft der Frau physischer Art ist und sich im Gebären betätigt, und wer wünscht, daß die Kultur schöpferisch, also männlich bleibt, der muß sich freuen, wenn nach langen Jahren des Friedens, in denen immer wieder die physische wie die geistige Übermacht des Mannes erlahmt und darum mit vollem Recht von den Frauen in Frage gestellt wird, irgendein Anlaß kommt, der alle Debatten darüber, ob das größere Hirngewicht des Mannes wirklich geistige Überlegenheit bedinge, ob nach Generationen langer methodischer Erziehung die Frau dem Manne Gleiches leisten würde, zum Verstummen bringt.«[19]

Der Krieg somit als reinigende, kathartische Kraft, die Männer von der sie erdrückenden Angst befreit, und sei es auch nur für einige Jahre. Schmitz würde lieber im Krieg sterben, als Frauen an seiner Seite ertragen müssen. Er spricht selber aus, warum: Die Schöpferkraft erlahmt, wenn er sich nicht über Frauen erheben kann. Er zieht den physischen Tod der psychischen Vernichtung vor.

2.2 DER INSPIRATIONS- UND SCHAFFENSKULT

>»Ein Piedestal, von dem man
nicht herunter darf, ist die ärgste
Erniedrigung.«
(Karin Schrader-Klebert, 1969)

Die Forderung, daß »Kunst, um es zu sein, verbergen müsse, daß sie
es ist«[20] ist in diversen ästhetischen Konzeptionen des 18. und 19.
Jahrhunderts zu finden. Bei Kant, Wagner und anderen herrschte die
Vorstellung, daß man Kunst als »naturgegeben« und nicht als etwas
handwerklich Herstellbares zu betrachten habe. Nach Ansicht von
Dahlhaus reicht diese Überzeugung bis in die Renaissance zurück; im
18. und 19. Jahrhundert kehrte sie in so intensiver Form zurück, »so
daß man von einem Topos sprechen kann, an dem jahrhundertelang
niemand zweifelte«[21]. Diese Ansicht läßt den Eindruck entstehen, als
hätte es über Jahrhunderte hinweg Einhelligkeit in der Bewertung
musikalischer Schöpferkraft gegeben. So war es keineswegs: Bis zu
Mattheson (1681–1764) galt noch in Deutschland der von Leibniz
geprägte Grundsatz, nach dem alles Künstlerische etwas Errechenba-
res sei. Der Leibnizschüler Lorenz Mizler ging noch weiter, in dem er
die Musik aus rein mathematischen Begriffen und Verhältnissen
ableitete. Obwohl Mattheson diese Ansichten kritisierte, versuchte er
– ähnlich wie Kuhnau – durch Kompositionsrezepte die künstlerische
Phantasietätigkeit anzuregen und zu schulen. Er ist also keineswegs zu
den Inspirationsanhängern zu rechnen.

Allmählich setzte sich im musikästhetischen Selbstverständnis
jedoch die Überzeugung durch,

>»daß die Musik eine Kunst der Sinne sei und unabhängig von aller
Vernunft und Kontemplation nichts anderes als der Ausdruck
subjektiver Gefühle und Empfindungen auf Grund der freien
schöpferischen Phantasietätigkeit sei. Im Gegensatz zur Barockzeit
bewirkte die Anerkennung der gefühlshaften Entstehungsgrund-
lage eines Motivs eine Verherrlichung des einmaligen schöpferischen Einfalls als eines göttlichen Geschenks. Man lehnte sich
gegen die geistige Voraussetzung, die noch eine Bachsche Fuge
forderte, auf und ließ sein empfindsames, sensibles Gemüt von
simplen Modulationen und vielfachen Wiederholungen eines
himmlischen Einfalls . . . ›rühren‹.«[22]

Im romantischen Bild vom genialen Menschen stand das Gefühl, das

Inspiration. Lithographie von Gavarni

Unbewußte, das Irrationale im Vordergrund. Man war fest überzeugt, daß der geniale Mensch als solcher »geboren« wurde. Nicht *er* schuf, sonders *es* gärte in ihm und verlangte nach Äußerung; er fungierte als göttliches Medium. Die Arbeit mit dem musikalischen Material wurde daher als untergeordnet und nicht eigentlich schöpferisch begriffen. Es gab zwar im 20. Jahrhundert Gegenstimmen: Strawinsky sah beispielsweise den Schaffensvorgang weitaus nüchterner. Für ihn bestand die Hauptaufgabe darin, die Ideen durch handwerkliche Arbeit in eine Form zu bringen. Die Inspirationsästhetik blieb jedoch bis weit in unser Jahrhundert hinein vorherrschend.

Einer ihrer engagiertesten Verfechter im 20. Jahrhundert war der Komponist Hans Pfitzner, der die Inspiration dogmatisierte und mit antisemitischen und antibolschewistischen Postulaten vermengte. Es ist bezeichnend, daß er sich in emotional-irrationaler Weise gegen die atonale Musik wehrte. Seine Oper »Palestrina«, zu der er selbst das

Textbuch gestaltete, kann als Spiegelbild seiner Vorstellungen gelten. Es lohnt sich, sie unter dem Aspekt des Inspirationsdogmas näher anzuschauen.

Bezeichnenderweise kommt in dieser Oper keine Frau vor. Auf der Bühne tummeln sich Kardinäle, Bischöfe, Patriarchen, Äbte, Ordensgenerale, Gesandte, Prokuratoren geistlicher und weltlicher Fürsten, Theologen, Doktoren, Diener und Soldaten. Dafür spielt die verstorbene Ehefrau des Hauptdarstellers Palestrina eine um so größere Rolle, denn seit sie nicht mehr lebt, ist er zum Schaffen unfähig. Der Inspirationsquell ist versiegt. »Lukrezia! Als du mir noch am Leben, war ich geborgen. Ja, da sprang der Quell« singt er, bis er in einem tranceähnlichen Zustand verstorbenen Meistern der Tonkunst begegnet, die ihn zum Schaffen animieren. In einem Rausch komponiert er über Nacht eine Messe, wobei man den Vorgang des Schreibens nicht sieht, sondern lediglich am nächsten Morgen die beschriebenen Notenblätter.

Der Schaffensvorgang bildet einen Höhepunkt der Oper. Palestrina, der sich ansonsten unbeweglich, weltfremd und ohne innere Teilnahme aufführt, entwickelt in dieser Nacht Gefühlsregungen. Er reagiert »lebhaft«, »schmerzlich«, »ergriffen«, »stark, aufbäumend«, »mit leisem Schauer«. Während er mit Schöpferkraft gesegnet wird, besingt er dieses Wunder:

»Ist wo ein Liebesquell? . . . Ach, wo ergießt er lind sich dem Müden? . . . Allmacht-Geheimniskraft! Wie durch die eigne Brust selig nun zieht allmächt'ge Schöpferlust, ewiges Hohelied! . . . Liebesmysterium! Fühle durch tiefe Nacht, durch Wonnen der Geistesmacht seliges Menschentum innig vertraut. Liebender Laut – zu überschwenglichem Glück bin ich erhoben! Selig nur den Dankesblick send' ich nach oben, innig zu loben die ewige Liebesmacht, die den Frieden gebracht. Den Frieden – – –«

Nach dem letzten Wort, das von der Regie als »Höhepunkt der Steigerung« bezeichnet wird, hat Palestrina »wie vor übermäßiger Anstrengung erschöpft« seitlich in den Sessel zurückzusinken.

Die emotionale Beteiligung Palestrinas, die Vergleiche mit Wonne, dem sich ergießenden Liebesquell, seliger Lust, überschwenglichem Glück und ewiger Liebesmacht, der der musikalische Höhepunkt und die anschließende Erschöpfung im Sinne des »petit mort« folgen, lassen unschwer sexuelle Assoziationen erkennen. In Ermangelung der Frau wird die erotische Energie in künstlerische Kanäle gelenkt, oder anders formuliert: Um erotische Energien künstlerisch kanalisieren zu können, darf die Frau als reales Gegenüber nicht in Erscheinung treten.

Daß die schöpferische Potenz mit sexueller Potenz gleichgestellt wird, ist ein häufig zu beobachtendes Phänomen. Es reiht sich in die Vorstellung ein, daß der Schaffensakt ein intim-irrationaler Vorgang darstellt, der nicht steuerbar ist. Für Herbert Marcuse ist die »geistige Zeugung ebenso sehr das Werk des Eros wie es die körperliche Liebe ist«[23]. Bei Richard Wagner klingt es ungleich pornographischer:

> »Das notwendig aus sich zu Spendende, der nur in der brünstigen Liebeserregung aus seinen edelsten Kräften sich verdichtende Samen – der ihm nur aus dem Drange, ihn von sich zu geben, d. h. zur Befruchtung ihn mitzuteilen, erwächst, ja an sich dieser gleichsam verkörperlichte Drang selbst ist – dieser zeugende Samen ist die dichterische Absicht, die dem herrlich liebenden Weibe Musik den Stoff zur Gebärung zuführt.«[24]

Pfitzner stellt sich vor, wie verletzt Beethoven war, als er, im Glauben allein zu sein, am Klavier phantasierte und entdecken mußte, daß eine Frau gelauscht hatte. Pfitzner spricht von dem »intimsten und verletzbarsten aller denkbaren Akte« und interpretiert:

> »Er (Beethoven) empfand das, was für die Ohren anderer ein mehr oder weniger interessantes Klavierspiel war, als den eigentlichen heiligen Zeugungs- oder Empfängnisakt, den man vor der Welt verbirgt, während man die Früchte mit Stolz aller Welt zeigt.«[25]

Pfitzner führte auch den Begriff der Impotenz in die musikalische Terminologie ein. Sie wird mit fehlender Schöpferkraft gleichgestellt:

> »Diese selbsttätige Identifizierung von Impotenz und Melodielosigkeit als Zeichen der Ungenialität, des Nicht-Auserwähltseins, und von Potenz und Melodienreichtum als das der Genialität ist wohl zu beachten und im tiefsten Grunde richtig.«[26]

Im Zuge der Mystifizierung des Schaffensprozesses wird dieser auch zuweilen mit dem Geburtsvorgang bzw. mit der Schwangerschaft verglichen. Robert Schumann schreibt nach Vollendung seiner Frühlingsinfonie, daß es ihm so gehe wie einer jungen Frau, die soeben entbunden worden ist: »so leicht, glücklich, und doch krank und wehe«[27]. Pfitzner spricht anläßlich der Eroica von »Geburtswehen des neuen sinfonischen Stiles«[28] und zitiert Schopenhauer, mit dem er sich einig weiß:

> »Unter meinen Händen und vielmehr in meinem Geiste erwächst ein Werk ... das Werk wächst, konkresziert allmählich und langsam, wie das Kind im Mutterleibe: ich weiß nicht, was zuerst und

was zuletzt entstanden ist, wie beim Kind im Mutterleibe.
Ich... begreife das Entstehen des Werkes nicht, wie die Mutter
nicht das des Kindes im Leibe begreift. Ich seh' es an und spreche
wie die Mutter: Ich bin mit Frucht gesegnet.«[29]
Ein andermal heißt es bei Pfitzner: »Wenn gewisse Leute (gemeint
war Alban Berg) mich über Inspiration belehren wollen, kommt es mir
vor, als wenn der Lazarettgehilfe der Wöchnerin erzählen will, wie das
Kinderkriegen tut.«[30] Auch Nietzsche spricht von den »Zeiten der
großen Schwangerschaft«[31] und meint den künstlerischen Schaffensvorgang; Rilke hegt ähnliche Phantasien: »Alles ist austragen und
dann gebären und viel mehr.«[32] Lessing erwähnt die »Wollüste der
Empfängnis« in der Anfangsphase des Schaffens, dem »die Schmerzen
der Geburt« folgen.[33]
Es ist versucht worden, den Neid des Knaben auf die weibliche

Hans Pfitzner

Fruchtbarkeit als einen dynamischen Faktor in der männlichen Psyche zu erklären. Die Psychologin Karen Horney glaubte, daß die schöpferische Arbeitskraft beim Mann auf seinem Gefühl beruht, eine untergeordnete Rolle bei der Entstehung von Leben zu spielen.[34] Tatsächlich ist der männliche Gebärneid seit Urzeiten ein nicht zu unterschätzender Faktor.

Josefine Schreier weist in ihrer Untersuchung über Göttinnen nach, wie in den griechischen Mythen die Blutbildung des Sohnes an die Mutter aufgelöst und auf den Vater übertragen wird. Schreier glaubt, daß dies der Auslöser für den Übergang des Matriarchats zum Patriarchat war. Es wäre müßig, die Deutungen Schreiers aufzugreifen, da sie für das vorliegende Thema irrelevant sind. Aufschlußreich sind allerdings die von ihr zitierten Stellen aus den »Eumeniden« von Aischylos, in denen der Mann als Gebärender hingestellt wird:

»Die Mutter ist nicht Ursprung ihres Kinds,
Wie mancher glaubt, sie nährt nur seinen Keim.
Wer zeugt, erschafft; sie hegt ein fremdes Pfand,
Bewahrt den Sproß, den Gott erhalten will.«

Diese umwälzende biologische Theorie muß bewiesen werden. Da sie sich in die Wirklichkeit nicht umsetzen läßt, muß die Phantasie herhalten. Athene entsteht aus Zeus:

»Und dafür höre deutlichen Beweis.
Auch ohne Mutter wird man Vater; dies
Bezeugt vor uns das Kind des höchsten Zeus,
Von keines Mutterschoßes Nacht ernährt,
Doch herrlich wie kein andres Götterkind.«[35]

Es ist durchaus denkbar, daß die kulturell-künstlerische Fernhaltung der Frau mit ihrer Gebärfähigkeit zusammenhängt. Vielleicht wird die irrationale Angst vor den weiblichen Fähigkeiten durch den Gedanken kompensiert, das Gleiche – auf kulturelle Produkte übertragen – zu können, und vielleicht ist es daher so notwendig, die Frau von der aktiven kulturellen Teilnahme auszuschließen, denn jede Überschreitung würde das eigene psychische Gebäude gefährden. Hierzu paßt die Propagierung des »Musikheroentums« sowie im Gegenzug die Erniedrigung derjenigen, die keine Heroen sind. Das eigentliche Mysterium der Kunst ist nichts für sie, darf nichts für sie sein.

Anläßlich eines musikpädagogischen Kongresses ließ Pfitzner verlauten:

»Es sollen auch Schüler Orchester spielen, Theater spielen, aber

mehr als Gegensatz zu den eigentlichen Schulfächern: um zu
erfreuen. Die Schüler . . . sollen bescheiden im Vorhof des Tempels
verbleiben.«[36]
Man könnte die Schüler durch Frauen auswechseln, denn beide:
Kinder wie Frauen, können das Geniale nur ahnen, niemals jedoch
repräsentieren. Hinter solchen Aussagen steckt ein idealistisch verbrämtes, aber dennoch krasses und brutales Klassen- und Geschlech-
terdenken, das anderen Schichten sowie dem anderen Geschlecht den
Zugang zur Kunst verwehren will. Der Geniekult hat gemeinsam mit
der Inspirationsästhetik diese Kluft theoretisch abzusichern versucht.

Es ist kaum zufällig, daß häufig Männer, die einem ausgeprägten
oder latenten Frauenhaß huldigen oder zumindest ein gestörtes
Verhältnis zum anderen Geschlecht haben, besonders intensiv die
Ideologie vom geheimnisumwobenen Genie und der freiströmenden
Inspiration vertreten.[37] Über die Egozentrik Pfitzners und seine
Unfähigkeit, Frauen auch nur annähernd zu begreifen, berichtet
Alma Mahler-Werfel in ihrer Autobiographie. Von Schopenhauer,
einem Vorreiter des Geniekults und Vorbild Wagners heißt es bei
Blüher, er sei ein »Mann mit der infantilen Onanie und dauernden
Angstneurose, der Bordellbesucher ohne Frauenliebe, der Verfolger
der Päderastie«[38]. Und von Wagners gestörtem Verhältnis zu Frauen
ist in nachfolgenden Abschnitten dieser Arbeit zu lesen. Ihnen allen
gemeinsam ist das Affekthafte ihrer Aussagen, die geradezu monoton
wiederholt werden. Das wahrscheinlich durch eine repressive Sexualerziehung erworbene pathologische Verhältnis zur Sexualität (und
damit verbunden zur Frau) hindert daran, in der Sexualität ein
positives und bereicherndes Phänomen zu sehen. Sexuelle Energie
wird in andere Bereiche abgezweigt, wobei sie nicht positiv im Sinne
einer Umwandlung sublimiert wird, sondern als drohende und bedro-
hende Komponente überall hervorlugt. Die Frau bekommt einen
bestimmten Stellenwert angewiesen, den sie nicht überschreiten darf.
Da derjenige, der sich dieses Gedankengebäude selbst zurechtlegt,
selbst in seinem Bewegungs- und Spielraum eingeengt ist, gesteht er
ihn anderen nicht zu, denn dann ginge das ohnehin labile Gleichgewicht verloren. Daher ist verständlich, daß soviel Energie angewandt
wird, um anderen zu sagen, wo sie hingehören. Frauen dürfen Männer
zwar inspirieren, aber der Mann muß seine Schöpferkraft/Potenz für
sich behalten. Die Sehnsucht nach der Frau muß eine ewige bleiben,
sie darf (kann) nicht realisiert werden. Die unerfüllte Sehnsucht geht
in die Idealisierung auf: Er kann sie sich gestatten, weil sie ohne

sinnliche Berührung bleibt. Nicht die Frau selbst wird geliebt, sondern das wohlige Gefühl der Verehrung, das man für sie zu hegen glaubt: Die »Liebe« bleibt auf die eigene Person bezogen. (Die Kehrseite dieser Frustration ist der Frauenhaß).

Würde die Frau selbst schaffen wollen, wäre der Mann nicht mehr der Alleinherrscher. Weil ihm in der rigiden Erziehung Teile seines Ichs genommen wurden, muß er den spärlichen Rest ängstlich hüten. Er muß seine Überlegenheit irgendwo her speisen. Sie läßt sich nur dadurch aufrechterhalten, daß andere niedriger eingestuft werden. Daher die häufige Verbindung von Rassismus mit Nationalismus und Sexismus, aber auch mit dem Schichtendenken. Wer die eigene Überlegenheit gewaltsam aufrechterhalten muß, wird immerzu andere herunterstoßen wollen, ob Neger, ganze Nationen, das gemeine Volk oder Frauen. Gleichzeitig muß die Ordnung als eine natürliche – und nicht als eine gesellschaftlich gewachsene – propagiert werden. Denn gesellschaftlich Gewachsenes könnte durch ökonomische und politische Umwandlungen verändert werden.

Bezeichnenderweise wählte Pfitzner ein Schopenhauer-Zitat, das er seinem Libretto zur Oper »Palestrina« voranstellte. Schopenhauer spricht von einem intellektuellen Leben der Menschheit, das durch eine stufenweise Vervollkommnung der Wissenschaften und Künste fortschreitet:

»Dieses intellektuelle Leben schwebt wie eine ätherische Zugabe, ein sich aus der Gärung entwickelnder wohlriechender Duft über dem weltlichen Treiben, dem eigentlich realen, vom Willen geführten Leben der Völker, und neben der Weltgeschichte geht schuldlos und nicht blutbefleckt die Geschichte der Philosophie, der Wissenschaft und der Künste.«

Den Künsten wird eine Reinheit zugestanden, die im Alltagsleben nicht herzustellen ist. Auch dieser Spruch paßt in das Weltbild derjenigen, die gelernt haben, daß die Berührung mit dem anderen Geschlecht etwas Schmutziges darstellt. Da die sinnliche Liebe schuldbeladen ist, muß künstlich etwas Reines hergestellt werden, und diese Rolle spielt die Musik. Daher wäre es so fatal, wenn Frauen komponieren würden: Da die Frau die Sünde personifiziert, darf sie nicht in den »Tempel« eindringen. Daß die Kunst als Abladestelle für frustrierte Triebregungen dient, zeigt sich an der obigen Assoziation mit wohlriechenden Düften: Alles das, was man sich im realen Leben versagen muß, wird hier ohne Schuldkomplexe ausgesprochen.

Es wäre sicherlich zu kurz gegriffen, würde man das gestörte

Verhältnis zur Frau allein auf individuelles Fehlverhalten zurückführen. Es ist ebenso durch die in unserer Kultur wirkenden Normen und Werte erworben. Es wird späteren Forschungen vorbehalten sein, Ideologien im musikwissenschaftlichen Sektor mit psychologischen und psychoanalytischen Erkenntnissen zu koppeln. Hier kann es lediglich darum gehen, das Ausmaß dieses Phänomens zu umreißen und erste Interpretationsversuche zu wagen.

Klaus Theweleit geht in einer bemerkenswerten Studie, die weit in die psychischen Bereiche des Geschlechterverhältnisses eindringt, auf den Helden- und Geniekult ein. Geistesgrößen haben nach seiner auf vielfache Textinterpretationen gründenden Meinung die Funktion eines Bollwerkes gegen die »Massenflut« innegehabt. Mit dieser Massenflut ist ein Konglomerat von Männerängsten gemeint, von der Angst vor der überlegenen, kastrierenden Frau, über die Sexualtabus bis hin zu der Angst vor reeller Entmachtung. Im folgenden Zitat, das Theweleit anführt, äußert ein Lehrer seine Angst vor der Überflutung:

> »Einst, mein Fräulein, war das Heldenzeitalter. Irgendein Großer, ein Salzmann, Pestalozzi, Fichte, Herbart, gab seiner Zeit Losung und Wink. Dieses Heldenzeitalter ist vorüber. Wir leben in den Tagen der Masse, der Flut, der Überflutung. Jetzt werden in Millionen Hirnen die neuen Gedanken geboren.«[39]

Theweleit kommentiert:

> »Gegen die Wünsche dieser Millionen erigiert sich der Schulmeister schutzsuchend zwischen die ›Großen‹, die letzten Bollwerke gegen die Massenflut. Irgendwie ist es die Attrappe eines Riesenphallus, die ihn daran hindert, die ›Überflutung‹ als eine Befreiungschance für sich zu erkennen.«[40]

Pfitzners Ängste laufen in die gleiche Richtung:

> »Ein häßlicher, breiter Strom der Ernüchterung ergießt sich jetzt durch die Geisteswelt. Der Wille zur Ernüchterung bringt Theorien hervor wie die, welche einen solch hohen Begriff wie Inspiration rationalisieren und rationieren möchten, oder gar solche, die diesen Begriff ganz und gar ableugnen . . .«

Es handelt sich für ihn um einen »Ernüchterungsfeldzug, dieser Kampf gegen alles das Leben Verschönernde, Ahnungsvolle, Geheimnisvolle, Romantische, ich möchte sagen: Künstlerische«[41].

Sein Zeitgenosse Dahms nennt die meisten modernen Musikwerke »dickflüssig, ermüdend farblos vor lauter Mischungen, unerträglich schleimig«[42]. Hinter diesen Affekten – denn rational können weder

Dahms noch Pfitzner etwas belegen – scheint sich Angst zu verbergen, komponierende Frauen könnten die »schleimige Flut« vergrößern, den Helden egalisieren, das Genie entmystifizieren. Der Mann, der aus seinem Geschlecht (übersteigert: aus dem Phallus) Macht ableitet, wäre gerade in dieser bedroht. Nicht nur, daß er die Gebärfähigkeit in seinen Schaffensprozeß integriert und subsumiert hat (von der Zeugungsfähigkeit ganz zu schweigen); nicht nur, daß er sexuelle Energie in das kulturelle Schaffen umwandelt und damit der Frau, der Sexualität abgesprochen wird, gezeigt hat, wie sehr sie als eigenständig Schaffende fehl am Platz wäre, sondern er muß diese Position auch noch verteidigen. In dem Augenblick, wo andere sich der Kunst zu be»mächt«igen drohen, steht es schlecht um ihn.

Die größte Gefährdung kommt zweifelsohne von der Frau, denn der Zerstörungsakt, den sie zu begehen droht, ist ein doppelter. Sie will nicht nur an der Macht teilhaben, sondern sie nimmt dem Mann seinen Inspirationsgegenstand. Bildlich gesprochen wird er nicht nur entkleidet, sondern auch noch in die Kälte gestoßen.

Innerhalb des Argumentationsstranges der Inspirationsanhänger spielt die Frau eine bestimmte Rolle: die der Inspirierenden. Wie sehr der Mann die Frau als anregendes und zu idealisierendes Objekt für seine Kunst benötigt, ist selten so selbstverständlich formuliert worden wie von Scheffler:

»Das männliche Kunstgenie blickt auf die Frau wie auf ein Kunstwerk der Natur, wie auf ein Gegenbild seines höchsten Strebens. Ist also die Frau nicht imstande, Kunst zu schaffen, die Ideen des Lebens bewußt bildend, plastisch zu gestalten, so ist ihr Naturell doch mit Kunst verwandt. Sie selbst ist als Seele und Erscheinung ein Kunstwerk der Natur, wie der große männliche Schöpfer ein Kunstwerk der Kultur ist . . . Die Frau ist künstlerisch unproduktiv, aber sie ist als Individuum ästhetisch im Körperlichen und Geistigen.« [43]

Auch Otto von Leixner betont in einer Studie um die Jahrhundertwende die für den Künstler lebensnotwendige Rolle der Frau. Er braucht sie zur Komplettierung seines Wesens. Während ihm der grübelnde Geist eigen ist, trägt sie mit Güte, Milde und »ahnungsreichem Tiefsinn« zu seinem Wohlbefinden bei. Dadurch wird seine müde gewordene Phantasie beflügelt.

»Das scheint mir die gewaltigste Wirkung zu sein, die den Frauen auf die Kunst vorbehalten ist, und die schönste und tiefste zugleich, denn sie hilft mit das Ideal der Schönheit zu gestalten dadurch, daß

sie die Empfindung für die vollste Harmonie verfeinert und erhöht.
Wohl zeichnet Klio nicht jeden Namen solcher Frauen in ihre
Tafeln, wohl weiß es oft die Welt nicht, aber der Schöpfer bewun-
derter Werke beugt mit Ehrfurcht und tiefem Dankgefühl das
Haupt vor seiner Muse – er allein weiß, daß oft das Beste, was er
schafft, ein Ausfluß ihres Wesens ist.«[44]

Die psychische Abhängigkeit des Künstlers von der Frau wird in ihre
Glorifizierung umgewandelt. Er erntet die Resonanz und das Anse-
hen für seine Produkte. Ihr bleibt der Trost, daß er im stillen
Kämmerlein dankend sein Haupt vor ihr beugt. Da es sich hierbei um
kein natürliches Geschlechterverhältnis handelt, sondern um ein zum
Wohle des Mannes erzwungenes, wirken die Worte Schefflers über
das künstlerisch unproduktive Wesen der Frau fast wie Beschwörun-
gen. Es schimmert Angst hindurch, daß sie sich dem männlichen
Bedarf entziehen könnte. Daß der männliche Künstler die Frau als
Inspirationsobjekt benötigt, kann nachvollzogen werden und scheint
sogar diskutabel, da jeder Künstler zur künstlerischen Gestaltung der
Realität Bezüge außerhalb seines Wesens benötigt. Daß aber durch
die Isolierung der Frau auf dem Podest deren subjektiv-individuelle
Potenzen negiert und sie aus dem Schaffensprozeß verdrängt wurde,
ist ein Gewaltakt, der durch das »Hochloben« der Frau zusätzlich
verschleiert wird.

Die Nichterfüllung dieser Erwartungen seitens der Frau kämen
einer Bedrohung gleich. Die Frau fällt schnell von ihrem unfreiwilli-
gen Podest herunter, denn sie wird hassenswürdig und angsterzeugend
in dem Augenblick, wo sie konkurriert. Im Gegenzug wird sie
diffamiert: »Die schlimmen Erscheinungen unserer Kunstkultur sind
vor allem darauf zurückzuführen, daß . . . die Künstlerinnen meistens
anämische, kranke und perverse Wesen sind, oder Weiber mit dreisten Hetäreninstinkten.«[45]

Die Angst davor, einer wichtigen Inspirationsquelle verlustig zu
gehen, führte zum Ausmalen düsterer Zukunftsperspektiven. 1871
legte Hermann Jakoby dar, warum Frauen der Zutritt zur Wissenschaft verbaut werden muß. Seine Visionen tauchen in Traktaten
anderer Autoren immer wieder auf.

»Die Frauen werden wie die Männer werden, die Anziehungskraft,
die bis dahin beide Geschlechter auf einander ausgeübt haben, wird
ihren Reiz verlieren, die Poesie des irdischen Lebens aber der Prosa
und Langweiligkeit einer trostlosen Öde weichen . . . Die Welt aber
würde die verjüngende Kraft verlieren, die bis dahin aus dem

erquickenden Quell des reinen weiblichen Genius ihr zuströmte, sie würde altern ... Gewiß der weibliche Genius ist ideenreich, aber diese Ideen sind weder Ausgangspunkt noch Endpunkte der Forschung und Arbeit, sondern unmittelbar Inspirationen.«[46]
Weigert sich die Frau, den Mann zu inspirieren, indem sie sich künstlerische Eigenständigkeit zugesteht, droht ihr die »Vermännlichung« und der Welt die »Vergreisung«. (Die Assoziation von Vergreisung mit Impotenz ist übrigens auch bei Dahms zu finden, der die Musik der Zwölftöner »greisenhaft« nennt: »Es fehlt ihr zu sehr an seelischer Triebkraft«[47]). Wollte die Frau sich emanzipieren, ginge es nach Meinung Jakobys und anderer nur auf Kosten des Mannes bzw. der Allgemeinheit. Ihr wurden also zusätzliche Schuldgefühle eingeimpft – etwas, womit die weibliche Psyche vorzüglich unter Druck gesetzt werden konnte.

Frauen sind sowohl für die realen Bedingungen männlicher Alltagsexistenz, als auch für männliche Phantasien und Sehnsüchte unabdingbar. Untersuchungen über die Hintergründe sind rar. Eine von ihnen stammt von Cäcilia Rentmeister, die zu klären versucht, warum Allegorien fast immer weiblich sind, obwohl Frauen der aktive Zugang zur Kunst verwehrt wird. Sie sieht ein seit der Antike währendes Abhängigkeitsverhältnis von Künstlern und Wissenschaftlern zu den Frauen. Ihre Erklärung: der »dämonische« Phallus, der durch sein Eigenleben dem Mann bewußt macht, daß er trotz seiner rationalen Kräfte seine Triebe nicht zügeln kann, läßt ihn in ein zwanghaftes Abhängigkeitsverhältnis zur Frau geraten. Der unbezwingbare Trieb wird in die Frau projiziert, indem behauptet wird, sie »verführe« ihn und mache ihn sexuell abhängig. Es kommt zur Spaltung zwischen der sexuell unersättlichen »femme fatale« und der inspirierenden Muse, die dadurch, daß ihr überhaupt keine Sexualität zugebilligt wird, den Mann ungefährdet läßt. Rentmeister hält das Geschlecht der Allegorien für nicht beliebig:

»Alle weiblichen Allegorien, ob sie in der Gestalt der Schutzheiligen positive Werte inkarnieren oder ob ihnen als Hure die Buhlschaft mit allen Übeln der Welt unterstellt wird, haben das affirmative Prinzip gemeinsam: den Mythos vom dualistischen Wesen der Frau zu bestätigen und immer wieder vor Augen zu führen.«[48]
Zusammenfassend ist festzustellen, daß der Genie-, der Inspirations- und der Schaffenskult einem gemeinsamen Ziel dienen: den Mann als alleinigen Verwalter künstlerischer Belange unangetastet zu lassen sowie die Frau als Inspirationsobjekt zu bewahren. Viele

Postulate leiten sich hieraus ab, z. B. die Vorstellung, daß Musik »in ihrer Ursubstanz und in ihrem Urprinzip ewig gleichbleibend und unveränderlich« ist[49], wie es im größten deutschsprachigen Musiklexikon heißt. Solche statischen Aussagen liefern den Rahmen dafür, daß nur Männer spontan und unerklärbar vom Genialen befallen werden und daß das von ihnen Geschaffene gottähnlich und nicht kritisierbar ist. Daß die Entwicklung von Begabungen nur unter bestimmten gesellschaftlichen Voraussetzungen möglich ist, die man bisher Frauen verwehrte, wird damit ignoriert. Wer von »Ursubstanz« und »Urprinzip« spricht, beschwört eine angeblich »natürliche« Ordnung, zu der unter anderem auch die patriarchalische Rangordnung gehört. Solange also der Schaffensprozeß über Gebühr mystifiziert wird, werden Versuche von Frauen, gleichrangig akzeptiert zu werden, zum Scheitern verurteilt sein.

2.3 ANDROZENTRISCHE SPRACHE IN DER MUSIKGESCHICHTSSCHREIBUNG

> »Man versteht Musik genauer,
> wenn man die Mühe nicht scheut,
> sich die Struktur der Sprache, in
> der über sie geredet wird, bewußt
> zu machen.«   (Carl Dahlhaus)

Eine androzentrische (d. h. auf den Mann bezogene) Sprachhandhabung ist allgemeines Symptom für eine Kultur, in der alle öffentlichen Bereiche vom Mann verwaltet werden.[50] Daher ist zu fragen, ob es überhaupt sinnvoll ist, in einem Teilbereich wie der Musikliteratur sprachliche Absonderheiten hervorzuheben. Demgegenüber ist bislang nur wenig reflektiert worden, in welch hohem Maße sprachliche Diktion vor allem unbewußt rezipiert wird. Denkt man an Wortschöpfungen wie »antiimperialistischer Schutzwall« bzw. »Schandmauer«, die beide den gleichen Gegenstand beschreiben, wird offenbar, daß mit bestimmten Wortkreationen ein ideologischer Sachverhalt transportiert wird. So auch in der verbalen Beschreibung von Musik.

Helga de la Motte-Haber weist auf die Entstellungen und Verzerrungen hin, die verbale Äußerungen über Musik haben können. Schon um die Jahrhundertwende haben Wissenschaftler determinierende Tendenzen ausgemacht, die zu einem Vorurteil führen können und den Denkprozeß stark beeinflussen. »Man kann nicht umhin . . . zuzustimmen, daß schon die Wahl der Worte Interpretationen hervorbringt, für die nichts einsteht als die subjektive Überzeugung des Interpretierenden.«[51]

Hier stellt sich die Sachlage insofern etwas anders, als es sich nicht nur um subjektive Äußerungen einzelner handelt, sondern um allgemeingebräuchliche Begriffe innerhalb musikliterarischer Schriften. Die Verwendung geschlechtsspezifischer Ausdrücke weist auf einen verallgemeinernden Sachverhalt hin, der sich zweifach deuten läßt. Zum einen können sexistische Sachverhalte in der Musik selbst vorhanden sein (dies wird im anschließenden Abschnitt erläutert); zum anderen zeichnet sich die Musikwissenschaft innerhalb des allgemeinen Wissenschaftsbetriebes durch eine besonders hartnäckige patriarchale Struktur aus. Dies zeigt sich u. a. in der Vorherrschaft der Musikhistorie gegenüber systematischen Disziplinen, in der Kultivierung des »Kunstwerks« sowie im Festhalten an scheinbaren Ewigkeitswerten und Geistigem in der Musik. »Nirgends wird am Überkommenen so zäh festgehalten wie in der Musikwissenschaft«[52]: Das ist nicht zuletzt am Sprachgebrauch abzulesen.

In einem Schulbuch von 1929 besteht die Sonatenform aus dem »Gegensatz aktiver, männlicher und weicher, labiler, weiblicher Elemente«[53]. Einige Jahrzehnte später heißt es unverändert: »Im ersten (Thema) wird der männliche, vom Rhythmus bestimmte Charakter betont, im zweiten der weibliche, der die entscheidenden Kräfte vom Gesanglichen her empfängt«.[54] Das größte deutschsprachige Nachschlagewerk zur Musik schreibt zur Sonatenform:
»Zwei Grundprinzipe des Menschen sollen in den beiden Hauptthemen Gestalt werden: das tätig nach außen drängende männliche 1. Thema und das still in sich beruhende weibliche 2. Thema. Das 2. Thema . . . soll vor allem ein Folgethema sein, ein solches von geringer Selbstständigkeit, das erste abwandelnd und doch Ausdrucksgegensatz zu ihm.«[55]
Die stereotype Zuordnung von »weiblichen« Eigenschaften mit passivem Verhalten kann sich aber auch auf einzelne Komponisten und zuweilen auf ganze Epochen übertragen. Für Liszt war Chopin ein »weiblicher Erzengel«[56]. Überhaupt stellt die Romantik in ihren negativen Erscheinungen das Weibliche par excellence dar, deren Vertreter weibische Züge tragen.

»Man ist von sich und seiner Sehnsucht erfüllt, die Welt wird zum Traum. Der starke, ethisch bedingte Willensimpuls Beethovens ist

t mehr da, man ist dem Sein gleichsam passiv ausgeliefert, man
___t ihm sogar etwas fremd gegenüber. Anstelle von Beethovens
Härte ist Weichheit und Zartheit getreten. Hatte die Musik bei
Haydn und Mozart etwas Kindliches, bei Beethoven etwas Männliches, so hat sie jetzt etwas Weibliches.«[57]

Warum die Romantik als weiblich gilt, wird an den heutigen Musikle-
xika deutlich. Ihnen zufolge ist die romantische Harmonik durch den
»reichlichen Gebrauch üppiger Alterationen« gekennzeichnet, die ihr
den Charakter des »weichen Gleitens« geben. Konturen »verschleiern«, verschiedene musikalische Mittel werden zu »reinen Reizmit-
teln, die das logische Gerüst . . . zersetzen«. Vieles »degeneriert« zur
farblichen Wirkung.[58] Die romantische Musik »zwingt dem Hörer die
Dämonie ihrer Reizkräfte auf«[59]. Alle diese Eigenschaften werden
sonst der Frau zugeordnet: Sie ist irrational, sinnlich, reizvoll, in ihrer
negativen Form ist sie zersetzend und morbid. Wenn es also in einem
Lexikon von der Klassik heißt, daß sie »frei von allen Schlacken der
sinnlichen Welt« ist und daß sie den Menschen über sich selbst
hinaushebt »in die Region des reinen Geistes«[60], wird damit unver-
brämt dem männlichen Prinzip gehuldigt. Hierzu paßt auch, wie es ein
Musikschriftsteller 1914 ausdrückte, daß der romantische Geist ein
»Herabsinken der Tatkraft« herbeigeführt hätte.[61] Man kann sich des
Eindrucks nicht erwehren, daß das Überhandnehmen romantischer
Eigenschaften die männliche Tatkraft (Potenz) gefährdete.

Beethoven stellt dagegen den Inbegriff des Männlichen dar. Ein
Beethovensches Thema kann sich zu »mannhaftem Entschluß« steigern[62]; in der 9. Sinfonie »hebt faustisches Ringen an«[63]; eine »köstli-
che, männlich selbstbewußte Daseinsfreude lacht«[64] aus seiner Klaviersonate op. 22. Zu Schuberts Klaviersonaten ist im Vorwort zur
Urtextausgabe zu erfahren: »Noch ist zwar allerorten Beethovens
Geist zu spüren, aber er wird weiblich umschmeichelt und immer
wieder gebannt«.[65] Schlägt Beethoven weichere Töne an, fehlt das
weibliche Etikett auch hier nicht:

»Beethoven notiert sich für dieses Stück (op. 110) ›immer simpler‹
und tatsächlich ist es von einer Einfachheit, einer Kindlichkeit im
Liedmäßigen der Hauptthemen, die beglückend ist; weil dahinter
alles steht, was Beethoven überwunden hat. Die Sonate op. 110 ist
ein weibliches Stück, in alle Schönheit gekleidet, wenn op. 111 ein
männliches genannt wird.«[66]

Für den Musikwissenschaftler Schering trägt die Musik des Barock
»entscheidende Züge der Männlichkeit«. Sie ist »herb und hart,

femininen Regungen fast unzugänglich«[67]. Sehnte er sich danach zurück? Wenig später spricht er vom »glücklichen Stand der Barockmusik«[68].

Die Vertreter dieser Epoche werden ebenfalls mit dem männlichen Etikett behaftet. Robert Schumann verrät hierbei unbewußt seine Sicht der Frau:

> »Die Fuge habe ich der Reihe nach bis in ihre feinsten Zweige zergliedert; der Nutzen davon ist groß und wie von einer moralisch-stärkenden Wirkung auf den ganzen Menschen, denn Bach war ein Mann – durch und durch; bei ihm gibt's nichts Halbes, Krankes, ist alles wie für ewige Zeiten geschrieben.«[69]

Die sogenannte »weibliche Endung« wird meist pejorativ verwandt. »Zu Anfang beherrschen wieder weibliche Endungen das Bild, durch die das Thema an melodischer Spannkraft einbüßt . . .«[70] »Zu dem männlichen Wesen seiner Musik trägt bei, daß er schon in den frühen Sonaten die in jener empfindsamen Zeit übertriebene Pflege des Vorhalts, der ›weiblichen Endung‹, nicht mitmacht.«[71]

Dem Mann wird in erster Linie das Kraftvolle zugeordnet:

> (Über die Entfaltung der Sonatenform:) »Hier mußte die neu errungene Freiheit unfruchtbar bleiben, wenn es nicht gelang, ihr Samen aus dem Schoße der männlich kraftvollen hochbarocken Kompositionstechnik zuzuführen«[72] . . . (Über Beethoven und Neefe:) »Die Sonaten des kindlichen Schülers sind moderner und – seltsam genug – männlicher, kraftvoller als die des Lehrers.«[73]
>
> »Frohe Energie durchpulst das ganze Stück, gesundes Kraftbewußtsein, das sich nicht bei schwerwiegenden Rätseln aufhält . . . eine so köstliche, männlich selbstbewußte Daseinsfreude lacht selten aus Beethovens Werken.«[74]
>
> »Daß Schumann das Empfindungsleben der Frau mehr und mehr in den Vordergrund rückte . . . hat das dramatische Leben dieser Werke nicht befördert, aber den kraftvoll tätigen Charakter mehr und mehr entzogen.«[75]

Auch das Attribut der Reife wird gern dem Mann zugesprochen:

> »Innerhalb dieser Grenzen liegen die Werke der reifen Manneszeit.«[76]
>
> »Der Zug freudig ernster Männlichkeit, der das Ganze durchweht, verbietet es, hier in herabsetzendem Sinn von einer Jugendarbeit zu sprechen.«[77]
>
> »Den Grundzug der übrigen Sätze bestimmt die edle Verbindung

von Milde und Männlichkeit, durch die Haydn besonders vereh-
rungswürdig ist.«[78]
Das Attribut »weiblich« kann fehlen, weiß man doch, was gemeint ist:
»Freudige Vollgriffigkeit im hellsten C-Dur beherrscht die zweite
Skizze; ein Mittelsatz strömt mit seinen Kantilenen weichere
Regungen in das männliche Stück.«[79]
»Denn durch den Gegensatz des männlich herausfordernden
Anfangs und der zart bittenden Gesangsmelodie erhält das Werk
einen unverkennbar heroisch elegischen Charakter, der indessen
erst am Schluß des Werkes deutlich erkennbar wird.«[80]
In der folgenden Tabelle sind die jeweiligen Attribute aufgelistet, die
sich auffinden ließen:

Männlich	*Weiblich*
Spannung	Gesanglichkeit
Kraft	fehlende Spannkraft
Lebhaftigkeit	Selbstaufopferung
Aktivität	Leiden
Gesundheit	Gefühlsüberschwang
Daseinsfreude	Zartheit, zartes Bitten
Reife	Verklärtheit
Stärke	Selbstlosigkeit
Dramatik	Innigkeit
Drang nach außen	Einschmeichelei
Heroentum	Weichheit
Herausforderung	Einfachheit
Selbstbewußtsein	Kindlichkeit
Härte	Schönheit
Herbheit	
Ernst	
Ewigkeit	

Zum Schluß ein Zitat des sich revolutionär gebenden Komponisten
Hans Werner Henze zur Gattung der Oper:
»Objektiv sind in dieser Kunstform Reichtümer enthalten, die zu
den schönsten Erfindungen des menschlichen Geistes gehören. Sie
gehören allen Menschen, sind nicht für die Herrschenden geschrieben worden, sondern brüderlich für die Brüder.«[81]
Ein »lapsus linguae« oder bewußte Überzeugung? Henze befindet sich
jedenfalls in bewährter Tradition, wenn er die Kategorie der Objekti-

vität mit dem Männlichen gleichsetzt. Zweifellos tragen die gängigen Interpretationen von Musik androzentrische Züge – stets auf den Mann bezogen. Vom Mann stammt die Musik, von ihm handelt sie: die verbalen Interpretationen sind darauf gerichtet, den Mann als handelndes Subjekt, die Frau als angehängtes Objekt zu begreifen.

Im nächsten Kapitel wird untersucht, ob diese sprachlichen Beschreibungen mit der Musik im ursächlichen Zusammenhang stehen, d. h., ob sich die Geschlechterpolarität in der Musik selbst nachweisen läßt.

2.4 SEXISTISCHE STRUKTUREN IN DER MUSIK

> »Die Kunst ist für die Geschichte der menschlichen Gemeinschaften das, was der Traum für den Psychiater bedeutet.«
> (René Huyghe, 1939)

Der Gedanke, daß sich außermusikalische Tatbestände in der Musik vermitteln lassen und daß sie als kommunikative Grundmuster unseres musikalischen Kulturkreises auch entsprechend rezipiert werden, ist nicht neu. Einer der bekanntesten Versuche, aufzuzeigen, daß Musik bestimmte Gefühle und Bilder vermittelt, stammt von Albert Schweitzer. In seiner Studie über Bach wies er nach, daß dessen Musik nicht eine reine Kunst ist, die sich in abstrakten Tonlinien erschöpft, sondern daß sich darüber hinaus in symbolischen Kategorien durch den Klang hindurch eine tiefere Ebene offenbart. Schweitzer war überzeugt, daß Bach bestimmte Gefühle und Bilder vermittelte.[82]

Das illustrative Prinzip ist seit Jahrhunderten ein Grundstock musikalischer Ausdrucksformen gewesen. In den Opern und Oratorien von Mattheson, Keiser und Telemann sind eine Fülle musikalischer Illustrationen auffindbar. Bach trug dazu bei, auch die geistliche Musik illustrativ auszuschmücken. Aus dem deskriptiven Realismus wurde ein Stück musikalischer Materie; die musikalischen Affekte konnten schließlich auch ohne Text verstanden werden. Viele von ihnen haben sich bis heute gehalten und werden innerhalb der Werbung, in Filmmusiken [83] usw. verwendet mit dem Ziel, bestimmte Empfindungen beim Hörer auszulösen.

Im folgenden werden jedoch nicht nur illustrative Mittel, die die

Geschlechterpolarität betreffen, hervorgehoben, sondern es wird gezeigt, daß die Kunstmusik von ihrer gedanklichen und empfindungsmäßigen Konzeption her auf männlichem Selbstverständnis beruht. Zunächst ist aber zu fragen, ob und inwiefern sich ideologische Tatbestände musikalisch transportieren lassen. Im musiksoziologischen Sektor waren es vor allem marxistisch orientierte Musikwissenschaftler, die untersuchten, inwieweit sich in der Musik gesellschaftliche Realität widerspiegelt. (Freilich konnte es hierbei zu Überspitzungen kommen, z. B., daß die Fuge mit dem Feudalismus gleichgesetzt wurde oder das Finale der Mozartschen Jupiter-Sinfonie als Klassenversöhnung gedeutet wurde.[84]) Erschwert wurde dieser Untersuchungsaspekt von der traditionellen Musikwissenschaft, die nach wie vor einer veralteten Vorstellung von Ästhetik anhängt. Deren zentrale Methode stellt die musikalische Analyse dar, die sich vornehmlich mit der Formorganisation befaßt und weniger mit dem begrifflichen Verstehen von Musik. Das Aufspüren einer Aussage ist daher noch weitgehend von subjektiven Faktoren geprägt und kann den Anspruch der Wissenschaftlichkeit nicht für sich beanspruchen. Immerhin ist hie und da das Bemühen sichtbar, sich differenziert mit dem Komplex auseinanderzusetzen:

»...intuitiv, verschlüsselt und oft ohne oder sogar gegen die bewußte Konzeption des Kunstwerkes kann es (das Kunstwerk) andere Elemente enthalten, die auf dem Wege der Einstimmung, der Konnotation, der affektiven Erweiterung des Bedeutungsfeldes der musikalischen Zeichenwelt Erkenntnisse enthalten, die die wissenschaftlich philosophische Wahrheit erweitern. Dies ist freilich ein noch weniger erforschtes, aber, wie ich meine, keineswegs unerforschbares Gebiet.«[85]

Die vorliegenden Hypothesen sind dementsprechend bruchstückartig und als Anstöße für weitere Untersuchungen zu verstehen.

Der bekannten Aussage des DDR-Musikwissenschaftlers Brockhaus, daß es weder eine kapitalistische noch eine sozialistische Terz gibt, ist hinzuzufügen, daß es weder eine weibliche noch eine männliche Terz geben kann. In seiner Untersuchung, inwieweit Richard Wagners Musik deutschnationale und antisemitische Elemente enthält, stellt Leon Stein fest, daß Musik weder Tatsachen noch allgemeingültige Wahrheiten wiedergeben kann. Sie kann aber dazu beitragen, ein Bewußtsein zu schaffen, in das sich bestimmte Dinge verankern lassen. Als Beispiel führt er den ethischen Gehalt Beethovenscher Musik an. Wir fühlen uns, so Stein, von ihr veredelt und erhöht; dieser Zustand wird jedoch nicht durch philosophische Aussagen erreicht.

»In diesem Sinn können musikalische Abläufe oder Musikstücke in sich niemals imperialistisch, aggressiv oder tyrannisch sein, aber sie können zur Schaffung eines Bewußtseins beitragen, das – in die entsprechenden Kanäle gelenkt – zu imperialistischem, aggressivem oder tyrannischem Verhalten führen kann.«[86]

Diese Frage der Bewußtseinsbildung berührt auch Otto Brusatti in seiner Studie über nationalistische und ideologische Inhalte der Musik. Musik stellt für ihn keine außer- oder überzeitliche künstlerische Disziplin dar, sondern sie erfüllt stets bestimmte Funktionen für ihre Gesellschaft. Demnach spiegelt sie nicht nur die Geisteshaltung einer Epoche wider, sondern sie ist in dieser Spiegelung bereits wieder in das dialektische Spannungsverhältnis ihrer Zeit eingebettet. Das bedeutet konkret, daß sie mit anderen Künsten dazu beiträgt, das Lebensgefühl einer Epoche aktiv mitzugestalten.

Im folgenden wird versucht, anhand der gesellschaftlichen Verfestigung der Geschlechterrollen im 18. Jahrhundert die musikalische Entsprechung, die diese Rollenpolarität nicht nur nachgestaltete, sondern zu formen half, aufzuzeigen.

Die Barockzeit war einem männlichen Image verhaftet. Musik diente vornehmlich dem Lob Gottes sowie männlicher Landesherrscher, die sich als Stellvertreter der göttlichen Ordnung verstanden. Der Kulturkundler Riehl kommentiert bündig: »Der mannhafte Ernst dieser (Händelschen) Musik wächst hinein in den Charakter dessen, der sie mit Hingabe studiert; darum soll, wer ein rechter Mann werden will, seine historischen Musikstudien mit Händel anheben.«[87] Paul Nettl findet Werke komplexer konstruktiver Polyphonie wie die »Kunst der Fuge« »eindeutig maskulin«[88]. Und Schering weist auf eine interessante Verbindung hin: »Mit dem Hang zum Männlichen (der Barockzeit) ... hängt auch zusammen, daß es dem Musiker nichts ausmachte, ob er die göttliche oder weltliche Majestät monumentalisierte.«[89] Damit deutet er die Gleichstellung Mann – Macht – Gott an. Tatsächlich verwischen sich die Grenzen zwischen dem weltlichen und dem geistlichen Herrscher. Dies ist für das Frauenbild bedeutsam, da von 1750 an die direkte Linie vom geistlich/weltlichen Herrscher auf den bürgerlichen Ehemann ausgedehnt wird, und die Musik in ihrer Ausdrucksspezifik alle drei subsumiert. Besonders deutlich wird dies in der Zeit um 1800, als das Bürgertum in Deutschland ein neues Selbstbewußtsein erwarb. Eine entscheidende Rolle spielten herbei

Haydns Oratorien, die sich außerordentlicher Beliebtheit erfreuten: »Das eigentliche Werk, das zur öffentlichen Angelegenheit wurde ... durch das die Seele in bis dahin unbekannte Schwingungen der Ahnung eines Weltgefühls versetzt wurde, kurz, *das* Krönungswerk der bürgerlichen Musikkultur der ersten Periode ist Haydns ›Schöpfung‹«.[90]

Das Oratorium »Die Schöpfung« erfüllte in musikalischer, geistiger, formaler und textlicher Hinsicht die Erwartungen der Zuhörer. Das liegt gewiß nicht allein daran, daß Vokalkompositionen dem Publikumsgeschmack damals sowieso entgegenkamen.[91] Abgesehen von der Lobpreisung Gottes, die in Anlehnung an die großen Oratorien Händels in hymnischen Chören das Werk durchzieht, wird ein bürgerliches Weltbild salonfähig gemacht. Es lohnt sich, den Inhalt dieses 1798 entstandenen Werkes zu betrachten.

Nachdem Adam und Eva entstanden sind, macht Adam unmißverständlich klar, wer der Herr im Haus ist:

»Adam: ›Nun ist die erste Pflicht erfüllt, dem Schöpfer haben wir gedankt. Nun folge mir, Gefährtin meines Lebens! Ich leite dich, und jeder Schritt weckt neue Freud' in unsrer Brust, zeigt Wunder überall. Erkennen sollst du dann, welch unaussprechlich Glück der Herr uns zugedacht. Ihn preisen immerdar, ihm weihen Herz und Sinn. Komm, folge mir, ich leite dich.‹

Eva: ›O du, für den ich ward, mein Schirm, mein Schild, mein All! Dein Will' ist mir Gesetz. So hat's der Herr bestimmt; und dir gehorchen bringt mir Freude, Glück und Ruhm.‹ [Duett:]

Adam: ›Holde Gattin, dir zur Seite fließen sanft die Stunden hin. Jeder Augenblick ist Wonne, keine Sorge trübet sie.‹

Eva: ›Teurer Gatte, dir zur Seite schwimmt in Freuden mir das Herz. Dir gewidmet ist mein Leben, deine Liebe sei mein Lohn.‹«

Dem Mann fällt somit die Aufgabe anheim, mit einem ständigen Lob Gottes auf den Lippen die Frau zu leiten. Ihr Leben gehört nicht ihr selber, sondern dem Ehemann. Entscheidend ist die Vermengung des Gehorsams gegenüber dem weltlichen und geistlichen Vorgesetzten. Adams »so hat's der Herr bestimmt« erhält insofern eine unerbittliche, fast drohende Komponente, weil das Oratorium von Demutsund Ehrerbietungsbezeugungen Gott gegenüber durchzogen ist. Wenn ein Herrscher so groß, allmächtig, omnipotent und ehrerbietend ist, dann können seine Anweisungen nur richtig sein; die Mißachtung des Ehemanns wäre folglich der Mißachtung der göttlichen Autorität gleichzusetzen.

Das Geschlechterverhältnis wird musikalisch ausgedrückt. Während Adam mit punktierten Noten und dem Terzintervall Aktivität signalisiert, bedeuten der Vorhalt und die abfallende Sekunde bei Eva Schwäche und Passivität.

Es ist denkbar, daß die Vermengung von weltlichem und geistlichem Herrscher, die sich bei Bach und Händel andeutete und die hier die von Gott legitimierte Vorherrschaft des bürgerlichen Ehemanns thematisiert, deshalb beim Bürgertum so einschlug, weil sie genau seinen Sehnsüchten und Wünschen entsprach.

Sozialhistorische Untersuchungen bestätigen, daß im letzten Drittel des 18. Jahrhunderts die Kontrastierung der Geschlechter eine spezifisch neue Qualität gewann.[92] Die bisherigen Standesdefinitionen verwandelten sich in Charakterdefinitionen. Anstelle der »Hausmutter« bzw. des »Hausvaters« traten nun das gesamte weibliche bzw. männliche Geschlecht. Die aus dem Hausstand abgeleiteten Pflichten wurden zu allgemeinen Eigenschaften der Personen deklariert. Dieses historisch auffällige Phänomen ist begründet durch die Veränderungen, die seit der Französischen Revolution aufgetreten waren. Die Forderung nach Gleichheit der Menschen untereinander berührte nicht wenige Frauen; auch die einhergehende Umdeutung der Ehe von einem Zweckbündnis zu einer psychischen Verschmelzung der Ehegatten, die auf Liebe beruhe, ließ bei ihnen den Wunsch nach Selbstbestimmung wach werden. Im Laufe des 18. Jahrhunderts wurden für sie zeitweilig »die Spielräume sowohl für die weibliche Kreativität als auch für die Imagination des Weiblichen interessant, widersprüchlich und vielfältig erweitert«[93]. Die bürgerlichen Frauen suchten die Geselligkeit und eigneten sich das Malen, Musizieren und Lesen an: sie erschlossen sich somit ein Mehr an Eigenständigkeit. Die Zeitströmungen der Empfindsamkeit und der Aufklärung gewannen für sie eine neue, reizvolle Dimension. Durch diesen Umbruch bedingt entstand – vor allem für die Männer – eine Ebene der Unsicherheit. Schon im Interesse der Absicherung patriarchaler Verhältnisse mußte der neue Spielraum eingegrenzt werden. Außerdem hatte infolge der Unterhöhlung der orthodoxen Religion durch den

Pietismus und die Aufklärung auch die Moral ihr Fundament verloren. Der Bürger mußte darangehen, sich für seine neuen Bedürfnisse eine eigene bürgerliche Moral zu konstruieren.[94] In den vielen Traktaten, die nun erschienen, wurde die theoretische Gleichstellung der Geschlechter zwar ausgesprochen, aber im gleichen Atemzug die »Bestimmung des Weibes zur Gattin, Hausfrau und Mutter« hinzugefügt. Die Geschlechterpolarität wurde als naturgegeben propagiert – ein glänzender Schachzug auf dem Spielfeld des Geschlechterkampfes, weil nun kein Entrinnen möglich war (es sei denn, um den Preis des »Mannweibs«).

Im kulturellen Sektor ging man daran, das Prinzip des naturgegeben aktiven, nach außen drängenden Mannes und der sanften, dem Mann stets ergebenen Frau in Literatur, Kunst und Musik zu legitimieren.

Die Musik war daran aktiv beteiligt. Haydns Oratorien fallen – genauso wie die Entwicklung der Sonatenform – in diese Zeit. Die Musikwissenschaftler preisen »Die Schöpfung« als bedeutsamen Wendepunkt, vermögen jedoch den Inhalt dieses Wendepunkts nur grob zu umreißen. Preussner spricht von einem neuen

»Reich, das mit neuen Symbolen geschaffen ist, die dem Geistesgebäude eines sich frei und aufgeklärt fühlenden Bürgertums entnommen sind ... das vollendetste Werk vollendeter Lebensbejahung, der Bejahung der Schöpfung im ganzen, der bürgerlichen Lebensform im besonderen, ein durch und durch weltlich gerichtetes Werk, trotz der starken ethischen Grundlagen«.[95]

Arnold Schering nennt es ein erlösendes Werk,

»erlösend insofern, als in ihr die großartige Einseitigkeit, die das 18. Jahrhundert noch in vielen seiner Lebensbeziehungen und Geistesrichtungen gebunden hielt, in der denkbar universalsten Weise überwunden wurde. Vor den in die tiefsten, letzten Fasern des deutschen Volkskörpers dringenden Wirkungen dieses Werkes mußten zeitweilig selbst die großen Leistungen unserer Dichter kapitulieren«.[96]

Er glaubt, daß dies an der Vereinigung der Künstler, Kenner und Liebhaber der Musik gelegen hat. Wie in Haydns Werk »die Schranken zwischen Göttlichem und Menschlichem ... zwischen Hoch und Niedrig gefallen sind, so sind die Gegensätze zwischen den Musizierenden und dem Publikum ausgelöscht worden«[97]. Schering versucht den Prozeß der totalen Identifikation zu umschreiben, der stattfand, bleibt aber im Irrationalen stecken. Habermas liefert aus sozialhistorischer Sicht eine genauere Analyse. Das sich in Theatern, Museen und

Haydns Visitenkarte. Von 1803 an schrieb Haydn nichts mehr. Nach vergeblichen Versuchen, eines seiner letzten Quartette zu vollenden, schloß er das Werk mit den ersten Takten des Vokalquartetts »Der Greis«. Diese Takte ließ er auf Visitenkarten drucken und schickte sie Freunden, die sich nach seinem Wohlbefinden erkundigten. So wie Haydn in seinen Oratorien weltliche und geistliche Sachverhalte vermischte, wird auch hier mit dem Ruhm und dem Lob der Unvergänglichkeit das Lob Gottes assoziiert. Haydn als Schaffender, Gott als Schöpfer: war Haydn ein Initiator des Geniekultes?

Konzerten bildende Publikum war nach seiner sozialen Herkunft bürgerlich. Sein Einfluß gewann um 1750 Oberhand:

»Die Erfahrungen, über die ein sich leidenschaftlich selbst thematisierendes Publikum im öffentlichen Räsonnement der Privatleute miteinander Verständigung und Aufklärung sucht, fließen nämlich aus Quellen einer spezifischen Subjektivität: deren Heimstätte, im buchstäblichen Sinne, ist die Sphäre der patriarchalischen Kleinfamilie. Bekanntlich konsolidiert diese sich, hervorgehend aus Wandlungen der Familienstruktur, die sich mit der kapitalistischen Umwälzung seit Jahrhunderten anbahnen, als der in bürgerlichen

Schichten dominante Typus.«[98]
Haydn trug zweifelsohne dazu bei, sowohl die patriarchalische Struktur der Kleinfamilie zu stützen, als auch die Geschlechterrollen zu
formen. Er war sich übrigens der Wirkung seines Werkes durchaus
bewußt. Nachdem er eine begeistert aufgenommene Aufführung
erlebt hatte, schrieb er 1802 einen Brief, in dem er sich als »nicht ganz
unwürdigen Priester dieser heiligen Kunst« bezeichnete. Ihm flüstere
zudem ein geheimes Gefühl zu: »Vielleicht wird deine Arbeit biswei-
len eine Quelle, aus welcher der sorgenvolle oder der von Geschäften
lastende Mann auf einige Augenblicke seine Ruhe und seine Erholung
schöpft.«[99] Haydn begriff sich somit als Sprachrohr einer göttlichen
Ordnung und erkannte, daß er dem männlichen Bürger einen Dienst
erwiesen hatte.

Da die ethischen Werte von Gott nicht mehr vermittelt werden
konnten, übernahm die Musik eine religiöse Ausstrahlung. Der
Konzertsaal wurde zu einer ästhetischen Kirche, das Verhältnis des
Bürgers zur Musik war ein religiös-erhöhtes. Diese Aura der Feier-
lichkeit stieß mit der religiösen Färbung des Naturbegriffs zusammen:
die bürgerliche Ordnung war somit »gottgegeben« und »natürlich«
zugleich. Die Form des Oratoriums wurde als besonders günstig für
ein allgemein-religiöses Gefühl betrachtet, wobei dieses Gefühl losgelöst vom kirchlichen Kultus war.[100] Mittels der Ergriffenheit des
Publikums konnte ideologisch manipuliert werden, denn im Oratorium wurde nicht unterhalten, sondern belehrt.

In dem Oratorium »Die Jahreszeiten«, das drei Jahre später entstand und sich ebenso wie »Die Schöpfung« bis heute großer Beliebtheit erfreut, setzte Haydn die Ausprägung bürgerlicher Charaktereigenschaften fort. Hatte »Die Schöpfung« vorrangig dazu gedient, die
Rolle von Mann und Frau in der Familie zu klären, wird in den
»Jahreszeiten« die Arbeitsteilung verfestigt und im Betonen der
Innerlichkeit und Schlichtheit der Grundstock zur bürgerlichen Moral
gelegt. Haydn läßt das Landleben vorüberziehen, wobei alle Aktivitä-
ten vom Mann ausgehen. Der Ackermann, Hirt, Winzer, Schnitter,
Weber und der Wanderer werden besungen; eine ganze Episode ist
der Jagd gewidmet. Abgesehen von der Tätigkeit am Spinnrad wird
die Hausfrauenarbeit verschwiegen. Wird das Essen besungen, dann
als Gabe Gottes. Die Frau wird als schlichtes und tugendsames Wesen
gezeichnet. Sie soll weder »Putz noch Schminke« tragen, sich auch
nicht von »Geld und Pracht« feiner Herren betören lassen, sondern
unverbildet und natürlich erscheinen. Dies entsprach dem Zeitgefühl,

da sich überall der Widerstand gegen alles Gezierte und Galante geltend machte; man setzte sich vom Adel ab. Der Adel war eine Gefahr für die passive und untergeordnete Frauenrolle, denn gerade dort machten sich französisch-emanzipatorische Bestrebungen breit (die ersten komponierenden deutschen Frauen im 18. Jahrhundert waren Adlige). Die Ermahnungen, die in den »Jahreszeiten« zu hören sind, decken sich mit den vielen Traktaten des 18. und beginnenden 19. Jahrhunderts und verfolgen das gleiche Ziel: die Frau von jeder von der Hausfrauentätigkeit ablenkenden Beschäftigung mit Wissenschaft und Kunst fernzuhalten.

Bei der Lobpreisung Gottes setzt Haydn die bereits in der Barockepoche verwendeten musikalischen Mittel ein: maestoso, punktierte Rhythmen, voller Orchesterklang (mit Blechbläsern) im Fortissimo, langes Beharren auf Tönen und oktavierte Töne, um die Wirkung zu steigern. Die Musik erhält einen Zug ins Monumentale und Schicksalshafte. In der Klassik werden diese Ausdrucksmittel getreu übernommen. Es ist zu bedenken, daß die vielen Werke, die zum Lobe Gottes geschrieben wurden, einen männlichen Gott lobpreisen; in den weltlichen Werken werden die musikalischen Mittel auf den Mann übertragen. Beethoven drückt die Allmacht Gottes in der »Missa Solemnis« durch weite Sprünge und Steigerung in hohe Lagen aus:

Zum Ruhm des Vaters (in gloria dei patris) verwendet er die Fugenform. Sie eignet sich stets, um das Äußerste an Pracht, Großartigkeit und Machtentfaltung auszudrücken. Auch Bruckner wählt in der f-Moll-Messe die Fuge, um Gottes Ruhm zu besingen.

Im Schlußsatz des »Triumphliedes« von Brahms wird unter Aufbietung aller Kräfte das Heroisch-Majestätisch-Männliche bejubelt:

Herr   al——ler   Herr————en.

(Diese Beispiele ließen sich beliebig vermehren).

Innerhalb der Messe kommt die Frau nur einmal vor: die Mutter Jesu. Wenn Maria den Heiligen Geist empfängt, werden weiblich-musikalische Elemente angewandt. Bei Bruckner wie bei Beethoven wird eine sanfte Stimmung durch kleine Besetzung (Sologeige, Soloflöte) und verzierende Floskeln verbreitet, die sich wirkungsvoll zum Bombastischen der Gottesverehrung absetzt.

Folgende musikalische Mittel werden verwandt, um Gott/Herrscher/König bzw. Heilige/Geliebte/Angebetete zu beschreiben:

Das Prinzip des Heroischen, Majestätischen, Männlichen	*Das Prinzip des Jungfräulichen, Weiblichen*
große Intervallsprünge	lyrische Melodien
große Lautstärke	Flöte, Harfe
Sforzati	Piano
Oktavengänge	Legato (gebunden)
Fuge	kleinschrittige Intervalle
Blechblasinstrumente, Schlagzeug	rhythmisches Gleichmaß
volle Orchesterbesetzung	
Staccato	
rhythmische Prägnanz	

Da der Übergang von Gott zum heroischen Mann fließend ist, werden diese musikalischen Mittel automatisch auf Männer übertragen, um die sich in der Klassik und Romantik zahlreiche Kompositionen ranken (Prometheus, Napoleon, Tasso, Macbeth, nicht zu vergessen »das kraftstrotzende, klare Urbild männlicher Lebensbejahung«[101], Don Juan). Die Frau wird der allgemein-kulturellen Entwicklung gemäß musikalisch in zwei Typen aufgespalten. In den Messen kommt das Jungfräulich-Asexuelle zum Vorschein. Mit Vorliebe werden Flöten, Harfen, aber auch die Oboe verwandt. Robert Schumann schrieb in das gemeinsame Ehetagebuch: »Meine nächste Symphonie soll ›Clara‹ heißen, und ich will sie darin abmalen mit Flöten, Oboen und Harfen.«[102] Das Gegenstück ist die böse Frau, wie sie etwa

Strauss in »Macbeth« porträtiert und die in einem Konzertführer wie folgt beschrieben wird: »Wie schleichendes Gift ergießt sich der Geist Lady Macbeth' in den seinen (ihr Thema erscheint verwirrend in den Holzbläsern, von Streichertremoli umzischt).«[103] Häufig wird für die Beschreibung des Negativ-Weiblichen die Chromatik verwandt. Dies ist insofern kennzeichnend, als schon zu Bachs Zeiten die Chromatik Unruhe, Leiden, Unsicherheit und extreme Gemütszustände, insbesondere Angst, ausdrückt.[104] Auch Richard Strauss bedient sich ihrer, aber auch anderer Mittel, um den unberechenbaren, launischen Charakter der Ehefrau in der »Sinfonia domestica« zu illustrieren:

Der Vorhalt bedeutet Frivolität, der zerrissene Rhythmus deutet auf den unsteten und unzuverlässigen Charakter der Frau hin.

In Franz Liszts Faust-Sinfonie, einer der Sinfonieform angenäherten sinfonischen Dichtung, ordnet Liszt die drei Sätze jeweils den Hauptfiguren des Goetheschen »Faust« zu. Gerade weil er die Sinfonie- bzw. Sonatenform zum Vorbild nimmt, also eine »absolute« Gattung mit Geschlechtsrollenzuordnungen verbindet, ist eine nähere Betrachtung lohnenswert.

Der erste Satz ist dem Mann zugeordnet. In Anlehnung an den ersten Satz in Sinfonien und Sonaten ist er vorwärtsdrängend, aufstrebend und dramatisch gehalten. Einige der Bezeichnungen in der Partitur lauten: »grandioso«, »marcato e violente«, »allegro agitato ed appassionato assai«, »allegro con fuoco«. Der zweite Satz ist Gretchen gewidmet. Er ist im Charakter verhalten und langsam. Die kleine Besetzung, mit reichlichem Einsatz der »weiblichen« Instrumente Flöte, Oboe und Harfe sowie der Solovioline, läßt den Eindruck des Durchsichtig-Fragilen entstehen. Die Oboe stellt das Hauptthema vor, das in sich abgerundet ist und ruht. Die vorwärtsdrängenden Faustthemen sind einem zierlich-bläßlichen Musizieren gewichen. Es fehlt die Spannkraft, alles weist nach unten hin, und die Bögen

signalisieren Geschlossenheit. Einige der von Liszt verwendeten
Partitur-Anweisungen passen sich diesem Eindruck an: »dolce«,
»smorzando«, »con sordino«.

»Aufsteigende Tonreihen werden immer etwas Erhebendes, Erhabe-
nes, Freudiges von sich ausströmen, absteigende eher etwas Drücken-
des, Gedämpftes, Wehmütiges«.[105] Wenn man Kurt Singer zustimmt,
daß die Musik zwar nicht Lebendes imitieren kann, sondern dynami-
sche Bewegungsanalogien schafft, die in einer Art unbewußter Pro-
grammatik auf den Hörer einwirken, dann wird deutlich, daß gerade
in der unbewußten Übertragung die größte Kraft liegt. Der Schluß-
männerchor im letzten Satz, der im mystisch-religiösen Stil mit den
Goethe-Worten »Das Ewigweibliche zieht uns hinan« das Werk
krönt, entspricht der üblichen Behandlungsweise der Frau: Nachdem
man ihr, ohne daß sie es merkt, den untergeordneten Platz zugewiesen, d. h. sie unschädlich gemacht hat, kann man sie anschließend
getrost idealisieren und ihr den angeblich »übermächtigen« Platz
einräumen.

Dieses Werk ist deshalb so bemerkenswert, weil Liszt bewußt die
Geschlechterpolarität auf die Sonaten- bzw. Sinfonieform überträgt.
Damit ist die Frage aufgeworfen, ob die sogenannte »absolute Musik«
nicht auch das Geschlechterverhältnis widerspiegelt.

Johann Nikolaus Forkel war 1784 der Ansicht, daß die Sonate nichts
anderes ist als eine natürliche Form der Entwicklung von Gefühlen.
Im ersten Satz wird eine »angenehme Hauptempfindung erregt, durch
ähnliche Nebengefühle unterstützt und befestigt«[106]. Es hat mannig-
faltige Versuche gegeben, die Sonatenhauptsatzform in Bezug zu der
gesellschaftlichen Entwicklung ihrer Entstehungszeit und zur Zeit
ihrer höchsten Reife zu bringen. Insbesondere sozialistische Wissenschaftler sind ihrer Überzeugung gemäß bestrebt, dies nachzuweisen.
Ernst Meyer sieht beispielsweise die Einführung zweier Themen
anstatt eines einzigen als

»Zeichen einer neuen geistigen Wandlungsfähigkeit und Sinnlichkeit ... Durch die dialektische Kontrastierung zweier gegensätzli-

cher Themen (oft eines vorwärtsstürmenden und eines zurückhal-
tenden) entsteht ein kämpferisches, dramatisches Element, das der
Kampfesfreudigkeit der fortschrittlichen Strömungen jener Zeit
entspricht.«[107]
Abgesehen davon, daß Meyer männliche Denkweisen reproduziert
(denn Frauen haben weniger Kampfesfreude entwickeln können, da
ihnen die Ausprägung von Aggressionen verwehrt wurde, die zum
Kampf nötig sind und die die Männer durch körperliche Betätigung,
Reisemöglichkeiten, verbale Dispute im intellektuellen Streit usw.
entwickeln konnten), ist diese Interpretation zu einengend. Bedenkt
man, daß bei der Ausbildung der Sonatensatzform zunächst die
seitensatzlosen Formen vorkamen, daß Domenico Scarlattis Klaviersonaten im 2. Thema tänzerischen Charakter haben oder sich an die
neapolitanische Arienmelodik anlehnen und daß sich ab 1740 –
insbesondere bei Ph. E. Bach und Monn – stark gegensätzliche
Themen nachweisen lassen, so unterstützt das die These, daß der
Mann sich als kompositorisches Subjekt zunächst selber in den
Mittelpunkt stellte, um sich dann als Kontrast »weiblicher« (gesangli-
cher, melodischer) Elemente zu bedienen. Die Tatsache, daß der
frühe Seitensatz meist gesanglich gehalten ist und daß die sogenannten
»Seufzermotive« häufig die Hauptträger der kantablen Wirkung sind,
paßt hierzu wie die häufige Verbalassoziierung von kräftig-aktiven,
vorwärtsdrängenden Themen mit dem Männlichen. Die Übernahme
dieser Denkschemata geht so weit, daß in einem modernen Konzertführer einer Musik ein Geschlechteretikett aufgesetzt wird, ohne daß
Eigenschaften damit verbunden werden. Das ist auch nicht erforderlich, denn der Leser weiß sie ohnehin von alleine: »Das 1. Thema . . .
trägt männliche Züge . . . Seinen vollendeten Gegensatz bildet das
innige ›weibliche‹ Gesangsthema.«[108]
    Beethoven ist der Hauptvertreter dieser Zeit des Umbruchs. Als
das Bürgertum sich manifestierte, wurde er zur Leitfigur und fast zu
einer Institution hochstilisiert. Seine Verehrung nahm regelrecht
kultische Züge an, die bis in die heutige Zeit hineinreichen. Er gilt als
»der erste vollständige und universelle Ausdruck der Tonkunst für den
männlichen Seelentypus«, als »die nachgeborene, aber vollkommene
Reinkarnation des Kosmos der Antike im Chaos des modernen
Europa«[109]. Gerne wird das »Männliche« seines Wesens gefeiert.[110]
Zwar hat er an diesem Image selbst gearbeitet[111], aber dies wäre allein
kein Grund für den um ihn getriebenen Männlichkeitskult. Schering
zählt ihn zum Prototyp des klassischen Menschen, der einer Epoche

objektiver Natur angehörte, und meint, daß dies gerade den in der subjektiven Romantik Lebenden als etwas Statisches und Unveränderbares erschien. Seine Hochstilisierung zur objektiven Größe könnte somit aus der Unsicherheit des Bürgertums heraus zu verstehen sein, dessen Grundwerte erst entwickelt und für gut befunden werden mußten. Vielleicht liegt ein Teil seiner Wirkung darin, daß er zwar Dämonisches und Melancholisches in einer noch nie dagewesenen Intensität vermittelt, gleichzeitig diese Urkräfte durch die Kraft des ethischen Willens bändigt. Mit anderen Worten: Er zeigt die Gefahren, die von der eigenen Sexualität bzw. von der Frau ausgehen, aber er behält sie im Griff, sie werden von den Begriffen der Sittlichkeit und Humanität übertönt. Die Stabilisierung des Geschlechterverhältnisses (der Mann behielt die Herrschaft über sich selber und über die Frau) gehörte auf jeden Fall zu den zu entwickelnden Grundwerten des Bürgertums.

Es ist nachgewiesen worden, daß jede Sonate Beethovens in allen ihren Sätzen, Teilen und Themen aus einem Kopfthema oder Kopfmotiv entwickelt ist.[112] Diese Annahme der Fortspinnung eines einzigen Gedankens wäre der Beweis dafür, daß er das Hauptthema – das kompositorische Subjekt also – als das Eigentliche betrachtete, dem sich das Folgethema anzupassen hatte. Aber auch bei Betrachtung der beiden für die Sonatenform verwendeten Themen der ersten und mittleren Periode läßt sich eine typische Polarität aufzeigen. Die ersten Themen, die gewöhnlich am Schluß wieder aufgegriffen werden und weitaus wichtiger sind als die zweiten Themen, sind meist aufwärtsstrebend, energisch, rhythmisch prägnant und offensiv gestaltet. Beethoven verwendet ähnliche Stilmittel, wie sie zur Zeichnung des Heroisch-Männlichen benutzt werden. Die Seitenthemen sind das lyrisch-weibliche Gegenstück. Die verbale Auslegung, die implizit mit Geschlechtsattributen umgeht, hat dies erkannt und akzeptiert. Aber auch die Etikettierung des gesamten 1. Satzes als männlich und des 2. Satzes als weiblich entbehrt nicht einer realen Grundlage, da Beethoven selbst eine Interpretation lieferte. Als er seinem Freund Graf Lichnowsky die Klaviersonate op. 90 zueignete, vermutete dieser, daß Beethoven eine bestimmte Idee hätte aussprechen wollen.

»Er (Beethoven) äußerte sich sofort unter schallendem Gelächter zu dem Grafen: Er habe ihm die Liebesgeschichte mit seiner Frau in Musik setzen wollen und bemerkte dabei, wenn er eine Überschrift wolle, so möge er über den ersten Satz schreiben: ›Kampf zwischen Kopf und Herz‹ und über den zweiten ›Conversation mit der

Geliebten‹.«[113]

Ein Blick auf die Gestaltung bestätigt dies. Der erste Satz soll »mit Lebhaftigkeit« vorgetragen werden, das Hauptthema ist aufwärtssteigend, punktiert und voller Erregung. Der zweite Satz hingegen ist »sehr singbar vorzutragen«, hat ein kleinschrittiges und rhythmisch gleichmäßiges Thema mit gebundener Phrasierung und mehr Lyrik als Spannung. Hier offenbart sich das männliche Selbstverständnis Beethovens, der im 1. Satz seine eigenen Konflikte beschreibt, im 2. Satz die geliebte Frau beschwört.

Beethoven schrieb gerade zu der Zeit seine frühen und mittleren Sonaten, als man im deutschen Sprachraum daranging, der Frau die in der Aufklärung zumindest theoretisch errungenen Freiheiten abspenstig zu machen und sie mit der Ideologie von der »natürlichen Bestimmung zur Frau und Mutter« einzuschränken. Er, der von der Humanisierung der Menschen träumte (und in seiner Oper »Fidelio« zeigt, daß er der Frau durchaus selbständiges Handeln – wenn auch im Dienste des Ehemannes – zutraute), machte sich somit ungewollt zum Handlanger einer reaktionär-kleinbürgerlichen Ideologie.

Als dieses Kapitel eigentlich fertiggestellt war, fiel uns Harry Goldschmidts Studie über Beethovens »Unsterbliche Geliebte« in die Hände. In überraschender Weise wurden unsere bisherigen Untersuchungen bestätigt, wenn auch Goldschmidt mit einem anderen Ansatz arbeitet. Er zeigt u. a. auf, daß Beethoven in seinen Liedern und Sonaten seine Empfindungen zu Frauen thematisierte und daß er von einem gewissen Zeitpunkt an in seinem Leben diese Genres mied: »Die Domäne der Sonaten und Lieder war unbewohnbar, ihr Lyrismus gegenstandslos geworden.«[114] In der späten Periode seines Schaffens flüchtete er in die Messenkomposition; die Parallele im privaten Bereich äußerte sich durch seine resignative Haltung Frauen gegenüber und der verstärkten Hinwendung zu seinem Neffen. »An die Stelle des Verhältnisses zwischen Mann und Weib setzt sich gebieterisch das zwischen Vater und Sohn bzw. Sohn und Vater.«[115] Die »Missa solemnis« stellt somit das radikale Gegenstück zur Oper »Fidelio« dar, die er einige Jahre zuvor geschrieben hatte.

»Dort die Verherrlichung der Gattenliebe mit der errettenden Frau im Mittelpunkt, hier die Eliminierung der Frau, an ihrer Stelle die allmächtige (und auch siegreiche!) Vatergestalt. Das natürliche Gattenverhältnis, die Bewährungsprobe des Menschen in seinem Dasein als Gemeinwesen, erscheint durch die mythische Überhöhung der patria potestas beseitigt, die schmutzbefleckte Wirklich-

keit der realen Mutter (der ›Königin der Nacht‹) durch die unbe-
fleckte Empfängnis getilgt. Der Sohn wird, eine weitere gewalt-
same Vater-Identifikation eines nichtleiblichen Vaters, durch den
Heiligen Geist gezeugt... Die Gewaltsamkeit der angestrengten
Sublimierung kann über den fortgeschrittenen Grad der Frustrie-
rung nicht hinwegtäuschen: Das vorenthaltene natürliche Verhältnis zwischen Mann und Weib wird durch das erzwungene Vater-
Sohn-Verhältnis abgelöst. ... Als summum salutis seiner Hinwendung zu Gott gibt sie (die Missa) das äußerste Stadium seiner
Entfernung von der Frau zu erkennen.«[116]
Was hat dies zu bedeuten? Es heißt zum einen, daß Beethoven, wie
von uns vermutet, das Mann-Frau-Verhältnis auch in seiner absoluten
Musik thematisiert, sie also so absolut gar nicht ist. Es heißt zum
anderen, daß er die religiöse Musik, in die er flüchtet, als etwas
begreift, das mit Frauen nichts zu tun hat. Dies schlägt sich musikalisch im Gebrauch bestimmter Mittel nieder.[117] Daß die vielen Messen
von Beethoven bis Bruckner die Verherrlichung des männlichen
Prinzips darstellen, wurde von uns ebenfalls bestätigt. Jetzt wird aber
zusätzlich klar, warum die Beethoven-Rezeption immer wieder seine
Männlichkeit hervorhebt. Von 1750–1800 war die Frauenrolle großen
Erschütterungen ausgesetzt. Einerseits wünschte sich Beethoven als
Anhänger des Citoyen-Ideals der bürgerlichen Revolution eine gleichberechtigte Frau, eine »Leonore«, der man eine selbständige mora-
lisch-geistige Kraft zuerkennen konnte. Aber auch die erotische
Komponente durfte nicht fehlen. Der Widerspruch zwischen dem
Wunsch nach einer gleichberechtigten Partnerin und den eigenen
Triebwünschen ließ sich nicht in Einklang bringen. Dies war aber nicht
nur sein individuelles Problem, sondern das Problem der Zeit. Sollte
die künftige Frau gebildet, erotisch, hausfraulich-weiblich, zum Mann
hinaufschauend oder alles zugleich sein? Beethoven fand den Ausweg
darin, die Frau zu idealisieren, womit er sie gleichzeitig von sich
fernhielt, und suchte andererseits bei der Prostitution Zuflucht. Er
perpetuierte somit die bürgerliche Spaltung der Frau und, dadurch
bedingt, die Betonung männlicher Überlegenheit.
      Goldschmidt stellt die folgende Gleichung auf:
      Ungelöster biographischer Kontaktbereich = Album-Nähe (künst-
lerische Miniatur)
Entpersonifizierung = erhöhter Kunstanspruch.[118]
      Es entspricht wiederum unseren Untersuchungen, daß musikalisch
das Kleine und Zierliche der Frau zugesprochen wird, die Idealisie-

Geburt Beethovens. Zeichnung von Glasenapp

rung aber in dem Kunstwerk »erhabener« Prägung verschmilzt. Der Künstler liebt in der hohen Musik nicht die reale Frau, sondern allenfalls – wenn überhaupt – seinen Bezug zu ihr. Goldschmidt spricht von einem »Verschwimmen aller Realbezüge in der Idealität«. Er stellt bei Beethoven eine Entpersönlichung mit zunehmendem Alter fest. Seine Frauenbilder laufen in einem einzigen zusammen, was sich z. B. dadurch manifestiert, daß er ein Werk, das seine Liebe zu der einen Frau darstellt, einer anderen Frau widmet.[119]

Es ist dreierlei festzuhalten:

– Beethoven folgt der zeittypischen Spaltung der Frau in Heilige / Hure;

– er entfernt sich von der realen Frau, indem er sie entpersonifiziert. In der religiösen Musik ist die Abwendung vollendet;

– er unterstreicht die männliche Überlegenheit: in der Verherrlichung Gottes, aber auch in der Ichbezogenheit der Sonaten liegt gleichzeitig die Verherrlichung des bürgerlichen Mannes.

Diese Punkte sind voneinander nicht zu trennen, denn gerade in der Ausprägung männlicher Überlegenheit verbirgt sich die Frauenverachtung. In der Idealisierung steckt die Angst vor der Frau verborgen,

die den Künstler zwingt, sie von sich zu weisen. Das Geheimnis des
Beethoven-Kultes liegt darin, daß er die ewige Sehnsucht nach der
Frau thematisierte und sie zugleich von sich fernhielt. Goldschmidt
zeigt auf, daß es durchaus nicht zutraf, wie vielfach vermutet, daß
Beethoven keine Frau fand. Mehrere Frauen liebten ihn und mit
mindestens einer von ihnen wäre eine Heirat möglich gewesen. Er
verzichtete aber auf die Liebe, um künstlerisch voranzukommen. Der
Mann/Künstler stellte sich und sein Können in den Mittelpunkt.
Die Partnerschaft mit der Frau war de facto nicht nur unmöglich, son-
dern unerwünscht. Das Verhältnis zur Frau wird der eigenen
Arbeit untergeordnet: »Die Erfüllung seines (Beethovens)
Daseins konnte ... nur auf der künstlerischen Ebene zustande kommen«.[120]

Diese Betonung der bürgerlich-männlichen Individuation schlägt
sich auf seine Werke nieder. Jeder Sinfonie- und Sonatensatz ist eine
unwiederholbare Entität. »Daraus erklärt sich auch die Faszination
dieser Musik zunächst auf ihre eigene Klasse, die ihr postulatives
Anliegen in bis dahin für unvorstellbar gehaltenen Dimensionen
tönend vergegenständlicht fand«.[121] Daß Goldschmidt »die Klasse«
pauschal sieht und nicht in Geschlechter aufteilt, ist typisch für das
herkömmliche Erkenntnisinteresse. Zwar verehrten Männer wie
Frauen Beethoven, aber das, was er ihnen vermittelte, wurde unterschiedlich verarbeitet. Durch ihn erfuhren sie (bzw. fanden bestätigt)
die Leitlinien für ihr persönliches Leben: Der Mann war der Frau
überlegen, er stand im Mittelpunkt, es gab ein polares Geschlechterverhältnis, und die Frau besaß »natürliche« traditionell-weibliche
Eigenschaften. Die Frau war zudem gespalten, sie konnte heilig, aber
auch sündig sein. Sie war jedenfalls so gefährlich, daß sie gebändigt
werden mußte.

Beethoven hat in großem Maße ideologisch festigend gewirkt. Seine
Werke zählen noch heute zum Basisrepertoire der Konzertsäle. Aber
er wirkte auch in einer anderen Hinsicht ideologieprägend. Um 1800
entstand in der deutsch-romantischen Musikästhetik der Begriff der
»absoluten Musik«, einer Musik also, die von Texten, Funktionen und
von empirisch faßbaren Affekten losgelöst ist. Im Sinne dieses Prinzips wurde die »reine« Instrumentalmusik zum Inbegriff der Musik
überhaupt: sie löste die Vorherrschaft der Vokalmusik ab.

Der Literaturhistoriker Gervinus nannte die Vokalmusik ein »müt-
terliches Urprinzip«[122], aus dem heraus sich die Instrumentalmusik,
die Beethoven so vorzüglich vertrat und weiterentwickelte, ablösen

mußte. Verbirgt sich hinter solchen Etikettierungen mehr als man ahnt? Absolute Musik bedeutet mehreres: zum einen das Ahnen des Absoluten, also Metaphysischen; zum anderen das Hinüberwechseln aus der Sphäre des Gefühls in die der »reinen« Idee. Beides enthält abgrenzende Elemente der Frau gegenüber. Der Komponist, der »Metaphysisches« in seiner Musik zu vermitteln vermochte, konnte nur männlichen Geschlechts sein, da er als Sonderfall der Schöpfung, als menschliche Inkarnation des »Absoluten« gefeiert wurde (wobei das Bürgertum in dieser Außerordentlichkeit und Größe zugleich die eigene – männliche – Leistung verehrte). Dies bildete den Grundstein für den Geniekult. Indem man in einem Zustand der Kontemplation etwas scheinbar Vollendetes betrachtete, war man von der Suche nach dem Realitätsgehalt der Musik entbunden und wurde durch die Vereinigung mit dem »Edlen« und »Erhabenen« selber edel und erhaben. (Hermann Glaser hat in einer Untersuchung über soziopsychische Charakterzüge des deutschen Kleinbürgers aufgezeigt, wie die »erhaben-edlen« Gedanken sich in metaphysischer Verbrämung verfingen und zum hohlen Pathos degenerierten. Sie verloren ihren ursprünglich humanen Gehalt und wurden schließlich mit Ressentiments gefüllt.)

Absolute Musik bedeutete aber auch durch die Kultivierung der »reinen Geistigkeit« eine Verabsolutierung männlicher Eigenschaften, da seit alters her die Körperhaftigkeit und Sinnlichkeit in der männlichen Imagination als weibliches Merkmal fungiert. Wie wirkte sich dies konkret für die Frau aus? In der Musikwissenschaft wird von dem Begriffspaar »Kenner – Liebhaber« ausgegangen. Diese Unterscheidung scheint ungenügend. Es gibt Hinweise, daß Frauen, die man zu den Liebhabern der Musik zählte, da ihnen eine berufliche Ausbildung verwehrt war, einen besonders negativen Status innehatten. Robert Schumann verdeutlicht dies, wenn er von einem Stück seines Zeitgenossen Carl Reißiger meint, es wäre »ein Quartett bei hellem Kerzenglanz unter schönen Frauen anzuhören... während wirkliche Beethovener die Tür verschließen und in jedem einzelnen Takt schwelgen und saugen«[123]. Der ästhetische Reiz der Frau läßt sich angemessen bei Kerzenlicht und seichter Salonmusik genießen, während die »innerste Wesenheit der Kunst«, das Eigentliche also, dort sichtbar wird, wo man sich vor der vulgären Öffentlichkeit bzw. vor der Frau verschließt. Die Verbindung von vulgärer Öffentlichkeit und Frau könnte auch dort mitschwingen, wo man das eine nennt und das andere meint: Beethoven schrieb sein Streichquartett op. 95

explizit für einen kleinen Kreis von »Kennern« und verbat sich eine
öffentliche Aufführung.[124] Was Schumann in der Theorie vor-
schwebte, setzte Brahms in die Praxis um. Anläßlich eines Tonkünst-
lerfestes 1887 in Köln verlangte er, die Frauen auszuschließen. »Da
wurden denn alle Damen ausgeladen, dann auf Frau Kwasts ernste
Anfrage erlaubte er sie wieder, und nun wurden die Damen alle
wieder eingeladen (die Frauen der Künstler), es blieben aber doch
einige begreiflicherweise fort«, beschreibt Clara Schumann den peinli-
chen Vorfall[125], der sich ideologisch gesehen in die Abgrenzungsbe-
strebungen einreiht.

In der Identifizierung der absoluten Musik mit dem Unsinnlich-
Ideellen und Geistigen steckt eine negative Polarisierung zum Sinn-
lich-Materiell-Körperlich-Unreinen und damit zur Frau, der diese
Eigenschaften angeheftet wurden.

Bemerkenswerterweise ist eine spezifische Rangordnung bei der
bildenden Kunst ebenfalls vorhanden. Wenn 1905 gesagt wird: »Der
bunte Stein wird besser das Leben der Instinkte, die Seele eines
Weibes oder eines Kindes ausdrücken als irgendein anderes Material,
als Bronze oder weißer Marmor«[126], so spiegelt das die gleiche
Haltung wider. Der weiße Marmor hat in seiner reinen, von aller
Sinnlichkeit entschlackten Konsistenz Ähnlichkeit mit dem geistigen
Kunstwerk. In beruflicher Hinsicht wurde Frauen Zugang zum Kunst-
gewerbe gewährt, die Bildhauerwerkstätten blieben ihnen bis in dieses
Jahrhundert hinein verwehrt.

KUNST		*MUSIK*
Bildhauerei	Frauen ausgeschlossen	Messe, Sinfonie
Malerei	Frauen bedingt zugelassen	Kammermusik
Kunstgewerbe	Frauen zugelassen	Charakterstück/Lied

Es erstaunt nicht, daß Novalis Tanz- und Liedermusik als Abart der
»wahren« Musik bezeichnete. Die »eigentliche« Musik bestand aus
Sonaten, Sinfonien, Fugen und Variationen.[127] Daß Frauen diese
Normen unbewußt akzeptieren, zeigen die Werkverzeichnisse von
Komponistinnen. Bislang glaubte man, sie hätten sich auf Lieder und
Charakterstücke spezialisiert, weil es kaum Aufführungsmöglichkei-
ten für weibliche Kompositionen in größerer Besetzung gab. Sicher-

lich spielte die ungeschriebene Wertung der Genres ebenfalls eine Rolle, und sie wird die Institutionen, Dirigenten usw. in ihren Entscheidungen, Werke von Frauen zur Aufführung anzunehmen, beeinflußt haben.

In der »Reinheit« der Sinfonie und des weißen Marmors vermengt sich Sexualfeindlichkeit mit Frauenabwehr, ebenso wie die Bekämpfung des Materiellen als Absicherung gegenüber der sich formierenden Arbeiterklasse zu verstehen ist. Es ist denkbar, daß die absolute Musik deswegen einen solchen Siegeszug erlebte, weil mit der Übertragung der Geschlechterpolarität auf die Musik das männliche Bürgertum nun eine Identifikationsmöglichkeit besaß, die einer weiteren Erläuterung durch Programm, Text oder ähnliches nicht bedurfte. In der metaphysischen Verbrämung ließ sich die »Natürlichkeit« der Geschlechterbestimmung eher »beweisen«. Mit dem Attribut des Erhabenen ausgestattet, konnte sich der männliche Bürger von niedrigeren Schichten sowie von derjenigen Frau absetzen, die ihn bedrohte: der sexuell Unersättlichen und der Emanzipierten. Einzig die reine, sich für den Mann aufopfernde Frau blieb idealisierungswürdig.

In einer 1876 erschienenen Studie behauptete Otto Gumprecht, daß die Musik von der Liebe zwischen Mann und Frau lebt. Dieser Liebesdrang spielt nach Gumprecht auch dort eine Rolle, wo es sich oberflächlich gesehen um andere Dinge handelt. Er glaubt, in den langsamen Sätzen sowie in den Scherzi der Sonaten und Sinfonien eine überwiegende weibliche Empfindungsweise zu erkennen, ebenso wie in den zweiten Themen der Hauptsätze.[128] Es gibt aber auch Stimmen, die den »absoluten« Charakter der Musik unterstreichen:

»Es ist eine Verkennung der Musik der zweiten Hälfte des 18. Jahrhunderts, die so vollkommen unliterarisch, so rein Musik, so nichts als Musik war, wie Musik überhaupt nur sein kann, wenn in die Sonate dieser Zeit irgendwie Dramatik mit personifizierten Themen hineingeheimnißt wird. Schon die Tatsache, daß keiner der Musikästhetiker der damaligen Zeit etwas dergleichen verlauten läßt, sollte beachtet werden.«[129]

Diese beiden Zitate offenbaren das Dilemma einer Musikwissenschaft, die der Musik bescheinigt, sowohl einen Inhalt aufzuweisen als auch keinen zu besitzen. Arthur Schopenhauer fand einen bemerkenswerten Ausweg aus dieser Situation. Nach seiner Ansicht sind die Gefühlsregungen, die sich in der Musik ausdrücken, gegenstands- und motivlos, aber trotzdem intensiv vorhanden und interpretierbar.

»Aus diesem innigen Verhältnis, welches die Musik zum wahren

Wesen aller Dinge hat, ist auch dies zu erklären, daß wenn zu
irgendeiner Szene, Handlung, Vorgang, Umgebung eine passende
Musik ertönt, diese uns den geheimsten Sinn derselben aufzuschlie-
ßen scheint und als der richtigste und deutlichste Kommentar dazu
auftritt; imgleichen, daß es dem, der sich dem Eindruck einer
Symphonie ganz hingibt, ist, als sähe er alle möglichen Vorgänge
des Lebens und der Welt an sich vorüberziehen: dennoch kann er,
wenn er sich besinnt, keine Ähnlichkeit angeben zwischen jenem
Tonspiel und den Dingen, die ihm vorschwebten.«[130]
Schopenhauer bestätigt somit, daß die Musik zwar etwas aussagt, es
jedoch nicht angeht, diesen Inhalt zu definieren. Abgesehen davon,
daß sich das Kunstgenre Musik vorzüglich dazu eignet, Aussagen
verschleiert zu vermitteln (Ustvedt spricht davon, daß die Musik kein
unzweideutiges Symbol für bestimmte Gefühle sein kann und daher
keine Symbolfunktion besitzt, dafür aber »eine rätselhafte Funktion
unseres Zentralnervensystems in enger Verknüpfung mit dem
Gefühlsleben, dem Intellekt und der Motorik, und als solche eine
selbständige Funktion mit eigenen Gesetzen und Verhältnissen repräsentiert«[131]), läßt die Sichtweise Schopenhauers auf Angst schließen,
der man durch eine geschickte Verdrehung zu begegnen weiß. Eine
ursprünglich deutliche Aussage wird verbrämt und in den Bereich des
Unaussprechlichen lanciert. Nachdem die Aussage unaussprechlich
geworden ist, kann man sie – wie es Schopenhauer tut – getrost wieder
verbalisieren; die Gefahr ist nun gebannt. Diese Vorgehensweise
weist Parallelen zu den gleichzeitig stattfindenden gesellschaftlichen
Verfestigungen auf. Nachdem man der Frau als Reaktion auf die
aufkeimenden emanzipatorischen Bestrebungen den Platz als Unter-
gebene zuwies, ging man daran, diesen Platz moralisch zu verfestigen.
Mit ihrer metaphysischen »Erhabenheit« und herausgestellten »Geistigkeit« sowie mit der Bildung geschlechtsspezifischer Assoziationen
hat die Musik selbst einen großen Teil dazu beigetragen, die sich ab
1750 formierenden gesellschaftlichen Verhältnisse ideologisch abzusichern. Von Hegels Vorstellung der Musik als eines Wesens »gegen-
standsloser Innerlichkeit« bis hin zu der in gebräuchlichen Schulbüchern vertretenen Auffassung, daß Musik in sich kreist, ohne die
Dinge der realen Welt darzustellen, geht ein geradliniger Entwick-
lungsstrang. In der Panzerung der absoluten Musik und der verzwei-
felten Betonung ihres metaphysischen Charakters steckt die Abwehr.
Es wäre eine lohnende Aufgabe künftiger Frauenforschung, die vielen
Schichten dieser Absicherungen abzutragen und bloßzulegen.

2.5 SEXISMUS AM BEISPIEL RICHARD WAGNERS

2.5.1 Der Mensch

Über kaum einen anderen Komponisten ist so viel geschrieben worden wie über Richard Wagner. Den vielen Schriften eine subjektive Deutung beizusteuern ist nicht Intention dieses Kapitels. Jedoch haben die jüngst veröffentlichten Tagebücher Cosima Wagners einen Sachverhalt geschaffen, der durchaus neue Erkenntnisse zuläßt. Schon lassen sich Stimmen vernehmen, die die Tagebücher unter einem speziellen Aspekt vereinnahmen wollen. Zelinsky will anhand ihrer beweisen, daß der Antisemitismus ein zentraler Tatbestand in Wagners Leben war.[132] Mit gleicher Berechtigung könnte behauptet werden, die Beziehungen zu Frauen seien der zentrale Konflikt dieses Mannes gewesen. Das würde aber kaum weiterführen. Das Phänomen Wagner, die Ausstrahlung seiner Musik, seine epochemachende Bedeutung in der Entwicklung des musikalischen Materials und seine menschlichen Charakterzüge lassen sich nicht unter einem Thema subsumieren. Sein Verhältnis zum anderen Geschlecht, das hier untersucht wird, soll eine Facette zu dem Bild seiner Gesamtpersönlichkeit und zum Verständnis seiner Musik liefern, das genauso von seinem Verhältnis zum Judentum und anderen Bereichen geprägt wurde.

Adorno versuchte einmal, die »Idee« des Ringes vereinfacht darzustellen, und bemerkte,

>»daß der Mensch vom blinden Naturzusammenhang, aus dem er selber entspringt, sich emanzipiert und Macht über die Natur gewinnt, um ihr in letzter Instanz dennoch zu erliegen. Die Allegorik des Rings sagt die Einheit von Naturbeherrschung und Naturverfallenheit aus«.[133]

Dieses Grundthema beherrscht nicht nur den »Ring des Nibelungen«, sondern alle seine Opern. Ob der Widerspruch zwischen der heidnischen Ortrud und der christlichen Elsa im »Lohengrin«, ob der Kampf zwischen der sinnlichen Venus und der geistigen Elisabeth im »Tannhäuser«, ob der Kontrast zwischen der hexenhaften Kundry und dem reinen Parsifal in der gleichnamigen Oper: die Reihe ließe sich beliebig fortführen. Stets tobt in Wagner ein Kampf zwischen Geist und Körper, ratio und emotio, Verstand und Gefühl, zwischen »Naturbeherrschung und Naturverfallenheit«.

Im folgenden werden aus den Tagebüchern seiner Frau Cosima, die als Quellen ersten Ranges gelten können, diverse Aspekte seines

»Cosima, komm zu mir und bleib bei mir!« Karikatur (1891)

Bezugs zu Frauen charakterisiert. Anschließend wird untersucht, wie
sich seine Einstellung zum anderen Geschlecht in seiner Musik und
seinen Texten ausprägt.

Wagners Verhältnis zu Frauen ist das eines Kiplingschen »Push-me-
pull-you«: er ist von ihnen abgestoßen und zugleich abhängig. Daß er
sie für minderwertig hält, zeigen zahlreiche Äußerungen, die Cosima
getreulich aufzeichnete. Er hält die Frau für »ganz passiv«, nur was der
Mann hineinlegt, kommt heraus; »die Orientalen betrachten mit
Recht das Weib wie den Acker, in welchen sie den Samen streuen«[134].
Sie sind sich einig über den »Unsinn« der Frauenemanzipation. Er
findet es bedauerlich, daß die Deutschen ihre Frauen nicht mehr
prügeln; von der Frau müßte der Mann Gehorsam verlangen, und er
resümiert: »Frauen sind dem Willen unterworfen; ... der energische
Wille, nicht die Intelligenz, nicht die Schönheit, fasziniert das Weib.
Vielleicht denkt die Natur, daß hier mehr Schutz zu finden ist für sie
und die Brut«.[135] Am liebsten sieht er Frauen auf den kindlichen
Status zurechtgestutzt. Sie sollen zwar an Gesprächen teilnehmen,
aber sich möglichst unauffällig dabei verhalten.

»R . . . sagt mir . . . wie wir schon dadurch wie mit einer Kluft von den Griechen getrennt, daß die Frauen bei uns an allem Teil nehmen; daß dadurch in der Literatur der Ton der Galanterien entstanden sei und eigentlich die Wahrhaftigkeit in ihrer Naivität aufhöre. Es sei schlimm, daß das, was man der ausgezeichneten Frau als Huldigung darbringen möchte, indem man sie in den Kreis der männlichen intellektualen Beschäftigungen zieht, nun zur Regel für jede Gans geworden sei! Und nun auch jede Gans ein Urteil abgäbe.«[136]

Beide müssen sie »herzlich lachen« über einen Spruch, den Wagner in einem Buch findet: »Eine Frau, die sich mit dem Denken abgibt, ist wie ein Mann, der sich schminkt.« Einer solcherart willenlosen Frau bleibt demnach nichts übrig, als ihrem Mann überall zu folgen. So bemerkt er: »Die Frau hat das Vaterland ihres Mannes, von je haben die Männer fremde Weiber genommen, welche wie die Vögel bestimmt sind, den Samen hin und her zu tragen. Die Frau geht ihrer Liebe nach, liebt sie den deutschen Mann, so wird sie eine Deutsche.« Für ihn ist das Wesen des Weibes »das Mitleid mit dem alles nach außen verfechtenden Mann«[137]. Es ist, als müßte Wagner sich zwanghaft beteuern, daß Frauen nur dazu da sind, um Männer zu unterstützen, wobei dieser Zwang gleichzeitig mit einer Fixierung gekoppelt ist. Er macht auch keinen Hehl aus seiner Abhängigkeit von Cosima: »Früher zehrte ich noch von meinem Kapital, jetzt aber bin ich abhängig«; »ich möchte wissen, was aus mir geworden, wenn ich dich nicht gefunden hätte?«; »Du bist es einzig, die mich hält, wenn ich dich nicht gefunden hätte, nie hätte ich mehr zu einer Unternehmung Lust gehabt, der Ekel hätte mich übermannt.« Auch, daß er ohne sie keinen Ton mehr geschrieben hätte, scheint ihm sicher.[138]

Wenn man diese düsteren Prognosen nicht unbedingt als bare Münze nehmen muß, geben sie dennoch einen Blick in seinen Seelenzustand preis, den man nicht als momentane Verliebtheit abtun kann; es deuten sich tiefere Zusammenhänge an. Einiges verraten seine Träume, die hinsichtlich Frauen meist angstbesetzt sind. »Seine Schwester Kläre setzt sich auf seinen Nacken, um ihn im Wasser versinken zu machen; Frau Wesendonck will ihn vergiften«; letztere erscheint ihm häufig »in spinniger unangenehmer Weise«, mit schlaffem Mund, dem boshafte »Malicen« zu entnehmen sind. Eine Frau von Kalb macht ihm »Avancen«, und sehr oft träumt er von seiner Frau Minna.[139] Manchmal vermengt sich sein Antisemitismus mit der Angst vor Frauen, so dann, wenn ihn Jüdinnen verhöhnen oder zudringlich sind.[140] »Zuerst träumt er, ich hätte ihn nicht lieb, dann,

daß Juden ihn umgaben, die zu Gewürm wurden.«[141] Die häufigsten
Träume drehen sich jedoch um Cosima, um die ständige Angst, von
ihr verlassen zu werden. Er wird im Traum von ihr aus dem Haus
verwiesen, sie ist plötzlich verschwunden, sie teilt ihm mit, daß sie
nicht mehr mit ihm leben könne, weil ihr seine Nörgeleien unerträglich seien; er läuft dem Zug nach, der mit ihr wegfährt: es ist die
ständige Furcht vor dem Verlassen- und Alleinsein.[142] Auch im Leben
will er sie stets um sich haben:

»R. bespricht mit mir die Reise nach Berlin im Frühjahr, ich frage
ihn, ob ich mitgehen muß, er erwidert: ›Unbedingt; ich bin nur
etwas mit dir, zu zweien sind wir ein Ganzes; allein bin ich nichts
mehr.‹ So sei es denn!«

»R. hatte eine üble Nacht; beim Frühstück sagt er zu mir: ›Weißt
du, was mir in solchen üblen Nächten durch den Sinn dann kommt
und mich ängstigt, daß ich nächstens eine Reise ohne dich machen
muß und einige Tage von dir getrennt sein soll.‹«[143]

Handelt es sich um eine Regression in kindliche Abhängigkeit? Spielt
Cosima die Mutterrolle in solcher Vollendung, daß ihm nichts anderes
übrigbleibt, als sie zu überhöhen (auch ein Kind sieht die Mutter in
überhöhter, d. h. unfehlbarer Funktion)? Seine Fixierung steht in
merkwürdigem Kontrast zu seinen abfälligen Äußerungen über
Frauen.

Es gilt zu unterscheiden zwischen seinen Aussagen und seinem
Verhalten. In seinen Worten belegt er Frauen mit Verachtung; seine
Handlungen zeigen ihn als Abhängigen, der zugleich abhängig
machen will. Er möchte sie vereinnahmen und beherrschen; sie soll
keinen eigenen Willen mehr haben, sondern ein Teil von ihm werden.

Als sie eines Morgens früh aufsteht und alleine spazierengeht,
lauscht sie beglückt der Natur. »R. gefällt aber mein Morgenspazier-
gang nicht, so daß ich ihn zu bereuen habe«.[144] Aber auch die
gemeinsamen Spaziergänge sind angstbesetzt. Sie überschreitet mit
dem Verlassen des Hauses eine Sicherheitsschwelle, was ihn bedroht:

»Wir spazieren bei herrlichstem Wetter in die Stadt; auf dem
Heimweg aber treffen wir auf Gräfin B., und R. wird verstimmt,
weil ich seinen Arm verlasse und neben ihr gehe, er sagt, er gehöre
nicht zur Welt und wolle ihr nicht seinen Frieden opfern.«

»R. liebt es nicht, wenn ich das Haus verlasse, und war ein wenig
verstimmt, wenn auch scherzhaft, als ich heimkam.«

»Nachmittags wollten wir ausgehen, allein der Schrecken vor dem
Draußen hielt uns daheim. R. wollte lieber mit mir bleiben und

Schönes, Liebes mir sagen.«

»Ich möchte die Freundin besuchen, wage aber kaum den Wunsch auszusprechen!«

»Nachmittagsgesellschaft, welche ich einzig, um für die Kinder Beziehungen aufrecht zu erhalten, annehme. R. immer unwillig dagegen, sagt, daß er sein ganzes Leben nicht begreift, wenn ich nicht da bin, daß ihm Haus und Kinder wie ein Unsinn erscheinen.«[145]

Wenn er dagegen das Haus zu verlassen wünscht, ist es unabdingbar, daß sie ihn begleitet: »R. wünscht, daß ich mit ihm ausfahre, ich bitte, zu Hause bleiben zu dürfen, das erregt seinen Unwillen ... wir fahren aus«.[146]

Wie ein Kind verlangt er nach unentwegter Hinwendung; nicht etwa, weil er keine eigene Beschäftigung hat (er ist stets ausreichend mit Arbeit versorgt), sondern weil ihn stört, daß sie sich anderen als ihm widmet:

»Einladung bei der Oberhofmeisterin von Bülow, um 12 soll Hill uns da Lieder vorsingen. R., im Moment des Abfahrens außer sich über diese Zumutung, kränkt mich – ich gestehe es zu meiner Schande – durch die Art, wie er mir sagt, daß er mich nicht begleiten wird.«

Cosima fährt also allein hin. Zwei Tage lang muß er mit ihr gehadert haben, denn erst danach kommentiert sie: »Zwischen R. und mir endlich alles gelöst! Er sagt, nichts greife ihn an, außer mit mir nicht in vollständigstem Einklang zu sein.«[147] Dies ist eine geschickte Verdrehung; denn wie oben zu erkennen war, kränkt ihn nichts so sehr als die Bekundung eines eigenen Wunsches seitens Cosimas. Da sie trotz seiner Postulate über die Anlehnungsbedürftigkeit und Abhängigkeit der Frauen hin und wieder eigene Bedürfnisse äußert, greift er zu Sanktionen: er bestraft sie, sei es durch Gekränktheit, ungezogene Angriffe oder schlichte Verbote.

Schwerwiegende Mißstimmung entsteht stets durch die Besuche ihres Vaters, Franz Liszt. Dieser ist nicht nur ein gefeierter Virtuose und Komponist, sondern noch dazu ein von Wagner beneideter Frauenheld. (»Nach Tisch spricht R. von dem Vater, der nichts zu tun brauche, bloß dazusein, und er risse die Frauen hin – ›unserein muß immer erhaben sein‹.«[148]) Die Zwischenfälle sind es wert, näher betrachtet zu werden, weil sie zeigen, wie scharf Wagner auf vermeintliche Konkurrenten reagierte.

Anläßlich eines Besuchs, den das Ehepaar Wagner Liszt abstattet,

bricht Wagner »in Unmut der Eifersucht gegen den Vater aus«.
Schlimmer wird es, als Liszt den Besuch erwidert. Wagner fühlt sich
stärker angegriffen, denn es ist ja sein Haus, und Cosima ist sein
Besitz:

> »Leider kränke ich R. dadurch, daß ich ihn lange allein lasse, es
> wird mir schwer, mich zu entschuldigen, und den Tag über herrscht
> eine kleine Verstimmung.«

Wagner beherrscht sich, solange der Gast im Hause weilt. Nachdem er
abgefahren ist, spitzt sich der Konflikt zu:

> »Bei Tisch meint R., meine Seele sei geteilt, er sei in eine Lage
> gekommen, die ihm neu wäre, früher hätte ich nur ihn beachtet, nur
> an ihm und seinen Worten gehangen, das habe ihn getragen, ihn
> beglückt, jetzt, meine er, sei es anders; er irrt sich tief, ich kann es
> ihm nur nicht beweisen und muß schweigen.«

Wagner läßt nicht locker. Einige Tage später gibt es eine Fortsetzung:

> »Nach Tisch gedachte R. meines Verkehrs mit dem Vater und wird
> so heftig, daß ich verstummen muß. Gewiß muß ich etwas verab-
> säumt haben in der Zeit, daß R. so eifersüchtig bleiben kann, doch
> ist es nicht recht von ihm wie mich dünkt, mich zum wiederholten
> Male so anzufahren. . . . und wenn auch R. jetzt leidet, so kann ich
> doch kein ihm zugefügtes Unrecht erkennen . . . Nun müßte ich es
> wünschen, des Friedens wegen, daß der Vater nicht mehr käme.« [149]

Cosima, selbst durchaus selbständig, ist fähig und willens, alleine zu
ihrem Vater zu fahren, um ihrem Mann solche Konflikte zu ersparen.
Als sie eine Einladung zur Aufführung des Lisztschen »Christus« in
Weimar erhalten, trägt sie ihm dies vor. »R. aber, empört durch den
Gedanken, daß ich etwa ohne ihn nach Weimar zur Aufführung des
›Christus‹ reisen werde, schilt mich!«

Da er jedoch weder sie fahren lassen will, noch selbst fahren
möchte, kommt es zum üblichen Streit.

> »Erneute Besprechung des vormittäglichen Vorfalls, daran R.
> heftige Auslassungen über die bevorstehende Reise nach Weimar
> knüpft – Trauer! Ich frage mich, wie ich sein sollte, um ihn zu
> überzeugen, daß alles, was er für gut hält, mir recht ist, wenn auch
> im ersten Augenblick ich zuweilen erstaune.«

> »Die große Frage ist jetzt, ob wir zum ›Christus‹ nach Weimar
> reisen, keiner von uns will die Entscheidung des Ja oder des Nein
> treffen. R. schreibt eine Seite an seiner Partitur und telegraphiert
> ab. Ritters zu Tisch, langes Besinnen, ob besser doch zu gehen. R.
> geht mit Ritter spazieren und kehrt mit der Entscheidung heim, daß

Ich bestelle:

Anzahl	Verfasser und Titel	DM	Pf
	S.186 Cl. Sch.		
	Var, fis-moll 1853		
	Mazurka op.6,3		
	Dalzes op.11, 3		
	Gesamtbetrag:		

Bereits Kunde ☐ ja ☐ nein   Ab DM 80,– spesenfreie Lieferung

Der Rechnungsbetrag – wird sofort überwiesen – soll nachgenommen werden – Bezahlung erfolgt am 1. des folgenden Monats. (Zutreffendes bitte unterstreichen)

Vertragsbedingungen: Uneingeschränktes Rückgaberecht innerhalb von 10 Tagen. Erfüllungsort Bad Harzburg. Verkäuferin behält sich das Eigentum bis zur vollständigen Bezahlung vor.

Porto
60 Pf

Antwort

HERRN 7113 00239309
DR. MANFRED BUETTNER
KIEFERNWEG 40

4630 BOCHUM 1

Versand-Buchhandlung
Franz A. Taubert
Postfach 128

D-3388 Bad Harzburg 1

wir doch fahren, wenn ich eine gute Nacht hätte. Unschlüssiger Abend.«

So wälzt Wagner die Angelegenheit auf Cosimas nächtliches Befinden ab. Er entschließt sich für das Fahren und hat schließlich das Ganze so geschickt verdreht, daß sie ihm dankbar zu sein hat, obwohl – wie sie zuvor bekundet hatte – sie alleine glücklicher gewesen wäre. »Und ich muß von ganzer Seele danken, diese Reise unternommen zu haben, denn er hat es einzig für mich getan.«

Wagner macht kein Hehl daraus, daß es sich für ihn um Machtausübung handelt:

> »Er antwortet, er habe es doch erlebt, daß ich nach Pest gereist sei, und spricht von dem schimpflichen Zustand für den Liebenden, die Geliebte unter eines andren Macht zu wissen, der über sie bestimmt.«[150]

Einige Wochen später erwidert Liszt den Besuch. Die konfliktträchtige Situation entlädt sich prompt. Wagner ist verstimmt und behauptet, er sei in Gegenwart von Liszt für Cosima überflüssig. Er ergeht sich »in leidenschaftlichen Ausbrüchen«, als sie sich von ihrem Vater verabschiedet und Wehmut zeigt.

Ein Musterbeispiel an ungezogen kindischem Verhalten liefert eine Einladung des Liszt-Komitees aus Budapest, das dem Ehepaar zur Feier von Liszts 50jähriger Tätigkeit zugeht.

> »R. sehr ärgerlich darüber, ich noch unentschieden, ob ich werde Folge geben müssen«... »R. ist sehr erregt, wenn er von der Möglichkeit meiner Pester Reise hört, und schließt scherzend einige bittere Auslassungen: Gut, wenn du nach Pest reist, so besuche ich die Wiener Ausstellung!«

Es ist wieder das gleiche Muster: Obgleich beide eingeladen sind, ist Cosima um des häuslichen Friedens willen bereit, alleine zu fahren. Dies erträgt Wagner jedoch nicht.

Liszt wird gefragt, ob ihre Hinfahrt unbedingt nötig sei.

> »Der Vater entbindet mich von der Nötigung, nach Pest zu reisen; R. froh und nicht froh darüber, sagt, daß ich so manchem seinetwegen entsagen müßte! So ist für mich ein schweres Opfer vorbei.«

Diese scheinbaren Gewissensbisse dienen ihm in Wirklichkeit zur Gewissenserleichterung, denn er dreht allmählich das Rad herum. »R. scheint es zu bereuen, mich nicht bewegt zu haben, nach Pest zu reisen.« – »Traurige Auseinandersetzung mit R. in Folge meiner Nicht-Reise«. Sie ist wieder die Leidtragende: »Nachts ergreift mich ein bitteres Gefühl davon, daß ich nicht zum Jubiläum des Vaters hinreiste. Ich muß weinen über diese Scheidung.«[151]

Über ein Jahr später besucht sie ihren Vater, wobei sie sich Wagner zuliebe beherrscht. Sie hat inzwischen dazugelernt: »Gerne wäre ich noch den einen Tag in Pest beim Vater geblieben; ich habe es nicht gesagt, aber es fiel schwer . . .«[152]

Die Überhöhung und Vergötterung Cosimas ist die Kehrseite seiner Abhängigkeit. Cosima geht in Einklang mit dieser gegenseitigen Überhöhung, dient sie ihr auch dazu, ihr im herkömmlich bürgerlichen Selbstverständnis unmoralisches Verhalten (das Verlassen und Betrügen ihres ersten Mannes Hans v. Bülow, die Geburt unehelicher Kinder u. a. m.) zu rechtfertigen. Nur im Bewußtsein des außergewöhnlichen Genies, das sie in religiöse Bereiche verlagert, liegt ihre Identitätsfindung und Selbstachtung. Für sich nimmt sie die Heiligsprechung nicht in Anspruch, seine Überhöhung legitimiert jedoch ihr Verhalten.

>   »Jedes Wort von ihm ist mir ein Glaubenssatz« . . . »Er redet die
>   Sprache des Priesters, und Krämer sollen ihn verstehen! Ihm muß
>   ich mein ganzes Leben weihen, denn ich habe seine Lage
>   erkannt« . . . »Meine Verbindung mit R. ist mir wie eine Palingene-
>   sis, eine Wiedergeburt, die mich der Vollkommenheit näher bringt,
>   eine Erlösung von früherem irrenden Dasein . . . darum weine ich
>   stets, wenn ich mich ihm nähern will und ihm sagen, wie meine
>   Seele ihn anbetet.« . . . »Zwischen der Probe und dem Konzert, wie
>   er sich ausruhte, hatte er mich zu sich gerufen, um mir zu sagen, wie
>   er beständig bei allem an mich dächte, wie ich ihm alles sei, Justitia,
>   Sapienzia, Poesia, alles« . . . » . . . ich mußte Boni bestrafen und zu
>   Hause behalten, das gab R. zu einigen Bemerkungen Anlaß; da ich
>   ihm betrübt zuhörte, sagte er: Ich sollte doch wissen, daß alles von
>   mir ihm hoch und heilig sei und daß, wenn er sich zuweilen so
>   äußerte, dies wie die Saturnalien wäre, wo es erlaubt war, mit dem
>   Göttlichen zu scherzen. Für ihn schwebte ich schon im Empyreum.
>   – Ich mußte furchtbar weinen, wie *er* mir dies sagte, und ich
>   versuchte nur abzulenken, weil ich es gar nicht fassen und ertragen
>   kann, daß er mir einen Wert beilegt.«[153]

Wagner sorgt dafür, daß er trotz aller gegenseitigen Vergötterung stets die Oberhand behält. Durch entsprechend ausgewählte gemeinsame Lektüre wird der Abstand gefestigt:

>   »Abends in Schopenhauer das Kapitel des Genies gelesen. Tiefes
>   Bewußtsein unsrer Liebe; Bitte meinerseits an R., überzeugt zu
>   sein, daß ich gar keinen eigenen Willen habe und daß mein einziges

Glück in dem Bestreben liege, ihn in der kleinsten Kleinigkeit zu verstehen und ihm zur Seite zu stehen.«[154]

Eine Aufstellung der Kosenamen, die Wagner seiner Frau gegeben hat, soll den kuriosen Schlußpunkt dieser Tagebuchzitate bilden. Sie gibt – trotz aller Zufälligkeit und Unvollständigkeit der Äußerungen – ein Bild seines zwiespältigen Verhältnisses zu Frauen wieder. Sein sächsisch-derber Humor vermischt sich mit Überhöhung, und immer wieder schimmert seine Fixierung auf sie hindurch.

Mein Element, meine Atmosphäre – mein Alles-chen – mein Barimeter – meine gute Hälfte – meine Kaiserkrone – meine Melodie – der Punkt auf's i – die Glorie meines Lebens, – das, worum sie mich beneiden – ewiges Preislied meines Lebens – mein gutes Dasein – mein Kothurn, meine Krücke – Cosima Helferica Wagner – meine gute Muse – die Schwester des Königs von Bayern – mein englischer Kupferstich – mein Stölzchen – meine Jugend, meine Seele – Kapellmeisterin meines Lebens – ein Wunderweib – die gute Glucke – mein guter Genius – meine Lebensspenderin – die Zentralsonne, um die sich alles dreht – Spenderin – der Haken, an welchem ich über dem Abgrund hänge – Salamander – Cosima la Dieudonnée – mein Märchen, die Offenbarung alles Guten und Schönen, der Traum in den ich aufgehe – meine gute Welt – die einzige, beste, schönste – mein Weibchen – Eva Maria – Grund und Ursache des Lebens – meine Priesterin des Apollon – mein edles Weib – meine Lebenskraft – mein königliches Weib – O Kosel, O Kosel, mein holdes Getosel, meine Bewegung, ohne die ich erstarren würde – Fons amoris – die Krone meines Lebens, die der Welt – der Inbegriff aller Einfälle – Paradeta – Du Gnadenreiche – Mein schlankes Glück – Mein Allah und Alles – Wahre, klare – Heldenreizerin – Wunschmaid – liebe Unentbehrlichkeit – Lamm Gottes – heilige Katharina – meine Freundin – Cosi – Pan-elopeia.

2.5.2 Das Werk

> »Wagners Werk ist kaum ein Fall
> für Musikwissenschaftler, viel
> eher ein Fall für den Psychiater«
> (Hartmut Zelinsky)

Die Oper »Tannhäuser« ist geeignet, um Wagners Verhältnis zum anderen Geschlecht zu untersuchen. Dabei empfiehlt es sich, nicht nur die Vertonung, sondern auch den von ihm verfaßten Text sowie seine Szenenanweisungen einzubeziehen.

In dieser Oper bilden Venus und Elisabeth polare Gegensätze. Venus stellt die fleischgewordene Sinnesfreude dar, und zwar in einer für den Mann angsterzeugenden Form: Sie vereinnahmt Tannhäuser und deutet durch das Einschließen des Mannes in ihr Reich, aus dem es kaum ein Entrinnen gibt, zwar höchste Lust, aber auch höchste Unfreiheit an. Kastrationsängste vermengen sich mit der Sehnsucht nach ungezügelter Sexuallust.

Tannhäuser im Venusberg. Gemälde von E. Kaempfer

Ludwig II. in der Venusgrotte. Zeichnung von Robert Aßmus (1886)

Bereits in der Szenenanweisung zur »Venusgrotte« verdeutlicht Wagner sexuelle Wünsche. (Seine starke innere Teilnahme wird durch seine Aussage bestätigt: »Es war eine verzehrende üppige Erregtheit, die mir Blut und Nerven in fiebernder Wallung erhielt, als ich die Musik des ›Tannhäuser‹ entwarf und ausführte . . .«[155]). Die Grotte ähnelt auffallend der Beschreibung der Innenwände einer Vagina, an der sich Henry Miller in seinem Roman »Wendekreis des Krebses« einst versuchte. Beide stellen sich eine zerklüftete Grotte vor. Die Höhlen sind unbegrenzt. Auch die rote Färbung sowie die häufige Erwähnung von Feuchtem (tropische Gewächse, Wasser usw.) ist auffällig. Ob bei Miller Einhörner, Bantus und Kannibalen, bei Wagner Faunen, Satyren und Nymphen sich tummeln – es sind beide Male phantastische Wesen, die mit dem Alltag nichts gemein haben.

Tannhäuser ist verzweifelt bemüht, Venus zu verlassen, denn bei ihr kann er nur versklavt werden. Venus will ihn »tief in der Erde

wärmendem Schoß« halten, aber er will ihren »übergroßen Reiz«
fliehen. Erst als er die Mutter Gottes (Symbol der Reinheit)
beschwört, läßt sie von ihm ab. Er kann hinaufsteigen (Venus ist als
Antipode zum Kopf in tieferen Regionen seßhaft).

Beim anschließenden Sängerwettstreit prallen diese Gegensätze
aufeinander. Die Männer in Amt und Würden, die uns Wagner
vorstellt, verkörpern das rational-christliche Bewußtsein im Gegensatz zur heidnischen Unterwelt. Während des Wettstreits wird ein
»Bronnen« besungen, dessen Symbolgehalt unschwer zu deuten ist: es
handelt sich um die Sexualität.[156] Wolfram von Eschenbach propagiert
Askese und überhöht die Frau: »Und nimmer möcht' ich diesen
Bronnen trüben, berühren nicht den Quell mit frevlem Mut, in
Anbetung möcht' ich mich opfernd üben.« Walther von der Vogel-
weide vergleicht den Brunnen mit der männlichen Potenz: »Legst du
an seinen Quell die Lippen, zu kühlen frevle Leidenschaft, ja, wolltest
du am Rand nur nippen, wich' ewig ihm die Wunderkraft!« Dem
widerspricht Tannhäuser energisch: »...denn unversiegbar ist der
Bronnen, wie mein Verlangen nie erlischt.« Während also die Vertreter des christlichen Abendlandes andeuten, daß ein Ausleben der Lust
mit Impotenz bestraft wird, behauptet Tannhäuser das Gegenteil. Als
er schließlich verrät, daß er im Venusberg »Genuß im freud'gen
Triebe« fand, sind die Kommentare dementsprechend eindeutig.
»Entsetzlich! Scheußlich! Fluchenswert! Schmachbefleckt ist unser
Herd.« Mit entblößten Schwertern stürzen sie auf ihn ein und wollen
ihn töten (kastrieren?).

Nun greift Elisabeth ein. Die asexuelle, blasse und vornehme
Adlige stellt ihr Leben dem Mann zur Verfügung. Ohne ihn durch
eigene Begierden zu ängstigen, ist sie bereit, sich ihm zu opfern. »Für
ihn nur will ich flehen, mein Leben und Gebet.« Sie will »rein und
engelgleich« für ihn sterben, um seine wollüstigen Straftaten zu
sühnen.

Als Tannhäuser von einer zur Strafe ausgesetzten Pilgerfahrt nach
Rom zurückkehrt, ist sie bereits tot. Ihm bleibt – trotz erneuter
Erscheinung der Venus, die ihn »in rosiger Beleuchtung, auf einem
Lager ruhend«, in die Unterwelt zu locken versucht – ebenfalls der
Tod als letzte Rettung.

In dieser Oper steht der Mann in exemplarischer Form als handelndes Subjekt zwischen zwei Frauen als Objekten seiner Liebe. Sie
stellen seine gegeneinander kämpfenden Empfindungen dar, die sich
mit Verfallenheit und Beherrschung, Hure und Heilige, Körper und

Venus: »Mein Ritter!
Mein Geliebter!
Willst du fliehen?«

Geist charakterisieren lassen. Beide Frauen haben mit der Wirklichkeit nichts gemein; es handelt sich um idealtypische Phantasievorstellungen, die aufgrund psychosozialer Mechanismen vom Mann ausgehen.

Elisabeths Todeswille geht einher mit der »heiligen Dreieinigkeit der ›guten‹ Frau, der Nicht-Hure: Mutter, (Kranken)schwester, Gräfin in einer Person«[157]. Klaus Theweleit macht darauf aufmerksam, daß die in der Literatur so oft anzutreffende Verehrung der »reinen« Frau der gleichen Verachtung entspringt wie die Verurteilung der Hure. Er legt dies als eine verbotene Aggression gegen die Mutter aus, der man keine irdische Befriedigung gönnt. Der Mann genießt ihr Leiden regelrecht. Das Mutterbild ist in sich gespalten, auch in der Mutter steckt eine »böse« Seite, der aggressive Regungen von seiten der Söhne gelten, und Theweleit fragt provokativ: »Sind nur tote Mütter gute Mütter?«[158]

In dieser Oper setzt sich Wagner jedoch primär mit der Figur der Venus auseinander. Von ihr geht ungleich größere Gefahr aus. In einem Herrschaftsverhältnis ist diejenige am gefährlichsten für den Unterdrücker, die die Superiorität des Beherrschers anzweifelt, und das tut Venus im Gegensatz zu Elisabeth. Tannhäuser soll mit Haut und Haaren ihrem Reich einverleibt werden: sie will ihn entweder ganz oder gar nicht. Es ist auch folgerichtig, daß sie zum Schluß nicht stirbt, sondern sich ihm in lockender Pose nähert. Sie ist dem Mann eine Gefahr, der er ständig zu erliegen droht.

Es ist Wagner gelungen, mit dieser Oper die historische Entwicklung des Geschlechterverhältnisses unbewußt nachzuzeichnen. Theweleit zeigt in seiner Studie auf, wie unterschiedlich die Männer – ihrer jeweiligen gesellschaftlichen Entwicklung gemäß – die Frauen behandelten. Im 17. Jahrhundert propagierte der Hof eine neue Sittlichkeit zur Herrschaftssicherung bei bürgerlichen Kreisen (während er selber ungehemmte Lust genoß). Die monogame Liebe zwischen den Geschlechtern wurde idealisiert. Die Frau wurde gleichzeitig zu einem unwirklichen Idol hochstilisiert. In Wahrheit war sie ein Anhang des männlichen Selbst, den es sich wieder einverleiben wollte. Indem der Mann sie idealisierte, verachtete er sie gleichzeitig, da er unfähig war, sich ein reelles Bild von ihr zu machen. Es entstand der verhängnisvolle Konflikt zwischen der unstillbaren Sehnsucht nach der Frau, die gleichzeitig gekoppelt ist mit der Flucht vor ihr.

Im 18. Jahrhundert kam es zu einer Sexualisierung der bürgerlichen Frau: unzählige Werke wurden über ihren Körper geschrieben.

»Es sieht so aus, als sei hier der Prozeß der Hexenverfolgung genau in sein Gegenteil verkehrt: wofür die Frauen des Volkes bisher verbrannt wurden, das wird bürgerlichen Frauen jetzt abverlangt: sie werden zu Darstellerinnen von Sexualitätsgöttinnen modelliert.«

Die Autoren der deutschen Klassik bilden eine neue Moral, einen Kult der »Einzigen«. Ein neues Frauenbild entsteht.

»Im bürgerlichen Trauerspiel wird der Leib der bürgerlichen Frau von den schmutzigen Fingern des Adels reingehalten dadurch, daß sie von ihren Autoren getötet wird; mit Dolch und Giftfläschchen sorgen Lessing und Schiller für die Unversehrtheit der Leiber der Bürgermädchen.«[159]

Die tote oder hohe Frau ist zu einem Grundstock bürgerlicher Kunst geworden.[160] Beide, Elisabeth und Venus, machen ein partnerschaftliches Verhältnis zwischen den Geschlechtern unmöglich. Elisabeth ist unberührbar wie eine Mutter, erotische Begierden prallen an ihr ab, das macht sie ungefährlich. Venus dagegen verkörpert die geheimen Wünsche des Mannes und muß daher abgewehrt werden. Da sie nicht totzukriegen ist, wird ihr ein dunkles, unterirdisches Reich zugewiesen: gleichsam das Unterbewußtsein des Mannes, aber auch die im Dunkeln versteckte Vagina symbolisierend. Während die Oper sich dem Ende zuneigt, kann man sich des Gefühls nicht erwehren, daß die vielen Männer (Pilgerchor, Sänger) auf einer dünnen Erdkruste stehen, die jederzeit aufzubrechen droht; darunter wartet Venus auf das nächste zu verschlingende Opfer, und sie wird immer warten.

Wagner verkörpert nicht nur das eigene verkrüppelte Verhältnis zum anderen Geschlecht, sondern gleichzeitig die gesellschaftlich gewachsenen Deformierungen. Vielleicht ist dies auch ein Grund dafür, daß diese Oper sich großer Beliebtheit erfreut.

> »Die Venusberg-Musik ist wohl der stärkste Ausdruck der bloßen Sexualität, der jemals musikalisch erreicht worden ist, die vollkommene Übersetzung sinnlichen Sehnens und sinnlichen Taumelns ins Musikalische.«[161]

Bezeichnenderweise ist die letzte Strophe des bittenden Gesangs Tannhäusers, der aus dem Venusberg entlassen werden möchte, in der von Beethoven her bekannten »heroischen« Tonart Es-Dur gehalten; Tannhäuser versucht somit, seine Männlichkeit auszuspielen. Das Thema der Venus ist vom Tritonus durchsetzt, zerrissen-hastig, der verminderte Septakkord herrscht vor, und gespielt wird es in extrem hoher Lage:

> »Wie eine Versuchung umspielen die zuckenden und kitzelnden Violinfiguren den heiligen Choral.«[162] Mit Becken, Triangel und Tambourin sind die Schlaginstrumente überrepräsentiert. Den männlichen Sängern sind dagegen die Streicher und Posaunen in feierlich-kirchlicher Manier zugeteilt. In bewährter Tradition sind der Frau die ekstatischen und irrationalen Kräfte zugeordnet, dem Mann kommt das Geläuterte, Geistige und Rationale zu.

Die von Wagner verwendeten formelhaften Simplifikationen wiederholen sich in allen seinen Opern. In seinem Alterswerk »Parsifal« geht er weiter, indem er die Unmöglichkeit einer die Sexualität einbeziehenden Liebe zwischen Mann und Frau darstellt. Kundry verkörpert das weibliche Prinzip. Sie ist die Demütig-Dienende, die Mutter und die Hure in einer Person. Sie besitzt keinen eigenen Willen, vermag den Mann dennoch in ihren negativen Bann zu ziehen. Sie muß vom Mann gebändigt werden. (Die Blumenmädchen, neben Kundry die einzigen Frauen dieser Oper, verkörpern als verwelkende Ornamente die sich schmückende Frau, die sich dem Mann zum Vergnügen anbietet.)

Es ist nur logisch, daß aus der Negierung der Frau die männerbündi-

sche Idealisierung hervorgeht, der eine verdrängte homosexuelle
Komponente nicht abzusprechen ist. Die Männer sind unter sich: die
Knaben, die im reifen Mannesalter Stehenden und die Greise. Sie
hüten den Gral, der unschwer als Potenzsymbol auszumachen ist,
denn die Potenz wird immer dann erstarken, wenn keine Frau sie
bedroht. (Wagner war übrigens von der mann-männlichen Erotik
fasziniert; er pries »die sich ganz in den geliebten Gegenstand
versenkende Männerliebe der Hellenen als vollkommener, edeler und
reiner, als die Liebe des Mannes zum Weibe«[163].)

Wagners Gestalten wohnt stets etwas Statisches inne. Sie besitzen
keine eigenen Willenskräfte, sondern werden mittels Zaubergeträn-
ken, sprechender Vögel, Schwertern usw. schicksalshaft gesteuert.
Insofern ist es nicht ungewöhnlich, daß Kundry ihren Trieben willen-
los unterliegt. Indem aber Wagner sie als Frau ausmalt, die durch ihre
Triebhaftigkeit bedingt zum Bösen tendiert und den Mann dadurch
angeblich gefährdet, und indem er sie zu der Frau schlechthin
abstempelt[164], impliziert er, daß in jeder Frau ein Stück dieses
verdammungswürdigen Weibes steckt.

An Interpretationen hat es nicht gemangelt. Placzek resümiert nicht
ohne Bissigkeit: »Wagner ... kennt nur das ›Erwecken des Weibes‹,
und zwar immer des Weibes seiner Freunde! – bis er den Dämon Weib
im Parsifal zur Ruhe kommen läßt.«[165] Er vertritt die Auffassung, daß
alles, was Wagners Phantasie schaffte, auf erotischen Vorstellungen
beruhte. Das erotische Verlangen beherrschte ihn so sehr, daß die
Struktur seines gesamten Denkens »von der Einstellung auf Vorgänge
des Liebeslebens beherrscht wird ... Weil der Liebestrieb ihn, den
Mann, unaufhörlich verfolgt, peinigt und jagt, erkennt er in ihm den
Fluch und die höchste Entzückung des Lebens«[166]. Wir können
vermutend hinzufügen: Indem er den eigenen Trieb auf eine sündige
Person projiziert, befreit er sich von der Auseinandersetzung mit sich
selber. Mit einer solchen Projektion erreicht er zum einen, daß er sich
von seinen Schuldgefühlen entlastet, die ihn zeitweilig zu überwälti-
gen drohen, und zum anderen, daß er die Frau auf ihre seit Urzeiten
ihr zugeordnete sündige, hexenhafte, mit übermächtigen Trieben
ausgestattete Rolle festschreibt.

Eine psychoanalytische Erklärung kann Verständnis hervorrufen,
nicht aber Toleranz. Hans Mayer äußerte in einem Gespräch die
Ansicht, daß man das »monomanisch neurotisch-traumatisch(e)«
Verhalten Wagners ihm nicht so negativ anrechnen könne wie beispielsweise Richard Strauss, der sich »in der erschreckendsten Weise

des Opportunismus, der Geldgier, der Egozentrik« während des Dritten Reiches bedient habe.[167]

Es wäre in der Tat müßig, einen hervorragenden Komponisten desavouieren zu wollen (abgesehen davon, daß das oft genug versucht wurde).

Wagners transvestitische und fetischistische Neigungen[168] sind aufgrund einer repressiven Sexualmoral entstanden und können ihm nicht als selbstverschuldetes Fehlverhalten angelastet werden. Aber es gilt dort einzugreifen, wo er aufgrund psychischer Deformationen Phantasien entwickelt und verabsolutiert, die dem anderen Geschlecht zum Schaden gereichen. Dadurch, daß Wagner seine Angst vor Frauen kaschierte und – um diese Kaschierung perfekt zu machen – die Frau gleichzeitig überhöhte, wurde ein widersprüchliches und ungleiches Geschlechterverhältnis perpetuiert. Die Tagebücher Cosima Wagners bestätigen, daß ihm die Vorstellung des auf der obersten Sprosse der Hierarchienleiter thronenden Genies dazu verhalf, der Frau den Status als Dienende ständig vor Augen zu führen. Seine Identität war mit Abwehr gegenüber der Frau gekoppelt, und indem er aus gesellschaftlichen Verhältnissen ständig Naturverhältnisse zu machen versuchte, sicherte er diese brüchige Identität ab.

Der Wagner-Fan und Musikschriftsteller Karl Grunsky drückte es – freilich aus seiner Sicht – treffend aus: »Das seelisch Unbedeutende und Unwahre hätte ohne die Höhe und Reinheit des Wagnerschen Ideals die deutsche Bühne in ganz anderem Maße überwuchert, als wirklich geschehen ist.«[169] Anders formuliert: Ohne Wagners kräftige Hilfe wäre es nicht so gut gelungen, die sich aufgrund gesellschaftlicher Umwälzungen verändernde Frauenrolle auf eine reaktionäre Position zurückzudrängen.

Nach der gescheiterten Revolution von 1848 folgte ein Massenexodus von Intellektuellen aus deutschen Landen. Über eine Million meist liberal Gesinnter verließ Deutschland; der Rest mußte sich der reaktionär-autoritären Herrschaft beugen. Bismarck war eine logische Folge dieser Entwicklung; danach wurde es immer leichter für Vertreter irrationaler Ideologien, Anhänger zu finden. Zu ihnen gehörte Wagner. Sein Denken, das sich in seinen zahlreichen Schriften offenbart, war besonders in seinen nationalistischen und rassistischen Zügen von der politischen und literarischen Romantik seiner Zeit geprägt. In der Abneigung gegen Maß, Proportionen und Verstand lag eine Überbetonung der Emotionalität, die sich mit dem Mystisch-Metaphysischen vermengte und eine abstrakt-irrationale

Zum Tode Wagners.
Zeichnung von
Fantin-Latour

Vorstellung des Völkischen schuf, das Wagner so oft betonte und das in dieser Konzeption die nationalsozialistische Ideologie prägte. Die Lehre von der Überlegenheit des deutschen Volkes führte über Hegel, Fichte, Wagner, Treitschke, Bismarck, Chamberlain, Ludendorff, Wilhelm II. zu Hitler und von dort zur nationalsozialistischen »Endlösung«, die die luftigen Ideen in grausam-unfaßbare Wirklichkeit umsetzte.[170] Für die Frauen konnte es keine solche »Endlösung« geben, da sie unentbehrlicher Bestandteil der Gemeinschaft waren. Es ging eher darum, ihre Rolle festzuschreiben, um ein Ausbrechen zu verhindern. Dies gelang Wagner ebenso wie nach ihm Langbehn, Weininger und Antifeministen wie Eberhard, Scheffler und anderen, wobei die letzteren nicht so gefährlich waren wie diejenigen, die ihre Taktik verunklarten, indem sie Frauen teilweise idealisierten.

Die ökonomisch-historische Lage Deutschlands ermöglichte das

Entstehen rassistischer und sexistischer Gedanken. Sie wurden von denjenigen dankbar aufgegriffen, die nicht zu differenzierter Reflexion neigten, sondern platte, schemahafte Aussagen benötigten. Juden hatten geldgierig, Frauen passiv und anhänglich zu sein. Während man die Juden pauschal verurteilte, wurde die Frau in zwei Typen gespalten. (Interessanterweise hat man den Juden vorgeworfen, nur Seichtes komponieren zu können und an Kreativitätsmangel zu leiden:[171] dieser Vorwurf deckt sich mit den Vorwürfen Frauen gegenüber.)

Das irrationale Dogma von der völkischen Überlegenheit korreliert mit dem Dogma von der unterlegenen Frau. Aus der inneren Unsicherheit ging die Verherrlichung des Deutschen sowie des Mannes hervor. Wagner verwendet den Begriff des Volkes und der Rasse ebenso mystisch und bar jeglicher sachlicher Reflexion wie den Frauenbegriff.

Es ist ein merkwürdiges Phänomen, daß Frauen zu seinen leidenschaftlichsten Verehrern gehörten. Oder ist dies nicht so seltsam, wie es zunächst den Anschein hat? Die bürgerlichen Frauen des 19. Jahrhunderts hatten vielfach unter der Last ihrer brüchigen Identität zu leiden, ohne dies bewußt zu erkennen. Sie mußten sich mit ihrem Schicksal identifizieren und sogar Kraft aus der ihnen zugewiesenen Rolle schöpfen. Wagner bestätigte ihnen in religiös-mystischer Verbrämung, daß ihr Leiden zum Fluch des Weiblichen gehörte. Eine Infragestellung dieser Ideologie hätte ihren Lebensstil in Frage gestellt und war deshalb abzuwehren. Zum anderen verstand Wagner seine Ideologie so perfekt zu verschleiern, daß sogar engagierte Parteigängerinnen für die Sache der Frauen wie Luise Büchner in ihrer Abneigung seinem Werk gegenüber sich nur über die Verletzung des bürgerlichen Anstandes entrüsteten und darüber hinaus keine Kritik übten.[172] »Wenn die Dinge heroisch frisiert sind, hören sie auf, unsittlich zu sein, das lernt sich aus dem analytischen Lehrbuch Wagners.«[173]

III. Schöpferische Frauen im Konflikt zwischen Mann und Musik

Es wird häufig angeführt, daß Frauen an der musikalischen Produktion und Reproduktion kaum beteiligt gewesen sind. Es ist hier nicht der Platz, um auf die Rolle der Frau im Altertum einzugehen; dazu haben Kathi Meyer und Sophie Drinker unter Berufung auf andere vor ihnen reichhaltiges Material aufgearbeitet. Da sich diese Arbeit auf Deutschland beschränkt, können andere Länder nur marginal berücksichtigt werden. Um jedoch dem Vorurteil zu begegnen, Frauen wären zu musikalischen Leistungen nur bedingt fähig, wird notfalls auf andere Länder kurz ausgewichen.

Nach Einführung des Christentums übernahm die altchristliche Liturgie zunächst die Gebräuche des jüdisch-orientalischen Kultes, vor allem das Prinzip des Wechselgesangs. Frauen waren weithin beim kirchlich-liturgischen Gesang zugelassen. Allmählich vollzog sich ein Umschwung, der sich in den Konzilsbeschlüssen niederschlug. Auf dem Konzil zu Rom im Jahre 826 beschwerte man sich: »Gewisse Leute, vor allem Frauen, kommen sonn- und festtags in die Kirche mit schlechten Absichten, um sich in Tänzen und unkirchlichen Liedern nach Art der Heiden bewundern zu lassen.«[1] Die Mitwirkung von Frauen erinnerte noch zu stark an die alten Gebräuche des Heidentums, die man aus dem Gottesdienst entfernt hatte.

Obwohl sich Frauen innerhalb von Gottesdiensten und bei Feiern noch musikalisch betätigten, verlagerte sich ihre musikalische Ausübung im Lauf der Jahrhunderte auf die Nonnenklöster. Allmählich bürgerten sich für die öffentliche Mitwirkung des Nonnenchors drei gesonderte Maßnahmen ein. Die Mitwirkung war entweder unter allen Bedingungen verboten; sie war teilweise am Gottesdienst gestattet (z. B. an Messe, Officium und an hohen Festen); oder die tägliche musikalische Ausübung beim Gottesdienst sowie der Gesang an Festtagen waren zugelassen. Je nach Art des Klosters wurden die Freiheiten erweitert oder eingeengt. Rege musikalische Betätigung ist uns vor allem von italienischen Nonnen überliefert (die Italienerin hatte in der Renaissance größere Möglichkeiten der musikalischen

Frauenorchester in Venedig

Entfaltung als die deutsche Frau, vgl. 1.1). Neben der Vokalmusik wurde im 16. Jahrhundert auch die Instrumentalmusik gepflegt. Die Nonnen des Klosters San Vitale in Ferrara begeisterten

»durch ihre liebliche Musik, ihren reinen Gesang und das Instrumentenspiel, das sie mit Geschmack und Kenntnis ausführten; sie kamen eine nach der anderen hinein, schritten zu einem runden Tisch, an dessen einer Seite ein Cembalo stand, brachten ihre Streich- und Zupfinstrumente mit, stellten die Ständer auf und setzten sich dann«.[2]

Neben der reproduzierenden Musikausübung sind die italienischen Nonnen seit dem 16. und 17. Jahrhundert aber auch als Komponistinnen hervorgetreten. Von 13 Nonnen sind uns Werke erhalten, vorwiegend Motetten, im Gegensatz zu den Werken der Komponistinnen des 17. und 18. Jahrhunderts, die mehr auf dem Gebiet des Oratoriums wirkten.

In den deutschen Klöstern wurde dagegen fast nie mehr gesungen, als durch den Gottesdienst direkt vorgeschrieben war. Zahlreiche Nachrichten über musikalische Betätigung finden sich in den Kanonissenkonventen. Besonders jene Klöster waren der Musik aufgeschlossen, in welchen sich der Einfluß der Mystik geltend machte, so z. B. die Klöster Katharinenthal (bei Diesenhofen), Tölz (bei Winterthur), Klingenthal (in Basel) und Unterlinden (im heutigen Colmar). Es sind mehrere Handschriften erhalten, die von der musikalischen Beschäftigung der Nonnen berichten.

Im 17. und 18. Jahrhundert erfreuten sich die vier Mädchenkonservatorien Venedigs hoher Wertschätzung. Die musikalische Ausbildung von Mädchen (meist Waisen) hatte bereits im 16. Jahrhundert begonnen; Orchester wurden gebildet, die Oratorien aufführten. Vom Spinett und Cembalo, den Harfen und Geigen bis hin zu den Blasinstrumenten waren Mädchen beteiligt. 1769 schrieb ein Berichterstatter über die Aufführung eines Oratoriums in Venedig, bei dem sich die vier Konservatorien zusammentaten, so daß etwa ein- bis zweihundert Mädchen teilnahmen:

> »Im Saale befanden sich die mitwirkenden Mädchen in drei übereinanderliegenden Logen, in der tiefsten die Violinen, Cembali, Violoncelli und Harfenspielerinnen, in der mittelsten die Sängerinnen mit ihrem berühmten Lehrer Bertoni und in der obersten die Oboen-, Flöten-, Fagott-, Traversieren-, Trompeten- und Hornbläserinnen und die Paukenschlägerinnen.«[3]

Und die Deutsche Allgemeine Musikzeitung schrieb: »Diese Frauenzimmer geben den deutlichsten Beweis, daß auch das schöne Geschlecht durch Studium die Schwierigkeiten aller möglichen Instrumente überwinden kann.«[4]

Zur gleichen Zeit wurde in Deutschland angestrengt nach Gründen gesucht, um Frauen das Instrumentalspiel entweder zu verbieten oder sie auf bestimmte Instrumente zu beschränken.

Es fällt nicht schwer, den soziokulturellen Unterschied zwischen der deutschen und italienischen Entwicklung zu benennen. Zwar war der Italienerin die praktische Berufsausübung ebenso verwehrt wie ihrer deutschen Schwester, und die obigen Konservatorien verdanken ihr Aufblühen dem Umstand, daß die Konzerte beträchtliche finanzielle Einnahmen brachten. In den prunkvollen Palästen der italienischen Adeligen wurde aber ein sinnlicher Musikgenuß angestrebt, der mit dem durch Handelsbeziehungen angehäuften materiellen Reichtum und dem neuen Selbstbewußtsein zusammenhing. Dieser künstlerische Umschwung färbte auf die Frau ab. An den Höfen versammelten sich Künstler, die Maskenspiele, Tänze und Musik schufen. Die Töchter dieser Häuser wurden sorgfältig ausgebildet und bekamen auch meist eine gediegene musikalische Ausbildung. Historiker und Biographen der Renaissance haben viele Berichte über musikalisch begabte Frauen geschrieben.[5] Sie lernten nicht nur zu spielen und zu singen, sondern auch das Blattlesen, das Harmonisieren von Melodien und den Umgang mit Musik schlechthin. Die Vorliebe für Frauengesang an den Höfen wurde so stark, daß sich der Bedarf nach beruflich ausgebildeten Sängerinnen ergab.

In der zweiten Hälfte des 16. Jahrhunderts waren die Höfe Englands und Frankreichs ebenfalls zu Zentren musikalisch-künstlerischer Betätigung geworden. In Deutschland jedoch, bedingt durch das Fehlen einer zentralen Metropole, vollzog sich diese Entwicklung erst viel später. Die deutsche mittelständische Intelligenz bildete eine eigene Tradition, die aus der Ablehnung der höfischen Tradition heraus die bürgerlichen Werte hervorhob. Die Tatsache, daß diese deutsche Intelligenz politisch ohnmächtig war, machte sie in geistiger Hinsicht besonders radikal, also da, wo es um die sogenannten »innerlichen« Werte ging. Insofern war die Betonung der Bestimmung der Frau zur Mutter und Gattin in Deutschland stärker vorhanden als in den Nachbarländern. Wenn zu Beginn des 20. Jahrhunderts das »englische Händlertum« dem »deutschen Heldentum« gegenübergestellt wird[6], sind das verabsolutierte Werte einer soziokulturellen Entwicklung, die darin ihren Kern hat, daß das kaufmännische Bürgertum in England und Frankreich sich eher mit den politischen Kräften des Landes verband als in Deutschland. Es ist daher verständlich, daß sich die Emanzipation in Deutschland langwieriger gestaltete.

Im 17. und 18. Jahrhundert waren auch die deutschen Höfe Zentren der Musikpflege, wobei adelige Damen z. T. gründlich in Komposition, Gesang und Instrumentalspiel ausgebildet wurden. Maria Antonia Walpurgis, Kurfürstin v. Sachsen (1724–1780), schrieb u. a. zwei Opern. Auch Amalia Anna, Prinzessin von Preußen (1723–1787), und Amalia Anna, Herzogin von Sachsen-Weimar (1739–1807), komponierten.

Parallel zum Aufstieg der Bürgerklasse im 18. Jahrhundert bildete sich die Laufbahn der Berufssängerin heraus. Adelige Frauen hatten lange zuvor in ihren Schlössern musiziert. Die Institute und Ausbildungsanstalten für Berufssängerinnen entstanden, weil die Zuhörer nach der weiblichen Stimme verlangten, und nicht etwa, um Frauen aus humanen Gründen erweiterte künstlerische Möglichkeiten einzuräumen. Wir kennen aus dieser Zeit eine große Anzahl hochbegabter

und berühmter Sängerinnen, aber auch Komponistinnen, wie z. B.
Ingeborg Bronsart, Josephine Lang, Clara Schumann usw. Wie
schwer es komponierende Frauen hatten, soll anhand einiger Beispiele im folgenden Abschnitt dargestellt werden.

3.2 CLARA SCHUMANN (1819–1892)

>>Ein Frauenzimmer muß nicht
componiren wollen ...<<
(Clara Schumann)

Von Clara Schumann, geborene Wieck, existieren zahlreiche Briefe
und Aufzeichnungen, die ein Bild ihrer Erlebnisse und Gedanken
wiederzugeben vermögen. Dies ist wichtig angesichts dessen, was in
sie hineinprojiziert wurde. Als primäre Quelle dient hier die von
Litzmann kommentierte Zusammenstellung von Briefen und Tage-
buchaufzeichnungen. Obwohl er nicht frei von Rollenstereotypen ist
und seine Auswahl notwendigerweise subjektiv ist, hat er authenti-
sches Material gesammelt und größtenteils zurückhaltend kommentiert.

Nach der elterlichen Scheidung im Jahre 1824 war Clara weitgehend
dem väterlichen Einfluß überlassen. Friedrich Wieck hatte sich bereits
vor ihrer Geburt vorgenommen, aus ihr eine große Künstlerin zu
machen. Schon in früher Kindheit wurden die täglichen Klavierübun-
gen auf drei Stunden ausgedehnt. Mit acht Jahren begann sie mit
Kompositionsversuchen. Da ihr Vater durch sie Geld verdienen
wollte, sie also in der Musik bewandert sein mußte und nicht nur
dilettieren durfte, nahm sie elfjährig an einem Lehrkurs in Musiktheorie teil. Der bekannte Kantor Weinlig, bei dem auch Richard Wagner
Unterricht nahm, ging systematisch mit ihr vor; nach einem allgemeinen Grundkurs betrieb er mit ihr Kontrapunktstudien.

Wieck äußerte sich unmißverständlich zu seinen beruflichen Plänen
für Clara.

>>Zur Lehrerin erziehe ich denn nun auch vor allem meine Tochter,
obgleich diese, als Mädchen, den Vorzug vor allen Klavierspielerinnen der Welt bereits hat, daß sie frei phantasieren kann – und doch
lasse ich mich durch nichts täuschen.<<[6]
Nicht ohne Schlitzohrigkeit erkannte Wieck die Vorzüge einer vertieften musikalischen Ausbildung. Clara konnte andere Geschlechtsge-

nossinnen ausstechen, indem sie phantasierte, anstatt nur nachzuspielen. Diese sie zum Kuriosum abstempelnde Fähigkeit wollte er ausbauen.

Mit elf Jahren gab Clara im Gewandhaus Leipzig ihr erstes selbständiges Konzert. Sie spielte auch ihre eigenen Variationen und erhielt sowohl für ihren Vortrag als auch für ihre Komposition größten Beifall und Bewunderung. Ihr erstes offizielles Kompositionswerk, bestehend aus vier Polonaisen für Klavier, erschien, als sie elf Jahre alt war.

Wiecks Rechnung ging auf: männliche Zeitgenossen bestaunten sie. Goethe berichtete Zelter von dem »merkwürdigen Phänomen« der Clara, die mehr Kraft als sechs Knaben zusammen habe. In Weimar erregte ihr Phantasieren Bewunderung: »Niemand wußte sich eines ähnlichen Erfolges zu erinnern.« In einer Gothaer Zeitung hieß es: »Sie überrascht auch höchst angenehm durch eigene zarte und gefällige, oft originelle Kompositionen.« Immer wieder wurde sie wegen ihres weiblichen Geschlechts als Ausnahmeerscheinung bestaunt, so auch vom angesehenen Komponisten Spohr, den sie 1831 besuchte und der ihr einen lobenden Begleitbrief schrieb.

Mit dreizehn Jahren hatte sie, inzwischen zur gefragten Pianistin geworden, in Paris konzertiert. Mit vierzehn begann sie – außer einer Anzahl Klavierstücke – ein großes Klavierkonzert zu komponieren. Es war eine Zeit außerordentlicher Schaffenskraft und Fleißes. 1835 führte sie ihr inzwischen fertiggestelltes Klavierkonzert auf. Chopin lobte sie, nachdem er eines ihrer Stücke gehört hatte; auch Spohr ermutigte sie zum weiteren Komponieren. Der sonst so verschlossene und spröde Spontini ließ sich zwei Stunden lang von ihr vorspielen. Gleichzeitig bildete sie sich weiter. Als sie 1837 in Berlin weilte, nutzte sie die Gelegenheit, um bei dem angesehenen Musiktheoretiker Dehn Kontrapunktstudien zu betreiben.

Mit dem Eingeständnis ihrer beiderseitigen Liebe begann für Robert Schumann und Clara Wieck eine schwierige Zeit. Bezeichnenderweise haben sich die Musikhistoriker vornehmlich mit Robert beschäftigt. Clara aber hatte nicht nur mit ihrer Doppelrolle als Komponierende und Klaviervirtuosin fertig zu werden, sondern sie war zusätzlich dem Machtkampf des Vaters und des künftigen Ehemannes ausgesetzt. Sie schwankte zwischen Pflichtgefühl und Zuneigung, und es gelang ihr nicht, die erpresserischen Taktiken des Vaters zu durchschauen. Seine Investition in ihre Person verwechselte sie mit Liebe, obwohl er klargestellt hatte, daß er sie als sein Eigentum betrachtete. Zuweilen verzweifelte sie. Dort, wo sie selber verzichten konnte, tat sie dies. Wo aber zwei Männer sie zum Objekt machten und um sie stritten, reagierte sie hilflos: »Mein Gemüt ist jetzt sehr bewegt, den Vater zu sehen, wie er unglücklich ist, wenn er daran denkt, mich einmal zu verlieren – ich fühle Pflichten gegen ihn und muß Dich doch so unendlich lieben!«[7]

Robert erwies sich als der durchaus psychisch Schwächere. Seine Briefe klingen wie Hilfeschreie:

»Verlaß mich nicht, Du einziges Mädchen. Ich klammere mich an Dir fest; gibst Du nach, so ist es um mich geschehen« ... »Du bist mein, nicht wahr, und ich Dein... und da kann es wohl nicht schlimm um mich stehen; da bin ich geborgen, da ruhe ich wie unter Engelsflügeln unter Deinem heiligen Schutz.«[8]

Seine Abhängigkeit erreichte zuweilen erpresserische Dimensionen. »Vieles liegt noch in mir. Bleibst du mir treu, so kommt alles an den Tag; wo nicht, bleibt's begraben.«[9] Oft erging er sich in masochistischen Vorstellungen:

»Du bist es doch, von der ich alles Leben empfange, von der ich ganz abhängig bin. Wie ein Knecht möchte ich Dir oft von weitem folgen und Deines Winkes gewärtig sein... wer einmal meine Augen schließt, dem will ich es noch einmal zuflüstern, ›nur eine hat mich im Leben so ganz beherrscht, so ganz in sich hineingezogen in ihr innerstes Wesen, und diese eine hab ich auch immer über alles verehrt und geliebt...‹« – »Eine Krone möchte ich Dir aufs Haupt setzen und dann nichts als zu Deinen Füßen sinken und mit dankenden Augen zu Dir aufsehen...«

»Könnte ich Dir doch immer ein paar Schritt unsichtbar folgen...« ...»Könnt ich Dich nur jetzt einmal sehen; es müssen Funken aus den Augen leuchten; Du mußt wie eine Madonna und eine Heldin zugleich aussehen.«[10]

Ähnlich wie nach ihm Wagner malte Schumann ein idealistisch verbrämtes Frauenbild aus und projizierte es auf seine Geliebte. Ging es aber um reale Handlungsmuster des Alltags, verschwand dieses Bild. Auf ihre Frage, warum er es vermied, sie in seiner Zeitschrift zu erwähnen, antwortete er, daß das so aussehen würde, als ob er ihrem Vater »zudringlich und dienermäßig kommen würde«[11]; somit stellte er seine eigenen Interessen über die ihrigen. Er ließ sie auch fühlen, daß er sie nicht für fähig hielt, dem Vater zu trotzen, und dabei platzte ihr einmal der Kragen. Sie bat ihn, sie nicht als Kind zu behandeln und ihr zu vertrauen.[12]

Die geplante Heirat wurde zu einem Konfliktpunkt ersten Ranges. Für Clara stand fest, daß innerhalb der Ehe ein sicheres Einkommen nötig war. Aber sie begann zusätzlich, ihre künstlerische Ausübung als Teil ihrer Identität zu sehen, auf die sie nicht verzichten wollte: »Ich sehe ein, daß ich unglücklich sein würde, wenn ich nicht immerfort in der Kunst wirken könnte.«[13]

Robert mißverstand ihre Aussage über eine gesicherte Existenz. Er begann wieder an ihrer Liebe zu zweifeln, warf ihr Schwankungen vor und drohte schließlich mit seinem Marktwert bei anderen Frauen.

»Du dachtest damals vielleicht auch so – Du denkst jetzt anders – überhaupt meine Sinne wollen mir manchmal vergehen. . . . (Meine Reichtümer sind) nicht glänzend, aber so, daß mir manches Mädchen, manches schöne und gute auch, die Hand darauf geboten und gesagt hätte ›wir müssen es zusammennehmen, aber Du sollst an mir eine gute Hausfrau finden ect. ect.‹«

Er schloß vorwurfsvoll »das Blut tobt mir wie Feuer im Kopf und meine Augen sind trüb vom Gram über Dich«[14].

Clara war über diesen unsachlichen Angriff empört.

». . . Konntest Du mich so kränken, mir so bittere Tränen entlocken? Ist es Robert, der mich so verkannte, der meinen Worten so einen unschönen Sinn unterlegte – hab ich das verdient? Ja! ich weiß, daß Dir noch viele schöne und vielleicht auch so gute Mädchen als ich zu Gebote stehen und bessere Hausfrauen, als man von einer Künstlerin es glaubt – ja ich weiß es, aber schön ist es nicht, daß Du mir, die nur für Dich und in Dir lebt, so einen Gedanken mitteilst.« [15]

Obwohl sie innerlich gefestigter als er war, fürchtete er um ihre Standhaftigkeit. Sie hatte es mit dem Heiraten nicht so eilig; ob sie ahnte, daß ihr die Haushaltspflichten und das Kinderkriegen die künstlerische Karriere erschweren würden? Ob Schumann ahnte, daß ihre Zweisamkeit ihn beflügeln und beglücken würde? Die Bedürfnisse klafften anscheinend auseinander. Als sie ihm aus einer finanziellen Besorgnis heraus zum Hochzeitstermin schrieb, »es braucht ja nicht 1840 erzwungen zu sein«, reagierte er verängstigt:

»Clärchen, wie würdest du die Eltern nennen, die ihrem Kinde zu Weihnachten einen [. . .] Christbaum und [. . .] Geschenke versprechen und es nun am Weihnachts-Abend in eine dunkle Kammer führten und es [. . .] einsperrten? Sieh, so hast Du es mit mir gemacht; hast mir Belohnung versprochen, wenn ich mich hübsch aufführte und vertröstest mich [. . .] auf unbestimmte Zeit . . .«[16]

Mit dieser Regression in frühkindliche Welten stellte sich Schumann
schmollend ins Abseits, anstatt sich mit der Ursache ihres Schreibens
zu befassen (ganz zu schweigen von dem nicht gerade schmeichelnden
Vergleich Claras mit einem Weihnachtsbaum). Clara fühlte sich
mißverstanden und beeilte sich, ihm zu versichern, daß er ihr vertrauen könne. Kurz darauf kam es wieder zum Streit. Die praktisch
ausgerichtete Clara sah, daß die ökonomische Basis für den Ehestand
noch immer nicht gewährleistet war und daß sie durch das Konzertieren gut verdienen konnte. Nachdem sie die demütigende Erfahrung
machen mußte, daß sie als Frau allein in Paris sich kaum durchsetzen
konnte, griff sie freudig den Vorschlag des Vaters auf, sie auf einer
Tournee zu begleiten. Daß Wieck diese Idee mehr aus dem Konkur-
renzstreben Schumann gegenüber gehabt haben mag, kam ihr nicht in
den Sinn. Sie schlug Robert vor, die Eheschließung um ein Jahr zu
verschieben: »Nicht wahr, Robert, Du bist ein Mann und gibst Dich
keinem zu großen Kummer hin?« Es heißt weiter:

> »... Ich sehe ein, daß ich viel mehr ausrichten kann mit dem Vater
> als allein; nicht etwa, daß mir der Mut fehlte, oh nein, ich war ja
> entschlossen, alle diese Reisen allein zu machen, doch man ist schon
> überall mehr angesehen in männlicher Begleitung.«[17]

Ihre Freundin Emilie List legte diesem Schreiben einen eigenen Brief
bei, in dem sie ihm mitteilte, daß ihrer Ansicht nach Clara die
Doppelrolle als arbeitende Hausfrau und Virtuosin nicht durchstehen
könne, sie sich daher finanzielle Mittel beschaffen müsse, um Dienst-
kräfte zu bezahlen. Schumann war wieder tief verletzt. Seine schroffe
Reaktion (er vernichtete sofort einen zweiten Brief Claras zum
gleichen Thema sowie später seine Antwort auf beide Schreiben)
zeigt, daß ihm ihre Selbständigkeit am meisten zu schaffen machte.
Nach einer Beschwichtigung ihrerseits war zwar die Harmonie oberflächlich wieder hergestellt, er kam jedoch immer wieder auf die
erlittene Kränkung zu sprechen. Er schrieb ihr, daß er sich erst das
Leben hatte nehmen wollen, daß ihr Brief »totenkalt« und »wider-
spenstig« gewesen sei, und daß er sie – im vernichteten Brief – hart
anreden mußte. In den Folgebriefen bemühte er sich, seine Stellung
als dominierender Mann herauszukehren. Er warnte sie davor, ihn
anzugreifen:

> »Wo Du nur im Spiel bist, sind alle meine Lebensgeister doppelt
> tätig – es greift mir gleich ins innerste Mark. – Ist es (da nicht)
> natürlich, daß ich so schreiben und handeln mußte, wie es Dich
> freilich schmerzen mußte? Eine Warnung sei Dir das, meine liebe

Clara, daß Du immer in der Zukunft recht schonend mit mir umgehen mögest«.

Was das im Klartext bedeutete, sagte er ohne Umschweife: »Versprichst Du mir das, Dir keine unnützen Sorgen mehr zu machen, und mir zu vertrauen und folgsam zu sein, da nun einmal die Männer über den Frauen stehen.« Und zu ihr und Emilie: »Seid mir nicht bös, daß ich zeigte, daß ich Herr im Haus, und mir nichts gefallen ließ.«

Um die Machtverhältnisse klarzustellen, zog der »Herr im Haus« die beiden Frauen, die sich in durchaus realistische Weise um Claras Zukunft bemüht gezeigt hatten, ins Lächerliche: »Für heute genug; ich wollte nur noch sagen, Mädchen sind ein Gemisch von Engel und Mensch, wie man es unter den Männern nur selten antrifft. Lebt wohl. Dein Alter.«[18]

Diese patriarchalische Geste sollte ihr das Gefälle verdeutlichen. Das nächste Schreiben knüpfte an die Rangordnung Mann/Mädchen wiederum an: »Ich habe Dich die Liebe gelehrt, Dein Vater Dir den Haß ... und hab Dich mir nun herangezogen zur Braut, wie ich sie mir im Ideal dachte, meine talentvolle Schülerin warst Du, und zum Lohne dafür hast Du gesagt zu mir: ›nun nimm mich auch!‹«[19]

Der Biograph Litzmann billigte übrigens diese Haltung: »Sie selbst empfing zu diesem Tage von ihm einen Brief, der den edelsten Kern dieser reinen und vornehmen und zarten Natur in ergreifender Schönheit widerspiegelt.«[20]

Zu diesen Ausfällen kamen die väterlichen Beleidigungen hinzu. Clara beherrschte die den Frauen ansozialisierte Vermittlerrolle vorzüglich. Einesteils versicherte sie Robert, daß ihr Vater sie nicht gegen ihn einnehmen könnte, andererseits bat sie ihren Verlobten, nicht allzu hart gegen den Vater zu sein. Sie erkannte, daß ihr Vater eifersüchtig war und erduldete demütigende Schikanen.

Als Wieck merkte, daß er Claras Beziehung zu Schumann mit psychischem Terror nicht verhindern konnte, versuchte er, ihre künstlerische Laufbahn zu zerstören. Diese Taktik wog um so schwerer, da sie als Frau sowieso Diskriminierungen ausgesetzt war. Indem er sich weigerte, sie auf Konzerttourneen zu begleiten, fehlte ihr der für Verhandlungen, für das Organisatorische, aber auch für das moralische Ansehen so wichtige männliche Schutz. Sie beschloß, allein zu fahren. Sie mußte alle Vorbereitungen zu den Konzerten selbst vornehmen und erlitt Schikanen offener und versteckter Art. In Paris behandelten sie ihre beiden Trio-Partner auf einer Probe in so beleidigender Weise, daß sie das Stück kurz entschlossen vom Pro-

Clara Schumann

gramm absetzte. Ständig wurde ihr ihr Status als alleinstehende Frau vorgehalten. Sie hielt jedoch durch und verkündete anschließend stolz: »Ich sehe jetzt, daß ich ohne meinen Vater auch in der Welt dastehen kann.«[21] Auch wenn der künstlerische Ertrag der Reise gering war: die Tatsache, daß sie sich durchsetzte, wird ihr sicherlich in ihrer weiteren Persönlichkeitsentwicklung zugute gekommen sein.

Ihr Vater war weiterhin nicht bereit, sie als eigenständige Person anzuerkennen. So wie er sie von Geburt an gesteuert hatte, wollte er sie weiterhin als sein Eigentum betrachten. In der letzten Etappe seiner bockigen Versuche, ihr die Eheschließung zu verbieten, nahmen seine Methoden Formen an, die an seiner geistigen Gesundheit zweifeln ließen.[22] Es traf Clara tief, als er ihr das selbstverdiente Geld entzog und sie sich noch nicht einmal die Aussteuer leisten konnte.

Clara wurde einerseits nach männlichen Gesichtspunkten erzogen, also in die Welt geschickt, um sich mit anderen Virtuosen zu messen, aber der Ertrag davon sollte ihr genommen werden: In dieser Hinsicht galt sie wiederum als unmündiges Wesen. Die Grenzen zwischen Mündigkeit und Unmündigkeit zog – ähnlich wie Schumann auch – der Vater. Wieck stellte unzumutbare Forderungen. Danach sollte sie nicht nur auf ihr selbstverdientes Geld verzichten, sondern ihre zu Hause stehenden Sachen und Instrumente gegen eine zusätzliche Zahlung erst erhalten. Da diese und andere Forderungen unannehmbar waren, kam es zum Prozeß. Während dieser Zeit brach Wieck ihren Briefkasten auf; er behauptete, daß Schumann Alkoholiker sei und versuchte, in anonymen Briefen ihr anläßlich ihres für 1840 in Berlin angesetzten großen selbständigen Konzerts eine Niederlage zu bereiten. Das Konzert wurde verschoben. Clara war durch die Querelen seelisch und körperlich zerrüttet. Litzmann kommentiert:

»Clara litt nicht weniger unter diesen Wirkungen, in denen krankhafte Verfolgungssucht des Vaters und kaum minder krankhafte Reizbarkeit des Geliebten sie hin und herzerrten. Und dabei hatte sie, ganz auf sich allein angewiesen, ihre eigene Last zu tragen. Galt es doch, in eben diesen Wochen die Vorbereitungen für ihre beiden Konzerte zu treffen. Aber grade hier spürt man einmal wieder, wie sie von beiden doch die tatkräftigere und widerstandsfähigere Natur ist. Mißgeschick häufte sich über Mißgeschick: Handverletzung, sehr schmerzhaft, körperliches Unbehagen, Schwindelanfälle, nervöse Störungen. Dann Absage auf Absage der von ihr für den Abend gewonnenen Solisten. Dazwischen Erregung über Wiecks Ränke, die beständige Angst vor neuen Überfällen. Im Hause der Mutter Sorgen über Sorgen, ohne die Möglichkeit, ihr helfen zu können, die Sorge um Robert und die Mitteilung, daß ein Prozeßende nicht zu sehen sei. Aber sie wird aller dieser Sorgen Herr, triumphiert über Kabalen, wie über Tücke des Objekts und findet dabei immer noch Zeit und Frische des Geistes, tapfer die eigenen Tränen herunterkämpfend, dem Geliebten die Sorgenfalten von der Stirn zu streichen und Mut zuzusprechen.« [23]

Allen Ideologien des 19. Jahrhunderts zum Trotz, die von der wesens- und naturbedingten Schwäche und Unterlegenheit der Frau ausgehen, spricht Litzmann von ihrer »Natur«, die kräftiger als Schumanns ist. Dies ist insofern verständlich, als er als Biograph ihre tatsächliche psychische Überlegenheit dokumentiert.

Daß sie unter diesen Belastungen zusammenbrechen mußte, konnte fast vorausgesagt werden. Am Vorabend ihrer zweiten Soiree

in Berlin bekam sie Gesichtsschmerzen, die sie am Spielen und
Schreiben hinderten. Sie war kräftemäßig ausgelaugt: »... ich kann
doch eigentlich viel Schmerz überwinden, aber jetzt möchte ich mich
doch manchmal hinlegen und sterben.«[24]

Der Prozeß zog sich in die Länge. Clara machte sich weiterhin
Sorgen um das Erschließen neuer Geldquellen, zögerte jedoch,
Robert ins Vertrauen zu ziehen, da er zu oft unangemessen reagiert
hatte. Im September 1840 kam es zur langersehnten Trauung. Clara
klang jedoch nicht besonders fröhlich: »Jetzt geht ein neues Leben
an ... aber schwere Pflichten ruhen auch auf mir, und der Himmel
verleihe mir Kraft, sie getreulich wie ein gutes Weib zu erfüllen.«[25]

Clara blieb der Zwiespalt zwischen den traditionell weiblichen Pflichten und der künstlerischen Karriere nicht erspart. Sie war hin und her
gerissen zwischen ihrer anerzogenen Bereitschaft, dem Mann zu
gehorchen und ihrer vom Vater ihr zugewiesenen Virtuosenlaufbahn,
die ihr Spaß machte und ihr eine Identität verlieh. Zunächst schien es,
als sei sie durchaus bereit, die Karriere zu opfern, zumal Robert nicht
müde wurde, ihr dies schmackhaft zu machen. Ihm lag an einer guten
Hausfrau mehr als an einer Virtuosin. Vor der Ehe beschrieb er ihr die
gemeinsame Zukunft.

»Erstens ... müssen junge Frauen gehörig kochen und wirtschaften
können, wenn sie zufriedene Männer haben wollen ... sodann
dürfen junge Frauen nicht gleich große Reisen machen, sondern
müssen sich pflegen und schonen, namentlich solche, die ein ganzes
Jahr vorher für ihren Mann gearbeitet und sich aufgeopfert
haben ... achtens was würde ich alles komponieren und Du spielen.«[26]

Schumann sah nur sich; er kam gar nicht auf die Idee, daß sie
Tourneen um ihrer Karriere willen unternehmen könnte. Er fühlte
sich bedroht, wenn sie durch auswärtige Erfolge die Aufmerksamkeit
auf sich zog.

»Dein letzter (Brief) war so gar gut und lieb, wie ich es am liebsten
mag. Du könntest eine Menge Männer auf einmal beglücken, jeden
mit etwas besonderem (nimm den Gedanken nicht über) – ich aber
wähle mir an Dir die Herzlichkeit und Häuslichkeit zur Braut – Du
mein liebes Hausweib Clara.«[27]

In einem selbstverfaßten und an Clara gerichteten Gedicht kommen
seine Vorstellungen vom künftigen Eheleben zum Tragen:

»Lorbeeren der Künstlerin nicht übel stehn:
Myrthe dem Mädchen über alles schön.
Eine Clara soll meinen Namen zieren
Und wenn wir zusammen musizieren,
Die Engel im Himmel muß es rühren.
Wir haben viel gelitten und dies und das:
Den rauhen Blättern inmitten erblüht die Ananas.
Und willst Du den Pantoffel schwingen, Hast Du mit Zweien zu
ringen –
Wer wird dann siegen, wer unterliegen?«[28]

Läßt man die dubiose Qualität dieser Zeilen beiseite, verbleibt
Schumanns Grundhaltung. Er hält ihre hausfrauliche Tätigkeit für
wichtiger als ihren künstlerischen Beruf; er betont, daß sie seinen
Namen tragen soll, und er warnt sie scherzhaft davor, sich häusliche
Macht aneignen zu wollen. Ein andermal resümierte er:

»Nein, meine Clara soll ein glückliches Weib werden, ein zufriede-
nes, geliebtes Weib. – Deine Kunst halte ich groß und heilig . . . aber
brauchen wir's nicht notwendig, so sollst Du keinen Finger rühren,
wenn Du es nicht willst, vor Leuten, die nicht wert sind, daß man
ihnen Tonleitern vorspielt – nicht wahr, mein Mädchen, Du mißver-
stehst mich nicht – Du hältst mich für einen Künstler, der Dich der
Kunst erhalten zu können glaubt, ohne daß wir große Konzertreisen machen.«[29]

Sie konnte nach Schumanns Ansicht nur glücklich und zufrieden
werden, wenn sie die Virtuosenlaufbahn aufgab und an seiner Seite
lebte. Er begriff nicht, daß er ihr dadurch die künstlerische Identität
wegnahm. Sie ließ sich hierauf auch nicht ein. Clara mußte ständig
lavieren zwischen seinem Bedürfnis, zu Hause regeneriert zu werden
und der künstlerischen Selbstbestätigung: »Jetzt trachte ich auch
danach, so viel als möglich mit der Künstlerin die Hausfrau zu
vereinigen. Das ist eine schwere Aufgabe! Meine Kunst lasse ich nicht
liegen, ich müßte mir ewige Vorwürfe machen.«[30]

Ihre Konzertreisen stellten nach der Eheschließung jedoch eine
Konfliktquelle dar. Sie wäre am liebsten mit ihm zusammen gereist,
hatte sie doch zur Genüge erfahren müssen, wie es einer Virtuosin
ohne männlichen Schutz erging. Robert wollte dagegen nicht in eine
Begleiterfunktion gedrängt werden. Von Clara wissen wir, daß sie
sehr wohl imstande war, alleine zu reisen. Ihre Hilflosigkeit war
äußerer gesellschaftlicher Natur, Roberts dagegen psychischer Natur.
Als sie allein nach Kopenhagen reiste, beschwerte er sich, daß sie ihm

alle Gedanken geraubt hätte und er nicht komponieren könne. Diese Bemerkungen reichen in erpresserische Regionen.

Das Konzertieren wurde ihr durch die zahlreichen Geburten bedingt zusätzlich erschwert. Sie litt unter den Haushalts- und Mutterpflichten. Vor allem die mangelnde Kontinuität in künstlerischer Hinsicht machte ihr zu schaffen. Obwohl zwei Flügel vorhanden waren, durfte sie nicht üben, wenn Robert komponierte. »Mein Klavierspiel kommt wieder ganz hintenan, was immer der Fall ist, wenn Robert komponiert. Nicht ein Stündchen vom ganzen Tag findet sich für mich! Wenn ich nur nicht gar so sehr zurückkomme!« Robert war sich dieses Mißstands bewußt, fand ihn aber natürlich. »Nun so geht es in Künstlerehen; es kann nicht alles beieinander sein; und die Hauptsache ist doch immer das übrige Glück, und recht glücklich sind wir gewiß, daß wir uns besitzen und verstehen, so gut verstehen und lieben von ganzem Herzen.«[31] »Glück« und »Liebe« zu betonen, um Machtverhältnisse zu verschleiern, war (und ist) eine gern gewählte Taktik innerhalb der bürgerlichen Ehe.

Es war ein ständiges Lavieren, und Clara verstand es schließlich – freilich nicht mühelos – seine Belange über ihre eigenen zu stellen.

»Doch Robert sagt: ›Kinder sind Segen‹, und er hat recht, denn ohne Kinder ist ja auch kein Glück, und so habe ich mir denn vorgenommen, mit möglichst heiterm Gemüt der nächsten schweren Zeit wieder ins Auge zu sehen. Ob es immer gehen wird, das weiß ich nicht.«[32]

In ihrem künstlerischen Urteil war Clara ihrem Mann nicht selten überlegen. Zuweilen kam es zu Konflikten, wenn er ihr in der Auswahl ihres Konzertrepertoires Ratschläge gab, denen sie zwar als gehorsame Partnerin nachkommen wollte, die aber ihrer künstlerischen Überzeugung widersprachen. Stets versuchte sie ausgleichend zu verfahren.[33]

Mit zunehmendem Alter zweifelte sie an ihren kompositorischen Fähigkeiten. In ihrer Jugend, als sie sich ihrer zwiespältigen Rolle noch nicht bewußt war, war ihre Schaffenskraft ungebrochen. Allmählich bekam sie zu spüren, wie sehr sie aus dem Rahmen fiel. Als ihr Klavierkonzert 1837 gedruckt erschien, hatte sie auf eine Besprechung Schumanns in der »Neuen Musikzeitung« gehofft. Er schwieg; statt dessen erschien eine Notiz seines Kollegen, der meinte, von einer Rezension könne nicht die Rede sein, weil es sich um das Werk einer Dame handele.[34]

Ihre Virtuosentätigkeit raubte ihr die zusätzlich dringend benötigte Zeit zum Schaffen.

>Das Reisen ist mir sehr langweilig jetzt, ich sehne mich doch sehr nach Ruhe; wie gern möcht' ich komponiren, doch hier kann ich durchaus nicht... Ich tröste mich immer damit, daß ich ja ein Frauenzimmer bin, und die sind nicht zum komponiren geboren.«[35]

Nicht nur die fehlende Zeit, sondern der durch das Konzertieren verursachte Kräfteverschleiß belastete sie. Nach der Eheschließung kamen die familialen Pflichten hinzu: Sie gebar jeweils in den Jahren 1841, 1843, 1845, 1846, 1847, 1848, 1849, 1851 und 1854 ein Kind (Robert starb 1856, nachdem er zwei Jahre in einer Heilanstalt zugebracht hatte).

Ihr Mann ging nicht besonders geschickt in kompositorischen Dingen mit ihr um. Obwohl er aus eigener Erfahrung selbst wissen mußte, daß man nur aus innerer Motivation heraus gut komponieren kann, versuchte er sie zum Komponieren zu nötigen.

>Clärchen, hast Du nichts für meine Beilagen? Mir fehlt ein Manuskript... Mach' doch ein Lied einmal! Hast Du angefangen, so kannst Du nicht wieder los. Es ist gar zu verführerisch.«

Sie versuchte vergeblich, seinem Wunsch zu entsprechen und schrieb ihm deprimiert: »Komponieren aber kann ich nicht, es macht mich selbst zuweilen ganz unglücklich, aber es geht wahrhaftig nicht, ich habe kein Talent dazu.«[36] Daß sie sehr wohl Talent besaß, hatte sie an den bereits komponierten op. 1–11 bewiesen. Aber sie flüchtete sich in das gängige gesellschaftliche Vorurteil, zumal ihr unbekannt sein durfte, daß es vor ihr komponierende Frauen gegeben hatte:

>Ich denke, mich mit der Zeit darein zu ergeben, wie ja überhaupt jeder Künstler der Vergessenheit anheimfällt, der nicht schaffender Künstler ist. Ich glaubte einmal das Talent des Schaffens zu besitzen, doch von dieser Idee bin ich zurückgekommen, ein Frauenzimmer muß nicht komponieren wollen – es konnte noch keine, sollte ich dazu bestimmt sein? das wäre eine Arroganz, zu der mich bloß der Vater einmal in früherer Zeit verleitete.« [37]

Es ist, als mußte sie sich einreden, daß das Komponieren nichts für sie war. Aber sie war frustriert. »Es ist doch eine Sünde, wie lange ich nichts komponiert habe... ich bin aber auch oft unglücklich darüber, überhaupt so unzufrieden mit mir selbst, daß ich es gar nicht sagen kann.« Gleichzeitig bereitete es ihr Freude, eigenschöpferisch tätig zu sein: »Es geht doch nichts über das Vergnügen, etwas selbst kompo-

niert zu haben und dann zu hören . . . natürlich bleibt es immer
Frauenzimmerarbeit, bei denen es immer an der Kraft und hie und da
an der Erfindung fehlt.«[38] Dieses Urteil ist von Fachleuten revidiert
worden. Gerade das von ihr erwähnte Trio, das sie »gar weibisch
sentimental« nennt, gehört zu ihren hervorragendsten Werken.[39]

Das Verhältnis Roberts zu Claras Kompositionen war schwankend.
Zuweilen stellte er ihre Begabung auf eine Stufe mit der seinigen. »Du
vervollständigst mich als Komponistin wie ich Dich. Jeder Deiner
Gedanken kommt aus meiner Seele, wie ich ja meine ganze Musik Dir
zu verdanken habe.«[40] Diese Äußerungen sind jedoch mehr ideell zu
verstehen, denn in Wirklichkeit baute er die Kluft aus. Sie mußte sich
zuweilen energisch gegen seine Kritik wehren.[41] Er war weniger
bereit, sich musikalisch-fachlich mit ihr auseinanderzusetzen, sondern
urteilte herablassend: »Aber mit der Durchführung haperts bei euch
verliebten Mädchen.«[42] Sie wehrte sich gegen eigenwillig vorgenom-
mene Änderungen an ihren Stücken, wobei ihre Kommentare diplo-
matische Kunststücke darstellen. An ihnen zeigt sich, daß die vom
Vater konsequent betriebene Erziehung zur fachlichen Kompetenz
ihr Selbstbewußtsein verlieh. Trotzdem war sie häufig verunsichert,
verstärkt durch die Bewunderung für sein Können, und sie entwik-
kelte Minderwertigkeitsgefühle: »Bin ich erst einmal bei Dir, dann
denke ich nicht mehr an das Komponieren – ich wäre ein Tor!« . . . »ich
hab eine sonderbare Furcht, Dir etwas von meiner Komposition zu
zeigen, ich schäme mich immer.«[43] Mit zunehmendem Alter zögerte
sie, ihre Kompositionen öffentlich aufzuführen: ihre 1853 geschriebenen Variationen fis-moll führte sie erst 33 Jahre später auf.

Die von Schumann verbal geäußerte gleichberechtigte Sicht zerfiel
dann, wenn sie es wagte, sich auf eine Ebene mit ihm zu stellen. Als sie
ihn fragte, ob er sich in der Instrumentation auskenne, und ihn bat,
klar zu komponieren (ein aus ihrer Sicht durchaus berechtigtes
Anliegen, da er bis dahin sich kaum in den Bereich der nicht-
pianistischen Musik gewagt hatte und sie oft erleben mußte, daß die
Zuhörer die polyphonen Verflechtungen als zu kompliziert empfan-
den), ging er nicht sachlich korrigierend hierauf ein, sondern reagierte
herablassend. Als Clara ihn fragte, was er gerade komponiere, gab er
ebenfalls keine sachliche Antwort: »Verzeih, Kind, ich spiel nun
einmal gern mit Kindern.«[44] Es gab aber durchaus Momente, wo er
erkannte, daß ihre Begabung durch die Umstände bedingt sich nicht
entfalten konnte:

»Clara hat eine Reihe von kleineren Stücken geschrieben, in der

Erfindung so zart und musikreich, wie es ihr früher noch nicht gelungen. Aber Kinder haben und einen immer phantasierenden Mann und komponieren, geht nicht zusammen.«[45]

Obwohl Clara es in ihrer künstlerischen Tätigkeit mit jedem Mann aufnehmen konnte, hatte sie zeitlebens mit geschlechtsspezifischen Diskriminierungen zu tun. Die Annahme, daß eine Frau, um solchen Angriffen entgehen zu können, in der Leistung dem Mann ebenbürtig zu sein habe, erweist sich hier als irrig. An dieser Stelle soll die Rede sein von den Diskriminierungen seitens der Musikgeschichtsschreibung, da sie in gedruckter Form die Leser bis zum heutigen Tag zu beeinflussen vermögen.

Marcel Beaufils gibt in einem musikwissenschaftlichen Sammelband zu bedenken, daß Clara als Partnerin von Schumann ungeeignet war. Er glaubt, daß Schumann in dem Gefühl, vor Clara nicht heldenhaft genug aufgetreten zu sein, nun ein Innenschema aufbaute, in dem Clara den bekräftigenden Moment übernahm. Er vermutet, daß Clara von Robert die Rolle des starken Helden erwartete. Die Briefe sprechen jedoch eine andere Sprache; in ihnen zeigt sich, daß Schumann daran gelegen war, seinen Herrschaftsanspruch zu festigen. Dies kümmert Beaufils jedoch wenig; er führt weiter an, daß Robert nach der Eheschließung sich derart mit dem Thema der unerwiderten Liebe beschäftigte, daß es fast zu einer Obsession ausartete. Die Schuld hierfür schiebt er Clara zu.

»Was gäbe es auf diesem Gebiet noch anzuführen! Das alles zwingt uns zur tragischen Frage. War Clara bei aller Liebe ›erfüllend‹ und nicht in irgendeiner Weise auch Maske, Notbehelf, hinter dem die erste, zur Natur gewordene Maske ihr Wesen weiter trieb? Man kann es betrachten, wie man will ... Jeder soll sie nach seiner Überzeugung beantworten.«[46]

Obwohl Beaufils die Frage scheinbar offen läßt, hat er durch das assoziative Vokabular Clara als hinterlistig täuschende Frau dargestellt. Daß sie psychisch auf festeren Füßen stand, diese Stärke Schumann gegenüber jedoch nie ausnutzte, interessiert ihn nicht. Als nächstes stellt er ihr künstlerisches Urteil in Frage.

»Niemals ist die Frage geklärt worden, bis zu welcher Tiefe die Künstlerin in das richtige Wesen des Werkes drang ... Clara wird wohl mehr oder weniger diejenige geblieben sein, die von der ›Fantasie‹ op. 17 ausgerechnet den 2. Satz vorzog.«[47]

Daß Clara in eine Reihe mit Liszt und Thalberg, zwei der größten Pianisten des 19. Jahrhunderts, gestellt wurde und in allen größeren

Städten Europas mehrfache Triumphe feierte, zählt nicht. Der Autor resümiert, nochmals mit Andeutungen arbeitend:

>Ich muß mir stets, wenn ich an diese Frau denke, dieses Maß an Selbstüberwindung innerhalb einer Liebe vergegenwärtigen, um mir selbst das Recht zuzugestehen, folgende Fragen zu stellen: War Clara irgendwo in ihrem Wesen zu hart? Oder wurde sie es?«[48]

Abgesehen davon, daß die überlieferten Aufzeichnungen eine andere Sprache sprechen und man eher im Gegenteil behaupten könnte, daß Robert sie nicht verstanden hat, ist die sexistische Annahme Beaufils' mißlich, daß die Frau von vornherein nur alles tun müsse, um ihren Mann zu verstehen und für ihn da zu sein. Er geht nicht darauf ein, wie sehr Robert ihre Karriere behinderte, wie wenig sie an das Klavier kam und wie sehr ihre kompositorische Tätigkeit ins Hintertreffen geriet.

Ihre Lieder in Schumanns Rückert-Zyklus »Liebesfrühling«, die sie beisteuerte (Nr. 2, 4, 11) werden dort, wo sie gelobt werden, als das Werk Schumanns hingestellt: »They have an occasional master touch which is not hers.«[49] Bekker bezeichnet Claras Beurteilung Wagners als »weiblich gehässig«; dabei mißachtend, daß sie häufig seine Opern hörte, stets bemüht, einen Bezug zur Musik herzustellen. Bekker meint, daß sie ihren Mann dazu brachte, Liszt zu verachten. Trotz ihres dominierenden Einflusses war sie »nur ein individuell gesonderter Teil seines Selbst«... »Robert blieb stets mehr als Clara«[50].

Werke von Frauen haben kraftlos und blaß, aber auch hübsch zu sein – genauso, wie man sich ein anämisches Mädchen aus gutem Hause vorstellt. Georgii über ihre Klavierwerke:

>Aber schon mit op. 5 vollzieht sich ein Umschwung. Die Äußerlichkeiten weichen einem geschmackvollen, etwas blassen Musizieren, das im Anschluß an Schumann, bisweilen auch Chopin – gestützt auf satztechnisches Können – harmonisch und modulatorisch manch eigene Wendung hervorbringt.

Hübsch gelingen ihr vor allem mäßig bewegte Stücke wie die Mazurka op. 6, 3 und der Walzer op. 11, 3.«[51]

Wie in einer Nußschale präsentiert sich die männliche Vorstellung von einer komponierenden Frau. Mit »geschmackvoll« wird die Begrenztheit ihres Könnens angedeutet. Ihre Kompositionskunst besteht aus Entliehenem sowie handwerklich Erlerntem. Und auch dann kommt nichts Einheitliches zustande, sondern sie bringt nur »manch eigene Wendung« hervor. Eine »self-fulfilling prophecy« tut sich auf: da Frauen unfähig sind, zu komponieren, müssen ihre Kompositionen zwangsläufig wertlos sein.

Friedrich Spiro bezeichnet Clara in seiner »Geschichte der Musik« als »ein hübsches Leipziger Klaviergänschen ... voller Verehrung sah sie zu ihm (Schumann) hinauf, aber verstanden hat sie ihn nie«. Seine Werke waren für sie »zu hoch«[52].

Die Geringschätzung braucht sich gar nicht in so krasser Form zu zeigen, ja, sie wiegt gerade dort schwerer, wo in liberaler Gutgläubigkeit sexistische Rollenstereotypen unreflektiert angelegt werden. Claras Biograph Litzmann sieht eine naturgegebene Ordnung, der sich Clara, wenn auch widerstrebend, fügen mußte:

»Auch Clara war in diesem Zeitraum nicht müßig gewesen, trotzdem die Sorge um Robert und die wachsenden Pflichten als Hausfrau und Mutter – zwei Wochenbetten, im März 1845 und im Februar 1846! – ihr für die künstlerische Arbeit den Kreis immer enger und enger zogen und auch das Einleben in die neuen Verhältnisse Störung und Unruhe aller Art brachte. Aber diese Hemmungen wurden von ihr vielleicht jetzt weniger stark empfunden als in früheren Jahren, weil ihre künstlerischen Bestrebungen mehr denn je in diesem Zeitraum durch Roberts schöpferische Tätigkeit Richtung und Ziel erhielten und sie neben der fortschreitenden Vertiefung ihrer musikalischen Bildung vor allem in der Erschließung von Roberts Genius für die Außenwelt ihre Hauptaufgabe erblickte und den größten Teil ihrer künstlerischen Kraft und Arbeit bei der Wiedergabe seiner Werke einsetzen konnte.

Damit verschwand ganz von selbst mehr und mehr jener Zwiespalt zwischen ihren Pflichten gegen sich selbst und ihren Mann, der ihr und ihm in den ersten Jahren so manche schwere Stunde bereitet hatte. Und dieses Dienen, dieses Einordnen und Unterordnen, das eine kleinere Natur hätte zerbrechen können, ward ihr zum Heile, ›es riß sie nach oben‹.«[53]

In einer jüngst vorgelegten Biographie Clara Schumanns von Karla Höcker setzt sich die Geringschätzung weiblicher Leistungen fort. Es fehlt ein vollständiges Werkverzeichnis ihrer Kompositionen; dafür sind die in unzähligen anderen Bänden aufgeführten Werke Robert Schumanns und Brahms' aufgelistet. Ein weiteres Indiz ist das Vorwort von Dietrich Fischer-Dieskau zu dieser Clara-Schumann-Biographie: er erwähnt sie mit keinem einzigen Wort. Es geht ihm einzig um Robert Schumann. Der Identitätswechsel ist perfekt: Clara ist nicht Clara, sondern Robert. Eine solche Fehlleistung ist deswegen so bedauerlich, weil sie von einer Frau initiiert wurde. Sie zeigt, wie die patriarchalische Kultur bis in die Gedanken hinein zu verkrüppeln vermag. Die im männlichen Interesse entstandene Ideologie, die zur Ehrfurcht vor dem »Genie« und zur gleichzeitigen Herabwürdigung weiblicher Leistungen erzieht, pflanzt sich selbst bei denen fort, die die Nachteile zu tragen haben.

3.3 COSIMA WAGNER (1837–1930)

> »Gebrochen ist der Eigenwille,
> gebrochen die Selbstacht . . .«
> (Cosima Wagner)

Cosima Wagner, geb Liszt, wird gemeinhin nicht zu den schöpferischen Frauen gezählt. Zwar ist bekannt, daß sie nach dem Tode Wagners die Bayreuther Festspiele in eigener Regie weiterführte, aber selbst da wird sie mehr als die getreue Nachvollzieherin denn als Innovatorin gewürdigt. Vergessen oder verdrängt wird meistens, daß sie in ihrer Jugend durchaus künstlerisch-schöpferische Anlagen zeigte.

Cosima entstammte der unehelichen Bindung zwischen Franz Liszt und Marie d'Agoult. Ihre Mutter brach wie kaum eine andere Frau mit den herrschenden Normen und Werte. Trotz oder gerade wegen ihres Reichtums und ihrer Verbindung zu höchsten französischen Kreisen empfand sie ihr Leben als leer und inhaltslos. Dazu trug zweifelsohne auch ihre Schulbildung bei, die mit der der Knaben identisch war. Ihre Schriften sind denn auch von analytischer Klarheit, und dies ist sicherlich einer der Gründe, warum sie mit dem religiös-mystisch veranlagten Liszt, mit dem sie einige Jahre zusammenlebte, nicht zurechtkam. Einerseits gelang es ihr, ihr nutzloses Leben zu durchschauen, andererseits machte ihr diese Fähigkeit das Zusammenleben mit Männern fast unmöglich.

Liszt hatte eine konservative Auffassung von den weiblichen Pflichten, die sich erheblich von der Ihrigen unterschied:
»Nicht durch Abhandlungen und Beweisführungen beherrscht das Weib des Mannes Herz. Ihr steht es nicht zu, ihm die Gottheit zu beweisen, sondern sie ihn kraft der Liebe ahnen zu lassen und ihn nach sich zu ziehen dem Himmlischen entgegen. Nicht im Reich des Wissens, nein! im Reich des Fühlens äußert sich ihre Macht! Das liebende Weib ist hehr, sie ist der wahre Schutzengel des Mannes; das pedantische Weib ist ein Unding, ein Mißton, welches in der

Hierarchie der Wesen nirgends an seinem Platze ist.«[54]
In seiner Sicht der Frau ähnelte Liszt Wagner. Beide benötigten einen
»Schutzengel«, dessen Macht »im Reich des Fühlens« angesiedelt war,
denn die im Reich des Denkens herrschende Macht wollten sie
innerhalb der »Hierarchie der Wesen« für sich behalten. Diesen
Wunsch konnte eine selbständige Frau wie Marie d'Agoult nicht
befriedigen. Sie war nicht bereit, Liszt zu dienen, zumal sie merkte,
daß die ausschließliche Konzentration auf die Tätigkeit des Mannes
langfristig die eigene Identität schädigte.

Nachdem die Beziehung gescheitert war, suchte sie einen neuen
Lebensinhalt und fand ihn im Schreiben. In ihrem »Essai sur la
Liberté« greift sie den ethischen Gedanken der Selbstbestimmung der
Frau, der aus ihrer ureigentlichen Situation entstanden war, auf und
ruft die Frauen zur Veränderung ihrer Lage auf:

> »Ihr aufopfernden Frauen ... nehmt euren Mut zusammen, verei-
> nigt euren Willen. Eure Gatten vergessen euch, eure Söhne enttäu-
> schen euren Ehrgeiz, eure Brüder verkennen euch, eure Geliebten

*Cosima Wagner als
Geschäftsfrau.*
Karikatur (1891)

verraten euch ... Zieht endlich aus dem Lande der Knechtschaft aus. ... Ansehen, Reichtum, Glück – aber die Dienstbarkeit – auf der einen Seite. Arbeit, Entsagung – aber die Freiheit – auf der anderen. Frauen der Christenheit, versteht zu wählen!«[55]

Man möchte annehmen, daß ihre Tochter Cosima etwas von dieser kämpferischen Haltung angenommen hätte. Obwohl sie nach der elterlichen Trennung nicht zusammen mit der Mutter lebte, war diese bemüht, den Kindern kulturell-bildende Erlebnisse zu vermitteln, wobei sie sicherlich auch erzieherischen Einfluß ausübte.

Cosima war eine hervorragende Pianistin. Liszt verbot ihr jedoch das öffentliche Spielen. Es gab wegen ihrer Zukunft elterlichen Streit. Marie d'Agoult hielt sie für genial, mit starker Einbildungskraft und großem Talent[56], und erhoffte sich eine künstlerische Karriere. Liszt war dagegen. Ihm gefiel außerdem der mütterliche Einfluß nicht, da die Töchter drohten, unter ihrer Obhut zu selbständig und gebildet zu werden. Er veranlaßte ihren Umzug von Paris nach Berlin, wo sie bei der Mutter des Dirigenten Hans von Bülow wohnten.

Cosimas Wunsch zur Weiterbildung war indessen ungebrochen. In Berlin besuchte sie musikgeschichtliche Vorlesungen, nahm Italienisch-Unterricht und pflegte weiterhin das Klavierspiel:

»Sie stand musikalisch schon damals auf voller Höhe und hat nicht gerastet und nicht geruht, sich weiter auszubilden, und es kann nicht oft genug betont werden, daß Frau Clara Schumann in ihr als Virtuosin eine Rivalin hätte erstehen sehen, wenn Frau Cosima eben nicht höhere künstlerische Pflichten und auch Gedanken gehabt hätte als das Virtuosentum.«[57]

Daß ihr Biograph Moulin-Eckart die Aufopferung eigenständiger Fähigkeiten für einen Mann höher bewertet als die selbständige Identitätsfindung, ist nicht weiter verwunderlich. Cosima nahm Kompositionsunterricht bei Carl Friedrich Weitzmann; auch ihre schriftstellerischen Fähigkeiten kultivierte sie. Der junge Bülow war tief beeindruckt von dem Können der beiden Töchter. Musikalisch sprach er ihnen »Genie« zu und hielt sie sich gegenüber für überlegen in der Gedankenschärfe. »Mich geniert ihre offenbare Superiorität«, schrieb er an Liszt.[58] Obwohl er zu Minderwertigkeitskomplexen neigte (er entwickelte sie bekanntlich auch Wagner gegenüber), erstaunen seine Worte, weil Bülow emanzipierten Frauen skeptisch, ja feindselig gegenüberstand.[59]

Auch nach der Eheschließung mit Bülow war ihr Drang nach Wissenszuwachs unvermindert stark. Sie beschäftigte sich mit mathe-

matischen und astronomischen Studien. Als Bülow ein geeignetes
Sujet für eine Oper suchte, stellte sie zusammen mit dem Schriftsteller
Dohm eine Textvorlage fertig. Um 1858 schrieb sie sogar politische
Artikel für die »Revue Germanique«. Ihr Biograph Moulin spricht ihr
»starken Intellektualismus« zu. Bezeichnenderweise veröffentlichte
sie anonym, während ihre Mutter den Namen in der gleichen Revue
abdrucken ließ.

Cosimas Mutter war mit der Eheschließung nicht einverstanden. Sie
ahnte, daß Cosimas außerordentliche Veranlagungen versiegen würden. In einem Brief an die Fürstin Wittgenstein schildert Liszt seine
Auseinandersetzung mit Nelida (der Gräfin d'Agoult):

> »Da fragte sie mich, warum ich Cosima gehindert hätte, ihrem
> wahren Berufe zu folgen, welcher die Laufbahn einer Künstlerin
> gewesen wäre. Nach Nelida wäre das das Beste, was ihr hätte
> zukommen können. Über diesen Punkt, wie über so viele andere,
> habe ich keine Wahl ihre Meinung zu teilen.«[60]

Mit Liszt hierüber zu disputieren, war von vornherein sinnlos. Er hatte
die künstlerische Laufbahn für die Tochter von früh auf abgelehnt.

Cosima machte ihr Heim zu einem Salontreffpunkt. Nach Meinung
ihres Biographen war es der letzte Berliner Salon im Stil Bettina von
Arnims, »die junge, kaum den Mädchenjahren entwachsene Frau
hatte sich hier zu einer geistigen und einer Seelengröße entwickelt, die
einzig dasteht«[61]. Aber sie empfand ihre Rolle als problematisch.
Während ihr Mann überall im Mittelpunkt stand, war sie zur Begleite-
rin abgestempelt. Sie fühlte sich »als amphibisches Wesen, halb
Künstlerin, halb passiv, eine gemischte Rolle, zu der wir Frauen eben
verdammt sind«[62].

Wie konnte es kommen, daß Cosima mit ihrem Talent und ihren
Fähigkeiten sowie ihrem Wissensdrang bereit war, sich einem derart
despotisch veranlagten Menschen, wie ihn Richard Wagner verkörperte, bedingungslos unterzuordnen? Zum einen hegte sie von früh
auf eine fast religiöse Verehrung für seine Musik. Zum anderen – und
das wiegt schwerer – hatte sie rechtzeitig lernen müssen, zu gehorchen. Diese Unterwerfung unter den Willen anderer unter Ausschaltung der rationalen Willenskräfte vollzog sich bereits in der Kindheit.
Als Beispiel mag die Entfernung einer von ihr innig geliebten Erzieherin durch Liszt dienen. Cosima reagierte bestürzt, da gerade diese
Frau ihr die fehlende Nestwärme einer intakten Familie ersetzt hatte,
und klagte dem Vater ihr Leid. Später entschuldigte sie sich bei ihm:

> »Ich will das Unrecht, das ich gegen Sie hegte, gutmachen durch

eine vollständige Unterwerfung unter Ihren Willen. Der Brief, den
Sie mir geschrieben, hat mir Schmerz bereitet, aber er hat mich
auch das ganze Unrecht fühlen lassen, das ich begangen habe. Ich
bin gewiß schmerzbewegt, Fräulein Laure, die ich zärtlich liebe und
die mir ein großes Interesse entgegenbringt, zu verlassen. Aber wie
ich weiß, daß Sie Motive haben, mich von ihr zu entfernen, so
unterwerfe ich mich meinem Los... Ich werde mich befleißigen,
Ihnen nicht mehr Anlaß zur Unzufriedenheit zu geben.«
Obwohl es ihr schwer fällt, sich an die neue Erzieherin zu gewöhnen,
beugt sie sich demütig der väterlichen Anordnung.
    »Ich bin sehr niedergeschlagen. Mein ganzes Leben werde ich alles
    tun, um Ihnen einige Freude zu bereiten, und ich hoffe, daß Sie
    immer in mir eine Tochter finden werden, die Ihre Hoffnungen
    erfüllt.«[63]
In diesen durch ihre Sozialisation geprägten Äußerungen finden wir
im Kern ihre Anlage zur Selbsttäuschung, die sie später benötigte, um
Wagners Verhalten zu ertragen und zu bejahen. Obwohl Liszt es

*Frau Cosimas Wal-
kürenritt.* (Mit dem
Sänger Ernst van
Dyck). Karikatur
(1890)

gewesen war, der sie durch eine eigenwillige und sachliche Gründe entbehrende Verordnung verletzt hatte, beeilte sie sich ihm zu versichern, daß sie ihn nicht mehr verstimmen wollte. So lernte sie früh, Männern nachzugeben und in der Rolle der Aufopfernden schließlich eine Art Befriedigung zu finden. Die Einflüsse von außen verstärkten erzieherisch dieses Element. Die Erzieherin besuchte oft mit ihr einen gewissen Pater Ventura, der ihr und ihren Geschwistern riet:»Nun, meine Kinder, müssen Sie blind Ihrem Vater gehorchen, auch wenn Sie seine Gründe nicht verstehen, die ihn leiten«.[64]

Obwohl der Pater von dem irdischen Vater sprach, verwischten sich die Grenzen zwischen dem irdischen und überirdischen Herrn. Ihr Biograph Eckart schildert, wie die Predigten eines Abbé Gabriel sie beeindruckten:

> »Es war in der Tat ein Wort, direkt gesprochen für die ganze Natur Cosimas, wenn Gabriel sagte, daß das ganze Leben der Frau nichts anderes sein dürfte als ein Opfer, und daß sie nichts anderes wäre als eine lebendige Hostie.«[65]

Eckart irrt allerdings, wenn er den Willen zur Aufopferung der Natur der Frau und speziell Cosimas Naturell zuspricht. Es war ein Prozeß langwieriger Konditionierung, der erst unter Wagners Auspizien Früchte trug. So wurde das Potential an kritischer Reflexion und Erziehung zur Selbstbestimmung, das Cosima durch die Mutter erhalten hatte, allmählich aufgeweicht und schließlich zerstört.

Das Ehepaar Bülow zog nach München zu Wagner. Für Cosima begannen schwere Konflikte. Der Kampf zwischen Richard und Hans drohte sie fast zu zerreiben. Wagner erkannte, daß sie ihn mit Bittgängen beim König von Bayern vorzüglich vertreten konnte. Sie wurde sowohl seine Sekretärin als auch die Vermittlerin zwischen ihm, dem Kabinett und dem König, insbesondere wenn es um Geld ging. Gleichzeitig versorgte sie Wagners Haushalt und stand ihm auch sexuell zur Verfügung. Wie sie zeitlich und auch von den physischen und psychischen Kräften her disponierte, bleibt rätselhaft, denn sie hatte außerdem den eigenen Haushalt zu versorgen. Für ihren Biographen stellte das freilich kein Problem dar: »Ihr hoher, großer Geist übersah alsbald die ganze Lage.«[66]

Angesichts der feindlichen Haltung der sich dem König widersetzenden Politiker mußte Cosima Demütigungen über sich ergehen lassen. Vor allem ihre illegale Liebesbeziehung war Thema blühenden Klatsches. Sie wurde in der Presse »Brieftaube Madame Dr. Hanns de Bülow« genannt. Es ist bezeichnend, daß sie sich kaum um ihren eigenen Ruf kümmerte, aber litt, wenn es um ihre Kinder ging.

»Den ganzen Morgen habe ich geweint. Denn ich bin Mutter, und nicht gleich darf es mir sein, meine Ehre angetastet zu sehen ... diese Nacht, da ich leidend nicht zu schlafen vermochte, überdachte ich mein ganzes Leben mit seinen Ängsten, Nöten und Hoffnungen ... vollständig wehrlos fühlte ich mich gegen die unergründliche Bosheit der Welt.«[67]

Sie legitimierte ihr Handeln einzig durch die Überhöhung Wagners und seines Schaffens. Diese Tendenz, ihn zu glorifizieren und kritiklos anzubeten, zog sich von nun an durch ihr Leben. Sie erleichterte ihr etwas die Schuldgefühle, die sie gerade in der Zeit, wo sie zwischen Bülow und Wagner lavieren mußte, plagten (überwunden hat sie sie nie). Sie brauchte diesen Vorwand wohl auch deshalb, weil für sie die Beziehung zu Wagner erotisch reizlos war. Sogar ihr Biograph hat dies erkannt.[68] Sie klagt: »Könnten wir die Leidenschaft doch bezähmen; könnte sie aus dem Leben gebannt sein; mich betrübt jetzt ihre Annäherung, als wäre sie der Liebe Tod«.[69] Die Sexualität war für sie gleichbedeutend mit der Zerstörung ihrer Liebe zu Wagner. »Von mir ist jede Leidenschaftlichkeit der Liebe gewichen, bei R. waltet sie noch«[70]: sinnliche Lust hätte an der Substanz ihrer Identität genagt, die sie aus ihrer selbsterwählten Nonnenrolle speiste.

»Wie ich schon lange dem sinnlichen Ausdruck der Liebe entsag, nahm ich mir vor, jedwede kleine Freude, ja nur Annehmlichkeit zu opfern, um dieses eine namenlose Glück in kleinlichster Münze abzuzahlen, R's Gedeihen zu erschauen und zu teilen!«[71]

Sie war überzeugt, daß man sich in der Ehe opfere. Ihrer Tochter teilte sie später mit, daß man in die Ehe einzugehen habe wie in ein Kloster. Weder »Leidenschaften« noch »Torheiten des Naturells« dürften walten, weil sie »alles Edle« zerstören würden.[72]

Trotz ihrer Disposition zur Unterordnung mußte sie in einem schmerzhaften und langwierigen Prozeß lernen, sich Wagners Diktat anzupassen. Wenn ihr erster Mann Bülow auch egozentrisch war, war er nichtsdestotrotz fähig, ihre Fähigkeiten wahrzunehmen und zu bewundern. Wagner jedoch sah nur sich und wandte die verschiedensten Sanktionen an, um sie an sich zu gewöhnen. Indem er betonte, daß er ohne sie nicht schaffen könne, wurden ihre Antriebe verdrängt. Sie durfte sich lediglich als Medium und Muse seiner Werke betrachten. Dieser Status war für sie dadurch erträglich, daß sie ihn überhöhte.

»Trauriges Gefühl meines Unwertes; wie nur R.'s wert sein; das

Cosima Wagner

Glück seiner Liebe verdienen; seine Güte und seine Größe gehen
mir immer tiefer auf, wie nur ihm vergelten, daß er meiner
bedurfte?« . . . »Ach! Ich will gern entbehren; mir scheint es so recht
eigentlich meine Naturbestimmung gewesen zu sein, von allem zu
lassen, nichts zu wollen.« . . . »Einziges Weltglück liegt in der
Aufopferung . . . Es gibt kein Glück auf Erden als das Opfer. Nichts
für sich selbst wollen, nichts suchen, sich hingeben . . . das, meine
Kinder, ist unsre Befreiung, o glaubt mir!« . . . »gebrochen ist der
Eigenwille, gebrochen ist die Selbstacht, ich erkenne es, daß wir an
unserm Schicksal nicht rühren noch rücken dürfen und nur immer
tragen und tragen, wie es kommt.«[73]
Über mehrere hundert Seiten der Tagebücher hinweg läßt sich die
Umwandlung ihrer zwar relativen, immerhin ansatzweise bei Bülow
vorhandenen Selbständigkeit in die Haltung des Duldens und Aufop-
ferns nachvollziehen. Sie lernte, sich den Eifersuchtsszenen zu entziehen, indem sie Dinge verschwieg, die Wagner verärgern konnten. Bei
unverschuldeten Konflikten verkroch sie sich in ihr Leid. Nach einem
Mißverständnis schreibt sie:

»R. geht zur Ruhe mit einem letzten bittren Wort, ich suche nach
Tristanischen Klängen auf dem Klavier; jedes Thema ist aber zu
herb für meine Stimmung, ich kann nur in mich versinken, beten,
anbeten! Wie könnte ich weihevoller diesen Tag begehen! Wie
könnte ich anders danken als durch Vernichtung einer jeden
Regung zum persönlichen Sein . . . sollte der Genius so hoch seinen
Flug vollenden, was durfte das arme Weib? In Liebe und Begeiste-
rung leiden.«[74]

Trotzdem konnte sie gekränkt reagieren, zum Beispiel wenn Wagner
Briefe mit einer gemeinsamen Bekannten hinter ihrem Rücken austauschte. In solchen Augenblicken bäumte sie sich dagegen auf,
unmündig gemacht zu werden: »Wie schwer ist doch der Eigenwille
gebrochen, wann ist der Mensch gänzlich seiner entäußert?«[75] Da sie
aber ihren Unterdrücker überhöhte, konnte sie ihre Aggressionen
nicht gegen ihn richten. Fragen nach der Ursache ihres Leidens zielten
somit ins Leere.

»Duldet, duldet, Kinder, sucht nichts zu erleichtern, sucht kein
Glück für euch . . . verlangt nicht das Schicksal selbst zu erkennen und
zu deuten«.[76] Sie flüchtete schließlich in masochistische Regionen (»je
tiefer ich leide, je stärker bildet sich in mir diese seltsame Wollust des
Leidens aus«[77]) oder in die Todessehnsucht: »Je länger der Lebens-
kampf dauert, um so ernster wird die Sehnsucht nach der Befreiung«.[78] Auch religiöse Vorstellungen stützten sie. Sie glaubte zu
fühlen, »wie eine Gottheit in mir waltet, die mich bestimmt hat und
daß ich nicht gewollt und gewählt habe«[79].

Während Wagner für diese Einstellung nur Hohn und Unverständnis
aufbrachte (er warf ihr vor, eine völlige »Sucht zur Aufopferung« zu
haben[80]), unterstützte er ihre Haltung dann, wenn sie dazu verhalf,
seinen Status als Auserwählten abzusichern: »Der Weltgeist wollte,
daß ich einen Sohn von dir bekam«.[81] So wurde die auf einem
Machtverhältnis beruhende Beziehung in ihrer Substanz verschleiert,
verleugnet und in die Überhöhung pervertiert. Wagner trieb die
»Eigenwilligkeit« aus ihr heraus, übernahm die Vaterrolle, zähmte
und funktionalisierte sie. Gleichzeitig machte er sich von ihr abhängig.
Sie mußte mit der Knechtschaft fertig werden und zugleich den
Peiniger lieben; eine Zwickmühle, die Frauen häufig in ihren Ehen
erleben, ohne sich freilich immer dieser Lage bewußt zu sein.

Schließlich redete er ihr ein, sie wären eine Einheit. »Wie er sich
entfernt, rufe ich ihm nach: ›Ich denke nur an dich‹, er: ›und ich nur
mich, denn da fällst du mit hinein‹.«[82]

Die Vereinnahmung ist perfekt. Da er sie als Teil seiner selbst sieht, braucht er ihr seine »Liebe« nicht zu vermitteln, er braucht noch nicht einmal an sie zu denken. Er hat sie subsumiert. Die Tatsache, daß sie nach seinem Tod den sehnlichen Wunsch hegte, zu sterben und längere Zeit jede Nahrung verweigerte, zeigt, wie perfekt diese Vereinnahmung gelang. Als sie dann merkte, daß sie nicht sterben konnte, stellte sie ihr gesamtes Leben weiterhin in den Dienst von Bayreuth. Sie wurde Richard Wagner.

Vor dem vollständigen Abdruck ihrer Tagebücher wurde Cosima entweder in negativen Farben gezeichnet (»herrisch«[83]) oder idealisiert (ihr Biograph Moulin Eckart schildert sie als »die größte Frau des Jahrhunderts, von der jeder Atemzug unendlich kostbar ist«). Selten bemühte man sich in einfühlsamer Weise um Verständnis für ihre Lage. Eine Ausnahme bildet Siegfried Placzek, der sich fragt:

»Ob sie dieses von Seltsamkeiten wimmelnde Lebensdasein (Wagners), die ehebrecherischen Handlungen, die perversen Triebneigungen schmerzvoll empfand oder duldend ertrug oder gar bejahte, wer will es wissen? Nur erschließen aus der Tatsache, daß sie die Lebensgefährtin blieb, wenn auch immer schwüler und schwüler die Atmosphäre in den Briefen wurde, die der gealterte Mann seiner neuesten Liebsten schrieb . . . ›Meine Judith! Ich sage meine Judith, geliebtes Weib!‹ . . . ›Alles ist gut angekommen, die Pantoffeln und die Iris-Milch. Ausgezeichnet. Aber ich brauche viel: ein halbes Flakon für das Bad, und ich bade jeden Tag.‹ . . . So die Stimmungszüchtung zu einem Werke wie Parsifal, geschaffen zwischen Flakons von Rimmel, orientalischer Seide, parfümierten Schlafröcken – Stimmungszüchtung zum Parsifal in einer extrem übersteigerten Liebe zu einer jungen Frau, die anscheinend nicht die perversesten Neigungen zu erfüllen scheute, und alles unter Duldung einer großen Frau, die das ihr zufallende Dasein stolz trug, wohl einzig, um einen schöpferischen Ausnahmemenschen nicht zu hemmen.« [84]

Placzeks Schlußfolgerung könnte auf manch anderen Künstler ausgedehnt werden: »Freundin eines Dichters zu sein, dürfte selten Freude bringen, da ihm sein Werk doch immer mehr ist und bleibt als die Freundin – das Werk, das er ohne die Freundin nie geschaffen hätte.«[85]

Nach der Veröffentlichung ihrer Tagebücher ist die dargelegte Ehesituation kaum Gegenstand einer veränderten Einstellung Cosima gegenüber geworden. Im Gegenteil, man machte sich nach wie vor über sie lustig: »Solche ›Sühne‹ und der ›Verzicht auf jede persönliche Freude‹ verschafften ihr der Befriedigungen genug, um seufzend und ohne Schlaf 97 Jahre alt zu werden«[86] . . . »Ist ein trefflicheres ›Hauswesen‹ vorstellbar als Cosima, die . . . in ihren Tagebüchern alle Clichés ihrer Zeit und ihrer Klasse einsammelt?« . . . »Wie es die Gattung erheischt, wimmeln die Tagebücher von ›kleinen wahren Begebenheiten‹«.[87] Peter Wapnewski bagatellisiert die Unterwerfung Cosimas unter das autoritäre Regiment ihres Mannes, ebenso die regressiv-infantilen Züge in Richards Charakter. Das Bündnis ist für ihn eine »glanzvolle Rechtfertigung der Ehe-Idee überhaupt«, sie »verwirklichen sich gegenseitig«, es ist eine »Orgie der Harmonie«. Die Schuld für Cosimas Anpassung sucht er bei deren Mutter, der Gräfin d'Agoult, die in ihrem Salon derart dominiert haben soll, daß ihre Tochter in die totale Zurücknahme wich. »Dienst als Feier, Klosterzucht als Fest, Leidenschaft des schmiegsamen Verstehens. Solch sanfter Gewalt war der allesbeherrschende Wagner schließlich zur Gänze ausgeliefert.«[88] Nicht Wagner mit seinem neurotisch geprägten Verhältnis zur Sexualität und damit zum anderen Geschlecht ist Wapnewski zufolge ein Vorwurf zu machen, sondern zwei Frauen: der dominierenden Mutter, die es wagte, sich zu emanzipieren und auf eine Stufe mit geistvollen Männern zu stellen, und der anschmiegsamen, opferbereiten Ehefrau. Ihnen beiden ist Wagner »ausgeliefert«. Wapnewski perpetuiert die althergebrachte Ideologie von der immerwährend schuldigen Frau: »Cherchez la femme« dient zur Verdrängung und Entlastung. Oft genug vorgetragen, verhilft die griffige Formel den Frauen zur Erkenntnis ihrer »Minderwertigkeit«. Wagners Bemühungen, die Schuld für das Böse dieser Welt bei den Frauen zu finden, tragen noch heute Früchte.

3.4 FANNY HENSEL (1805–1847)

Die Lebenswege von komponierenden Frauen werden erst allmählich der Vergessenheit entrissen und von Vorurteilen befreit. Viele Frauen erlebten einander Ähnelndes, das sich aus der gesellschaftlichen Ächtung der komponierenden Frau, aber auch aus der Frauenrolle schlechthin ergab. Einige Künstlerinnen des 19. und 20. Jahrhunderts, zu denen Fanny Mendelssohn gehörte, zeigen dies in exemplarischer Weise.

Mendelssohn-
Denkmal (Leipzig)

Die Schwester Felix Mendelssohns komponierte leidenschaftlich
gerne. Ihre Familie wandte sich jedoch gegen eine ernsthafte Beschäftigung mit Musik und sperrte sich gegen die Drucklegung ihrer Werke.
Der Vater Abraham Mendelssohn schrieb 1820 der Fünfzehnjährigen:
»Die Musik wird für ihn (Felix) vielleicht Beruf, während sie für
Dich stets nur Zierde, niemals Grundbaß Deines Seins und Tuns
werden kann und soll; ihm ist daher Ehrgeiz, Begierde, sich geltend
zu machen in einer Angelegenheit, die ihm sehr wichtig vorkommt,
weil er sich dazu berufen fühlt, eher nachzusehn, während es Dich
nicht weniger ehrt, daß Du von jeher Dich in diesen Fällen gutmütig

und vernünftig bezeugt und durch Deine Freude an dem Beifall,
den er sich erworben, bewiesen hast, daß Du ihn Dir an seiner Stelle
auch würdest verdienen können. Beharre in dieser Gesinnung und
diesem Betragen, sie sind weiblich, und nur das Weibliche ziert die
Frauen.«[89]

Die Androhung unweiblichen Betragens war im 19. Jahrhundert eine
beliebte Maßnahme zur Züchtigung. Leider ist nicht ausführlich
nachvollziehbar, wie ihr schöpferisches Talent in »weibliche« Bahnen
kanalisiert wurde, da viele der von Hensel benutzten Quellen immer
noch nicht aufgetaucht sind. Eine Andeutung ihres Kampfes gibt eine
briefliche Äußerung wieder, die sie an einen Bekannten richtet:

»Beinahe habe ich vergessen, Ihnen zu danken, daß Sie erst aus
meiner Verlobungskarte geschlossen haben, ich sei ein Weib wie
andere, ich meinesteils war darüber längst im klaren, ist doch ein
Bräutigam auch ein Mann wie andere. Daß man übrigens seine
elende Weibsnatur jeden Tag, auf jedem Schritt seines Lebens von
den Herren der Schöpfung vorgerückt bekommt, ist ein Punkt, der
einen in Wut und somit um die Weiblichkeit bringen könnte, wenn
nicht dadurch das Übel ärger würde.«[90]

Ihre Frühwerke wurden unter dem Namen ihres Bruders herausgege-
ben. (Als dieser der englischen Königin Viktoria das von ihr gewählte
Lieblingslied »Italien« vorspielte, mußte er ihr gestehen, daß es nicht
von ihm stammte.)

Sie litt darunter, keine Öffentlichkeit für ihre Werke zu haben. 1837
schrieb sie einem Freund:

»Ich kann aber nicht unterlassen zu sagen, wie angenehm es mir ist,
in London für meine kleine Sachen ein Publikum zu finden, das mir
hier ganz fehlt ... seit Rebecka nicht mehr singen mag, liegen
meine Lieder durchaus ungehört und ungekannt da, und man
verliert am Ende selbst mit der Lust an solchen Sachen das Urteil
darüber, wenn sich nie ein fremdes Urteil, ein fremdes Wohlwollen
entgegenstellt.«[91]

Felix, der sich durch zahlreiche Reisen ein dankbares Publikum
erschließen konnte, stand dieser deprimierenden Lage seiner Schwester, die sich auf die Motivation lähmend auswirkte, verständnislos
gegenüber.

Ihr Ehemann redete ihr zur Drucklegung zu (vermutlich sah er die
Veröffentlichung als Zierde seines Namens an). 1837 übergab sie eines
ihrer Stücke dem Verleger Schlesinger, der es in einem Sammelalbum
publizierte. Sie wagte nicht, ohne brüderliche Erlaubnis weitere

Werke freizugeben und fragte über ihre Mutter nach seiner Meinung. Felix' Antwortbrief, der ebenfalls an die Mutter gerichtet ist, stellt ein Musterstück männlichen Selbstverständnisses dar.

»Du schreibst mir über Fannys neue Stücke und sagst mir, ich solle ihr zureden, sie herauszugeben. Du lobst mir ihre neuen Kompositionen und das ist wahrhaftig nicht nötig, damit ich mich von Herzen darauf freue und sie für schön und trefflich halte, denn ich weiß ja von wem sie sind. Auch darüber, hoffe ich, brauche ich nicht ein Wort zu sagen, daß ich, sowie sie sich entschließt, etwas herauszugeben ihr die Gelegenheit dazu soviel ich kann, verschaffen und ihr alle Mühe dabei, die sich ersparen läßt, ersparen werde. Aber ihr *zureden,* etwas zu publizieren, kann ich nicht, weil es gegen meine Ansicht und Überzeugung ist. Wir haben darüber viel gesprochen und ich bin noch immer derselben Meinung, – ich halte das Publizieren für etwas Ernsthaftes (es sollte das wenigstens sein) und glaube, man soll es nur tun, wenn man als Autor sein Leben lang auftreten und dastehen will. Dazu gehört aber eine *Reihe* von Werken, eins nach dem andern; – von einem oder zweien allein ist nur Verdruß von der Öffentlichkeit zu erwarten, oder es wird ein sogenanntes Manuskript für Freunde, was ich auch nicht liebe. Und zu einer Autorschaft hat Fanny, wie ich sie kenne, weder Lust noch Beruf – dazu ist sie zu sehr eine Frau wie es recht ist, sorgt für ihr Haus und denkt weder ans Publikum, noch an die musikalische Welt, noch sogar an die Musik, außer, wenn jener erste Beruf erfüllt ist.«[92]

Er sah nicht den Circulus vitiosus, in den seine Schwester geraten war. Da ihr vom Vater der Musikerberuf als unweiblich verwehrt worden war, konnte sie nur »nebenbei« komponieren. Gerade dies wurde nun als Vorwand benutzt, um ihr die Drucklegung zu verbieten. Felix war zu sensibel (und wir wissen, daß er seine Schwester innig liebte), um ein Verbot auszusprechen; aber sein Rat wog genauso schwer: wahrscheinlich noch schwerer, als eine offene Untersagung. Fanny ließ neun Jahre verstreichen, ehe sie auf den Druck von Verlegern hin einige ihrer Werke veröffentlichte.

Wie sehr die fehlende Öffentlichkeit sich lähmend auf die Schaffenskraft auswirkte, zeigen ihre entmutigten Zeilen, die sie ein Jahr später schrieb:

»Lieber Felix, komponiert habe ich diesen Winter rein gar nichts, musiziert freilich desto mehr, aber wie einem zu Mut ist, der ein Lied machen will, weiß ich gar nicht mehr ... Was ist übrigens

daran gelegen? Kräht ja doch kein Hahn danach und tanzt niemand
nach meiner Pfeife.« [93]

Als Felix neun Jahre später von ihrem Entschluß zur Veröffentlichung
erfuhr, war er so verstimmt, daß er lange nicht schrieb. Schließlich
erteilte er ihr seinen »Handwerkssegen«, obwohl Fanny ihrem Tage-
buch anvertraute, »daß es ihm eigentlich im Herzen nicht recht ist«[94].
Ermutigt durch die erfolgreiche Drucklegung wagte sie sich an ein
größeres kammermusikalisches Werk heran und schrieb ihr Trio. Die
Uhr war bereits abgelaufen: einige Monate später starb sie.

Während kompositorische Neuentdeckungen Felix Mendelssohns
in Fachzeitschriften gefeiert werden, verstauben die Kompositionen
Fanny Mendelssohns im Berliner Mendelssohn-Archiv. Unter den
Manuskripten befinden sich zahlreiche Chorwerke, aber auch Klaviersonaten und Lieder. Sie sind so gut wie unbekannt.

Es ist nur folgerichtig, daß sie von der Nachwelt mehr als brüderli-
cher Anhang denn als eigenständige Komponistin betrachtet wird. In
einer Rundfunkankündigung zu einem Liederprogramm mit Werken
von Frauen (bezeichnenderweise zum »Jahr der Frau«) hieß es von
ihr: »Viele ihrer reizenden kammermusikalischen Werke sind seinem
brüderlichen Ansporn zu danken«.[95] Der Mendelssohn-Biograph
Kupferberg stellt fest, daß sie nur als Schwester Felix' bekannt ist und
fügt hinzu: »Vielleicht würde sie sich auch gar keine größere Auszeich-
nung gewünscht haben.«[96]

3.5 ALMA MAHLER-WERFEL (1879–1964)

Die 1879 geborene Alma Schindler nahm in ihrer Jugend Kompositionsunterricht bei Alexander Zemlinsky. 1902 heiratete sie den
Komponisten und Dirigenten Gustav Mahler. In ihrer Biographie
beschreibt sie offen die ersten Konflikte, die schon während ihrer
Verlobungszeit wegen ihrer Kompositionsarbeiten entstanden. Mahler war oft längere Zeit auf Gastspielen. Einmal schickte sie ihm einen
kürzeren Brief als sonst mit der Bemerkung, daß ihr die Zeit zu einem
längeren fehle, da sie an ihren Kompositionsstudien arbeiten müsse.
»Dies war die Ursache und der Anfang einer harten Leidenszeit für
mich.« Mahler forderte von ihr die sofortige Aufgabe ihrer Studien,
sie sollte nur den seinen leben. Zu diesem Zeitpunkt hatte Alma ihm
noch keine einzige Note ihrer Musik gezeigt.

Sie gehorchte unter inneren Konflikten. Am meisten bekam sie ihre

Beschränkung zu spüren, wenn er »voll und glücklich« von seiner Arbeit an der Wiener Hofoper zurückkehrte, sie aber tagsüber allein und unausgefüllt zu Hause sitzen mußte. »Wenn ich nur mein inneres Gleichgewicht wiederfände!« schreibt sie verzweifelt; sie fand es schließlich, ähnlich wie Cosima Wagner, in der Aufopferung. »Und ich habe nun ein Ziel: mein Glück für das eines anderen zu opfern und vielleicht dadurch selber glücklich zu werden« ... »ich bin tief erfüllt von meiner Mission, diesem Genie die Steine aus dem Wege zu räumen!« Diese Umstellung fiel ihr jedoch so schwer, daß sie Rückschläge erlitt. Sie kam sich vor wie ein Vogel mit beschnittenen Flügeln: »Gustav, warum hast du mich flugfrohen, farbfrohen Vogel an dich gekettet, wo dir doch mit einem grauen, schweren, besser geholfen wäre!« Sie wurde krank, wahrscheinlich – wie sie selbst vermutete – eine Folge ihrer seelischen Nöte.

> »Gustav lebt sein Leben, und ich habe auch das seine zu leben. Ich kann mich auch nicht nur mit meinem Kind beschäftigen. Ich lerne Griechisch ... übersetze Kirchenväter und fülle leere Stunden auf diese Art.«

Und sie fragte sich: »Lernen? Ja wozu denn, ohne Ziel, ohne Grenze.«[97] Das »wozu denn« erinnert an die Klage Fanny Hensels »kräht ja doch kein Hahn danach«; diese Äußerungen zeigen, wie sehr die Schaffenskraft von der Resonanz abhängig ist, und daß sie meist ohne ein Echo seitens anderer verkümmert.

Im Gegensatz zu Cosima Wagner richtete sie ihre Aggressionen zuweilen gegen den Aggressor:

> »Mir graut so vor Mahler, daß ich mich fürchte, wenn er nach Hause kommt. Neckisch, lieblich girrend umhüpfte er die Sängerin Y, die Z, und zu Hause ist er der Abgeklärte, der ermüdete Mann, für den ich unentwegt zu sorgen habe.
>
> Wenn er doch nie mehr nach Hause käme ...«

Das Thema ihres Kompositionsverbots füllt Seiten ihrer Autobiographie.

Zehn Jahre später entdeckte Mahler zufällig ihre Lieder. Nun war er begeistert und wünschte eine Wiederaufnahme ihrer Kompositionsarbeit. »Er war hingerissen von der Situation – ich nicht, denn zehn Jahre verlorene Entwicklung sind nicht mehr nachzuholen. Es war ein galvanisierter Leichnam, den er neu beleben wollte.«[98]

Aufgrund der uns vorliegenden Aussagen Alma Mahler-Werfels ist ein Einblick in die Psyche eines als genial anerkannten und bewunderten Komponisten gestattet. Sein Verbot kann als Angstreaktion

gedeutet werden. Mahler war in seiner sexuellen Entwicklung
gehemmt. Seine Frau informiert uns, daß er mit vierzig Jahren – von
ein paar »Verführungen« abgesehen, wobei er von Frauen verführt
wurde und nicht umgekehrt – jungfräulich geblieben war. Sie sieht
darin keinen Zufall, denn »er fürchtete das Weib. Seine Angst,
›heruntergezogen‹ zu werden, war grenzenlos, und so mied er das
Leben ... also das Weibliche.«

Auf seine Musik bezogen, bedeutete dies:

»Seine Werke, in denen berliozhaft schöne Gesangsmelodien sich
zuweilen in teuflische Fratzen verändern konnten, suchte er dann
wieder zur größten Reinheit hinaufzuheben – was ihm im Adagio
der 3. und 4. Symphonie, am Schluß des ›Liedes von der Erde‹ und
in der 8. Symphonie wissend und überschauend gelungen ist.«[99]
Hinter den teuflischen Fratzen verbergen sich demnach Frauen, die
ihn in den Abgrund zu ziehen drohen. Die eigene Triebhaftigkeit wird
in bewährter Manier den Frauen zugeschoben. Diese müssen regle-
mentiert und in ihre Schranken verwiesen werden, damit die eigene
Gefährdung ausgeräumt ist.

Daß er Kunsthonig dem echten vorzog, weil ihm die Herstellung
durch den Bienendarm »unappetitlich« war[100], deutet auf eine rigide
Sexualerziehung hin, in der alle Körperausscheidungen als schmutzig
und eklig erfahrbar gemacht wurden. Durch die Bändigung seiner
Frau schuf sich Mahler einen psychischen Freiraum, schaltete die
Gefahr der Konkurrenz aus und bekam zugleich seine irrationale
Furcht vor dem Komplex Frau/Sexualität/Schmutz/Ekel in den Griff.
Da aber allen Bändigungsversuchen zum Trotz Obsessionen den
Menschen stets zu überwuchern drohen, spiegelt er in seiner Musik
diese klischeehafte und neurotische Sicht der Realität und vor allem
des anderen Geschlechts wider. Seine achte Sinfonie, in der er das
Goethezitat »Das Ewigweibliche zieht uns hinan« in Verbindung mit
dem gregorianischen Pfingsthymnus »Veni creator spiritus« vertont,
ist ein Beispiel dafür. Mit einer Monumentalbesetzung und hymnisch-
ekstatischen Chor- und Solopartien wird eine gigantische Überhöhung
vorgenommen. Der Widerspruch Mahlers, der darin besteht, daß er
seiner Frau das Komponieren verbot und sie seinen Belangen unter-
ordnete, um dann in metaphysischer »Erhabenheit«, quasi entmate-
rialisiert und ins Visionäre gerückt, das Weibliche pauschal zu glorifizieren, ist nicht nur in seiner subjektiven Psyche zu suchen, sondern er
ist ein Widerspruch unserer Kultur schlechthin.

Der mit Mahler befreundete Dirigent Otto Klemperer erwähnt in seinen »Erinnerungen an Gustav Mahler« dessen Frau ein einziges Mal, und zwar im Zusammenhang mit einer Toilette, die in Mahlers Garten stand und die keine Vorhänge besaß. Alma erklärt ihm lächelnd, daß Gustav auf dem Kontakt zur Natur bestehe, da sie seine Verdauung fördere. Die Frau in Verbindung mit Fäkalien: Klemperer hat dies sicher nicht bewußt intendiert. Indem er jedoch an anderer Stelle seine eigene Frau – ebenfalls ein einziges Mal – erwähnt, wird eine spezifische Haltung offenbar: »1956 verlor ich meine Frau, und meine Tochter reist seitdem mit mir.«[101] Der Austausch weist auf den Status der Frau als beliebig funktionalisierbares Objekt hin.

3.6 ETA HARICH-SCHNEIDER

Die in Wien lebende Cembalistin und Musikwissenschaftlerin Eta Harich-Schneider ist keine Parteigängerin für die Sache der Frau, und in keiner Zeile ihrer Biographie macht sie sexistische Vorurteile für ihre negativen Berufserfahrungen verantwortlich. Ihre Schilderungen erhärten dennoch die Vermutung, daß geschlechtsspezifische Diskriminierungen auch ihr gegenüber angewandt wurden.

Sie heiratete früh den Schriftsteller Walther Harich. Als er einige selbst angefertigte Shakespeare-Übersetzungen bei ihr fand, verbot er ihr das Übersetzen: ». . . diese Arbeit ist schöpferisch – was schließlich nur der Mann kann!« An ihre Familie schrieb er: »Eta hat sich als recht brauchbares Mündel herausgestellt; ich benutze sie als Konversations-lexikon«.[102]

Die Ehe war nicht glücklich und wurde geschieden. Fortan widmete sie sich ausschließlich ihren künstlerisch-wissenschaftlichen Studien. Ihr Ziel war, dem Cembalo im Konzertleben volle künstlerische Geltung zu erkämpfen. Sie gab regelmäßig Konzerte und wurde 1933 als Nachfolgerin Wanda Landowskys Professorin an der Berliner Musikhochschule.

Als 1934 eine Hetzkampagne gegen den Komponisten Paul Hindemith gestartet wurde, verfaßten Teile der Studentenschaft eine Erklärung, die ihn als großen Künstler und vorbildlichen Lehrer herausstellte. Sie unterschrieb als erste Lehrkraft. Als der von den Nazis eingesetzte Direktor Stein diejenigen, die unterschrieben hatten, zu »Rebellen« erklärte, zogen alle Hochschullehrer mit ihrer Ausnahme ihre Unterschriften zurück.

Sie verletzte ihre (meist männlichen) Kollegen noch zusätzlich, als sie 1939 einen Artikel über Unarten in der Aufführungspraxis veröffentlichte.[103] Damit lief das Faß über; musikalische und politische Hetze gegen ihre Person waren fortan nicht mehr zu unterscheiden.

»Es wurde Ernst mit meiner Verfolgung. Daß eine Frau, die es wagte, sich freimütig vom Rassismus zu distanzieren, nun auch noch die Parteigetreuen mit künstlerischen Erfolgen übertraf, nein, das konnte nicht geduldet werden! Eine sonderbare Mischung von politischer Hetze und menschlicher und künstlerischer Herabsetzung wurde ganz planmäßig aufgekocht.«

»Der Lehrer für Musikgeschichte, sonst mein eifrigster Bewunderer, sagte höhnisch zu mir, es sei ganz recht, wenn ein kleines Mädchen für ihre naseweise Kritik an hochqualifizierten Fachleuten etwas hintendrauf bekäme. Ja, so sprach damals ein kerndeutscher Mann von echtem Schrot und Korn. Ich fragte ihn kalt: ›Herr Professor M., haben Sie die Artikel gelesen?‹ Das hatte er nicht.«[104] (Das »kleine Mädchen« war zu diesem Zeitpunkt 42 Jahre alt.) 1940 wurde ihr fristlos gekündigt. Sie prozessierte dagegen. Die Gründe für ihre Entlassung: sie sei eine »undeutsche Frau«, sie habe öffentlich mit Juden konzertiert, sie habe eine »jesuitisch-rabulistische Denkweise«, außerdem der Vorwurf des politischen Katholizismus und einer parteifeindlichen Haltung. Der Hochschuldirektor beschuldigte sie zusätzlich »pathologischer Wahnvorstellungen«; auch »Zanksucht« wurde als Grund angeführt. Hier schimmert der weiblich-hysterische Aspekt hindurch: mit Vorliebe wird Frauen bescheinigt, zänkisch oder vom Wahn befallen zu sein.

Sie konnte die Kündigung nicht aufhalten und emigrierte nach Japan. Dort lernte sie die japanische Sprache und wurde die erste westliche Musikwissenschaftlerin, die sich bei der Untersuchung der japanischen Musik ausschließlich auf Originalquellen stützte.

Nach dem 2. Weltkrieg erwartete sie die Wiedereinsetzung in die Berliner Professur. Aber sie wurde ihr verweigert. Auf Anraten von Freunden prozessierte sie gegen das Land Berlin. Ihre Chancen wurden mit einem Schlag zerstört, als sie beim Einblick in ihre Personalakte im Jahr 1957 entdeckte, daß entscheidende Vorgänge fehlten.

»Wenn diese Akten als beweiskräftig behandelt werden sollten, dann war ich rechtlos, ausgelöscht, eine Unperson.«

»In den Personalakten fehlten alle Skripten meines Stilkundeseminars, alle weiteren Hinweise auf den Umfang meiner Tätigkeiten, ferner die Solidaritätserklärung für Hindemith 1934, die Denunziationsbriefe wegen meines Ungangs mit der Landowska und jüdischen Schülern und Freunden, die Beschwerde des Studentenführers über meine politische Haltung, die Sache Jürgen Ronis, die Beschwerdebriefe von Scheck, vor allem das mich ausdrücklich exkulpierende Gutachten des Professorengremiums vom Sommer 1939 und endlich meine Dienstaufsichtsbeschwerde gegen Miederer.«[105]

Ihr Name ist aus der Geschichte der Berliner Musikhochschule getilgt. Sie lebte weiterhin vom Unterrichten, der Veröffentlichung musikwissenschaftlicher Arbeiten und dem Konzertieren. Auf einer musikwissenschaftlichen Konferenz wurde sie von einem Wissenschaftler wegen ihrer »schönen Beine« angesprochen[106], diese interessieren mehr als ihre Studien. Als sie 1974, 77jährig, in Hamburg konzertierte, lobte der Kritiker des »Hamburger Abendblatts« ihren »Silberscheitel und mädchenhaften Charme«[107]. Trotz dieser Hindernisse erlangte sie weltweite Anerkennung; ihre »History of Japanese Music« gilt als Standardwerk.

IV. Die heutige Situation

4.1 KREATIVITÄT – EINE MÄNNLICHE DOMÄNE?

> »Wenn in einer Gesellschaft das
> Weibliche vom Männlichen ver-
> einnahmt wird, unterdrückt, bei-
> seite geschoben, mißbraucht für
> das Funktionieren von Zustän-
> den, von denen es ausgeschlos-
> sen ist – dann kann sich im kreati-
> ven Bereich zwischen beiden nur
> das Gleiche wiederholen.«
>
> (Karin Petersen)

»Männer können Musik besser als Frauen. 6000 Jahre Geschichte liefern dafür eine Kette von Beweisen ohne Ende« (Rudolf W. Leonhardt). Solche und ähnliche Aussagen, die bis in unsere Zeit hinein gemacht werden, dienen dazu, den Frauen kreative Fähigkeiten abzusprechen. An wissenschaftlichen Beweisen hierfür fehlt es allerdings.

Während frühere Arbeiten sich schwerpunktmäßig mit der Psychologie des genialen Menschen beschäftigten, die Frau somit von vornherein als Forschungsgegenstand ausgeschlossen war, hat sich heute die Einsicht durchgesetzt, daß schöpferische Fähigkeiten in weitem Maße von der Sozialisation abhängig, also anerziehbar sind.

In ihrer Studie über die Psychologie der Kreativität hat Erika Landau die Erkenntnisse von hauptsächlich amerikanischen Kreativitätsforschern zusammengetragen und ausgewertet. Im Folgenden sollen diejenigen Erkenntnisse, die sowohl als gefestigt angesehen werden können (weil sie von einer breiten Forschergruppe vertreten werden), als auch für das behandelte Thema relevant sind, zusammengefaßt und hinsichtlich der Situation der Frau ausgelegt werden, wobei sie punktuell durch Ergebnisse von Studien zur künstlerischen Kreativität ergänzt werden.

Die Forscher sind sich einig, daß Kreativität jedem Menschen, also

Der Virtouse im 19. Jahrhundert. Karikatur auf die Berliner Konzerte mit Niccolò Paganini

auch Frauen, gegeben ist. Sie ist weder von der Entwicklung der Menschheit noch von einer bestimmten geschichtlichen Epoche abhängig, sondern von der ursprünglichen Motivation des Individuums, die zu kreativer Aktivität führt. Landau zitiert Margaret Mead, die die enge Beziehung zwischen dem kulturellen Einfluß und der Kreativität des Individuums nachgewiesen hat. Diejenigen Kulturen, die ihre Kinder offen und frei dazu erziehen, die Herausforderungen der Umgebung aufzunehmen, an diese Fragen zu stellen, die divergentes Denken akzeptieren, die am Prozeß und nicht am Produkt orientiert sind, bringen kreative Individuen hervor.

Kreativität existiert in jeder Lebenssituation, aber sie prägt sich nur in gewissen Situationen aus. Folgender fördernder Faktoren bedarf es nach Ansicht der Forscher:

– der inneren Freiheit des Individuums, um aus dem sicheren Kreis in Unbekanntes vorzustoßen;
– Wissen;
– Sicherheit der äußeren Verhältnisse, die die innere Freiheit und Entfaltung gewährleisten.

Folgende hemmende Faktoren werden angegeben, die zu emotionalen Blockierungen führen können:
– Konformität mit der Umgebung;
– Autoritätsgläubigkeit.
Die drei fördernden Faktoren sind Frauen meist verwehrt. Das Wissen bzw. Erlernen eines Handwerks wurde ihnen durchweg vorenthalten bzw. nur so weit gestattet, daß sie dilettierend reproduzieren konnten. Die innere Freiheit wurde ausschließlich Männern zugebilligt, da Frauen für Ehe und Kinderaufzucht prädestiniert waren. Auch heute noch werden Mädchen zur Anpassung und Unterordnung sozialisiert[1], also zur Unfreiheit. Männer dagegen durften bereits vom Mittelalter an in die Welt reisen, um sich Erfahrungen und Erkenntnisse anzueignen. Ihnen war sowohl der Erwerb akademischen und handwerklichen Wissens als auch der Zuwachs an Lebenserfahrung vielfältigster Art gestattet. Daß dies den Explorationsbetrieb verstärkte, der für die Entfaltung kreativer Fähigkeiten unabdingbar ist, ist naheliegend.

Bei den hemmenden Faktoren blockiert wiederum die Sozialisation der Frau ihre kreativen Anlagen. Eigenschaften wie abenteuerliches Denken, Erfindung, Entdeckung, Neugierde, Imagination, Experimentieren und Explorieren, die für die Entwicklung des kreativen Potentials geschult werden müssen, werden bei ihr nicht nur nicht gefördert, sondern unterdrückt.

»Man kann die Inspiration nicht zwingen, herabzusteigen, sie kommt immer von einer Seite an uns heran, von der man sie nicht erwartet. Daher muß man sie von allen Seiten erwarten, ihr alle Türen öffnen, alle Hindernisse aus dem Weg räumen.«[2]
Dieses Wort der Französin Maryse Choisy ist nicht eine Aufwärmung der Inspirations-Ästhetik, die die Inspiration verabsolutiert und als Gottesgabe ansieht, die nur männliche Genies befällt, sondern gemeint ist eine allgemeine geistig-seelische Offenheit. Der Schaffensvorgang erfordert eine innere Disposition und Bereitschaft, die sich der Künstler gestalten muß. Welche Frau aber bekam einen solchen Freiraum zugesprochen bzw. welche Frau hatte die Kraft, die gesellschaftlichen Barrieren zu durchbrechen und ihn sich zu nehmen? Nicht zufällig waren die ersten Komponistinnen auf deutschem Raum meist Adlige; sie besaßen die notwendige Muße.

Die Komponistin Philippine Schick nannte ein Maß an Einsamkeit unabdingbar, in die man sich zurückziehen könne, »in der man das Getriebe und die ewig wechselnden, ablenkenden Sinneseindrücke des Tages los wird, um zu einer inneren Einkehr und Beschau zu gelangen. Das kann aber eine Frau, die in normalen Verhältnissen lebt, nie!«[3] Sie, die täglich damit beschäftigt ist, dem Mann die Hindernisse wegzuräumen, kann wohl kaum den Alltag beiseitefegen und selbst zur Fordernden werden. Wenn der Forscher Barron behauptet, daß kreative Personen im allgemeinen selbstbewußter und dominanter sind, und daß sie sich gegen Unterdrückung und Einschränkung wehren[4], so stehen diese Eigenschaften der Sozialisation und Lebensaufgabe der Frau diametral entgegen.

Im Abschnitt Landaus über die »interpersonale« oder Kulturtheorie der Kreativität wird die für den Schaffensprozeß so wichtige Bedeutung des Gegenübers unterstrichen. Freud sprach davon, daß der Künstler durch sein Werk berühmt, von *Frauen* geliebt und reich werden will (ein Indiz dafür, daß er ausschließlich von Männern ausging). Mehrere Forscher unterstreichen, daß die Anerkennung seitens der Umwelt für Künstler außerordentlich wichtig ist. In einer psychoanalytischen Studie über das literarische Schaffen untersucht Peter von Matt das Problem der gesellschaftlichen Interaktion. Dabei kommt er zu dem Ergebnis, daß die sozialen Normen der Rezipienten die Schaffenskraft und dadurch jeden einzelnen Vorgang des kreativen Prozesses beeinflussen. Er prägt den Begriff »Opus-Phantasie«, den er als die »Schaltstelle zwischen Ich-Phantasien einerseits, literarisch-formalen Traditionen und sozialen Zwängen andererseits« definiert.[5] Es entsteht ein Regelkreis: der Künstler ist in seinem Schaffen von der Reaktion der Zuhörer bzw. des Lesers abhängig, sie löst bei ihm Empfindungen aus, die in sein künftiges Schaffen wiederum eingehen. Zum gleichen Ergebnis aus musikalischer Sicht kommt Samuel Bradshaw in einer Untersuchung des Kompositionsvorgangs unter psychoanalytischem Aspekt. Ihm zufolge entwickelt sich die Selbsteinschätzung und das Selbstbewußtsein des Komponisten parallel zu seiner musikalisch-stilistischen Reifung; daher ist sein Selbstbild abhängig von der Außenresonanz, die seine Werke erhalten. »Dieses Selbstbild hängt ausschlaggebend davon ab, ob er sich und seine Musik als integralen Bestandteil seiner Kultur betrachtet oder ob er sich als Außenseiter begreift.«[6]

Unter diesem Blickwinkel gesehen wird deutlich, warum Frauen es so schwer hatten (und noch haben), kreativ zu sein. Die fehlende Öffentlichkeit entzog ihnen kreative Potenzen. Ihnen wurde der Zugang zu einer beruflichen Entwicklung, und dadurch zu einer Resonanz und persönlichen Entfaltung in der Kunst verwehrt. Die biographischen Aussagen von Komponistinnen, denen kein oder kaum Publikum zur Verfügung stand, bestätigen, daß die Entfaltung der Schaffenskraft ursächlich mit der Außenweltresonanz zusammenhängt.

Verschiedene Wissenschaftler betonen, daß eine »Feminität der Interessen« vorhanden sein muß. Männern sind feminine Anlagen gestattet (die freilich nicht überhand nehmen dürfen); eine Frau jedoch, die in die Kunst eindrang, wurde sogleich als unweiblich und gar als »Mannweib« gebrandmarkt. Ihr wurde der Erwerb traditionell männlicher Eigenschaften als Verlust ihrer Weiblichkeit und sogar als Perversion ihres Wesens, als Anomalie und Krankheit (Scheffler) ausgelegt. Ähnlich verhält es sich mit der Sexualität. Die Frage, inwiefern die Erotik mit dem Kunstschaffen im ursächlichen Zusammenhang steht, ist oft gestellt und diskutiert worden. Man ist sich im allgemeinen einig darüber, daß die Kunst mit der Sexualität seit Jahrtausenden verbunden ist[7] und daß das geschlechtliche Verlangen als Quelle einer jeden Kunst fungiert[8]. Es wäre müßig und für unser Thema unergiebig darüber zu streiten, ob die Aufspeicherung sexueller Energien oder deren Verausgabung oder eine Verschmelzung

»*Evocation*« aus der »Brahmsphantasie« von Max Klinger

beider Tendenzen das künstlerische Schaffen anspornt, zumal hierüber keine Einigung herrscht. Entscheidend ist, daß man der Frau keine Wahl ließ, sie also von vornherein einengte. Indem man ihr bis zum beginnenden 20. Jahrhundert eine eigenständige Sexualität absprach und Frauen, die diese Grenzen mißachteten, mit Acht und Bann belegte, wurde ein grundlegender Lebens- und Energiefaktor zum Schaden der Gesundheit und Tatkraft erstickt.

Entscheidend ist, daß die Frau nicht über sich selbst bestimmen durfte. Sie mußte sich zum Wohle des Mannes funktionalisieren lassen. Alexander Elster vertrat die Auffassung, daß männliche Künstler sich beim Schaffen in einem Zustand befinden, der dem der sexuellen Verausgabung nahekommt, daß sie aber auch gleichzeitig daran interessiert sind, die Frau als Sexualobjekt zu bewahren:

»Kraftzufuhr und Kraftverbrauch müssen eben immer in einem gewissen Gleichgewicht bleiben; der Zustand des schaffenden Genius beim Komponieren ist uns von Beethoven, Berlioz und anderen als Zustand einer außerordentlichen Hingabe geschildert worden. Da nun der Mann im Liebesleben der Herrschende ist, so gibt er, wenn ihm die Musik Ersatz bietet, seine Kraft an die Musikausübung hin, sucht jedoch begreiflicherweise zu verhindern, daß die diffuser und allgemeiner, aber oft weniger intensiv vorhandene Sexualität der Frau sich in der Hingabe an die Kunst statt in derjenigen an die Liebe austut – wenigstens soweit und solange die Frau für das Liebesleben in Betracht kommt. Dies sind aber auch für die Kunst die wesentlichen und ausschlaggebenden Jahre. Die Kräfteverteilung der Geschlechter ... hat sich auf solche Weise in die Verkehrssitte eingebürgert, und die musikausübende Frau wird überall da zur Sonderbarkeit, wo sie nicht als Sängerin der Sopranstimme erforderlich ist.«[9]

Das männliche Bedürfnis, die Frau zur Regenerierung zu funktionalisieren, bildet somit einen nicht zu unterschätzenden Faktor. Richard Wagner stellte in seiner unnachahmlichen Art dar, wie sein Schaffensantrieb ohne weiblichen Beistand verkümmerte:

»Die Verlassenheit meines Hausstandes lähmt meine Lebensgeister. Oh, Du armer Beethoven, jetzt kann ich wohl begreifen, wie er über seine Wirtschaft in Wut geriet. Und ich, der ich dem Weibe mehr Ehre und Preis gewidmet als selbst Frauenlob, ich habe nicht einmal ein weibliches Herz, das ich mein nennen kann.«[10]

Über seine Ehe mit seiner ersten Frau sagte Wagner:

»...es war kein üppiger Trieb, sondern ein recht solider ... und wirklich hat mich diese Ehe vor allen aufregenden Beziehungen bewahrt und nur mein künstlerisches Wesen in mir entwickelt.«[11] Selbst wenn die Frau sich künftig weigern sollte, dem Mann die erforderlichen physischen und psychischen Energien für seine kreative Arbeit zuzuführen, bleibt die Frage offen, wer die Frau, die ihrerseits kreativ arbeitet, regenerieren soll.[12]

Im psychoanalytischen Bereich bildet Sigmund Freuds Konzept der Sublimation die Grundlage aller Kreativitätstheorien. Freud zufolge schützt das Individuum sich vor seinen Trieben teilweise, indem es sich auf psychische Vorgänge zurückzieht. Dank einer inneren Phantasiewelt wird eine neue »Realität« geschaffen, es entsteht die Anlage zum kreativen Schaffen. Freud denkt offensichtlich vorrangig an Männer; den Frauen wurde weder die bewußte Wahrnehmung ihrer sexuellen Bedürfnisse gestattet, noch kam für sie die Teilhabe an kulturellen Prozessen in Frage. Sie flohen in andere psychische Bereiche, z. B. in die Hysterie. Sie mußten Abfuhrmechanismen erfinden wie Nächstenliebe, Aufopferung usw., während der Mann dem Druck triebhafter Impulse durch Ausweichen auf kulturelle Gebiete ausglich. Die männliche Art der Triebsublimierung schuf somit andere Voraussetzungen zum kreativen Schaffen als die weibliche.

Schließlich ist nach dem Gegenstand der künstlerischen Aussage zu fragen. Männer beschäftigten sich in ihren künstlerischen Manifestationen ausgiebig mit männlichen Werten wie Krieg, Kampf, Heroisierung, Beruf; sie huldigten einem sexistisch gefärbtem Frauenbild. Frauen haben bisher nur ungenügende Möglichkeiten gehabt, eine eigenständige Sichtweise, die auf Erfahrungszusammenhängen beruht, zu entwickeln, geschweige denn künstlerisch umzusetzen. Da der semantische Gehalt der Musik sexistisch gefärbt ist, reicht die handwerkliche Erlernung der musikalischen Syntax nicht aus: hier ergeben sich weitere Probleme.

Zusammenfassend ist festzustellen, daß Frauen sowohl durch ihre Sozialisation, als auch durch die historisch gewachsenen gesellschaftlichen Zwänge bedingt von Kreativitätsprozessen so gut wie ausgeschlossen sind. Die von Männern so lange aufgestellte Behauptung, Frauen könnten aufgrund ihrer Natur nicht kreativ sein, schlägt auf sie zurück (abgesehen davon, daß die Frau nie eine Chance hatte, ohne patriarchale Autorität »natürlich« zu leben). Die äußeren und inneren Zustände waren so einengend, daß sie eine fast völlige Fernhaltung der Frau vom kulturell-künstlerischen Schaffen bewerkstelligten. Die

Frau wurde in der Vergangenheit nicht nur durch den Ausschluß aus
den Institutionen am Wirken gehindert, sondern ihr wurden zusätzlich
alle für die Entfaltung kreativer Prozesse unabdingbaren Fähigkeiten
verwehrt. Obwohl die institutionellen Fesseln sich mittlerweile gelok-
kert haben, sind die psychischen Sperren noch immer kaum überwind-
bar. In den nachfolgenden Abschnitten werden einige von ihnen
untersucht.

4.2 DIE MUSIKALISCHEN BERUFE

4.2.1 Die Solo-Instrumentalistin

Die Kunstmusik hat sich von der Produktion und der Reproduktion
her als eine von Männern geschaffene und von ihnen reproduzierte
Kunstform gebildet. Während die produktive Seite noch heute fast
ausschließlich vom Mann verwaltet wird, wurde der Frau im reproduktiven Sektor gestattet, zunächst die Bühne als Sängerin zu
erobern, da das Publikum nach dem weiblichen Stimmenklang verlangte. Im Instrumentalbereich ist die Situation unterschiedlich. Dies
bezieht sich nicht nur auf den Unterschied zwischen den Laufbahnen
einer Solo-Instrumentalistin und einer Orchestermusikerin, sondern
auch auf die Instrumentenwahl. Obwohl Frauen im Mittelalter zahlreiche Instrumente spielten, ist diese Vielfalt im Lauf der Jahrhunderte geschrumpft.

   Das Virtuosentum existiert, so lange es ein öffentliches Musikleben
gibt. Mit der Festigung des bürgerlichen Musiklebens im ausgehenden
18. Jahrhundert trat jedoch eine Änderung auf. Zwar gab es davor
innerhalb der fürstlichen und ständischen Musikpflege herumreisende
Musiker, aber die Identifizierung und dadurch bedingt der Starkult
um einzelne Personen entwickelte sich parallel zu dem entstehenden
bürgerlichen Freiheitsbewußtsein. Während zu Zeiten Bachs die
Solopartie zunächst noch vom Konzertmeister ausgeführt wurde, der
die Soli sowie die Tuttistellen abwechselnd mitspielte, beteiligte sich
der Solist in der Klassik nicht mehr an den Tuttistellen. In der
Romantik fand das Virtuosentum seinen Höhepunkt: Liszt war der
erste Pianist, der es wagte, alleine ohne Orchester aufzutreten. »Es
kümmert Dich wenig«, schreibt ihm Berlioz bewundernd, »ob die
Kapelle der Stadt, durch welche Dich die Reise führt, gut ist. Du
kannst frei nach Ludwig XIV. sagen: Das Orchester bin ich! Der Chor
bin ich! Der Dirigent wiederum bin ich!«[13] Alle Blicke und Empfin-

dungen der Zuhörer konzentrierten sich nun auf den Solisten, der entsprechend mystifiziert wurde.

»Der durch die europäischen Staaten reisende Konzertvirtuose von internationalem Ruf verdankt seine Erfolge der Aufgeschlossenheit der Massen für das Leistungsprinzip, für Fortschritt der Technik, für Originalität in der geistigen Haltung. Alle Besonderheiten von der Kraft des ursprünglichen Einfalles bis zur Ausbildung letzter Extravaganz werden von der Menge, die sich gleichsam in der überragenden Leistung des Besonderen spiegelt, enthusiastisch aufgenommen.«[14]

Leistungsprinzip, technischer Fortschritt, geistige Originalität: diese Eigenschaften werden dem Mann zugeordnet und er hat sie kraft der ihm zur Verfügung stehenden Verwertungsmöglichkeiten vereinnahmt und verinnerlicht. Die Frau konnte hier höchstens als exotische Variante toleriert werden. Die Absicht von Clara Schumanns Vater, sie zur Ausnahmeerscheinung zu stilisieren sowie die Resonanz seitens der Zuhörer bestätigen diesen Sachverhalt.

Um 1840 gab es nur vereinzelt Klaviervirtuosinnen. Die bekanntesten waren Sophie Bohrer (1828–1849), die Österreicherin Leopoldine Blahetka (1815–1887), die 1865 verstorbene Camilla Pleyel, geborene Focke sowie Frau Dulken, geborene David (1781–1850). Diese Klavierspielerinnen konzertierten nur kurze Zeit in der Öffentlichkeit, so daß die beiden Töchter Friedrich Wiecks, Clara Schumann und Marie Wieck, für lange Zeit die alleinigen Pianistinnen waren. Im Zuge der Ausbreitung des Virtuosentums nahm die Zahl herumreisender Klavierspielerinnen zu. Die Sonderstellung des Klaviers ist wohl darauf zurückzuführen, daß dessen Vorläufer, Spinett und Cembalo, von Frauen frühzeitig »erobert« worden waren. Die Funktion des Instruments als Generalbaßbegleitung bewirkte, daß Frauen häufig zum Akkompagnieren herangezogen wurden. Außerdem erhielt das Klavier früh eine Stellung als Hausinstrument innerhalb der bürgerlich-häuslichen Musikpflege; eine Fülle dilettantischer Klavierliteratur wurde zu diesem Zweck auf den Markt gebracht.

Die sich im letzten Drittel des 18. Jahrhunderts ausprägende Ideologie von der »natürlichen Bestimmung des Weibes zur Ehefrau und Mutter« wirkte sich auf die Instrumentenwahl aus. Eine Frau hatte am ehesten die Chance, anerkannt zu werden, wenn sie sich blumenhaft-anmutig, als ästhetischer Reiz wirkend, gab. Ihr wurden Instrumente gestattet, die im Salon zur Unterhaltung dienten. Deshalb setzte sich die Harfe als Fraueninstrument durch; ihr beschränktes Ausdrucksvermögen wurde mit der weiblichen Beschränktheit gleichgesetzt. Daß sie als »frauenhaft geartet« galt, wurde ihrem zarten, ätherischen Ton und ihrer »spielseligen Anmut« zugeschrieben.[15] Der Musikkritiker Hanslick fand die Harfe klanglich so dürftig, daß der Zuschauer den zusätzlichen Reiz einer gutaussehenden Spielerin brauche, um seine ästhetischen Bedürfnisse vollauf zu befriedigen.

> »Die Schönheit des Instrumentes macht, daß wir nicht gern einen schwarzbefrackten Herrn daran hantieren sehen, sondern unter dem goldglänzenden feingeschwungenen Hals der Harfe auch eine entsprechende poetische Erscheinung erwarten: ein junges Mädchen.«[16]

Hanslick verschweigt, daß mit einer solchen Haltung der Frau verwehrt wird, sich dem Mann gleichzustellen. Mit einer »anmutigen Blume« konkurriert man nicht, man genießt sie als ästhetisches Objekt. Die Literatur für Harfe war dieser Auffassung angepaßt, ihr fehlte der tiefere Gehalt und sie entsprach dem Bravourbedürfnis damaliger Kreise. Ähnlich verhielt es sich mit anderen Instrumenten, die durch ihre ätherisch-empfindsamen Klänge bedingt Assoziationen mit dem Weiblichen wachriefen und einen femininen Stempel erhielten: Laute, Zither und Glasharmonika.

Da sich die Violine nicht gleichermaßen als Saloninstrument für die Dilettantin eignete, wurde sie im 19. Jahrhundert nur selten gewählt. Es gab zwar vereinzelte Geigenvirtuosinnen (z. B. Theresa Milanollo, Rosa Schindler, Betty Schwabe und Marianne Scharwenka-Stresow), doch blieben diese Ausnahmen. Während die Flöte für Frauen »gestattet« war, wurden alle anderen Instrumente als unpassend für die Frau abgelehnt. Gumprecht spricht von »vereinzelten Orgel- oder Cellospielerinnen und was der befremdlichen Gestalten mehr sind, die hin und wieder im weiten Tonreich auf Abenteuer ausgegangen« seien.[17]

Während Ende des 18. Jahrhunderts bestimmte Instrumente wie Horn, Violoncello, Fagott und Trompete ausdrücklich als »typisch männlich« bezeichnet und daher den Frauen abgeraten wurden[18], werden heute den Instrumenten bestimmte Eigenschaften zugeordnet, was einer geschlechtsspezifischen Einteilung nahekommt. Ein Beispiel hierfür bildet die Trompete. Die mittelalterlichen Hoftrompeter waren wie die Ritter beritten und genossen bestimmte Privilegien. In dem glanzvollen Festorchester der Barockzeit symbolisieren Pauken und Trompeten die Macht des Weltherrschers; in der Klassik symbolisieren die Blechblasinstrumente Macht, Heroentum und Festlichkeit. Die Bedeutung der Trompete für die Militärmusik tat ein übriges, um dieses Instrument mit einem männlichen Image zu behaften. Daß diese historische Entwicklung das heutige Rezeptionsverhalten prägt, zeigt sich daran, daß Jungen noch heute eher als Mädchen vom Klang der Blechbläser und Pauken angesprochen werden[19], und daß der Trompete »Kraft, Schwung, Energie« attestiert wird[20]. Daß sich diese Assoziationen auf die Instrumentenwahl von Mädchen sowie bei der Einstellung von Orchestermusikern auswirkt, ist naheliegend.

4.2.2 Orchestermitglied

Die heutigen Orchester sind aus den Hofkapellen hervorgegangen, die sich zu Hoforchestern entwickelten. Neben diesen Hoforchestern existierten vor und nach 1800 zahlreiche Privatkapellen von Fürsten und Adeligen. Überall in Deutschland hielten sich Fürsten einige Musiker. Nicht selten wurden diese für Militärmusik herangezogen, neben der Tafel- und Tanzmusik, den Kirchen- und Kurkonzerten, zu denen sie aufspielen mußten. Das moderne Sinfonieorchester entstand im 19. Jahrhundert; im 20. Jahrhundert wurde es perfektioniert.

Durch die Jahrhunderte hindurch waren die Orchestermusiker ausnahmslos männlichen Geschlechts. Die Orchester bezogen Frauen nur zögernd ein; erst zu Beginn dieses Jahrhunderts wurden sie vereinzelt aufgenommen.

Frauen mit einer qualifizierten beruflichen Ausbildung wichen häufig auf den Unterhaltungssektor aus. Mitte des 19. Jahrhunderts zog ein Wiener Damenorchester in Deutschland umher. Nur die Bläser waren männlich; eine Frau dirigierte. Das Repertoire bestand vorwiegend aus leichter Kost wie Tänzen, Märschen und Opernouvertüren; die Frauen trugen eine Uniform. Solche Unternehmungen gehörten in den Varietébereich. Sie wurden als exotische und zu belächelnde Variante der respektierten Männervereinigungen gesehen.

Um die Jahrhundertwende gab es ernsthafte Versuche, Frauenorchester zu bilden: zu ihnen gehörte das Berliner Tonkünstlerinnen-Streichorchester. Es gab 1900 in der Singakademie unter Leitung von Willy Benda sein erstes Konzert. An den Violin- und Violoncellopulten saßen ausschließlich Frauen, z. T. berühmte Solistinnen. Nur die Kontrabässe waren von Männern besetzt.[21]

Die Komponistin und Dirigentin Elisabeth Kuyper (1877–1953)

Die neuesten Noten zur neuen Offenbach-Operette. Zeitgenössische Karikatur

versuchte mehrfach, Frauenorchester zu gründen und aufrechtzuer-
halten, um dem Mißstand abzuhelfen, daß künstlerisch hochqualifi-
zierte Frauen in Restaurants und Kinos spielen mußten. Sie gründete
in Berlin, in Holland, 1923 in London und später in New York
Orchester, wobei im Londoner Symphonie-Orchester auch die Holz-
und Blechblaspulte von Frauen übernommen wurden. Obwohl sie
stets beste Kritiken erhielt und sich des Zuspruchs prominenter
Zuhörer erfreuen konnte, scheiterte die Weiterarbeit ständig an der
Finanzierung.

»Die musikalischen Leistungen wurden wie immer bewundert, aber
für die Tatsache, daß die Kunst auch bei den Frauen beruflich sein
kann und daß Orchestermusikerinnen ein jährliches Gehalt haben
müssen, um leben zu können, war in keinem Lande das rechte
Verständnis vorhanden.«[22]

So blieb es bei der Teilung in qualifizierte Männerorchester, in denen
die Frau lediglich an der Harfe ein Heimatrecht besaß[23], und Varieté-
orchester, bei denen Frauen eine Zuflucht fanden, wenn sie so
verwegen waren, ein Blechblasinstrument zu erlernen:

»Hier (beim Varieté) finden sich allerdings die wenig künstlerischen Erscheinungen einer Cornet à Piston-Virtuosin, oder gar

einer ganzen Damenkapelle in Kostüm, die vor uns auch Oboe, Klarinette, Posaune, Violoncello, Kontrabaß und sogar Trommel und Pauke von weiblicher Hand bearbeitet vorführen.«[24] Durch die Abqualifizierung solcher »verfehlter Existenzen« wurde von dem eigentlichen Fehlverhalten, das in dem Berufsverbot bestand, abgelenkt. Schuld bekamen die Frauen, die es wagten, ein »männliches« Instrument zu erlernen.

Diese Situation hat sich bis heute wenig geändert. Unter den Moskauer Symphonikern, die 1978 mit über achtzig Mitgliedern anläßlich der Berliner Festspiele konzertierten, befanden sich fünf Frauen. Mit Ausnahme einer Kontrabassistin spielten sie die bei Frauen ohnehin gängigen Streichinstrumente. Die Geschlechterungleichheit hält sich somit auch in den sozialistischen Ländern hartnäckig. In deutschen Orchestern beträgt der Anteil der beschäftigten Frauen nur rund acht Prozent, wobei die Anzahl der engagierten Frauen in kleineren und mittleren Orchestern höher liegt als in den großen Opern-, Konzert- und Rundfunkorchestern (d. h., daß bei den Spitzenorchestern der Frauenanteil bei nur drei Prozent liegt.[25])

Es ist kein Geheimnis, daß Orchestermusiker weibliche Kolleginnen als Qualitätseinbuße und somit Prestigeverlust werten und sie am liebsten aus ihren Reihen verbannen würden. Dabei wird auch vor abstrusen Argumenten nicht zurückgeschreckt, so z. B., daß Frauen das Betriebsklima stören könnten. Obwohl in anderen Ländern, wie in England und den USA, weiblichen Orchestermitgliedern an allen Instrumenten nicht selten Höchstleistungen abverlangt werden, begründet ein Mitglied des Berliner Philharmonischen Orchesters den Ausschluß von Frauen mit ihrer angeblich schwächeren Konstitution.

»Rücksichtnahme (gegenüber Frauen) wiederum empfindet Willi Maas als Handicap, wenn er ›Streßhöhepunkten‹ ausgesetzt ist, wie kürzlich auf der Japantournee, wo das Orchester an sechs Abenden in der Fumo-Halle von Tokio gastierte: ›Da sitzen nahezu 5000 Menschen. Es klingt übertrieben, wenn ich sage: dann kommt der Dirigent herein. Es ist nicht so, daß wir ängstlich wären. Aber dann wird das Allerletzte vorausgesetzt. Das sind Dinge, die auch eine männliche Haltung beanspruchen. Da muß es mir völlig gleichgültig sein, wer neben mir sitzt . . .‹«[26]

Sein Kollege Zepperitz sinniert über eine künftige Kollegin (die freilich lange nicht in Sicht ist): »Ich wünschte mir, daß sie eben immer noch eine Frau bliebe, eine Dame, die sich mit der entsprechenden Sorgfalt bewegt und auch so behandelt würde.«[27] Hier schimmert die altbekannte Angst vor dem »Mannweib« hindurch. Aber auch wenn sie sich »damenhaft« kleidet, haftet ihr ein Makel an. »Wie sieht denn das bloß aus, wenn da eine Frau dazwischensitzt«, gesteht ein weiterer Kollege.[28] Eine Berliner Sologeigerin, die sich vergeblich um eine Stelle bemüht hatte, meint: »Die Männer glauben, daß ein Orchester minderwertiger würde, wenn Frauen darin spielen. Sie sind es gewohnt, unter sich zu sein, und das soll sich auch nicht ändern.«[29] Es paßt hierzu, daß der Chefdirigent der Berliner Philharmoniker während einer Pressekonferenz in Peking 1979 auf die Frage, warum es in seinem Orchester keine Frauen gebe, antwortete, daß Frauen »in die Küche und nicht ins Orchester gehören«[30].

Man fragt sich, welche psychischen Mechanismen solchen Abwehrtaktiken zugrundeliegen. Es sind nicht nur gesetzliche Fehlregelungen, die behoben werden müßten (so verbietet die Mutterschutzregelung das Arbeiten von Schwangeren nach 20 Uhr, der Deutsche Bühnenverein, aber auch einzelne Orchesterträger weigern sich, in einem solchen Fall Aushilfe zu bestellen, so daß Frauen von vornherein möglichst nicht angestellt werden); schwerer wiegen psychische Barrieren. Adorno hat zur Sozialpsychologie des Orchestermusikers geäußert, daß er einen »ödipalen Charakter, schwankend zwischen Aufmucken und sich Ducken« besitzt.[31] Es ist denkbar, daß ein Mann unter seinesgleichen sein Rollenverhalten lockern kann und sich daher bei der Arbeit ohne Frauen wohler fühlt. Aber auch die homoerotische Komponente, die bei Männerbünden (Fußballverein, Männergesangverein, Burschenschaften usw.) latent vorhanden ist, kann die weibliche Partizipation zusätzlich erschweren.

Die gescheiterten Versuche der Vergangenheit, Frauenorchester zu erstellen, ermutigen kaum zu Experimenten in dieser Richtung. Sie scheitern nicht zuletzt an den Frauen selber, die Angst haben, nicht ernst genommen, als »Zootiere« beäugt zu werden und es vorziehen, sich dem ungleichen Konkurrenzkampf mit Männern nicht zu stellen. Es ist ihnen nicht zu verdenken, da die ökonomische Grundlage nur von diesen gewährt werden kann. Es wäre wohl kein Kultusministerium in der Bundesrepublik bereit, ein Frauenorchester finanziell zu fördern.

4.2.3 Die Dirigentin

> Er zuckt, er zaubert; seine Griffe
> ziehen
> Aus dem Orchester lange Melo-
> dien
> Die sich als lichte Strähnen um
> ihn winden.
> Er herrscht und funkelt szepter-
> lich
> In Wink und Schlag und Strich
> Umgüldet von den glänzenden
> Gebinden.   (Ernst Lissauer)

> Frage: »Arbeiten Sie heute weni-
> ger als früher?«
> Antwort: »Nicht im gering-
> sten ... ich brauche viele kleine
> Ruheperioden – zehn bis vier-
> zehn Tage. Da gehe ich zu mei-
> ner Frau und meinen Töchtern –
> und in die Natur. Hier kann ich
> mich auf all das konzentrieren,
> was kommt.«
> (Interviewausschnitt mit Herbert
> v. Karajan)

98 % der Dirigenten und Kapellmeister in der Bundesrepublik sind
Männer. Von den 579 Kapellmeistern, Studienleitern und Chordirek-
toren, die in der Spielzeit 1976/77 an den Bühnen arbeiteten, waren 34
weiblichen Geschlechts.[32] Während in denjenigen Berufssparten, wo
sich Macht mit Prestige verbindet, der männliche Anteil bis zur
Exklusivität ansteigt, ist die Situation im Bereich der Schulmusik, der
Kirchenmusik und des Laienmusizierens ausgeglichener[33] – also dort,
wo die öffentliche Anerkennung niedrig ist.

Die Verklärung des Dirigenten, die im 19. Jahrhundert einsetzte
und dazu führte, daß er noch heute von einem irrationalen Schein
umgeben wird, ist ein Ausfluß des Geniekults. Die öffentliche Geltung eines Dirigenten übersteigt häufig die tatsächliche Leistung:
Adorno spricht von der »Allüre des Gewaltherrschers«, dem »Gestus

des Medizinmannes«, der dem Publikum etwas vorgaukelt[34]. Diese Tendenz hat sich heute, wo die Musik längst als Ware erkannt ist und vermarktet wird, zunehmend verstärkt. Je profitträchtiger ein Dirigent für eine Schallplattenfirma ist, desto größer der Mythos, der um ihn gesponnen wird.

Frauen können diesen Anspruch am allerwenigsten erfüllen. Das Bild des erfolgreichen Dirigenten ist mit der männlichen Identität verwoben (zu erinnern ist an Reklamebilder von Karajan am Flugzeugcockpit, am Sportwagensteuer usw.), und damit mit mehr Tabus belastet als irgendein anderer Beruf.

Von dem Dirigierenden verlangt man Führungsqualitäten, Autorität und neben überragender Musikalität auch die Fähigkeit, formale Zusammenhänge großen Ausmaßes geistig zu bewältigen. Dem Dirigenten, der mit leeren Händen gestaltet, haftet etwas Unkörperliches, Abstrakt-Geistiges an. Diese Eigenschaften sprach man der Frau stets ab. Eine dirigierende Frau griffe somit ein Kernstück patriarchalen Denkens an. An Warnungen fehlte es nicht: »Die Frau ist bedeutender Leistung bei gleichzeitiger sachlicher Subordination nicht fähig. Und noch weniger ist sie es der organisatorisch intellektuellen Leistung, die den bedeutenden Dirigenten ausmacht«.[35] Heute drückt man sich nicht mehr so krass aus wie vor siebzig Jahren, dennoch sind die Vorurteile unvermindert lebendig. In einem 1973 verfaßten und 1978 neu verlegten Aufsatz über Chorleiterinnen erfahren wir,

> »auch Frauen leiten mit Erfolg Frauenchöre. Wenn sie selber eine gute sängerische Ausbildung besitzen, dürften sie der Eigenart des Frauenchorklanges besonders förderlich sein. Allerdings fehlt hier das große Spannungsfeld, das den Mann als Chorleiter bevorzugt. Eine naturgegebene Tatsache.«[36]

Die Natur wurde stets beschworen, wenn es darum ging, Machtverhältnisse zu legitimieren. Woher dirigierende Männer die nötige Spannung erhalten, wenn sie vor Männerorchestern stehen, bleibt ein Geheimnis.

Die Diskreditierung der Dirigentin veranlaßte die Institutionen dazu, ihr eine entsprechende Ausbildung zu verwehren. Zu Beginn dieses Jahrhunderts meldeten sich mehrere Kandidatinnen in der Leipziger Dirigentenschule Arthur Nikischs (1855–1922). Er verweigerte ihnen die Aufnahme: »Bei dem heutigen Stand der Dinge haben die Frauen, selbst wenn sie hervorragend begabt sind, keine Aussicht, praktisch zur Ausübung des Dirigentenberufes zu gelangen. Ihre Ausbildung würde ihnen also nur ein platonisches Vergnügen bereiten«.[37] Immerhin ist überliefert, daß bereits um 1850 die Wienerin Edle von Rosthorn in Dresden dirigierte, wo sie viel Aufsehen erregte.[38] Heute sind zwar die Institutionen für Frauen geöffnet, die ideologischen Sperren wirken aber weiterhin: unter den 65 Kandidaten des Karajan-Dirigier-Wettbewerbs 1973 waren zwei Frauen.

Viel zu dem Frauenausschluß trägt das komplexe Verhältnis zwischen den überwiegend männlichen Orchestermusikern und dem Dirigierenden bei. Clytus Gottwald hat die historisch gewachsene Situation des Orchestermusikers beschrieben, der jahrhundertelang die »Brosamen, die von der Herren Tische fielen«, auflesen mußte. Es entsteht ein standespsychisches Trauma, das sein Verhalten prägt. Er ist zum untergeordneten Befehlsempfänger degradiert. »Die gesamte musikalische Praxis ist darauf ausgerichtet, dem Musiker seine eigene Unterwerfung unter den Willen eines Dirigenten vor dem Publikum zelebrieren zu lassen.«[39] »Die Dirigenten sind wahrhafte Tyrannen, wenn sie den Stab in der Hand haben, sie kennen dann kein Erbarmen«,[40] stöhnte schon Clara Schumann. Bevor sich eine solche Autorität manifestieren kann, sind Machtkämpfe durchzustehen. Richard Strauss' Vater, Hornist mit langjähriger Orchestererfahrung, beurteilte die Dirigenten vom psychologischen Eindruck her: »Wie er aufs Pult steigt, die Partitur aufschlägt – bevor der noch den Taktstock in die Hand genommen hat, wissen wir schon, ob er der Herr ist oder wir!«[41]

Wissenschaftliche Untersuchungen bestätigen dies. In einer 1971 veröffentlichten Studie über psychische Belastungsfaktoren im Beruf der Orchestermusiker ergab sich aus nahezu allen Interviews eine bemerkenswerte psychische Abhängigkeit des einzelnen Musikers vom Dirigenten.

»Ausdruck, Äußerungen und Verhalten dieser Zentralperson des Orchesters zeigen im Symphonieberuf weit größere Übertragungskraft und psychische Verantwortung, als die Rolle des ›Chefs‹ in anderen Berufszweigen... So ist es zu verstehen, daß fast alle Untersuchten einer gediegenen Führungsschulung und angeborenen Menschenführungsbegabung des Dirigenten allergrößte Wichtigkeit beimessen.«[42]

Vier Fünftel der Untersuchten brachten den Wunsch nach einer »starken Persönlichkeit« und »zielsicherer Führung« vor.

Daß nicht nur die Musiker sich vor dem Dirigenten ducken, sondern daß auch die Dirigenten von Ängsten gepeinigt sind, zeigt ein Traum Richard Wagners, den Cosima Wagner aufzeichnete.

»Der zweite (Traum) spielte in Paris, im Foyer der großen Oper, wo R. dirigieren sollte, ein Werk von sich aufführen, und höhnisch von den Orchestermitgliedern empfangen wurde; einer: ›Sie bilden sich wohl ein, hübsch zu sein und zu gefallen.‹ ›Sie wollen wohl hier Ihr Werk aufführen.‹ R. sucht sie dahin zu beruhigen, daß er nie ein Orchester gequält habe, nicht aber beachtet wird; wie es an das Einstudieren gehen soll, verliert er seinen Hut, sucht, und mit Hohngelächter bringen ihm die Orchestermitglieder allerlei Kinderhüte vor, worauf Erwachen.«[43]

(Interessant ist in diesem Zusammenhang, daß Wagner der Mitbegründer des modernen Stardirigententums ist. Mit seiner Vortragstechnik setzte er den Dirigenten »als unbestrittenen Beherrscher der Szene ein. Er war der erste Individualist auf dem Dirigentenpult«[44].)

Eine Frau hat es ungleich schwerer, diese Autoritätskonflikte zu lösen. Sie wäre auf solidarisches und partnerschaftliches Verhalten angewiesen, das durch die spezifische Beziehungsstruktur zwischen Orchester und Dirigenten bedingt kaum erreichbar ist. Diese Konflikte verlagern sich bereits in das Dirigierstudium. Ein Journalist, der mit Dirigierstudentinnen sprach, erwähnt »massive Schwierigkeiten«, denen sie sich ausgesetzt sahen und resümiert: ». . . Die Berufswahl (mündet) in ein Autoritätsproblem ein, dessen Bewältigung von der Frau ein hohes Maß an Durchhaltevermögen verlangt . . . Die Dirigentin hat zuvorderst die Lacher auf ihrer Seite und damit gegen sich«.[45]

Der Taktstock ist mit dem Autoritätsanspruch verwoben. Wenn Richard Wagner seine Ängste in bewährter Manier umkehrt und zu Allmachtsphantasien verwandelt (»Mein Taktstock wird noch einmal das Zepter der Zukunft werden, es wird die Zeiten lehren, welchen Gang sie zu nehmen haben«[46], so stattet er den Dirigierstab mit sexueller Metaphorik und Herrschaft aus.) »Ehren-, Zauber-, Kommandostab, all das ist der Taktstock«[47]: tatsächlich gilt der Stock seit altersher (und in seinen Abwandlungen wie Stange, Speer, Lanze, Szepter, Pfahl, Rute, Gerte, aber auch Pfeil, Flinte und Revolver) als Phallussymbol.

»Die Peitsche des Löwenbändigers, die Stange des Seiltänzers, die Stöcke des Skiläufers, der Stab des Dirigenten, das Schwert oder das Gewehr des Soldaten, die Werkzeuge des Künstlers, der Steuerknüppel des Piloten sind unzweifelhaft Symbole des erigierten, potenten Penis«.[48]

Zahlreiche Mythen, Sagen und Märchen, aber auch die gewonnenen Erfahrungen psychoanalytischer Traumanalysen weisen auf diese

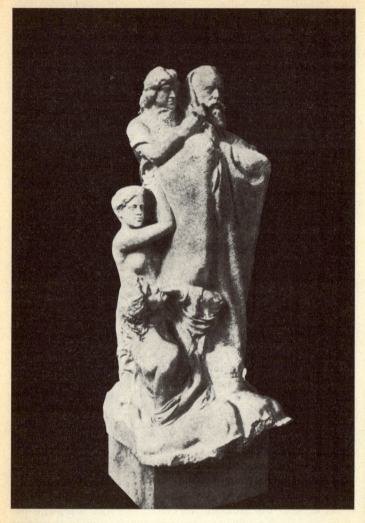

Brahms-Denkmal von Max Klinger

Symbolik hin. In der ersten Urzeit galt der Stock als Ausdruck physischer Tyrannei. Der Mann führte den Stab, der ihm Zutritt bei jeder Frau seines Volkes gab. Noch heute gilt bei Herrschenden das Szepter als Zeichen von Gewalt, Macht und Stärke, was sich darauf zurückführen läßt, daß der mit Autorität Ausgestattete durch den Stab, den er faßte, an die schützende Gottheit (Phallus) erinnert wurde, die ihm dadurch Kraft verlieh.[49]

Liegt hinter der emotional gefärbten Aussage des Dirigenten Felix Weingartner (1863–1942), daß das Dirigieren ohne Taktstock eine »geschmacklose Entgleisung« darstellt[50], mehr als nur ein Streit über die Technik des Dirigierens? Eindeutiger ist die Aussage Hans von Bülows (1830–1894), dessen Erregung bei schlechtem Orchesterspiel kaum zu zügeln ist: »Wie rasend sehne ich mich, es (den Taktstock) jenem Oboer als Dolch in die lahme, lederne, lumpige Seele zu bohren, ihn zu lehren, daß man mit Beethoven oder Wagner nicht in derselben Tonqualität konversiert wie mit seiner Waschfrau.«[51] Hinter Bülows Wunschbildern verbirgt sich der Phallus als Herrschaftssymbol, mit dem dem Opfer Gewalt angetan werden kann. Indem er Beethoven und Wagner von Waschfrauen absetzt, impliziert er zusätzlich zur unterschiedlichen sozialen Rangstufe den niedrigeren Stellenwert der Frau.

Auch Gustav Mahler setzte den Taktstock ein, um Künstler zu demütigen:

»Hatte einer falsch gespielt oder gesungen, so führte der Kapellmeister mit dem Taktstock durch die Luft einen Stoß nach ihm, reckte den Kopf und den Hals drohend nach ihm aus, fixierte ihn mit stechenden Augen und blieb eine Weile in dieser ausfallenden Stellung, während er mit der freien Hand weiter dirigierte und, ohne hinzusehen, den anderen Mitwirkenden ihre Zeichen gab.«[52]

Daß der Taktstock als Potenzsymbol, das Selbstvertrauen auslöst und Unterwerfung signalisiert, in Frauenhand ungern gesehen wird, ist naheliegend.

Im Spannungsfeld zwischen Dirigent und Orchester kommen zusätzliche Konflikte auf die dirigierende Frau zu. In auffälliger Weise pflegen Dirigenten den Kontakt zu »ihrem Orchester« zu verklären oder gar zu erotisieren. Richard Strauss läßt 1942 in einem Glückwunsch an die Wiener Philharmoniker etwas hiervon ahnen, wenn er schreibt:

»Ich möchte mein Lob heute nur in einen kurzen Satz fassen: ›Nur wer die Wiener Philharmoniker dirigiert hat, weiß, was sie sind!‹

Doch das bleibt unser eigenstes Geheimnis! Ihr versteht mich
schon: hier – wie am Pult!«[53]

Das »Du« deutet Vertraulichkeit an, und die Intimität wird durch das
Herausstellen von Geheimnissen und den Ausschlußcharakter ausgedrückt. Hans von Bülow geht noch weiter, wenn er vom sogenannten
»Orchesterkoitus« spricht[54], womit er das Verhältnis und die daraus
entstehende Spannung zwischen Dirigenten und Orchester zu umreißen versucht. Das künstlerisch-sinnliche Erleben, das Entrückt- und
Gebanntsein, der starke emotionale Anteil, die Hingabe, die sich
zwischen beiden Teilen abspielt, lassen Analogien durchaus zu, wobei
er als Überlegener und Triebbändiger es sich anmaßen darf, das
Geschehen zu bestimmen. Für Frauen ist es angesichts dieser in
psychischen Bereichen verankerten Phänomene so gut wie unmöglich,
sich durchzusetzen und anerkannt zu werden.

Zu diesen psychischen Barrieren gesellen sich die institutionellen
hinzu. Der Dirigent Otto Klemperer bekam sein ersehntes Engage-
ment in Hamburg erst, nachdem Gustav Mahler ein empfehlendes
Kabel an den dortigen Direktor mit dem Inhalt »Klemperer zugrei-
fen« abgesandt hatte.[55] Diese Episode ist kennzeichnend für eine
Künstlerbranche, die wie kaum eine andere abhängig von persönlichen Empfehlungen ist, zumal Politiker und Administratoren keinen
Überblick über künstlerische Qualität besitzen und sich auf Ansehen,
Beliebtheit, Besprechungen und Informationen aus verschiedenen
Kanälen stützen müssen. Auch hier ist die Frau benachteiligt: sie kann
höchstens dann mithalten, wenn sie als »männlicher Kumpel« akzeptiert wird. Dies wirft jedoch die Frage nach der weiblichen Identität
auf. Die Belastungen der dirigierenden Frau sind ständig von dem
Bild, das der Mann sich von ihr macht, abhängig. Eine Kirchenmusi-
kerin berichtet aus eigener Erfahrung:

> »Dirigenten untereinander sind ausgeprägte Rivalen: sie streben
> alle eine Führungsposition an und unterstellen, wenn Frauen in
> ›ihren‹ Beruf eindringen wollen, daß diese mit unlauteren Bezie-
> hungen (Aussehen, erotische Ausstrahlung usw.) sich durchsetzen
> würden oder könnten. Es wird als krasse Niederlage empfunden,
> wenn eine Dirigentin einem Dirigenten vorgezogen wird.«[56]

Ist man einerseits bemüht, Frauen in die erotische Ecke zu drängen,
wird ihnen gleichzeitig unterstellt, sie würden durch ihr Äußeres
Männer »verführen«. Daß sich diese Konflikte, die als Identitätspro-
bleme die Arbeit überlagern und erschweren können, auf die Arbeit
niederschlagen, ist naheliegend. Die in anderen »Männer«berufen zu

beobachtenden Phänomene treten dementsprechend auch hier auf. Die Frau muß sich fachlich überkompensatorisch betätigen, also besser als viele Männer sein. Häufig werden männliche Verhaltensweisen übernommen, um als »Kumpel« anerkannt zu werden und dadurch besser arbeiten zu können. Damit leugnet aber die Frau ihre weibliche Identität und übernimmt eine männlich-geprägte Rolle mit allen Gefahren der Frauenverachtung, die daraus entspringen. Häufig hört man sogenannte Karrierefrauen sagen, es gäbe keinen Unterschied zwischen den Geschlechtern; man müsse sich nur genug anstrengen, und nur die Leistung würden zählen.[57] Indem Frauen, die es nach unsäglichen Mühen »geschafft« haben, gleichrangig mit Männern akzeptiert zu werden, diese Leistung sich ausschließlich selber zuschreiben und die gesellschaftliche Mißachtung verdrängen, diskriminieren sie unwissentlich Frauen, die vor diesen Zwängen kapitulieren mußten. »Die Onkel Toms der Frauen... dienen dem Mann als Alibi, auf das er hinweisen kann, wenn eine Frau sich über mangelnde ›Gleichberechtigung‹ beklagt.«[58]

Wollen Frauen überhaupt unter diesen Bedingungen noch dirigieren? Daß sie es können, hat Johanna Kinkel (1810–1858) in ihren Memoiren geschildert. Sie gibt eine Kostprobe des Eindrucks, den das Dirigieren Fanny Hensels bei sich zu Hause auf sie machte: »Mehr als die größten Virtuosen und die schönsten Stimmen, die ich dort hörte, galt mir der Vortrag Fanny Hensels, und ganz besonders die Art wie sie dirigierte. Es war ein Aufnehmen des Geistes der Komposition bis zur innersten Faser und das gewaltigste Ausströmen desselben in die Seelen der Sänger und Zuhörer. Ein Sforzando ihres kleines Fingers fuhr uns wie ein elektrischer Schlag durch die Seele und riß uns ganz anders fort, als das hölzerne Klopfen eines Taktstocks auf ein Notenpult es tun kann.«[59]

4.2.4 Die Sängerin

Im 16. Jahrhundert traten an den Höfen Sänger und Sängerinnen auf, die den Kunstgesang berufsmäßig ausübten. Die Gesangvirtuosen, wie wir sie heute kennen, entstanden um 1600 mit der Oper: damit war ein Grundstein für die Berufsausbildung gelegt, die in Italien betrieben wurde. Der sich ankündigende Siegeszug der Sängerin wurde jedoch gebremst. 1686 verbot Papst Innocenz XI das Auftreten von Frauen in den römischen Theatern. Dieses Verbot wurde von Cle-

Am Ziel. von F. v. Reznicek: »*Nicht wahr, jetzt bekomm ich die Isolde zu singen, Herr Intendant?*«

Rechts: Ein Engagement. Zeichnungen von Albert Guillaume

mens XI zu Beginn des 18. Jahrhunderts erneuert, und zwar mit dem verschärfenden Zusatz,

»daß keine Weibsperson bei hoher Strafe Musik aus Vorsatz lernen solle; denn man wisse wohl, daß eine Schönheit, welche auf dem

390. Albert Guillaume.   Ein Engagement

Theater singen, und dennoch ihre Keuschheit bewahren wollte,
nichts anderes tue, als wenn man in den Tiber springen und doch die
Füße nicht naß machen wolle«.[60]
Nach 1826 wurde das Verbot gegen das Auftreten von Frauen

erneuert. Das Kastratentum, mit dem man diesen Anordnungen begegnete, florierte, da Kastraten weibliche Rollen übernahmen.

Zwar treffen wir in Deutschland Sängerinnen seit der ersten Hälfte des 17. Jahrhunderts an[61], aber der Vorsprung der italienischen Sängerschule bewirkte, daß deutsche Sängerinnen erst im ausgehenden 18. und beginnenden 19. Jahrhundert berühmt wurden, z. B. Gertrud Elisabeth Mara (1749–1833), Pauline Milder-Hauptmann (1785–1838) und Wilhelmine Schröder-Devrient (1804–1860).

Es können hier nur einige der Konflikte, die der Berufssängerin begegneten, nachgezeichnet werden, da eine sozialpsychologische Studie noch aussteht. Häufig hat man sich damit begnügt, der Sängerin ein reges Geschlechtsleben nachzusagen, ohne nach den Ursprüngen für diese Diffamierung zu forschen. So konnte Scheffler zu Beginn dieses Jahrhunderts verkünden:

>Man kann die Reihe der großen Sängerinnen in der Vergangenheit durchgehen und wird nur wenige finden, die nicht hetärisch veranlagt gewesen wären. Es ist durchaus kein Zufall, daß überall in der Geschichte, die Ausübung des Gesanges, der Musik und der Schauspielkunst in irgendeiner Weise mit dem Hetärischen in Verbindung gebracht worden ist.«[62]

Ständig stand die Künstlerin unter Legitimationszwang. Ein Freund der berühmten Gertrud Elisabeth Mara riet ihr, ihre Autobiographie zu schreiben, damit sie der Nachwelt beweisen könne, »wie das Gemüt einer großen deutschen Sängerin unter allen Verführungen und Lockungen rein, deutsch, einfach und unverdorben« geblieben sei.[63] Eine Sängerin galt von vornherein als verdorben; an ihr lag es, die Gesellschaft eines anderen zu belehren. Heute noch ist von dieser femme-fatale-Mentalität viel übriggeblieben. Balet/Gerhard schreiben beispielsweise über die Sängerin des 18. Jahrhunderts: »Die Primadonna wiederum wurde von Ehrgeiz und Eifersucht angestachelt, dem ersten Sopranisten (Kastrat) den Rang streitig zu machen, wozu ihr jedes Mittel der Intrige und Kabale recht war«.[64] Schon die Wortwahl ist diskriminierend; eine Frau, die die Macht eines – wenn auch kastrierten – Mannes angreift, hat scheinbar nichts Besseres verdient. Es gibt aber einige Forscher, die sich bemühen, über das von Spekulationen getrübte Erscheinungsbild hinaus die Gründe aufzuspüren. Eduard Fuchs zufolge wurde der außerordentliche Kult, der um Künstlerinnen getrieben wurde, »in der Hauptsache von dem Verlangen (des Mannes) nach sinnlichem Genießen« getragen.[65] Öffentlich auftretende Frauen galten als Freiwild und mußten mit diesem Faktor rechnen. Fuchs weist auf die direkte Beziehung zur Prostitution hin. Schauspielerinnen, Sängerinnen und Tänzerinnen entstammten im 17. und 18. Jahrhundert sozial niedrigen Kreisen, d. h. sie waren meist nur verkleidete Prostituierte. Den Grund dafür sieht er in der Kalkulation des Theaterleiters: »Die freiwillige Prostituierung des weiblichen Personals ist für zahlreiche Theaterunternehmer noch immer die Basis ihrer Rechnung«, schreibt er noch 1907, obwohl er einräumt, daß sich die Lage seit 1850 weitgehend verbessert hat.

> »Die Frau steigt heute seltener auf die Bühne, um ihren Weg auf rentablere Weise in der Prostitution zu machen, wohl aber muß sie sich nach wie vor prostituieren, wenn sie ihren Weg auf der Bühne machen will. ...Es ist ein böses Wort, das aber noch für sehr viele Bühnen Geltung hat, daß das Engagement erst dann perfekt wird, wenn sie sich bereit erklärt hat, mit dem Gewaltigen ›ein abendfüllendes Stück zu agieren, bei dem er die Hauptrolle hat, und das er ganz nach seinem Belieben immer wieder aufs Repertoire setzen darf‹.«[66]

Gerade diese Tatsache, daß der »Gewaltige«, der die ökonomische Macht innehatte, ein Mann war, mußte zwangsläufig diese Strukturen fördern. In der Folgezeit rankten sich erotische Witze und obszöne Legenden um die »triebhafte« Künstlerin. Wenngleich es vielen Frauen gelang, sich dem »Herrenrecht« zu entziehen, haftet bis heute der Sängerin der Ruf des Unbotmäßigen an. Bernhard Bauer sieht einen Zusammenhang zwischen Primadonnentum, Sinnlichkeit, Liebe und Erotik:

> »Sie alle bedurften zu ihrem Werden... der Unterstützung des männlichen Geschlechtes. Dieses aber erheischt, unvergänglich geknebelt durch die Macht der eigenen Sinnlichkeit, unentwegt verfolgt von der Gewalt seines erotischen Trieblebens, stets immer ein und denselben Dank für seine Hilfe: jenen Dank der Liebe, jenen lieben und beliebten Dank, der nicht mit barer Münze, sondern nur mit dem nackten Körper des Weibes zu bezahlen ist!«[67]

Obwohl Bauer versucht, die Künstlerin zu verteidigen, kann auch er nicht umhin, ihr ein wucherndes Triebleben zu bescheinigen. Julius Bab kommt der realen Situation der Künstlerin wohl etwas näher:

> »Es ist Kenntnislosigkeit oder leichtfertige Schönfärberei, wenn man mit dem Blick auf ein paar schöne Ausnahmen bestreitet, daß bis zu diesem Tage die Schauspielerin unter dem Druck dieses sexuellen Interesses steht... Wer da weiß, in welchem Ton die

sogenannten Herren der sogenannten guten Gesellschaft im allgemeinen von Schauspielerinnen reden – wer die Wut und die
Verzweiflung, den Ekel und das unheilbare Mißtrauen kennt, mit
dem die besten unserer jüngeren Schauspielerinnen jeden Schritt
ihres Weges gehen, weil außer- und innerhalb des Theaterbetriebes
von Agenten, Regisseuren und Direktoren, Mäzenen, Rezensen-
ten und Bewunderern immer wieder unter dem fadenscheinigsten
Schleier künstlerischer Teilnahme das nackte, geschlechtliche
Interesse an sie herantritt – wer in diesen Abgrund einmal hineinge-
blickt hat und kein Talent zum Lügen besitzt, der wird aussprechen
müssen, daß die Schauspielerin unter dem sexuellen Vorurteil,
unter der sexuellen Begier der Männer heute genauso zu leiden hat
wie zu Magister Veltens oder Eduard Devrients Zeiten!«[68]

Diese Vermengung von Kunst und Realität, von Geschäftemacherei
und Ästhetik zwang die Künstlerinnen in gewisse Rollen hinein. Die
Struktur des Kunstbetriebes erforderte eine körperliche Zurschaustel-
lung, auf der Bühne wie im Leben. Viele arrangierten sich, wie
Stephan Krehl in seinen »Betrachtungen über trostlose und unwürdige
Zustände im Musikerberuf« treffend ausmalt:

»Fahren da zwei Sängerinnen von einem Musikfest nach Haus. Die
eine erzählt der anderen, daß sie von dem Vereinsvorstand schon
wieder für zwei Konzerte in der nächsten Saison verpflichtet ist.
›Wie fangen Sie das nur an?‹ ertönt sorgenvoll die Frage. ›Ganz
einfach‹, lautet die Antwort. ›Sie wissen doch, daß der Herr
Vorstand ein unglaublicher Damenfreund ist. Zu ihm fahre ich nur
im tadellosesten Décolleté. Oh, der weiß die schöne Linie meiner
Figur zu schätzen und kann sie gar nicht oft genug bewundern.‹«[69]

In den Sängerinnen-Biographien wird dieser Komplex nur zögernd
erwähnt. Die französische Diseuse Yvette Guilbert (1867–1944), die
sich nie scheute, heikle Dinge beim Namen zu nennen, schildert, wie
ihr eine Rolle von einer »blendenden Person, halb Schauspielerin,
halb Kurtisane«, weggeschnappt wurde. Diese war die Mätresse eines
der größten Aktionäre des Theaters. Tränenüberströmt ging sie zum
Theaterdirektor, der ihr erwiderte:

»Mein Kind, das sind Verpflichtungen, denen kein Theater sich
entziehen kann . . . Sie werden noch ganz andere Dinge erleben . . .
Glauben Sie, daß ich diese Frau zu meinem Vergnügen engagiere,
eine Frau, die weder sprechen noch auf der Bühne sich bewegen
kann?«[70]

Während der Mann stets ungeschoren davonkam, mußte die Frau

büßen, sei es durch den Verkauf ihres Körpers, sei es durch den Verlust ihres Rufes. Wie sehr eine Sängerin darauf achten mußte, ihren Ruf zu wahren, geht aus den Zeilen Frieda Hempels (1885–1955) hervor:

>»Wenn man ein Mädchen aus guter Familie war, lud man ein und wurde eingeladen. Und stets mit der üblichen Sicherung: die Mutter, eine Tante oder wenigstens eine ältere Schwester kam als Begleiterin mit ... Jede Künstlerin, die auf ihr Ansehen hielt, ließ sich bei ihren Ausgängen von einer Gesellschafterin begleiten. Der ›Anstandswauwau‹, wie diese Damen respektlos genannt wurden, war meist engagiert; aber das blieb geheim, man sprach von der ›Tante‹ oder von der ›Cousine‹.«[71]

Trotz des humorvollen Tons, in dem die Schilderung der folgenden Episode von Lotte Lehmann gehalten ist, schimmert etwas von der Angst hindurch, die Sängerinnen verfolgte:

>»Mir hatten sämtliche Onkel und Tanten in Berlin einen Theaterdirektor als das Schreckgespenst hingestellt. Jeder einzelne sei ein raffinierter Verführer, und eine jede schöne Rolle würde prompt mit sogenannter Liebe bezahlt ... Ich war also ins Zimmer des Direktors gegangen mit dem festen Entschluß, beim ersten Verführungsversuch zuzuschlagen. Zum Glück schwand meine kriegerische Stimmung sofort, als ich dem kleinen, grauhaarigen Hofrat Bachur gegenüberstand, der mich zerstreut, mit väterlichem Wohlwollen durch seine scharfen Brillengläser ansah und dann gleich sehr eilig hinausexpedierte. O Gott: ein Verführer war das nicht ... Meine Tugend schien mir nun gesichert ...«[72]

In den Verträgen spiegelte sich die Forderung nach körperlicher Verfügbarkeit der Künstlerin wider. Der berühmte Kostümparagraph ordnete an, daß Frauen für ihre Kostüme selbst aufzukommen hatten. Dies galt sowohl für die Choristin als auch für die Primadonna. Da die Kosten hierfür häufig die Monatsgage verschlangen, hieß dies nichts anderes, als daß das Kostüm als Anreiz für zahlende Männer zu gelten hatte, die hinter der Bühne für die sexuelle Dienstleistung bezahlten.[73] Wie Agnese Schebest (1813–1870) in ihren Memoiren beklagt, war vielen Intendanten die körperliche Schönheit wichtiger als das künstlerische Talent.[74] Das Äußere konnte sogar für die Berufswahl ausschlaggebend sein: Gertrud Mara wurde von ihrem Lehrer Hiller geraten, sich zur Konzert- und Kammersängerin ausbilden zu lassen, da sie nicht hübsch sei.[75] Der Zwang zur Schönheit forderte seinen Tribut. Die Operettensängerin Marie Geistinger (1836–1903) quälte

sich auf der Bühne mit zu engen, hochhackigen Schuhen; in der
Kulisse hielt ihre Wirtschafterin stets die Filzpantoffeln bereit, die sie
nach den schmerzhaften Auftritten austauschte. Selbst im Bett trug sie
ein fest zugeschnürtes Mieder, um dem damaligen Schönheitsideal
für Frauen zu entsprechen, und für die Erhaltung eines reinen
Teints nahm sie Arsenik ein.[76] Diese Probleme stellten und stellen
sich für den Mann in unvergleichlich geringerem Maße. Auch das
Altersproblem ist für den Mann ein weitaus geringeres. Marie
Geistinger mußte es sich gefallen lassen, in dem Wiener Witzblatt
»Der Floh« deswegen lächerlich gemacht zu werden, obwohl sie nie
ein Geheimnis aus ihrem Geburtsjahr machte und einmal einer Zeitung, die ihr Alter verfälscht hatte, ihre originale Geburtsurkunde
zusandte:

»Das ist ein ungeheures Talent,
So ungeheuer fleißig,
›Neunundzwanzig‹ Jahre ist sie erst alt.
Und sie spielt schon länger als dreißig . . .«[77]

Von Friedrich II. ist überliefert, daß er seinen ersten Sängerinnen der
italienischen Oper zum Karneval jeden Jahres untersagte, schwanger
zu sein.[78] Ob oder wie er bei Mißachtung der Anordnung mit
Sanktionen aufwartete, ist nicht bekannt. Kann man diese Anordnung
allenfalls verstehen, weil der König die Sängerinnen benötigte und
ihren Ausfall nicht riskieren wollte, ist das in vielen Bühnenkontrak-
ten festgelegte Heiratsverbot, wie es im 19. Jahrhundert gang und
gäbe war, als schwerer Eingriff in die weibliche Psyche zu bezeichnen.
Verheiratete Frauen verloren ihre sexuelle Attraktivität und waren
daher unerwünscht.

Zu diesen beruflichen Zwängen gesellten sich private Hindernisse.
Viele Ehemänner forderten von sich aus die Aufgabe der Bühnenlauf-
bahn bei Eheschließung (wahrscheinlich spielten die Angst vor »Ver-
führung«, aber auch kleinbürgerliche Normen dabei eine Rolle).
Amalie Weiß gab 1863 wegen ihrer Verheiratung mit dem berühmten
Geiger Joseph Joachim die Bühnenlaufbahn schweren Herzens auf.
Sie war nur noch als Konzertsängerin tätig[79] (also dort, wo das geistige
Element das erotische übertrifft). Auch Agnese Schebest gab, noch
nicht 30jährig, ihre glänzende Laufbahn wegen der Eheschließung
auf. Die Ehe war unglücklich und wurde geschieden; sie kehrte jedoch
nie wieder zur Bühne zurück, die ihr Triumphe beschert hatte.[80]
Caroline Unger-Sabatier (1803–1877) nahm wenige Monate nach
ihrer Verheiratung mit dem 15 Jahre jüngeren französischen Schrift-

Marie Geistinger und Adolfine Ziemaier (ihre Rivalin) als Spielkarten werden von ihren Direktoren gegeneinander ausgespielt. Karikatur

steller Sabatier Abschied von der Bühne.[81] Auch Livia Frege verließ
wegen ihrer Heirat in jungen Jahren die Bühne.[82] Die Sängerin Marie
Wilt hatte, in unglücklicher Ehe lebend, um 1870 einen Arzt in
Rußland kennengelernt, um dessentwillen sie die Scheidung begehrte.
Ihr Gatte forderte als Preis die Aufgabe ihrer glänzenden Stellung an
der Wiener Hofoper. Sie mußte auf jedes öffentliche Auftreten in
Wien verzichten und außerdem 100000 Gulden gerichtlich hinterle-
gen, um die Einhaltung dieser Bedingungen zu gewährleisten. Sie
erfüllte die Forderungen; der Mann, für den sie ihre Karriere opferte,
zog sich anschließend von ihr zurück.[83] Sie nahm sich einige Jahre
später das Leben, indem sie sich in Wien aus einem Fenster stürzte.[84]
Frieda Hempel schreibt rückblickend über einen abgelehnten Heirats-
antrag im Jahre 1912: »Schlösse ich die Ehe mit Hollberg, so würde ich
auf meine Karriere verzichten müssen, und ich war nicht die Frau, die
nichts als die ›Frau des Mannes‹ sein wollte!« Es plagten sie aber
Zweifel: ». . . Glaubte ich an das Richtige, daß nämlich meine Stimme
wirklich so schön war, daß man Liebe, Ehe, Familie dafür opfern
durfte?«[85] Ein Ausweg war allenfalls möglich, wenn der Ehemann
bereit war, sich traditionell unmännliche Eigenschaften anzueignen,
wie sie Lotte Lehmann beschreibt:

> »Es ist nicht leicht, Gatte einer Künstlerin zu sein. Ein solches
> Leben, stets dem Auf und Ab untertan, rastlos, ruhelos, zerrissen
> von Ehrgeiz, gepeinigt von Depressionen, durchjubelt von Eksta-
> sen, erfordert, noch mehr als ein bürgerlich gleichmäßiges Dasein,
> viel Geduld und Nachsicht vom Lebenspartner . . . Ja, es erfordert
> von ihm viel Selbstverleugnung, viel Rücksicht, Verstehen, Verzei-
> hen. Und die Künstlerin, die sagen kann: ›Dies war und ist der
> richtige Mann für mich‹, hat noch mehr Grund zur Dankbarkeit
> gegen das Schicksal als manche andere Frau . . . Ich bin mir dessen
> voll bewußt.«[86]

Diese Umkehrung traditioneller Charaktereigenschaften war für
beide Teile eine Belastung. Meistens resignierte die Frau zuerst. »Wie
viele meiner wirklich ausgezeichneten Schülerinnen haben aus Fami-
lienrücksichten . . . ihre Laufbahn verfehlt«[87], schreibt rückschauend
die berühmte Sängerin und Gesangspädagogin Mathilde Marchesi.
Durch die gängige Auslagerung »privaten« Geschehens bedingt ist das
Ausmaß der persönlichen Tragödien seitens vieler Künstlerinnen
weitgehend unsichtbar geblieben. Solange die doppelte Moral weiter
besteht, die von der Ehefrau sittliche Reinheit und von der Künstlerin
erotische Ausstrahlung bis hin zur Verkäuflichkeit erwartet, sind

G: E: Mara.
née Schmeling.

Gertrud Elisabeth
Mara

Frauen gezwungen, die Würde ihres Geschlechts herabzusetzen. Dabei bleibt unerheblich, für welche der beiden Rollen sie sich entscheiden bzw. in welche sie hineingedrängt werden.

Daß Sängerinnen nicht nur Opfer der Verhältnisse, sondern sich der Unersetzbarkeit ihres künstlerischen Könnens durchaus bewußt sind, zeigen die Aussagen Gertrud Elisabeth Maras, die etwas von dem Selbstbewußtsein der Künstlerin vermitteln und dieses Kapitel abschließen sollen. Sie schildert, wie sie sich am Kapellmeister Reichardt rächte, weil er sie gegen ihren Willen zwang, seine Arie zu singen.

»Ich sang sie Note für Note, aber so steif als sie geschrieben waren, und als ich zur Kadenz der Bravour-Arie kam, so hielt ich den Ton sehr lange aus, spannte dadurch die Erwartung des Publikums und fing endlich an, 8 Takte vom Thema der Arie (welches in Halbschlägen bestand und keineswegs geeignet war, eine geschmackvolle, angenehme Phantasie vorzustellen; man sagte, er hätte es von einer alten Sinfonia genommen) zu singen, und endigte es mit einem langen Triller. Reichardt, welcher den 6/4-Akkord angeschlagen hatte, konnte denselben nicht auflösen, denn ihm fielen die Hände herunter. Als der Akt aus war, lief er wie ein besessener oder verrückter Mensch heraus, der Konzertmeister Benda ihm nach, um ihn zu besänftigen, er unterbrach ihn aber: ›Haben Sie es denn nicht gehört? Sie hat mich ja vor dem ganzen Publikum lächerlich gemacht.‹«

Sie schließt mit dem guten Rat: »...wenn die erste Sängerin die Oper nicht hebt, so ist alles verloren. Ich rate auch einem jeden Kapellmeister, es nicht mit der Primadonna zu verderben, besonders wenn dieselbe eine musikalische Unabhängigkeit besitzt.«[88]

Diese künstlerische Unabhängigkeit und die Fähigkeit zur eigenständigen musikalischen Gestaltung heben die Sängerin auf eine gleiche Stufe mit männlichen Künstlern. Vielleicht hat diese Gleichstellung, die im krassen Gegensatz zur gesellschaftlichen Ohnmacht der Sängerin, aber auch der Frau überhaupt steht, zu dem widersprüchlichen Image der Sängerin beigetragen.

4.2.5 Die Komponistin

> »Die Komponistin steht heute
> dort, wo die Schauspielerin zur
> Zeit Shakespeares stand.«
> (Virginia Woolf)

Im Mittelalter galt das Komponieren als etwas Handwerkliches: das Verarbeiten war wichtiger als das Erfinden. Der Komponist des Mittelalters, der Renaissance und der Barockzeit war beruflich ausübender Musiker. Am Hof entweder als Sänger oder Instrumentalist tätig, war er verpflichtet, für seinen Hof, für fremde Fürsten und für den Gottesdienst Musik herzustellen. So kam es, daß seine Werke meist einen direkten oder indirekten Bezug hatten zu dem Personenkreis, dem sie gewidmet waren (Fürsten, Akademien, Gönner). Letztere bedankten sich für die Widmung mit Geldschenkungen.[89]

Frauen waren aus diesem Regelkreis Beruf / Herstellen von Musik / Verdienst ausgeschlossen. Eine theoretische Möglichkeit, sich am Komponieren zu beteiligen, ergab sich erst im Sturm und Drang, als der Komponist sich von Auftragswerken löste und nach Stimmungen und Empfindungen zu komponieren begann. Aber auch hier bildeten sich sogleich ideologische und institutionelle Sperren. Es wurde bereits an anderer Stelle auf die Ursachen für den kulturellen Ausschluß der Frau eingegangen. Die Theorie von ihrer natürlichen Bestimmung zur Hausfrau, die Sanktionen bei Überschreitung der dilettierenden Grenze, die fehlende Möglichkeit einer beruflichen Qualifikation sowie das männliche Selbstverständnis, das sich in der Musik selber widerspiegelte, verbarrikadierten ihr weitgehend die Möglichkeit, selber aktiv mit Musik umzugehen.

Im folgenden werden zusammenfassend die verschiedenen Behinderungen mit Beispielen belegt und auf einige der vorrangigen Probleme, denen die Komponistin noch heute ausgesetzt ist, eingegangen werden.

Der Fall Johanna Kinkels (1810–1858) ist symptomatisch für unzählige andere Frauen. Man hat ihr später vorgeworfen, sich niemals mit einem einzigen Genre intensiv genug auseinandergesetzt zu haben, sondern sich im Komponieren, im Schreiben musikpädagogischer Werke, im literarischen und musikwissenschaftlichen Bereich zersplittert zu haben, wobei ihr hervorragendes Talent überall sichtbar, aber nirgends voll zur Geltung gekommen sei. Emanuel Geibel schrieb an seine Mutter:

»Überhaupt ist das Übermaß ihr Fehler, und namentlich ist sie so reich mit Talenten begabt, daß sie in keinem Fach ein Genie ist«.[90] Dies war zweifellos mehr das Ergebnis mangelnder Studienmöglichkeit als eigenverschuldetes Unvermögen. Es war von früh auf der Traum Johanna Kinkels, sich intensiv mit der Musik beschäftigen zu dürfen. Ihr wurden von den Eltern zwar einige Musikstunden bewilligt, doch wandten sie sich entschieden gegen eine systematische Ausbildung. Weder die Bitten der Tochter noch die Empfehlung seitens des Lehrers vermochten sie umzustimmen. Erst später hat sie in Berlin Studien aufnehmen können, wobei sie durch die jahrelange Scheidungsprozedur, die ihr physische und vor allem psychische Kräfte raubte, bereits geschwächt und abgelenkt war.

Dieser Teufelskreis ist typisch. Die Frau wird auf den Dilettantenstatus verwiesen, mit dem sie sich zu begnügen hat. Da ihre künstlerischen Äußerungen demnach häufig dilettantischer sind als die der Männer, wird ihre Eigenleistung von vornherein als minderwertig abgetan. Aus gesellschaftlichen Verhältnissen werden Naturverhältnisse, und Frauen glaubten schließlich selber an ihren minderen

Wert.[91] Viele Frauen zogen daher das Komponieren als Beruf bzw. als Lebensaufgabe gar nicht erst in Betracht.

Die Institutionen trugen dazu bei, der Frau das Komponieren zu verbieten oder zumindest zu erschweren. Der musikalisch begabten Sabine Lepsius, geborene Graef (1864–1942) stand zwar die Berliner Musikhochschule für Geigen-, Klavierunterricht, Kontrapunktstudien und Orchesterstunden offen. Ihr wurde aber der sehnlichst erwünschte Zutritt zu der Kompositionsklasse verwehrt. Enttäuscht verließ sie die Hochschule; sie verbrachte die darauffolgenden Jahre, die sie so gerne mit dem Studium hatte füllen wollen, »ohne eigentliche Arbeit, ohne Anleitung«[92].

Nicht nur, daß man der Frau den Besuch der Universität bis zum Ende des vorigen Jahrhunderts verwehrte, man gestattete ihr auch nicht die Benutzung musikalischer Bibliotheken[93] – ein Tatbestand, den Virginia Woolf in »A room of one's own« noch 1928 beklagte.

Hatte eine Frau es dennoch geschafft, sich die Qualifikation zum Komponieren anzueignen, entstanden bei der Suche nach Aufführungsmöglichkeiten weitere Probleme.

»Wendet sie sich an irgendeine Kammermusik- oder Orchesterinstitution mit der Bitte, ihre Arbeiten zu prüfen, und eine oder die andere, welche vielleicht schon privat die Gunst des Publikums erfahren hat, zur Aufführung zu bringen, dann wird dieser Frau fast immer, entweder geradezu mit brutaler Unhöflichkeit oder was fast noch schlimmer ist, mit ironischer Höflichkeit begegnet werden. Im günstigsten Falle betrachtet man die Komponistin als eine halb Verrückte, als einen dreisten Eindringling, welche es wagt, an jener Stätte mit dem Manne in Konkurrenz treten zu wollen.«[94]

Die fehlende Resonanz, gekoppelt mit der mangelnden Anerkennung, bildet die größte Hürde. Das weiblich-kompositorische Schaffen hat sich nicht zufällig schwerpunktmäßig auf Lieder, Klavierwerke und Kammermusik verteilt. Frauen mußten sich auf diejenigen Genres konzentrieren, bei denen eine Aufführung im Bereich des Möglichen schien. Die Komponistin Elisabeth Kuyper faßte 1926 die Misere zusammen:

»Solange die männlichen Organisationen, die aus zahlenden Mitgliedern bestehen, die Frau als Leiterin in künstlerischen Dingen, sei es als Dirigentin, Komponistin oder Theaterintendantin, kurz in allen Zweigen der Kunst, in denen es auf Höchstleistung des Talents und der Intelligenz ankommt, boykottieren, nimmt man ihr die Existenzberechtigung und schneidet ihr den Lebensfaden ab.«[95]

Die britische Komponistin Ethel Smyth (1858–1944), die in Leipzig bei Herzogenberg studierte und von der sogar drei Opern in Deutschland aufgeführt wurden, gibt in ihren Memoiren eine bittere Rückschau über die Aufführungsprobleme, die schon für Männer schwierig sind, sich bei Frauen aber potenzieren. Sie nennt drei unabdingbare Faktoren, um als Künstlerin durchhalten zu können: eine eiserne Konstitution, Kampfgeist und ein zwar kleines, aber festes Einkommen, das Unabhängigkeit garantiert. Smyth spricht von »verschlossenen Konzert- und Kirchentoren« sowie von den unglaublichen Kritiken, denen sie, wenn es »einmal alle Jahre dank unglaublicher Mühen und freundlicher Finanzhilfe gelang, ein Kammermusikwerk im Konzertsaal aufgeführt zu bekommen«, zusätzlich ausgesetzt war. Noch härter traf sie das Verschweigen ihrer Leistungen. Ein in den zwanziger Jahren erschienenes Buch über die englische Oper erhielt keinerlei Hinweis auf ihre seit 1900 in England aufgeführten fünf Opern.

»Diese Versuchung, so zu tun, als existierten Frauen in musikalischer Hinsicht überhaupt nicht, sie zu ignorieren und unsere sowieso kleinen Erfolge zu dämpfen, diese Versuchung ist ein Bazillus, der sich bequem, wenn auch heimlich, im männlichen Organismus ausbreiten wird, bis Komponistinnen eines natürlichen Todes sterben. Daraufhin werden die Männer vergessen, daß es sie je gab. Haben sie nicht schon längst vergessen, daß sie sich einst heftig gegen das Frauenwahlrecht stellten?«[96]

Ethel Smyth war immerhin in der glücklichen Lage finanzieller Unabhängigkeit. Für diejenigen, die das Komponieren mit dem Lebensunterhalt koppeln wollen bzw. müssen, bildet die feste Anstellung an einer Musikhochschule als Kompositions- oder Theorielehrkraft den günstigsten Nährboden. Auch hier sind Frauen eklatant benachteiligt (auf gesamtdeutschem Boden besitzt zur Zeit einzig Ruth Zechlin, DDR, eine Professur für Komposition). Es gelang Elisabeth Kuyper (1877–1953) als erste Frau unter sechs Meisterschülern bei Max Bruch an der Meisterklasse für Komposition der Berliner Akademie der Künste zugelassen zu werden. Für ihre Werke bekam sie das Mendelssohn-Staatsstipendium verliehen, und die Staatliche Musikhochschule bot ihr eine Stellung als Lehrkraft für Theorie und Komposition an. Diese Stelle hatte sie von 1908 bis 1920 inne. Obwohl sie die gleiche Pflichtstundenzahl wie die ordentlich angestellten Lehrer unterrichtete und ihre männlichen Kollegen sämtlich eine pensionsberechtigte staatliche Anstellung erhielten, verweigerte man ihr eine feste Anstellung. Verbittert kommentiert sie:

Zwei gegensätzliche Titelblätter

»Wäre ich ein Mann gewesen, so hätte ich selbstverständlich den Vertrag gehabt; als Frau aber habe ich weder ideell durch Aufführungen meiner Kompositionen innerhalb der Hochschule noch materiell für meine langjährige Arbeit kaum irgendwelche offizielle Anerkennung gefunden.«[97]
Ihre Vorgesetzten Max Bruch und Engelbert Humperdinck stellten ihr glänzende offizielle Zeugnisse aus, vermochten sich aber

SYSTEMATISCHE
ANLEITUNG
ZUM
Fantasieren auf dem Pianoforte

VON
CARL CZERNY.
200ste WERK.

No 3270.   Eigenthum der Verleger.   Pr. f 5.– C.M.

WIEN, BEI A. DIABELLI UND COMP.
Paris bei W. Schlesinger.   Graben No 1133.   London bei Boosey et Co.

gegen die vorherrschende negative Sicht der Frau nicht durchzusetzen.

Hatte eine Frau den sensationell anmutenden Sprung in eine
Hochschule geschafft, wurde sie mit den Vorurteilen ihrer Schüler
konfrontiert. Der amerikanische Komponist Aaron Copland gibt
einen lebendigen Bericht seiner Begegnung mit Nadja Boulanger, die
in Paris unterrichtete. Obwohl er schon einige Jahrzehnte alt ist,

dürfte er wenig von seiner Aktualität eingebüßt haben:

»Noch ehe der Sommer weiter vorgeschritten war, begann das Gerücht von der Anwesenheit einer brillanten Lehrkraft für Harmonie an der Schule umzulaufen . . . Es bedurfte eines beträchtlichen Aufwandes und Überredung seitens eines Studienfreundes, bevor ich zustimmte, in Nadja Boulangers Klasse ›einmal hineinzuschauen‹. An diesem Tag erklärte sie gerade die harmonische Struktur eines der Sätze des Boris Godunow. Ich hatte nie vorher einen solchen Enthusiasmus und eine solche Klarheit im Lehren erlebt. Ich wußte sofort, daß ich nun meinen Lehrer gefunden hatte.

Es waren indessen noch einige ernste Hindernisse zu überwinden. Niemand innerhalb meines Bekanntenkreises hatte je zuvor an ein Kompositionsstudium bei einer Frau gedacht. Die Idee war absurd an sich. Wußte doch jedermann, daß die Welt noch nie einen weiblichen erstklassigen Komponisten hervorgebracht hatte. Und so folgerte man, daß man billigerweise von einer Frau auch nicht erwarten könne, Harmonie zu lehren. Darüber hinaus, wie würde das den Leuten zuhause erscheinen! Die ganze Idee war schon etwas zu revolutionär.«[98]

Eine komponierende Frau hat in der westlichen Industriegesellschaft genauso wie der Mann mit den ökonomischen Zwängen zu kämpfen. Ihre kompositorische Freiheit ist eine scheinbare; in Wirklichkeit wird der Erfolg weniger durch die persönliche Leistung als vielmehr durch den Grad der Verwertbarkeit durch Verlage, Schallplattenfirmen und sonstige Medien gekennzeichnet. Daß Frauen hierdurch zusätzlich belastet sind, ist selbstverständlich, denn da eine Komponistin in der deutschen Öffentlichkeit immer noch weniger als ein Mann zählt, eignet sie sich nicht gleichermaßen für die kommerzielle Verwertung. Seit Gründung des Verlagswesens bis in die heutige Zeit hinein läßt man Komponistinnen spüren, daß man sie für minderwertig hält. Die 1844 geborene Catharine Haaß berichtet, daß ihr Lehrer eine Anzahl Stücke druckreif fand und sie an eine Verlagsanstalt sandte. Es wurde geantwortet, daß das Publikum gegen Komponistinnen voreingenommen sei, und die Lieder zwar unter einem bekannten männlichen Namen Abnehmer finden würden, nicht jedoch unter dem ihren.[99] 1977, rund hundert Jahre später, schreibt ein Münchener Verleger an eine Komponistin:

»Obwohl ich Ihre Arbeit sehr schätze, und auch den Mut gehabt hätte, Sie als Verleger zu betreuen, glaube ich, doch besser daran zu tun, Ihnen Ihre Werke wieder zu retournieren . . . Sie verkennen die Situation noch weiterhin in der Form, daß Ihnen nicht bewußt ist, wie schwierig es ist, eine komponierende Frau an den ›Mann‹ zu bringen.«[100]

Auch die Ligeti-Schülerin Renate Birnstein bekam trotz Fürsprache des zuständigen Lektors eine Absage von einem Verleger. Der Grund: Frauen hätten noch nie anständige Kompositionen zustande gebracht.[101]

Komponistinnen befinden sich in einer – verglichen mit ihren männlichen Kollegen – doppelten Zwangslage. Zu den ökonomisch bedingten Zwängen gesellen sich die geschlechtsspezifischen Benachteiligungen. Oft wird dies verinnerlicht, wie das Beispiel einer lebenden Musikpädagogin und Komponistin zeigt, die in einem Interview schildert, wie sie ihr Schaffen den verlegerischen Zwängen anpaßt.

»›Es darf nicht viel kosten, also müssen die Partituren, die Besetzungen usw. klein sein und nicht schwer‹, das ist keine summarische Kritik am heutigen Verlegerverhalten, sondern eine nüchterne Einschätzung der Lage, wenn man Qualität am Markt abliefern will – ›noch dazu als Frau‹.«[102]

Der apologetische Nachsatz verweist auf ein tiefgreifendes Problem. Kann sich der Tatbestand der auf allen Ebenen in die Defensive gedrängten Komponistin auf Inhalt und Art ihrer künstlerischen Aussage niederschlagen? Wenn – wie oben angedeutet wird – von einer Frau nur das bevorzugt wird, was marktgerecht ist, wird sie wieder auf die ihr seit altersher zugewiesenen Genres der Kammermusik, des Liedes und der Chormusik abgeschoben.

Zahlreiche Komponistinnen wehren sich jedoch dagegen. Vor wenigen Jahren schien die Entwicklung dahin zu tendieren, daß Frauen sich bevorzugt seriellen und anderen determinierenden Kompositionsverfahren widmeten. »Der Gedanke strenger Materialorganisation begegnet immer wieder.«[103] Gojowy nennt das Orchesterstück »Planeten« von Gloria Coates, deren Sätze in Klangfarben und Dynamik determiniert sind. Die Moskauerin Sofia Gubajdulina benutzt die Zwölfton-Reihentechnik als Modellvorlage für Materialdisposition; anstelle der Reihe kann ein graphisches Symbol treten, das Form und Material vorbestimmt. Renate Birnsteins vier Stücke für Klarinette, Posaune und Violoncello halten sich an rigide Materialbeschränkung (der 2. Satz legt beispielsweise die Zahl der neu

eintretenden Töne nach der Primzahlenreihe fest). Myriam Marbe hat
in ihrem Klarinettenstück »Incantatio« in der Länge der Abschnitte
und der einzelnen Noten eine auf die Primzahlen gegründete Fort-
schreitung angewandt. Auch Barbara Kolb arbeitet mit determinierenden Verfahren[104]; Vivienne Olives Stück »Lusciniae Lacrimae« ist
in allen Parametern symmetrisch angeordnet.

> »Diese Hinwendung der komponierenden Frau (besonders in der
> jüngeren Generation, und die hier zitierten Beispiele stehen stell-
> vertretend für viele ähnliche) zur mathematischen Abstraktion, zu
> den ›technischen Konzepten der Avantgarde ist eine auffällige,
> Erwartungen und Vorurteilen womöglich widersprechende Beob-
> achtung.‹«[105]

Es ist denkbar, daß die Gegner weiblichen Kunstschaffens sich solcher
Phänomene annehmen könnten, um sie als Beleg für die Unoriginali-
tät weiblichen Geistes zu verwenden. Abgesehen davon, daß späte-
stens seit Adorno die Vorwürfe, Reihentechniken sowie andere
determinierende Verfahren seien überwiegend handwerklich konzipiert und daher »unkünstlerisch«, längst widerlegt worden sind, gibt es
genügend andere Gründe. Einer von ihnen könnte darin liegen, daß
jüngere Komponistinnen bewußt die Mathematik, also eine traditionell männlich-beherrschte Disziplin, übernehmen, um zu zeigen, daß
sie sich ebenso sicher wie Männer auf dem Terrain bewegen könnten.
Es könnte aber auch sein, daß sie einem traditionellen Vorurteil (z. B.
dem des Gefühlsüberschwangs, der ungeordneten Gefühlsausbrüche,
der fehlenden rationalen Fähigkeiten usw.) begegnen wollen. Oder
könnte man die Wahl dieser abstrakt-mathematischen Verfahren als
die internalisierte Angst vor dem Wagnis interpretieren? Hat die Frau
immer noch keinen Mut zur Aggression, fühlt sie sich unter ständigem
Legitimationszwang, so daß sie unvorhergesehene Wagnisse und
innovative, schockierende Verfahren von vornherein ablehnt? Diese
Fragen und auch versuchte Antworten sind beim heutigen mangelnden Wissensstand der sozialpsychologischen Vorgänge noch spekula-
tiv. Eines kann aber als gesichert gelten: Obwohl Komponistinnen
ungern eine durch ihr Geschlecht verursachte Belastung zugeben, ist
anzunehmen, daß auch sie – wie alle Frauen – durch die gesellschaftliche Diskriminierung geprägt sind, und daß sich dies in irgendeiner
Form auf ihr Schaffen niederschlägt. (Dabei ist unerheblich, ob sich
diese Reaktion durch Anpassung oder Widerstand manifestiert.)
   Obwohl der formale Bereich des Komponierens nicht vom weiblichen Kulturcharakter zu trennen ist, erschöpft sich die Frage nach

dem künstlerischen Ausdruck nicht in Kompositionstechniken. Daß der Frau in der Vergangenheit verwehrt wurde, ihre Objekthaftigkeit dem Mann gegenüber abzustreifen und sich selbst in den Mittelpunkt zu stellen, liegt an ihrer Subsumierung unter männliche Bedürfnisse, die nicht zuletzt durch den ehelichen Status abgesichert war. Der juristische Sachverhalt ließ es in der Vergangenheit zu, daß Künstlerinnen, die eine Scheidung begehrten, unter Umständen die Karriere aufgeben mußten: dies ist ein Ausfluß davon, daß selbst die berühmteste Künstlerin stets männlicher Anhang blieb. Das hat für Komponistinnen unübersehbare Folgen, die sich von der ökonomischen Abhängigkeit bis hin zur erschwerten Identitätsfindung erstreckt. Auf die Hemmnisse der Ehe angesprochen, meinte Ingeborg von Bronsart:

> »Nach meiner Überzeugung dürfte im allgemeinen eine ernstlich strebende, talentvolle schaffende Künstlerin im Interesse ihrer Kunst nicht heiraten, da in den meisten Fällen die Pflichten der Hausfrau und Mutter einer künstlerischen Entwicklung schwer zu übersteigende Hindernisse in den Weg legen.«[106]

Sie spricht damit nicht nur den immensen Zeitaufwand an, den Haushalt und Kinder beanspruchen (so klagt Johanna Kinkel 1845: »Mein Flügel dient nur noch, um frischgebügelte Windeln darauf zu trocknen... ich schmachte nach einem Ton Musik... Doch ich muß mir das Schwimmen in meinem eigenen Element versagen, bis die Kinder über die ersten gefährlichen Jahre hinaus sind, wo man sie keine Stunde aus den Augen verlieren darf«[107]), sondern die im Verborgenen liegenden seelischen Konflikte. Bronsart fügt hinzu, daß der ledigen Frau die Impulse für das künstlerische Schaffen, die auch aus der Erfahrung menschlicher Beziehungen stammen, verloren gehen.

Während der Mann Innen- und Außenleben bruchlos integrieren kann, muß die Frau versuchen, beiden Seiten gerecht zu werden, was nur den Robustesten und Stärksten gelingt. Wählt die schaffende Frau ein freies Liebesverhältnis, muß sie oft genug männliche Ausbeutung erfahren. Entschließt sie sich zur Ehe, fühlt sie sich oft eingesperrt (von den zeit- und energieraubenden Pflichten abgesehen). Dieser Konflikt ist durch die zunehmende sexuelle Liberalisierung zwar etwas gemildert, aber noch lange nicht gelöst. Die bekannte Revolutionärin Alexandra Kollontai war zwar keine Musikerin, sie teilte aber mit ihnen die Probleme aller selbständig schaffenden Frauen. Vor einigen Jahrzehnten schrieb sie:

»Die Liebe zum Manne konnte noch so groß sein, sobald sie (Liebe, Ehe, Familie) in bezug auf meine frauliche Opferwilligkeit eine gewisse Grenze überschritten – brach die Auflehnung in mir von neuem hervor. Ich mußte fort, mußte mit dem Manne meiner Wahl brechen, sonst hätte ich mich der Gefahr ausgesetzt, mein eigenes Ich zu verlieren.«[108]

Nicht alle Frauen waren und sind so stark wie Kollontai. Viele kapitulieren vor den schier unüberwindbaren Hürden oder ziehen es vor, auf Liebesbeziehungen zum Manne zu verzichten. Da die Frau selten in der Vergangenheit die Chance hatte, über ihren Körper als eigene Lustquelle zu bestimmen (noch zu Beginn des Jahrhunderts wurde von Wissenschaftlern eine eigenständige weibliche Sexualität abgestritten), ist sie heute noch von dem Anspruch des Mannes belastet, sie seinen Bedürfnissen unterzuordnen. Wenn sie sich von den äußerlichen Fesseln einer Ehe oder einer Beziehung gelöst hat, zieht dies noch lange nicht automatisch eine selbstbestimmte Haltung nach sich. Die heutige gesellschaftliche Situation scheint darauf hinzuweisen, daß diejenigen Komponistinnen, die es nicht dabei belassen wollen, die männlich-kulturellen Errungenschaften zu kopieren, zunächst ein radikal neues Verhältnis zu sich und der weiblichen Geschichte bekommen müßten. In der Selbstorganisation, in der Reflexion über identitätszerstörende Einstellungen und in der Infragestellung sozialer und psychischer Bindungen könnte der Beginn einer neuen Identitätsfindung liegen, der künstlerische Sprengkraft innewohnt.

4.3 DIE MUSIKKRITIK

> »Ein Etikett besitzt keine Zähne« (Ethel Smyth)

Am Beispiel musikwissenschaftlicher Publikationen ließ sich aufzeigen, wie sich gesellschaftliche Vorurteile im kulturellen Sektor – etwa bei musikalischen Analysen – wiederfinden. Diese Tendenz pflanzt sich innerhalb der Musikkritik fort. Die musikkritischen Rezeptionsmuster bilden eine unrühmliche Tradition, die zwischen Nichtachtung und herablassender Bagatellisierung schwankt. Ebenso wie in musikwissenschaftlichen Analysen bekommen Werke von Frauen bzw. Künstlerinnen häufig Attribute zugeordnet, die der Schablone ihres

Status als schwaches Geschlecht entsprechen. (Es verwundert nicht, daß Untersuchungen im Bereich der Literatur und der bildenden Kunst zu den gleichen Ergebnissen gelangen[109].)

Die musikalische Journalistik entstand zu Beginn des 18. Jahrhunderts mit Matthesons »Critica Musica« (1722). Mizler (1736) und Scheibe (1739) folgten. Johann Fr. Reichardt gründete 1782 das »Musikalische Kunstmagazin«. Seither gehören Werkbesprechungen zum musikalischen Alltag, obwohl eine historische Rückschau zum Teil verheerende Fehlurteile und Subjektivität aufweist. Rezensionen sind seit jeher von Künstlern gefürchtet, weil sie – da sie keinen wissenschaftlichen Anspruch besitzen – unterschwellig Vorurteile produzieren bzw. tradieren können, die mit der Wirklichkeit wenig gemein haben. Frauen sind hiervon schwerer betroffen, da die von vornherein auf das Weibliche applizierten Charakteristika ihre Leistungen einengen.

Robert Schumann, dessen Besprechungen von der Fachwelt als im allgemeinen weitsichtig und klug gewürdigt werden, äußerte in einer Kritik der Klavierwerke von Julie Baroni-Cavalcabo:

> »Der weibliche Charakter verleugnet sich dabei nirgends. Eine gewisse, aber nicht ermüdende Gesprächigkeit, ein offenes Darlegen alle ihrer Gedanken, ein Nicht-fertig-werden-können mit allem, was sie auf dem Herzen hat, sind Zeugen davon.«[110]

Einen ähnlich herablassenden Stil bietet Hanslicks Besprechung der Werke der Komponistin Louisa Adolpha Le Beau (1850–1927) aus dem Jahr 1884. Zunächst stellt er fest, daß aus ihren Kompositionen »die guten klassischen Meister« sprechen, und fährt fort:

> »Überall symmetrische Verhältnisse, gesunde Harmonie und Modulation, korrekt und selbständig einschreitende Bässe, wie man sie bei einer Dame kaum suchen würde. Einer kühnen Wendung oder überraschenden Episode wird man bei dieser Dame kaum begegnen, und ist sie doch einmal in eine entferntere Modulation geraten, so überlegt sie, echt weiblich, sofort, wie sie am schnellsten wieder nach Hause finde. Die großen Formen der Kammermusik, welche Fräulein Le Beau als die erste ihres Geschlechtes kultiviert, erzwingen unsern Respekt für die Komponistin, rechtfertigen aber auch manche Besorgnis.«[111]

Hanslick überträgt traditionelle Vorurteile. Da eine Frau nach seinen Vorstellungen hausbacken und solide zu sein hat, kann ihre Musik nur diese Eigenschaften widerspiegeln. Die sexistische Kritik muß keinesfalls immer einer bewußten Abneigung entspringen, sie kann in

»Ein Mann in ihren
Interpretationen . . .«
Teresa Carreño

vorgegebenen Einstellungen wurzeln. Der Respekt, den Hanslick der Frau erweist, stellt sich als Bumerang heraus.

Wenn Frauen sich dem weiblichen Rollenklischee widersetzten, bekamen sie ein männliches Etikett angeheftet. In einer Besprechung über bedeutende Pianistinnen heißt es:

> » . . . In unserer Zeit Frau Carreño, ein Mann in ihren überzeugenden Interpretationen, und als Gegenstück Clotilde Kleeberg, die sympathische und feinsinnige, echt weibliche Vortragskünstlerin von Schumann und Chopin«.[112]

Diese Tendenzen haben sich bis in unsere Zeit fortgepflanzt. Besonders hartnäckig hält sich die Neigung, Frauen über ihr Äußeres zu definieren. Über die sowjetische Pianistin Nicolajew heißt es: »Wenn man sie so anschaut, scheint sie zugleich eine Frau zu sein, die ebenso virtuos mit Töpfen und Tiegeln umzugehen versteht, wie mit den Tasten«[113] (würde man je einem Pianisten bescheinigen, seine Pranken eigneten sich zum Holzhacken?). Oder: »In schwarzer Bluse und weißen Jeans sitzt uns Sylvia Caduff gegenüber . . . sachlich, sportlich, modern«[114]; ein andermal über die Dirigentin: »Ihre Auftrittsgarderobe läßt sie sich bei einer Schneiderei in Chur nähen. Für Solingen gab sie einen schwarzen Anzug, Hose und ärmellose Weste in Auftrag. Dazu trägt sie eine schwarz-goldene Bluse oder eine rot-schwarz-gold gemusterte.«[115] Die Komponistin Christina Kubisch besitzt nach eigener Aussage eine Sammlung von Kritiken ihrer Stücke, die zuerst ihre Kleidung, Frisur und körperlichen »Vorzüge« beschreiben, bevor sie zur musikalischen Würdigung überleiten. Kubisch: »Man stelle sich als Gegenteil vor, daß eine Besprechung von beispielsweise Xenakis oder Penderecki mit der Größe seines Bauchumfangs oder der Farbe seiner Krawatte beginnen würde . . .«.[116]

Auch die Tendenz, Frauen als halbe Kinder zu behandeln, ist anzutreffen. Unter dem Foto einer Dirigentin heißt es: »Rot wird sie nur beim fortissimo«.[117] Männliche Eigenschaften werden beliebig negativ oder positiv ausgelegt. »Sie spielte den Klavierpart mit profunder Technik und männlich entschiedenem Klavierton«[118] ist als Lob gemeint, da sich die Künstlerin dem Mann annähert. Die Annäherung ist gestattet, nicht jedoch die identifizierende Übernahme: »Zwischen den resoluten Damen hatte es der Nachwuchsgeiger nicht leicht . . . musikalische Feministinnen hatten Anlaß zu harscher Genugtuung.«[119]

»Ungerechtfertigte Kritiken können Künstlerexistenzen vernichten.«[120] Die Komponistin Ethel Smyth erinnert an den Eklat von 1878, als Brahms mit seiner D-Dur Sinfonie in Leipzig durchfiel, und sie fragt sich, wie schwer es Frauen haben, wenn sogar hervorragende Werke von bekannten Männern so falsch bewertet werden können. Die Fehlurteile fallen immer dann besonders krass aus, wenn Vorurteile im Spiel sind, meint Smyth.[121] Diese brauchen sich nicht gegen einzelne Künstlerinnen zu richten, sondern gegen die Gattung Frau überhaupt. Da das Publikum ohnehin nichts anderes erwartet, ist die Versuchung, Frauenwerke negativ zu besprechen, ohnehin groß. Die Lage wird zusätzlich dadurch erschwert, daß es sich bei den Vorurteilen nicht nur um männliche Phantasie-Projektionen handelt, sondern daß Frauen teilweise dem Zwang erlegen sind, diesen Vorstellungen zu entsprechen, wodurch der Kritiker sich wiederum in seinem Vorurteil bestätigt sieht.

Ein unrühmliches Kapitel bilden die Abhängigkeiten zwischen dem Kritiker und der Künstlerin. Yvette Guilbert macht aus ihrer negativen Einschätzung des Bühnenlebens keinen Hehl: »Und dann diese trübe Intrigenatmosphäre: Man mußte sich mit Fräulein X gutstellen,

weil ihr Liebhaber Redakteur an dem und dem Journal war ... auf
einen Wink von ihr verriß oder verhimmelte er einen«.[122] Adolph
Kohut, der zahlreiche Bücher über Sängerinnen verfaßt hat, berichtet, daß Zeitungskritiker sich positive Rezensionen mit sexuellen
Gegenleistungen honorieren ließen.[123] Bezeichnenderweise haben die
Beteiligten es bislang unterlassen, hierüber zu berichten, so daß man
sich nicht auf nähere Angaben stützen kann; es bedarf aber nicht
extremer Phantasie, um sich auszumalen, daß die Kritiker mit ihren
Rezensionen ein Machtmittel großen Ausmaßes in der Hand besaßen
und daß einige von ihnen dies auszunutzen wußten.

　　Not täte ein geschärfteres Bewußtsein für sexistische Kritik. Frauen
sollten nicht übervorteilt oder mit wohlwollendem Maß bewertet
werden (denn dahinter kann sich die Überzeugung von der Minderwertigkeit um so besser verbergen), sie sollten andererseits auch nicht,
wie es zur Zeit geschieht, aufgrund ihres Geschlechts diskriminiert
werden. Das Bild, das man sich von der Frau und ihren »weiblichen«
Eigenschaften macht, darf nicht mehr die willkürliche und subjektive
Bewertungsgrundlage bilden. Gerade die Kritik trägt eine besondere
Verantwortung, denn sie muß zwei Seiten ausbalancieren: den Tatbestand, daß Frauen in ihren Leistungen Männern ebenbürtig sind, und
die Tatsache, daß sie aufgrund der Diskriminierung gegen hemmende
Faktoren anzugehen haben.

4.4 PATRIARCHALE MUSIKWISSENSCHAFT

Die Musikwissenschaft besitzt eine patriarchale Grundstruktur, die
mehr als in anderen Wissenschaftsbetrieben zum Ausdruck kommt.
Die Gründe liegen darin, daß die sogenannte »hohe« Musik stets
einen affirmativen Charakter innehatte: Sie unterstützte die jeweils
herrschende Schicht. In der Feudalgesellschaft fungierte sie als Sprachrohr von Thron und Altar, die sich durch sie bestätigen ließen. In
der bürgerlichen Kultur wandelte sich das Bild: Musik zersplittere in
individuell-subjektive Empfindungen. Es hätte zu einer Pluralität
künstlerischer Äußerungen kommen können. Statt dessen wurde
Musik zur Darstellung hauptsächlich männlich-bürgerlicher Freiheiten und Selbstverständnisses benutzt.

　　Linke Musikwissenschaftler haben bemängelt, daß das Bürgertum
in der Musikgeschichtsschreibung überrepräsentiert ist. Man hat aber
bislang versäumt festzustellen, in welchem Ausmaß die männlichen

Belange über die der Frau gestellt wurden, d. h. in welchem Ausmaß das *männliche* Bürgertum überrepräsentiert ist.

Die Musikwissenschaft hat durch ihre starre Ablehnung der Einsicht, daß sich die Formen des gesellschaftlichen Bewußtseins in den kulturellen Überbauten manifestieren, eine statische Sichtweise unterstützt, die die musikalische Äußerung als etwas Naturgegebenes oder von Gott Gesandtes begriff. Die bürgerlich-wissenschaftliche Begriffsbildung, die auch die Musikwissenschaft prägte, negierte folglich die historisch-ökonomische Bedingtheit. Diese statische Sicht der Musik wirkte sich auf musikwissenschaftlichen Analysen, musikhistorischen Darstellungen bis hin zu den Schulbüchern aus.

»Die Ideologie des Meisterwerks lehrt auch den Aufblick zu jenen, die Meisterwerke zu solchen erklären. Die Musikwissenschaft hat von Anfang an die älteren Komponisten zu ›alten Meistern‹, zu einer Wolke von Zeugen mystifiziert, denen sich nur auf Zehenspitzen zu nähern war.« [124]

Die Ideologie vom Meisterwerk, vom Genie und von der Inspiration, die aufgrund der klassen- und geschlechtsspezifischen Herrschaftsabsicherung entstand und gepflegt wurde, hat die Frau von der ästhetischen Selbstbestimmung ferngehalten und tut dies noch heute.

Einen Schritt zur gerechteren Behandlung weiblicher Belange könnte die Intensivierung musiksoziologischer und musikpsychologischer Problemstellungen darstellen. Die bisherigen häufig anzutreffenden additiven Verfahren (auf die »eigentliche« Musik wird etwas »Gesellschaft« aufgesetzt, um dem Ganzen einen musiksoziologischen Ansatz zu verleihen) können deshalb nicht bewußtseinsändernd wirken, weil das Selbstverständnis der Musikwissenschaft unberührt bleibt.

Ein Beispiel mag illustrieren, wie sehr verschiedene Gesichtspunkte ineinanderzugreifen hätten, wollte man eine globalere und vor allem differenzierte Sichtweise zugunsten der Frau anstreben. Zofia Lissa hat darauf hingewiesen, daß die Umbrüche in der Musikkultur, die nach sozialen Umstürzen auftreten, nicht nur das Ergebnis der Änderungen in der kompositorischen Ideologie, sondern vielmehr der Änderungen im dominierenden Typ der Rezeption sind. Dies führt sie darauf zurück, daß eine andere Gesellschaftsklasse mit anderem, aus ihren Existenzbedingungen resultierenden musikalischem Bewußtsein der Musik ihre eigenen Präferenzen und Wertkriterien aufzwingt.[125] Die Rezeptionserwartungen waren aber zur Zeit des größ-

ten Umbruchs, bei Entstehung des Bürgertums um 1750–1800, vom
männlichen Bürger geprägt, da die von Lissa genannten Existenzbedingungen sich aufgrund der Arbeitsteilung grundlegend unterschieden. Heroentum, »per aspera ad astra«, Überwindung niedriger
Triebe, Steigerung des »Ich-Gefühls«, Bildung ethischer Werte, Stär-
kung von Charaktereigenschaften, die zum ökonomischen Durchsetzen nötig waren: das sind nur einige der Aspekte, die allesamt den
Mann betrafen. Die Bändigung der Frau, die im Zeitalter der Empfindsamkeit nicht mehr nur durch Kontrakte an den Mann gebunden
war, sondern der Liebesempfindungen zugestanden wurden, mußte
auf »freiwilliger« Basis geschehen und war daher weitgehend unsichtbar: umso sichtbarer ist sie jedoch in den Künsten. Daß eine patriar-
chal-orientierte Musikwissenschaft bislang wenig Interesse an diesem
Forschungsansatz hatte, ist naheliegend.

Die Zügelung der Frau ging einher mit der Vertreibung von
Ängsten vor dem Sinnlich-Triebhaften (das der »bösen« Frau zuge-
schoben wurde) und dem Aufstieg in lichtere Geistesregionen.
Mozarts »Zauberflöte« (um ein Beispiel zu nennen) setzt sich nicht
nur von der dümmlichen Unterschicht ab, sondern auch von der im
Dunkeln hausenden, unersättlich-triebhaften Frau, die männlichen
Ängsten entspringt.[126] (Es ist bezeichnend, daß ein weiser Männer-
bund das Gute in der Welt symbolisiert).

»Die Konventionen der Kunst sind immer das Ergebnis der Einwir-
kung zweier implizierender Faktoren: der Verständigungsbereit-
schaft, d. h. der in einer bestimmten Gesellschaftsgruppe dominierenden rezeptiven Haltungen, sowie der strukturellen Qualitäten
der Kunst, die diese Rezeption gestalten und verändern.«[127]
Es müssen beide Aspekte dialektisch verwoben werden: die Analyse
der Entwicklung des musikalischen Materials unter Einbezug psycho-
logisch-geschlechtsspezifischer Aspekte, sowie die Untersuchung der
rezeptiven Haltung. Dabei ist auszugehen vom fehlenden Anteil der
Frauen an den Schalthebeln der künstlerischen und gesellschaftlichen
Macht, d. h. von den immer wieder praktizierten Verhinderungen.

Frauen, die Künstler beeinflußten, dürften nicht weiter als lästige
Anhängsel begriffen, sondern sollten als integraler Bestandteil männlicher Erfahrung und Kunstschaffens angesehen werden. Das bedeutet eine Neubewertung der Künstler-Biographien. Der Musikwissenschaftler Goldschmidt machte jüngst den Anfang, indem er Beethovens Brief an die »Unsterbliche Geliebte« einer faszinierenden
Neubewertung unterzog. Er lehnt die bisherigen Forschungen ab, die

Beethovens Verhältnis zu Frauen in den individuell-neurotischen Bereich abdrängen wollen und schließt aus Beethovens biographisch erwiesenem Bezug zum anderen Geschlecht auf eine Neurose anderer Strukturierung. Das gebrochene Frauenbild, das zu der gängigen Spaltung in Prostituierte und entsexualisiertes Idol führte, ist auch ein Bestandteil seines Lebens und seiner Erfahrung gewesen: »Die psychische Identifizierung mit diesem ausgeprägten Klassendualismus und die daraus resultierenden Verhaltensmuster können nach psychiatrischer Erfahrung bis zur männlichen Impotenz gegenüber ›anständigen Frauen‹ und ihrer Beseitigung im Verkehr mit Straßenmädchen reichen«.[128] Goldschmidts Arbeit kann als mutiger Beginn zu einer Umorientierung betrachtet werden, (wobei offen ist, ob es sich tatsächlich um einen Beginn handelt oder ob seine Studie als Außenseiterarbeit belächelt und abgetan wird).

Zu der zu fordernden neuen Sichtweise von Frauen gehört, daß man sie nicht nur unter dem Aspekt männlichen Kunstschaffens sieht. Durch viele musikhistorische Darstellungen über Franz Liszt beispielsweise zieht sich eine negative Sicht seiner Freundin, der Fürstin Sayn-Wittgenstein. Sie wird als »ziemlich dumm«, »herrschsüchtig«, »selbstherrlich«, »mehr auf ihre Rolle als auf Liszts Wohl bedacht«[129] bezeichnet. Tatsächlich war sie eine gebildete und außergewöhnliche Frau. Sie verfaßte das 24bändige Werk »Des causes interieures de la faiblesse exterieure de l'Eglise« und wurde von dem Franzosen Terrade als »die wohl intelligenteste, sicherlich die gebildetste Frau ihres Jahrhunderts« bezeichnet[130]. Durch unentwegte Studien, Reisen durch die europäischen Bildungszentren und lebendigem Gedankenaustausch mit den bedeutendsten Männern ihrer Zeit hatte sie sich zu einer außerordentlichen Geisteskultur aufgeschwungen. Davon ist in den Lisztschen Biographien kaum etwas zu erfahren. Daß sie Reichtum und Ruf aufgab, um Liszt zu folgen, wird kaum registriert; dagegen wird ihr angekreidet, daß sie einen eigenen Willen besaß und schließlich Liszt auf seinen Reisen nicht überall begleitete. Einzig La Mara bezeugt Respekt vor ihr[131], was nicht verwundert, da sie sie persönlich kannte. Die Fürstin ist kein Einzelbeispiel. Die Gegensatzkonstruktion von weiblicher Statik und männlicher Dynamik, die den Mann als legitimen Verwalter der Musik darstellt, bewirkt, daß die Frau ideologisch verklärt und als Gattungswesen zur Passivität verurteilt wird; jede Überschreitung wird mit bösartigen Sanktionen geahndet. In den gängigen Nachschlagewerken tauchen Frauen nur vereinzelt auf. Wenn von ihnen die Rede ist, sind meist diejenigen gemeint,

Fürstin Sayn-
Wittgenstein

die jeweils als Anhang des komponierenden Mannes in Form der
Ehefrau, Mutter oder Geliebte fungierten. Ludwig Kusche widmet
ihnen ein Buch unter dem verfänglichen und irreführenden Titel
»Mütter machen Musikgeschichte«, und der Bayerische Rundfunk
strahlte 1977/78 eine Rundfunkreihe »Frauen in der Musikgeschichte«
unter gleichen Vorzeichen aus. Die Meßlatte ist stets gleichlautend:
Die Frauen werden danach beurteilt, was sie für den großen Künstler
taten. Es müßte aber danach gefragt werden, inwiefern sie das
Schaffen überhaupt ermöglichten, d. h. selbst integraler Bestandteil
des Schaffens sind. Nur dann wird es möglich sein, den betreffenden
Künstler psychologisch differenziert zu beleuchten und sein Werk
adäquat zu bewerten.

   Daß das Schaffen von Künstlerinnen der Bewertung harrt, braucht
nicht betont zu werden. Dazu gehört wohl auch, daß der Blick von der

»hohen« Musik weggelenkt und in andere Regionen geführt wird. Die Spaltung in hohe Musik und Unterhaltungsmusik, die sich im 19. Jahrhundert infolge der ökonomischen Entwicklung vertiefte, wäre unter geschlechtsspezifischem Aspekt zu untersuchen. Daß die Unterhaltungsmusik als »Dirne« beschimpft wurde, die zur niedrigen Triebhaftigkeit herabziehe, bedeutet genauso eine Diffamierung des Weiblichen wie die Überbetonung des rein-geistigen Prinzips der absoluten Musik. Es kommt hinzu, daß die Musikwissenschaft stets aus schriftlichen Quellen ihre Forschungsgrundlagen bezog. Von dem Zeitpunkt an jedoch, als Musik aufgezeichnet wurde und man über sie zu reflektieren begann, ist sie in Männerhand geblieben; nicht nur die Musik selbst ist von männlichem Bewußtsein geprägt, sondern auch die Interpretationen. Es gilt daher, auch diejenigen Bereiche menschlichen Handelns und Erleidens, die nicht schriftlich fixiert sind, wahrzunehmen und zum Gegenstand des Forschungsinteresses zu machen. Dazu gehört das Akzeptieren interdisziplinärer Ansätze ebenso wie das Verbinden musikpsychologischer und musiksoziologischer Richtungen. Dazu gehört aber auch die Fähigkeit, eigene Positionen zu überdenken oder gar in Frage zu stellen.

V. Die Suche nach ästhetischer Selbstbestimmung

>»Um überhaupt eine wahrhaft
›weibliche‹ Kunst hervorbringen
zu können, müßten die Frauen
die gesamte Kulturtradition ablehnen.«

(Shulamith Firestone)

In den letzten Jahren sind zahlreiche Aufsätze und Bücher über die
kulturelle Unterdrückung der Frau verfaßt worden. Meist begnügen
sie sich damit, den männlichen »Kulturimperialismus« anzuprangern
sowie verschüttete Werke aus den Archiven zu bergen. Die Frage
jedoch, wie dieser Ungleichheit in Zukunft zu begegnen sei, wie man
Frauen ermöglichen könne, mit gleichen Startchancen ausgestattet,
den gleichen Rezeptionsbedingungen unterworfen, Kunst zu gestalten, ist nicht annähernd gelöst worden. Zu viele Probleme sind
aufgeworfen, die anzugehen wohl Jahre intensiver Diskussionen und
theoretischer Erörterungen benötigen wird.

Im musikalischen Bereich haben sich feministische Theorien kaum
entwickeln können. Dafür sind zur Bildenden Kunst und zur Literatur, aber auch allgemein zur Kultur als umfassendem Begriff, Gedanken formuliert worden. Der Weg vergangener Künstlerinnen, sich
durch doppelte Anstrengungen der männlichen Kultur anzupassen,
erscheint vielen Frauen zweifelhaft. Statt dessen entstehen Fragen,
die die Identität der Frau sowie die von ihr zu schaffende Kunst
berühren. Unterscheidet sich der Lebenszusammenhang grundlegend
von dem der Männer? Wenn ja, müßte es dann nicht auch eine
spezifisch weibliche Kunst, eine weibliche Ästhetik geben? Würde das
dann nicht auch bedeuten, daß alles bisher vom Mann Geschaffene
sowie das handwerkliche Können und die Methoden abzulehnen seien
und etwas völlig Neues entstehen müßte?

Die Frauen der ersten Frauenbewegung befaßten sich intensiv mit
der unterschiedlichen Wesensart der Geschlechter, ohne freilich
einem starren Biologismus zu huldigen. Wally Zepler bewegte sich
jedoch nah an der Grenze: »Die Frau als . . . Künstler wird stets eine

nur *ihr* eigene Geistesnuance geben, die bleibend sein muß, weil sie aus dem Weibsein selbst, dem Verhältnis der Mutter zum Kinde, des Weibes zum Manne fließt«.[132] Hedwig Dohm ging auch von der Verschiedenheit der männlichen und weiblichen Seele aus, sah sich aber außerstande, daraus Schlüsse zu ziehen: »Die Feststellung aber, d. h. die wissenschaftliche Begründung dieser Unterschiede geht über die Fassungs- und Erkenntniskraft unseres Zeitalters hinaus.«[133] 1891 forderte die amerikanische Komponistin Fanny Bloomfield-Zeisler von Komponistinnen ein eigenes Verhältnis zur Musik:

> »Wir sollten nicht versuchen, durch die Imitation des Mannes in einem Feld groß zu werden, in dem er bereits Erfolg gehabt hat, sondern es ist notwendig, jene Qualitäten zu finden, die spezifisch zu Frauen gehören; dann und nur dann werden wir dem Manne genau gleichwertig sein. In verschiedenen Bereichen kann er uns nicht folgen.«[134]

Wie diese Qualitäten aussehen sollen, konnte auch sie nicht beantworten.

Helene Lange brachte 1911 einen zusätzlichen Aspekt hinein. Sie hielt zwar eine eigenständige weibliche Kultur durchaus für möglich, bestand jedoch auf einer genauen Kenntnis und Praxis innerhalb der bereits bestehenden Kultur.

> »Gerade wenn und weil die Frau einmal eigene Kulturwerte schaffen soll, muß sie auch die männlichen Züge unserer Kultur in sich aufnehmen, um sich mit ihnen auseinanderzusetzen, sich an ihnen erst dessen bewußt zu werden, was sie Eigenes zu bieten hat. Denn zunächst wird dies Eigene als ihr Anteil an gemeinsamen Gebieten in Frage kommen, auf die sie Einfluß gewinnen muß, wenn unsere Kultur nicht einseitig bleiben soll. ... Neue Kulturwerke schaffen kann man nur auf Grund der Bewältigung des Vorhandenen und mit den Mitteln, die die bisherige Kultur bereitgestellt hat.«[135]

Somit scheiden zwei Extreme aus: die einseitige Abkapselung mancher Frauen, die der Forderung Firestones entsprechend die männlich-geprägte Kultur ablehnen und nach neuen Wegen suchen, ohne zu wissen, was sie eigentlich ablehnen, und die bruchlose Adaption an die Männerkultur, wie sie von professionellen Künstlerinnen meistens vollzogen wird.

In der Neuen Frauenbewegung gibt es widersprüchliche Ansichten. Während die einen überzeugt sind, daß eine feministische Kunst entwickelt werden müßte, warnen andere vor einer Einengung.

Hortense von Heppe wehrt sich gegen gewisse Strömungen in der
Frauenbewegung, die in der Prozeßhaftigkeit von Kunst den entscheidenden kreativen Anteil sehen und das eigentliche Produkt negieren.

>Dieser Vorstellung (daß die Frau ihre Phantasien aus dem Alltags-
leben gebiert und nur der Selbstverwirklichung dient) von weiblicher Kreativität liegt der uralte Mythos vom Dualismus Materie-
Geist zugrunde ... Kreativität rückt in die Nähe des Kreatür-
lichen.«[136]

Sie beanstandet, daß Frauen gerade diejenigen Fähigkeiten, die sie
infolge ihrer Unterdrückung nur mangelhaft ausbilden konnten,
nämlich Rationalität, Logik, kausales Denken usw., ablehnen. Sie
fügen sich damit widerspruchslos der ihnen vom Mann ohnehin
zugebilligten »Kreatürlichkeit«.

Heppe trifft sich mit den Warnungen Helene Langes vor einer
verfrühten Abkapselung. In der Tat kann es wohl kaum eine eigenständige Kunst von Frauen geben, wenn sie sich auf die ihnen von
Männern zugestandenen Eigenschaften beschränken. Auf lange Sicht
werden sie versuchen müssen, traditionell »männliche« Eigenschaften
zu kultivieren, um dann eigenständig mit ihnen umzugehen, ohne daß
es zur reinen Imitation kommt.

Dringlicher erscheint zunächst der Prozeß der Selbstfindung, die
Loslösung von alten Strukturen und das Entwickeln eigener Iniativen.
Einerseits wird – um auf die Bildende Kunst zu rekurrieren –
feministische Kunst als diejenige definiert, »in der sich die Frau selbst
als Subjekt darstellt und nicht als Objekt, nicht so, wie der Mann sie
sieht, will oder darstellt«[137], andererseits melden sich kritische Stimmen, die diese Versuche als lästige Übergangsphase verurteilen.
Marlis Gerhardt beklagt, daß bildende Künstlerinnen Frauen als
kaputte Puppen malen und mit unansehnlichem Material arbeiten, das
vom Wühltisch zu kommen scheint. Sie fordert, den Blick vorwärts zu
den Utopien zu lenken, anstatt sich über die Vergangenheit und
Gegenwart zu beklagen. Abgesehen davon, daß Gerhardt unhisto-
risch argumentiert (sie erwartet »neue Erfindungen« von Frauen,
übersieht jedoch, daß diese auf einer gesellschaftlichen und bewußt-
seinsmäßigen Folie wachsen müssen), erweckt sie den Eindruck, die
Vergangenheit sei genügend aufgearbeitet. Daß die Einsicht in die
bislang verschüttete Vergangenheit mit der Auflistung von Namen
nicht erledigt ist, sondern daß es sich um einen Bewußtseinsprozeß
noch unübersehbaren Ausmaßes handelt, übergeht Gerhardt. Es
wäre sicherlich falsch, wenn die berechtigte Kritik an einen Rückzug

in ein feministisches Ghetto den Prozeß der Eigenfindung ausschließen würde.

Adrienne Rich plädiert dafür, Teile der männlichen Kultur zu übernehmen und die wissenschaftlichen Methoden zu erlernen. Zugleich fordert sie, die volle Bedeutung weiblicher Erfahrung freizulegen. Das bis heute angesammelte Wissen sollte angesichts dieser Erfahrung neu interpretiert werden:

> »Wir brauchen ein eigenes Wissen, das sich nur durch die ständige und leidenschaftliche Hinwendung zu allen Arten weiblicher Erfahrung entwickeln kann. Für mich ist eine feministische Evolution, die zu einer radikalen Veränderung im privaten und politischen Bereich der Geschlechter führen sollte, undenkbar ohne die Überzeugung, daß das Leben aller Frauen wichtig ist, und daß das Leben der Männer bei gleichzeitiger Verdrängung weiblicher Erfahrung nicht begriffen werden kann.«[138]

Rich kritisiert die sogenannten »Karrierefrauen«, die ihre Erfolge nicht selten durch die Anpassung an die männliche Erfahrungswelt bezahlen müssen. Sie haben sich vom weiblichen Alltag gelöst, sie negieren das weibliche Erbe, verlieren die Tuchfühlung zu ihren traditionell weiblichen Fähigkeiten und denken in männlichen Kategorien. Dies ist tatsächlich ein ungelöster Konflikt. Frauen, die sich in der männlich geprägten Kultur bewegen und darin eine Rolle spielen, können zwar biologisch nicht vermännlichen (die in der Vergangenheit so häufig beschworenen »Mannweiber«, die der Vorstellung der biologischen Annäherung entspringen, haben sich längst als Schimäre erwiesen), dagegen wohl psychisch »vermännlichen«. Diese Grenzüberschreitung wäre in einer freien und offenen Kultur begrüßenswert, kann es aber in einer von einseitig-maskulinen Interessen durchzogenen Kultur nicht sein. Sie wird insofern problematisch, als diese Frauen durch ihre Verinnerlichung herrschender Normen auch die Diskriminierung ihrer Schwestern übernehmen.

Eine Künstlerin, die sich sowohl einer weiblichen Integrität verpflichtet fühlt, als auch an der bestehenden Kultur aktiv teilnehmen will, wandert auf einem schmalen Grat. Die Überbetonung der weiblichen Identität birgt die Gefahr, sich zurückzuziehen und von der Allgemeinheit abzukapseln; die blinde Integration in die bestehende Kultur könnte wiederum dazu führen, daß sie sich von männlichen Normen und Inhalten beeinflussen läßt. Als zentral erweist sich die Frage nach der spezifisch weiblichen Ausdrucksweise. Die Diskussionen um eine weibliche Ästhetik gründen sich meist darauf, daß Frauen

eine soziologisch und biologisch bedingte andersgeartete Erlebniswelt
als Männer haben. Elaine Showalter benennt einige dieser Erfah-
rungswerte: Pubertät, Menstruation, Menopause, die weibliche
Sexualität und Schwangerschaft. Diese Erfahrungen wurden früher
verschwiegen und geheim gehalten. Weil man darüber nicht kommu-
nizierte, konnten Frauen weder eine Solidarität untereinander erreichen, noch ihre eigene Identität abstützen. Trotzdem waren Künstlerinnen durch ihre Rollen als Töchter, Ehefrauen und Mütter geeint;
durch ihre strenge Sozialisation, die sie auf ihre Pflichten und Dienste
festschraubte, und durch die juristisch und ökonomisch bedingten
Mobilitätsbeschränkungen.[139] Showalter bleibt aber im Unbewußten
hängen. Zu einer weiblichen Kunst gehört zweifelsohne die bewußte
Reflexion über die eigene geschlechtsspezifische Identität. Daher
wäre es auch müßig, angestrengt in älteren Werken von Frauen nach
angeblich weiblichen Spuren zu suchen.

Silvia Bovenschen kann zwar keine eindeutigen Formkriterien für
eine feministische Kunst benennen, versucht aber, das Problem zu
umreißen:

> »Wenn aber der sinnliche Zugang, das Verhältnis zu Stoff und
> Material, die Wahrnehmung, die Erfahrung und Verarbeitung
> taktiler, visueller und akustischer Reize, die Raumerfahrung und
> der Zeitrhythmus – bei Frauen qualitativ andere Voraussetzungen
> haben, dann müßte das logischerweise auch in besonderen Formen
> der mimetischen Transformation sichtbar werden.«[140]

Ist man bereit anzuerkennen, daß Musik eine spezifische Form
gesellschaftlichen Bewußtseins darstellt, so ist es selbstverständlich,
daß die verschiedenen Bewußtseinsformen Widerspiegelungsfunktion
haben. Musik hängt demnach von diversen Bedingungen ab: für wen
sie gemacht wird, auf welchem kulturellen Hintergrund der Schaffende steht; auch die Geschlechtszugehörigkeit spielt um so stärker
eine Rolle, je mehr die (der) Schaffende begreift, wie sich die
Erfahrungen aufgrund dieser Tatsache unterscheiden. »Unsere
gegenwärtige ästhetische Wahrnehmung ist geschult an einer männlichen Kultur, und wir können diese Wahrnehmung nicht ad hoc
verändern«[141]: Daß diese Veränderung viel Zeit benötigen wird, ist
unzweifelbar richtig. Aber die Einsicht, daß etwas verändert werden
kann, ist bereits für sich ein Gewinn.

Die Widerspiegelung ist nicht nur im Sinne der Spiegelung äußerli-
cher Zustände zu verstehen. Es kann auch nicht Ziel einer weiblichen
Ästhetik sein, sich ausschließlich auf das fertige Werk zu beziehen,

sondern sie muß die Beziehungsqualität zwischen Musik und Gesellschaft berücksichtigen. Es wäre z. B. ungenügend, wie es in der Anfangszeit der Entwicklung des »Sozialistischen Realismus« geschah, diese Theorie auf den stofflichen Aspekt von Musik zu richten, etwa durch Überschriften, Einbeziehung bestimmter Texte, programmatische Angaben usw., um dadurch Musik in eine gewünschte Richtung zu drängen. Damit würde Kunst mit agitatorischer Parteinahme verwechselt, die pädagogisierend-peinlich ihre Wirkung verfehlte. »Jeder im voraus festgelegte Zweck, jede Beschränkung... töten die Schöpfung«.[142] Eine Kunst kann nicht ausschließlich »feministisch« sein, da sie eine Vermengung von Individuellem und Gesellschaftlichem enthält: Dank dieses Tatbestands besitzt unsere abendländische Musik, die von männlichem Selbstverständnis durchzogen ist, trotz alledem ein Maß an Wahrheitsgehalt für beide Geschlechter. Kunst läßt sich zwar weitgehend vereinnahmen, nie aber in ihrer Totalität: Es bleibt stets ein freiheitlicher und vorwärtsweisender Rest, der sich dem Zuhörenden offenbart. Die Widerspiegelung des gesellschaftlichen Seins müßte weiter gefaßt werden: auf die Beziehung der Komponistin zum Leben, auf ihren Bewußtseinsstand bezüglich ihrer Stellung als Frau, und auf den Grad der Überschneidung subjektiver und objektiver Tatbestände im Kultur- und Kunstbewußtsein ihrer Klasse, ihres Geschlechts, ihrer Epoche usw. Wenn also Frauen darangehen, Musik mit herkömmlichen weiblichen Handwerkszeugen zu gestalten – etwa wie die Brasilianerin Alcantara Ferreira, die in einem Stück Stricknadeln verwendet, oder Myriam Marbe, die Klaviersaiten mit Füngerhüten bearbeitet[143] – sind das zwar interessante Aspekte, die vom weiblichen Erfahrungszusammenhang aus gedacht sind. Sie bleiben aber solange wirkungslos, wie Frauen es nicht wagen, den radikalen Schritt der Loslösung von männlichen Kategorien auf allen Ebenen zu vollziehen und sich auf ihre kulturelle Situation neu zu besinnen.

Dieser radikale Schritt kann von der Frau nicht alleine vollzogen werden. So sehr ihre Trennung von männlichen Belangen nötig ist, so zwingend ist zu folgern, daß der Erfolg nur möglich ist, wenn der Mann seine Position überdenkt. Die Diskussion um eine weibliche Ästhetik kann nur dann befriedigend vorangetrieben werden, wenn neben Sozialisationstheorien auch die biologischen Geschlechtsdifferenzen theoretisch durchleuchtet werden. Erste Versuche sind in den USA bereits im Gange. Michelle Rosaldo kommentiert: »Männer... werden erst dann Frauen als gleichberechtigt anerkennen, wenn sie selber beigetragen haben, den Nachwuchs zu erziehen, indem sie die häuslichen Pflichten übernehmen.«[144] Nancy Chodorow verlangt, daß neben den vielen bekannten Rollentheorien auch die unbewußten Persönlichkeitsmerkmale untersucht werden sollten.[145] Wenn nämlich die Frau durch ihre Übernahme der Kindererziehung bedingt »sich mehr über ihren Bezug zu anderen Menschen definiert als es die männliche Persönlichkeit tut«[146], dann sind Überlegungen über die Verteilung gesellschaftlicher Arbeit vonnöten, die sich nicht darin erschöpfen dürfen, daß man Retortenbabys fordert.[147]

Da das kulturelle Selbstverständnis des Mannes gekoppelt ist mit der Fernhaltung der Frau von kulturellen Produktionsprozessen, sind radikale Umdenkungsprozesse vonnöten. Die Erfahrung hat gezeigt, daß Lippenbekenntnisse von gutmeinenden Männern oberflächlich bleiben, weil sie im rational-kognitiven Sektor angesiedelt sind und affektiv-emotional nicht nachvollzogen werden (können). Dies erscheint folgerichtig, denn wer die Macht besitzt und zudem unwissend (aufgrund mangelnder weiblicher Erfahrung) ist, wird kaum durch moralisch-ethische Forderungen bereit sein, Macht aufzugeben, insbesondere in einem Gesellschaftssystem, das die lautstarke Vertretung eigener Interessen zu einem Grundpfeiler des Selbstverständnisses zählt. Erst einschneidende gesellschaftliche Veränderungen können einen solchen emotionalen Nachvollzug weiblicher Forderungen nach gleichberechtigter Teilnahme an der Kultur nach sich ziehen. Ein erster Schritt wäre der Abbau emotionaler Fixierung und ökonomischer Abhängigkeit mit dem Ziel, endlich partnerschaftliche Beziehungen herzustellen. In einem weiteren Schritt wäre ein Aufweichen der starren Geschlechterpolarität denkbar, bei dem nicht eine allgemeine Vermengung zu einem Einheitsmenschen, sondern die bewußte Akzeptierung der psychischen Übernahme männlich oder weiblich orientierter Wesensarten anzustreben wäre.

Doch führt dahin ein weiter Weg. Pessimismus ist zwar angesichts der bestehenden Kultur angebracht, doch sollte er nicht auf die Träume für eine bessere Zukunft ausgedehnt werden. Er ist auch dann nicht angebracht, solange Frauen auf ihr Frausein stolz sind und wissen, daß das künstlerische Potential, das in ihnen steckt, der Entfaltung harrt und sich in einer partnerschaftlichen, von gewaltsamen Autoritäten befreiten Gesellschaft auch entfalten wird, um zur allgemeinen Bereicherung beizutragen.

»Die Geschlechter ziehen ihres Wegs. Sie leben nicht mehr nur aneinander vorbei, sie rücken auseinander, endlich! Denn Frauen brauchen Raum für das, was nur in ihrer Phantasie existiert.«[148]

Die Frau hat in der musikalischen Kultur (wie in allen anderen kulturellen Sparten) durch ihre Überhöhung und Erniedrigung gleichermaßen ihre Würde und Selbstachtung verloren. Sie kann nicht warten, bis der Mann anfängt, ein neues Bild von ihr zu zeichnen; sie kann auch nicht warten, bis eine wie auch immer geartete Gesellschaftsordnung ihr einen »gleichberechtigten« Status überstülpt; sie muß selber die Initiative ergreifen.

270

Anmerkungen

EINLEITUNG

1   Weber, S. 5 (nähere Angaben s. Literaturverzeichnis)
2   zit. b. Max Funke: Sind Weiber Menschen? Mulieres homines non sunt. Halle 1910, S. 32
3   Singer, S. 43
4   Worbs, S. 130
5   Hans-Peter Reinecke: Psychologische Aspekte der Bildungsziele und -inhalte des Faches Musik. In: Vorträge der 8. Bundesschulmusikwoche. Mainz 1970, S. 57
6   zit. b. Bovenschen, 1979, S. 215
7   Preussner in: Programmheft der GEDOK, Mannheim 1961
8   Schrader-Klebert, S. 5
9   vgl. Krichbaum/Zondergeld, S. 11–22
10 Blochmann, S. 125
11 Helge Pross: Über die Bildungschancen von Mädchen in der Bundesrepublik. Frankfurt/M. 1969, S. 110
12 Krille, S. 205
13 Theweleit, Bd. I, S. 460
14 Elias, Bd. I, Einleitung, S. XLIII
15 Einen ebenso amüsanten wie ernst zu nehmenden Versuch, wissenschaftliche Objektivität mit subjektiver Betroffenheit zu verbinden, stellt die Studie von Cheryl Benard/Edit Schlaffer dar: Die ganz gewöhnliche Gewalt in der Ehe. Texte zu einer Soziologie von Macht und Liebe. Reinbek 1978
16 Georg Fische-Dick: Wissenschaftliche Begleitung von Gesamtschulen – Musikunterricht als »ästhetische Erziehung«. In: Willi Gundlach (Hrsg.): Musikunterricht an Gesamtschulen. Stuttgart 1971, S. 72
17 Blochmann, S. 124
18 Zinnecker, 1972
19 in: Herrenmoral und Frauenhalbheit, Berlin 1896, S. 307

ABSCHNITT I

1   Drinker, S. 116
2   Weinhold, S. 141
3   Günther, K.-H., S. 55
4   Weinhold, S. 148
5   zit. b. Drinker, S. 119
6   a. a. O., S. 121
7   zit. b. Specht, S. 261
8   a. a. O., S. 267
9   a. a. O., S. 275
10 Günther, K.-H., S. 73
11 Bücher, S. 17
12 vgl. Schöfthaler
13 vgl. Bücher, S. 36 f.
14 zit. bei Drinker, S. 138
15 Rolle, S. 2
16 Schünemann, S. 56
17 Niemöller, 1969, Einleitung, S. XXII
18 zit. b. Rolle, S. 2
19 Schünemann, S. 80
20 a. a. O., S. 84
21 Rolle, S. 5
22 zit. b. Schünemann, S. 96
23 zit. b. Vormbaum, S. 229
24 a. a. O., S. 177. Johann Bugenhagen fordert 1528 in einer Braunschwei-
    ger Schrift von den Jungfrauenschulen, daß sie lesen, biblische Sprüche
    rezitieren, biblische Auslegungen hören und schließlich christliche
    Gesänge lernen sollen. Vgl. Herrmann, S. 102
25 Schünemann, S. 151
26 vgl. Niemöller, 1969, Einleitung, S. XVII
27 Goetze, S. 31
28 Drinker, S. 144
29 Goetze, S. 37
30 a. a. O., S. 38
31 E. H. Meyer, S. 125
32 Anonymus, zit. b. Schünemann, S. 162
33 Schünemann, S. 168
34 Bäumer/Lange, S. 42
35 Günther, K. H., S. 141
36 zit. b. Schünemann, S. 217
37 a. a. O., S. 220
38 Balet/Gerhard, S. 27
39 a. a. O., S. 284

40 Preußner, S. 37
41 a. a. O., S. 42
42 zit. b. Krille, S. 95
43 Allgemeine Musikzeitung 1799/1800, S. 846, zit. b. Sowa, S. 19. In der
    Schweiz und Frankreich waren Frauen schon 1714 als Spielerinnen und
    Zuhörerinnen zugelassen. Vgl. Preußner, S. 23 und S. 26
44 Rutschky, S. XLIII f.
45 zit. b. Krille, S. 14
46 zit. b. Günther, K. H., S. 157
47 Pestalozzi, S. 180
48 Natorp, S. 41
49 zit. b. Schünemann, S. 295
50 Blochmann, S. 48
51 C. F. Michaelis: Einige Gedanken über die Vortheile der frühen
    musikalischen Bildung. In: Allgemeine Musikzeitung, 8/1804
52 Basedow, S. 104 f.
53 a. a. O., S. 105
54 Basedow: Elementarwerk, zit. b. Schünemann, S. 275
55 Campe, S. 37
56 a. a. O., S. 120
57 a. a. O.
58 Rutschky, S. 57 ff.
59 Niethammer, S. 323
60 a. a. O., S. 349
61 Günther, K. H., S. 178
62 R. Alt, Die Industrieschulen, zit. a. a. O., S. 179
63 B. C. L. Natorp: Grundriß zur Organisation allgemeiner Stadtschulen.
    Duisburg/Essen 1804, S. 49 f.
64 Krille, S. 33
65 Herrmann, S. 113
66 vgl. Niemeyer, Bd. II, S. 437 f.
67 Rolle, S. XVI
68 Sowa, S. 14
69 Stephan, S. 97
70 zit. a. a. O. Murki = ein nicht mehr gebräuchlicher Tanz
71 Campe, zit. b. Stephan, S. 106
72 Stephan, S. 108
73 zit. b. Krille, S. 69
74 Hensel, zit. b. Stephan, S. 99
75 Joh. D. Hensel, S. 213
76 Niethammer, S. 351
77 Möser, S. 125
78 a. a. O., S. 141
79 Meiners, Bd. 4, S. 271

80 a. a. O., S. 282
81 Diese Versuche fanden ihre konsequente Fortführung in dem Werk des Nervenarztes Möbius, der 1900 versuchte, der Frau physiologisch und neurologisch Schwachsinn nachzuweisen. (Möbius, P.: Über den physiologischen Schwachsinn des Weibes. Leipzig 1900)
82 Uden, S. 220
83 Krille, S. 122
84 zit. a. a. O., S. 128
85 zit. a. a. O., S. 129
86 zit. a. a. O., S. 71
87 Heydenreich, Bd. 1, S. 241
88 Brandes, S. 49
89 a. a. O., S. 56
90 Herrmann, S. 108
91 Blochmann, S. 31
92 a. a. O., S. 32
93 d'Aubigny, S. 48
94 zit. b. Blochmann, S. 79
95 a. a. O., S. 81
96 vgl. Steinhausen, S. 89 f.
97 Bäumer/Lange, S. 73
98 Kehr, S. 356
99 vgl. Zinnecker, 1973, S. 72
100 d'Agoult, Bd. 1, S. 131 f. Obwohl sie französische Verhältnisse schildert, können diese durchaus auf Deutschland ausgedehnt werden.
101 zit. b. Zinnecker, 1973, S. 96
102 vgl. Steinhausen, S. 108
103 Zinnecker, 1973, S. 105
104 Büchner, S. 151
105 zit. b. Zinnecker, 1973, S. 103
106 Bäumer/Lange, S. 15
107 a. a. O., S. 16
108 zit. b. Zinnecker, 1973, S. 138
109 Schornstein, S. 26
110 Friedrich, S. 28
111 C. Kehr: Der Gesangunterricht (1892), in: Heise u. a., S. 120 f.
112 Braun, S. 29 Vgl. auch Storck, S. 92, der den hausmusikalischen Tiefstand auf den mangelnden Musikunterricht an den Knabenschulen zurückführte.
113 Lehrplan von 1894, zit. b. Braun, S. 30
114 Bahr-Mildenburg, S. 46 und S. 131
115 Worbs, S. 128
116 Storck, S. 127
117 Gleim, S. 114

118 Krebs, S. 202
119 Litzmann, Bd. 3, S. 453
120 Sowa, S. 247
121 a. a. O., S. 85
122 zit. a. a. O., S. 274
123 zit. a. a. O., S. 281
124 a. a. O., S. 341. Durch die Logiersche Methode sollten organische Hemmnisse, wie Steifheit und ungelenke Finger, mit Hilfe eines »Chiroplasten« beseitigt werden (einer Vorrichtung an der Klaviatur, um Körper-, Arm- und Fingerhaltung zu trainieren).
125 a. a. O., S. 302
126 Plan von Carl Urban (1823), zit. a. a. O., S. 285
127 Allgemeine Musikzeitung, 1812, S. 255, zit. a. a. O., S. 185
128 Sowa, S. 349
129 vgl. a. a. O., S. 41
130 Keldany-Mohr, S. 48
131 aus: Allgemeine Musikzeitung 1809/1810, S. 1021 ff., zit. b. Sowa, S. 278 ff.
132 Ehrlich, S. 400
133 Marchesi, S. 85 f. und S. 143
134 vgl. Blumner, S. 7 ff.
135 zit. b. Preußner, S. 132
136 zit. b. Hopf, S. 16
137 Adolf Weissmann: Musik und Krieg. In: Die Musik H. 1, Jg. 14/1914, S. 101
138 a. a. O., S. 102
139 Kehr, S. 359
140 Voß, 1909, S. 8
141 Güldner, S. 6
142 a. a. O.
143 Voß, 1909, S. 11
144 Güldner, S. 1, sowie Schöppa, S. 77
145 Braun, S. 38
146 vgl. a. a. O., S. 113
147 Löbmann, S. 130
148 a. a. O.
149 a. a. O., S. 132
150 Man wird an den bekannten Ausspruch Honoré de Balzacs erinnert: »Die verheiratete Frau ist eine Sklavin, die man auf den Thron zu setzen verstehen muß«.
151 Supprian, S. 286
152 vgl. Die Frau 5/1906, S. 501
153 zit. b. Güldner, S. 340
154 Zinnecker, 1972, S. 185

155 Lange, S. 254
156 vgl. Höckner, S. 6 und S. 61
157 Busse-Wilson, 1920, S. 79
158 Busse-Wilson, 1925, S. 97
159 Tischer, zit. b. Hodek, S. 99
160 Georg Götsch, zit. b. Kolland, S. 114
161 Hodek, S. 137
162 zit. a. a. O., S. 431
163 Walther Hensel: Spinnerin Lobunddank. Kassel 1932, S. 4
164 Georg Götsch: Musikheim in Frankfurt-O. In: Heise, u. a., S. 232
165 Götsch heiratete eine um 33 Jahre jüngere Frau, deren Verhältnis zu ihm
     wie das eines Kindes anmutet. Sie schreibt nachträglich von sich: »Ich
     (weiß) niemand, der so unbedingt allen Regungen seines Geistes, seiner
     Seele sich hingegeben hat wie das junge Mädchen, weich, noch völlig
     ungeformt, das ich damals war . . .« zit. b. Segler, S. 22
166 Hilmar Höckner (Alfred Andreesen): Jugendmusik im Landerziehungs-
     heim. In: Heise u. a., S. 189
167 Höckner, 1927, S. 44
168 a. a. O.
169 zit. b. Hodek, S. 134
170 W. Ehmann, zit. b. Hodek, S. 190
171 W. Hensel, zit. b. Kolland, S. 87
172 Jörg Erb, zit. b. Kolland, S. 40
173 Wyneken, zit. b. Höckner, 1927, S. 64
174 G. Götsch, zit. b. Theodor Warner: Musische Bildung – ein Gespenst?
     In: Zeitschrift für Musikpädagogik 5/1978, S. 32
175 a. a. O.
176 Segler, S. 22 f.
177 vgl. Lehrplan für den Musikunterricht an den höheren Schulen, zit. b.
     Braun, S. 158
178 vgl. Josepha Fischer: Die Mädchen in den deutschen Jugendverbänden.
     Leipzig 1933, S. 24
179 zit. b. Günther, 1967, S. 29
180 Karl Fr. Sturm, zit. a. a. O., S. 37
181 Hitler, S. 276
182 zit. b. Hodek, S. 196
183 a. a. O., S. 208
184 a. a. O., S. 218
185 Raabe, 1935, S. 41
186 a. a. O., S. 49
187 Klingendes Deutschland, Bd. 2, Ausgabe für Mädchen, Hannover 1942
188 Günther, 1967, S. 290
189 Schieber, zit. b. Hodek, S. 198
190 Hodek, S. 230

191   Raabe, 1941, S. 506
192   Kurt-Erich Eicke: Die Musikerziehung im Bildungsplan der Mittel-
      schule. In: Egon Kraus (Hrsg.): Musik und Bildung in unserer Zeit.
      Vorträge der 4. Bundesschulmusikwoche 1961. Mainz 1961, S. 115
193   Werbeprospekt des »Arbeitskreises für Hausmusik«, o. J., zit. b. Hodek,
      S. 241
194   Hoffmann, 1974, S. 83
195   a. a. O., S. 83
196   Singt und spielt. Berlin 1957, 3. Bd. A, S. 137
197   Hugo W. Schmidt u. a. (Hrsg.): Die Garbe. Musikkunde, Teil II, Köln
      1975, S. 227 ff.
198   Kassel, 1971
199   Lehrbuch Musik, Klasse 9/10, Berlin 1975, S. 17
200   Rudolf Nykrin/Hella Völker: Theater und Musik an Schulen: das gelbe
      Unterseeboot. Schulprojekte der Universität Bielefeld, H. 17. Stuttgart
      1977, S. 51 und S. 53
201   Daß diese und andere Stellen aus Zeitgründen bei der Aufführung
      gestrichen wurden, ändert nichts daran, daß sie nicht vorher bereits
      entfernt oder zumindest mit den Kindern problematisiert wurden.
202   Meinolf Neuhäuser u. a. (Hrsg.): Resonanzen. Sekundarstufe I, Bd. 2.
      Frankfurt/M. 1975, S. 190
203   Rudolf Frisius/A. Schwan: Unterrichtsprojekt »Radiomacher«. Musik
      und Bildung 2/1978
204   Karl Haus/Franz Möckl: Singen und Spielen. Mainz 1977, S. 77
205   Helmut Tschache: Lieder und Volksmusik aus der Tschechoslowakei.
      Mainz 1978
206   Bernhard Hölscher u. a. (Hrsg.): Klang und Zeichen. Bd. 1. Düsseldorf
      1973, S. 110–114
207   Helmuth Hopf u. a. (Hrsg.): Grundausbildung in Musik. Schülerbuch 1,
      Regensburg 1977, S. 84
208   Lemmermann, S. 139
209   z. B. in Resonanzen, Sek.-Stufe 1, Bd. 1, a. a. O., S. 190
210   Wulf D. Lugert: Musik hören, machen, verstehen. Stuttgart 1979, S. 100.
      Die Abbildung der Erdolchung einer Frau, die fatale Assoziationen an
      eine Vergewaltigung weckt (S. 89) bestätigt wieder einmal, daß eine
      insgesamt kritisch-progressive Konzeption nicht vor sexistischen Inhal-
      len schützt. Vgl. auch die Bemerkungen in: Jochen Unbehann: Musikun-
      terricht. Bensheim 1980, S. 33 f.
211   Karl-E. Behne: Über musikalische Naivität. Zeitschrift für Musikpäd-
      agogik 3/1977, S. 56. Vgl. auch Günter Kleinen: Zur Psychologie
      musikalischen Verhaltens. Frankfurt 1975
212   Winfried Pape: Musikkonsum und Musikunterricht. Düsseldorf 1974, S.
      52

ABSCHNITT II

1 Salmen in: Walter Salmen (Hrsg.): Der Sozialstatus des Berufsmusikers
   vom 17. bis zum 19. Jahrhundert. Kassel/Basel 1971, S. 137
2 Magda Schäfer: Psychologie und Weiblichkeitsideologie. Frankfurt/M.
   1978, S. 6
3 Weininger, S. 235
4 vgl. Zelinsky, S. 101
5 Langbehn, S. 110
6 a. a. O., S. 122
7 L. Marcuse, S. 280 (vgl. auch Klaus-Uwe Fischer: Von Wagner zu
   Hitler.) In: Metzger (Hrsg.)
8 Langbehn, S. 175
9 a. a. O., S. 173 und S. 174
10 zit. b. Glaser, S. 30
11 Lange-Eichbaum, S. 559
12 Brusatti, S. 59
13 zit. b. L. Marcuse, S. 206
14 zit. b. Höckner, S. 76
15 Sombart, S. 85
16 a. a. O., S. 95 und S. 94
17 Bekker, S. 227
18 zit. b. Glaser, S. 78
19 Oskar A. H. Schmitz: Der Kulturwerth des Krieges. In: Zukunft 20. Jg.,
   44/1912
20 Lars U. Abraham/Carl Dahlhaus: Melodielehre. Köln 1972, S. 23
21 a. a. O.
22 Rebling, S. 7
23 H. Marcuse, 1971, S. 208
24 Wagner, zit. b. Adorno, 1964, S. 105
25 Pfitzner, 1940, S. 58
26 Pfitzner, 1920, S. 8
27 zit. b. Litzmann, Bd. III, S. 28
28 Pfitzner, 1940, S. 74
29 Schopenhauer, zit. b. Pfitzner, 1940, S. 44
30 zit. b. Klaus-K. Hübler: Zum Verhältnis von Ästhetik und Ideologie bei
   Hans Pfitzner. In: Zeitschrift für Musikpädagogik 5/1978, S. 24
31 zit. b. Placzek, S. 46
32 zit. a. a. O., S. 68
33 zit. a. a. O.
34 zit. b. Choisy, S. 68
35 zit. b. Schreier, S. 59. In dem bekannten Kirchenlied »Lobt Gott, ihr
   Christen allzugleich« heißt es übrigens in einer Strophe: »Er kommt aus
   seines Vaters Schoß«.

36   Hans Pfitzner: Über Kunstpflege und Jugend (1929). In: Zeitschrift für
     Musikpädagogik 5/1978
37   Das gleiche mag für die Heldenpropagierer gelten. Thomas Carlyle, der
     Autor von »Hero and Hero-Worship«, war nachweislich impotent. Vgl.
     Placzek, S. 43
38   Hans Blüher: Die Rolle der Erotik in der männlichen Gesellschaft.
     Stuttgart 1962, S. 117. In Schopenhauers Essay »Über die Weiber«
     (Göttingen o. J.) kommt sein irrationaler Frauenhaß voll zur Geltung.
39   zit. b. Theweleit, Bd. I, S. 309
40   a. a. O., Bd. I, S. 310
41   Pfitzner, 1940, S. 88
42   Dahms, S. 179
43   Scheffler, S. 101
44   Leixner, S. 102
45   Scheffler, S. 101
46   Jakoby, S. 13
47   Dahms, S. 268
48   Rentmeister, S. 109
49   Artikel »Musik«, Musik in Geschichte und Gegenwart (MGG), Kassel,
     1955
50   vgl. Senta Trömel-Plötz: Linguistik und Frauensprache. In: Linguistische
     Berichte 57/1978. Lesenswert ist die Erwiderung von Luise Pusch auf die
     Kritik von H. Kalverkämper zu diesem Aufsatz (s. die darauffolgenden
     Hefte).
51   Helga de la Motte-Haber: Psychologie und Musiktheorie. Frankfurt/M.
     1976, S. 77
52   Clytus Gottwald: Deutsche Musikwissenschaft. In: Dibelius (Hrsg.),
     S. 59
53   E. Rabsch/H. Burkhardt: Musik. Frankfurt 1929, Bd. III, S. 236
54   Georgii, S. 213
55   MGG, Bd. IV, Spalte 549, vgl. auch Lemmermann, S. 132. Auch
     Klimowsky sieht in der Sonatenform weibliche und männliche Elemente
     im Wechselspiel miteinander, vgl. Klimowsky, S. 94
56   zit. b. Rehberg, S. 48
57   Handschin, S. 356
58   MGG, Artikel Romantik
59   a. a. O.
60   MGG, Artikel Klassik
61   Adolf Weissmann: Musik und Krieg. In: Die Musik H. 1 Jg. 14/1914, S.
     103
62   Gustav Ernest: Beethoven. Berlin 1920, S. 462
63   Renner, S. 172
64   Bekker, S. 136
65   Peters Verlag, o. J.

66 Edwin Fischer: Ludwig v. Beethovens Klaviersonaten. Wiesbaden 1958, S. 131

67 Schering, 1940, S. 18

68 a. a. O., S. 20

69 zit. b. Armin Gebhardt: Robert Schumann als Symphoniker. Regensburg 1968, S. 107

70 Wolfgang Boetticher: Robert Schumann. Berlin 1941, S. 541

71 Georgii, S. 185

72 a. a. O., S. 189

73 a. a. O., S. 206

74 Bekker, S. 136

75 Martin Ninck: Schumann und die Romantik in der Musik. Heidelberg 1929, S. 87

76 Bekker, S. 147

77 a. a. O., über die 1. Sinfonie Beethovens

78 Georgii, S. 185

79 Walther Dahms: Schumann. Berlin 1922, S. 265

80 Bekker, S. 127

81 Zeitschrift »Bühnengenossenschaft«, zit. in »Die Zeit« v. 13. 1. 78

82 Albert Schweitzer: J. S. Bach. Leipzig 1908

83 vgl. Hans-Chr. Schmidt: Musik im Fernsehen – musikalische Titel von Fernsehserienfilmen. In: Musik und Bildung 1/1977. Schmidt weist auf den Signal- und Aussagecharakter von Fernsehtitelstücken hin, der sich (nicht nur, aber auch) aus dem Charakter der Musik selbst begründen läßt.

84 vgl. Hans Emons: Musiksoziologie und Unterricht. In: Forschung in der Musikerziehung. Mainz 1978, S. 156

85 Georg Knepler: Gustav Mahlers Musik – Versuch einer Wertung. In: Otto Kolleritsch (Hrsg.): Gustav Mahler. Sinfonie und Wirklichkeit. Graz 1977, S. 13

86 Stein, S. 221 (Übersetzung der Verf.)

87 Wilhelm H. Riehl: Culturstudien aus drei Jahrhunderten. Stuttgart 1859, S. 371. Riehl verrät leider nicht, was eine Frau, die eine rechte Frau werden will, studieren soll.

88 Nettl, S. 44

89 Schering, 1940, S. 19

90 Preussner, S. 75

91 vgl. Erich Reimer: Idee und Öffentlichkeit und kompositorische Praxis im späten 18. und frühen 19. Jahrhundert. In: Die Musikforschung, Jg. 29/1976

92 vgl. Hausen; dort ist ein umfangreiches Literaturverzeichnis zusammengetragen.

93 Bovenschen, 1979, S. 77; vgl. auch U. Gerhard, S. 131

94 vgl. Rebling, S. 19

95   Preussner, S. 75 und S. 78

96   Schering, 1974, S. 55

97   a. a. O., S. 56

98   Habermas, S. 60

99   zit. b. Gottfried Küntzel u. a.: Sequenzen. Musik Sekundarstufe I, 2.
     Folge. Lehrerband. Stuttgart 1976, S. 124

100 vgl. Erich Reimer: Kritik und Apologie des Oratoriums im 19. Jahrhun-
     dert. In: Walter Wiora u. a. (Hrsg.): Religiöse Musik in nichtliturgischen
     Werken von Beethoven bis Reger. Studien zur Musikgeschichte des 19.
     Jahrhunderts, Bd. 51. Regensburg 1978

101 Renner, S. 537

102 Litzmann, Bd. II, S. 30

103 Renner, S. 540

104 z. B. Nr. 19 in Haydns »Die Jahreszeiten«: »Erschüttert wankt die Erde«

105 Singer, S. 26

106 vgl. Balet/Gerhard, S. 477

107 E. H. Meyer, S. 70

108 Renner, S. 176

109 Wilhelm Peterson-Berger: Beethoven aus römischem Horizont. In: Die
     Musik Jg. 17/1925, S. 420

110 vgl. Abschnitt 2.3

111 So äußerte er einmal: »Künstler sind feurig, aber sie weinen nicht.
     Rührung paßt nur für Frauenzimmer; dem Manne muß Musik Feuer aus
     dem Geist schlagen.« Zit. b. Schering, 1974, S. 261

112 vgl. Walter Engelsmann: Die Sonatenform Beethovens. In: Die Musik,
     Jg. 17/1925, S. 424 ff.

113 zit. b. Goldschmidt, S. 279

114 a. a. O., S. 318

115 a. a. O.

116 a. a. O., S. 316

117 Beethovens Hinwendung zur Fuge wird von Goldschmidt in untrennba-
     rem Zusammenhang mit seiner wachsenden Religiosität gesehen, vgl. a.
     a. O., S. 328

118 vgl. a. a. O., S. 272 und S. 276

119 a. a. O., S. 301

120 a. a. O., S. 339

121 Goldschmidt, S. 333

122 zit. b. Schering, 1974, S. 279

123 zit. b. Dahlhaus, S. 20

124 vgl. Reimer, S. 136 (vgl. Anm. 100)

125 zit. b. Litzmann, Bd. III, S. 490 f.

126 Rudolf Kassner: Die Moral der Musik. München 1905, S. 193

127 zit. b. Walter Wiora: Die Musik im Weltbild der deutschen Romantik.
     In: Wiora (Hrsg.), S. 30 (vgl. Anm. 100)

128 Gumprecht, S. 45 f. Nettl zufolge gibt es Musikwissenschaftler, die die primitive Musik in zwei Gruppen teilen: in jene, wo das Vaterrecht, und jene, wo das Mutterrecht vorherrscht. Bei den männlich betonten Völkern soll die Musik aufgeregt und wild sein, mit weiten Intervallsprüngen, bei den weiblichen Völkern sanft mit engen Tonstufen (Nettl, S. 42). Er präzisiert dies jedoch namentlich nicht.

129 Balet/Gerhard, S. 480

130 Arthur Schopenhauer: Sämtliche Werke, hrsg. v. Max Köhler, Berlin o. J., Bd. II, S. 259 f., zit. b. Dahlhaus, S. 130

131 H. J. Ustvedt: Über die Untersuchung der musikalischen Funktionen bei Patienten mit Gehirnleiden, insbesondere bei Patienten mit Aphasie. (Acta Medica Scandinavia). Helsingfors 1937, zit. b. Pontvik, S. 63

132 In: Metzger/Riehn, S. 80

133 Adorno, 1964, S. 146

134 Alle Zitate aus Cosima Wagner, Tagebücher. Die römischen Ziffern beziehen sich auf den Band. I, 113

135 I, 138; I, 224; I, 276; II, 1042; I, 403

136 I, 614

137 I, 749; I, 784; II, 816

138 I, 406; 420; 574; 315; 316; 256

139 II, 460; 425; 731; Träume von Minna vgl. I, 263, 303, 603, 796, 813, 838, 863, 889, 925; II, 288, 292, 364, 457, 508, 519, 609, 674, 898, 1094

140 I, 740; II, 376

141 II, 766

142 vgl. u. a. II, 62, 227, 308, 346, 448, 455, 500, 546, 588, 604, 612, 629, 738, 740, 803, 824, 886, 1040, 1092

143 I, 324; 459

144 I, 533

145 I, 511; 438; 464; 814; 852

146 II, 1074

147 I, 633 f.

148 I, 676

149 I, 572; 581; 583; 587

150 I, 679; 684; 688; 689; 667. Daß es sich für ihn primär um Macht handelt, zeigt seine Reaktion anläßlich ihres Treffens mit ihrem früheren Ehemann wegen Angelegenheiten, die ihre gemeinsamen Kinder betreffen. R. ist ungehalten und spricht davon, daß »die Beherrschung der Lage einem andren zugestanden worden sei«, II, 758

151 I, 711 f.; 737; 743; 748 f.

152 I, 902. Übrigens scheinen diese Zwistigkeiten auch auf Liszt abgefärbt und ihn eingeschüchtert zu haben. Graf Zichy schreibt in seinen Memoiren: »Vor Kaisern und Königen habe ich Liszt stehen sehen, aber so untertänig wie vor seinem Schwiegersohn niemals.« Zit. b. La Mara, Bd. 1, 1917, S. 232. Daß er sonst eher das Gegenteil war, belegt die Aussage

einer Sängerin: »Bei Liszt galt überhaupt keine Gegenrede.« Marchesi, S. 52

153   I, 342; 157; 281; 631; 100

154   I, 497

155   Richard Wagner, zit. b. Lucka, S. 24

156   Johann Besser beschrieb 1700 in seinem Gedicht »Die Schooß« die Beschaffenheit der Vagina der Venus, die er als »Brunnquell aller Freude« bezeichnete. In einem im gleichen Zeitraum verfaßten Gedicht heißt es »Du Brunnen, der du nie gefrierest noch versiegst« (vgl. Theweleit, I, S. 440 f.).

157   Theweleit, Bd. I, S. 126

158   a. a. O., S. 138

159   a. a. O., S. 433 und S. 444

160   Ausführlicheres ist bei Theweleit nachzulesen, der die Entwicklung im weib-männlichen Produktionsverhältnis und der damit zusammenhängenden verschiedenen Funktionalisierungen bestimmter Frauenbilder in der Vergangenheit beschreibt und aufzeigt, wie sehr unsere heutige Kultur von dieser Entwicklung durchdrungen ist.

161   Lucka, S. 23

162   a. a. O.

163   zit. b. Puschmann, S. 61

164   »Welche Bedeutung es mit dem Kusse Kundrys hat? Das ist ein furchtbares Geheimnis, mein Geliebter! . . . Mein Teurer, kann ich in so tiefsinnigen Materien anders als im Gleichnis, durch Vergleichung sprechen? Den inneren Sinn kann doch nur der Hellsehende sich selbst sagen. Adam – Eva: Christus. Wie wäre es, wenn wir zu ihnen stellten Amfortas – Kundry: Parsifal?« Richard Wagner, zit. b. Irmgard Scharberth: Das Werden des »Parsifal«. Beiheft zur Schallplattenkassette Philips 6500 064

165   Placzek, S. 167

166   a. a. O., S. 163

167   In: Metzger/Riehn, S. 69

168   vgl. Placzek, S. 157 ff.; vgl. Daniel Spitzer: Briefe Richard Wagners an eine Putzmacherin. Wien 1906. Martin Gregor-Dellins Interpretation, die in Wagners Vorliebe für weiche Stoffe die Sehnsucht nach der Einbettung in das Mütterliche zu erkennen meint (Gregor-Dellin, S. 25), scheint uns zu kurz gegriffen, da die erotische Komponente fehlt.

169   Karl Grunsky, zit. b. Elster, S. 507

170   vgl. Stein

171   a. a. O.

172   Luise Büchner: Weibliche Betrachtungen über den Ring des Nibelungen. Nachdruck in: Rieger, 1980, S. 215 ff.

173   Groddeck, S. 150

ABSCHNITT III

1 zit. b. K. Meyer, S. 10
2 zit. a. a. O., S. 30
3 zit. a. a. O., S. 49
4 zit. a. a. O., S. 48
5 vgl. Drinker, S. 133
6 Litzmann, Bd. I, S. 23. Die folgenden Zitate sind Litzmann entnommen.
7 I, S. 140
8 I, S. 133 und S. 168
9 I, S. 182
10 I, S. 254, S. 341, S. 271 f.
11 I, S. 168
12 I, S. 144
13 I, S. 147
14 I, S. 149
15 I, S. 156
16 I, S. 250
17 I, S. 321
18 I, S. 330 f.
19 I, S. 337
20 I, S. 336
21 I, S. 279
22 vgl. I, S. 374
23 I, S. 388
24 I, S. 391 f.
25 I, S. 431
26 I, S. 299
27 I, S. 384
28 I, S. 255
29 I, S. 230. Vgl. auch den Brief Schumanns an Clara vom 13. 6. 1839, in:
    Wolfgang Boetticher (Hrsg.): Robert Schumann in seinen Schriften und
    Briefen. Berlin 1942, S. 257
30 I, S. 358
31 Bd. II, S. 15 f.
32 II, S. 125
33 vgl. I, S. 294
34 II, S. 113
35 I, S. 189
36 I, S. 411 f.
37 I, S. 377
38 I, S. 355; II, S. 139
39 vgl. Hohenemser
40 Litzmann, I, S. 355

41 I, S. 160
42 I, S. 354
43 I, S. 355 und S. 352
44 I, S. 402
45 II, S. 21
46 Beaufils, S. 73
47 a. a. O., S. 74
48 a. a. O.
49 Eric Sams: The Songs of Robert Schumann. London 1969, S. 74
50 Paul Bekker: Robert Schumann. In: Gesammelte Schriften über Musik und Musiker. Berlin 1922, S. 31
51 Georgii, S. 306
52 Friedrich Spiro: Geschichte der Musik. Leipzig 1907, S. 110 f.
53 Litzmann, Bd. II, S. 135
54 zit. b. Bäumer, 1958, S. 298
55 zit. a. a. O., S. 305
56 Sokoloff, S. 115
57 Moulin-Eckart, Bd. I, S. 131
58 a. a. O., S. 100 und S. 110
59 So äußerte Bülow: »Reproduktives Genie kann dem schönen Geschlecht zugesprochen werden, wie produktives ihm unbedingt abzuerkennen ist . . . Eine Komponistin wird es niemals geben, nur etwa eine verdruckte Kopistin . . . Ich glaube nicht an das Femininum des Begriffs: Schöpfer. In den Tod verhaßt ist mir ferner alles, was nach Frauenemanzipation schmeckt . . .« (zit. b. Bernhardt: Zur musikschöpferischen Emanzipation . . . S. 462)
60 zit. b. Moulin-Eckart, Bd. I, S. 186
61 zit. a. a. O., S. 215
62 zit. a. a. O., S. 200
63 zit. a. a. O., S. 52 und S. 55
64 zit. a. a. O.
65 a. a. O., S. 61
66 a. a. O., S. 239
67 zit. a. a. O., S. 326
68 »Es war in keiner Weise ein Akt der Sinne und höchster Leidenschaft, die sie dem Meister zuführte, sondern das klare Bewußtsein, daß er ohne ihre Hilfe verloren und daß die gewaltigen Werke . . . ohne ihre segnende Hand nie und nimmer vollendet werden würden.« a. a. O., S. 420
69 C. Wagner, Bd. I, S. 231
70 a. a. O., S. 311
71 a. a. O., S. 238
72 Moulin-Eckart, Bd. II, S. 57
73 C. Wagner, Bd. I, S. 495, 51, 206 und 118
74 a. a. O., Bd. I, S. 872

75 a. a. O., S. 133
76 a. a. O., S. 157
77 a. a. O., S. 973
78 a. a. O., S. 707
79 a. a. O., S. 97
80 a. a. O., S. 761. Vgl. auch a. a. O., S. 137, wo er von der »Entsagungs-Wirtschaft« spricht, die Cosima angeblich einführen will. Er nannte sie auch zuweilen »Nonne von Tribschen« (Moulin Eckart, Bd. I, S. 458)
81 a. a. O., S. 111
82 a. a. O., Bd. II, S. 293
83 Weissmann, S. 281
84 Placzek, S. 168 f.
85 a. a. O., S. 169
86 Michel-Francois Demet: Cosima Wagner – Stifterin eines Mythos. In: Metzger/Riehn, S. 50
87 a. a. O., S. 50 und S. 53
88 Wapnewski, S. 132 und S. 133
89 zit. b. S. Hensel, Bd. I, S. 89
90 a. a. O., Bd. I, S. 210
91 a. a. O., Bd. II, S. 45
92 a. a. O., Bd. II, S. 48
93 a. a. O., Bd. II, S. 56
94 a. a. O., Bd. III, S. 234
95 RIAS Berlin, Programmvorschau vom 26. 10. 1975
96 Kupferberg, S. 197
97 Mahler-Werfel, S. 36
98 a. a. O., S. 51
99 a. a. O., S. 49 f.
100 a. a. O., S. 50
101 Klemperer, S. 47
102 Harich-Schneider, S. 28 und S. 29
103 nachzulesen in a. a. O., S. 104 f., Original in: Die Musik Jg. 1939, S. 441–443
104 Harich-Schneider, S. 127
105 a. a. O., S. 419
106 a. a. O., S. 453
107 a. a. O., S. 468. Wie sehr ähnelt dieses »Lob« demjenigen, das Clara Schumann 1840 erhielt, als nach einem Konzert ihre »Ohrringel« gelobt wurden! vgl. Litzmann, Bd. I, S. 397

1   vgl. Belotti; vgl. Scheu
2   Choisy, S. 66
3   Philippine Schick: Die Frau als Komponistin (1943). Nachlaß,
    Handschriftenabteilung der Städtischen Musikbibliothek München.
    Abgedruckt in: Rieger, 1980
4   vgl. Landau
5   Matt, S. 205
6   Samuel Bradshaw: A psychoanalytic view of music composition. In:
    Confinia Psychiatrica, 16/1973, S. 233 (Übers. der Verf.)
7   vgl. Choisy, S. 12
8   Placzek, S. 13
9   Elster, S. 512
10 zit. b. Moulin-Eckart, Bd. I, S. 239
11 C. Wagner, Bd. I, S. 539. Minna Wagner betrachtete auch die Opern, die
    er während ihres Zusammenlebens geschrieben hatte, als ihr Miteigen-
    tum. An die Fürstin Sayn-Wittgenstein schrieb sie 1859: »Ich (kann)
    einen gewissen Stolz nicht unterdrücken, daß er diese Opern . . . während
    unserer frühen Verheiratung geschrieben, die ihn namhaft gemacht.
    Wagners Künstlerperiode teile ich in zwei. Die erste gehört mir . . . bei
    der letzten aber . . . war ich leider nicht so glücklich, ihn beeinflussen zu
    können oder zu dürfen.« Zit. b. La Mara: Fünf ungedruckte Briefe an die
    Fürstin Carolyne Sayn-Wittgenstein. In: Die Musik, 4. Jg. 1904/05, S.
    432
12 In weiblichen (lesbischen) Partnerschaften übernimmt häufig eine Frau
    die traditionelle Regenerierungsfunktion, während die künstlerisch
    aktive Frau aus diesem Rollenverständnis heraus männliche Verhaltens-
    weisen adaptiert. Dies kann aber nicht als zukunftsträchtige Lösung
    gelten.
13 zit. b. Engel, S. 147
14 Preussner, S. 47
15 Gumprecht, S. 32
16 Hanslick, S. 184
17 Gumprecht, S. 34
18 Musikalischer Almanach auf das Jahr 1784, zit. b. Krille, S. 128
19 vgl. Dankmar Venus: Unterweisung im Musikhören. Wuppertal 1969, S.
    154
20 Singer, S. 37
21 Notiz in: Der Klavierlehrer, Jg. 23/1900, S. 111
22 In: Kern (Hrsg.), S. 225. Zur Zeit existiert in den USA ein Frauenorche-
    ster (Leitung Antonia Brico). Brico hatte erstmals 1934 ein Frauenorche-
    ster gegründet.
23 vgl. Krebs, S. 199

24 Rost, S. 20
25 Rhein-Neckar-Zeitung v. 24. 7. 1979
26 Hildegard Proebster: Die Belagerung der Festung. Wie lange noch
    bleiben die Berliner Philharmoniker ein Herrenklub? In: Der Tagesspie-
    gel v. 9. 4. 1978
27 a. a. O.
28 Sophia Fabry: Warten auf das Ende der Tradition. In: Die Welt v. 20. 7.
    1977
29 a. a. O.
30 Herbert v. Karajan in: Die Welt v. 7. 11. 1979
31 Adorno, 1977, S. 137
32 Werner Schulze-Reimpell: Die Begabung muß sich in der Praxis erwei-
    sen. In: Neue Musikzeitung 4/1979, S. 11
33 Cornelius Eberhardt: Der Dirigent hat eine dienende Funktion. In: Neue
    Musikzeitung 4/1979, S. 9
34 Adorno, 1977, S. 129
35 Scheffler, S. 71
36 Johannes Ross: Der Frauenchor in der Gegenwart. In: Lied und Chor
    4/1978
37 zit. b. Ferdinand Pfohl: Arthur Nikisch. In: Heinrich Chevalley (Hrsg.):
    Arthur Nikisch. Leben und Wirken. Berlin 1922, S. 45
38 vgl. Wieck, S. 268
39 in: Dibelius (Hrsg.), S. 78
40 Litzmann, Bd. III, S. 451
41 Strauss, S. 47
42 vgl. Maximilian Piperek: Streß und Kunst. Gesundheitliche, psychische,
    soziologische und rechtliche Belastungsfaktoren im Beruf des Musikers
    eines Symphonieorchesters. Wien 1971, S. 11
43 C. Wagner, Bd. I, S. 796
44 Gregor-Dellin, S. 222
45 Peter Cosse, Wer hat Angst vor dirigierenden Damen? In: Badische
    Zeitung v. 12. 1. 1979
46 zit. b. Carl F. Glasenapp: Das Leben Richard Wagners. Berlin
    1905–1912, Bd. IV, S. 199
47 Engel, S. 126
48 Michael Balint: Angstlust und Regression. Hamburg 1972, S. 26. Vgl.
    auch Groddeck, S. 300
49 vgl. Stichwort »Stock« in: Max Marcuse (Hrsg.): Handwörterbuch der
    Sexualwissenschaft. Bonn 1926
50 Felix Weinbartner: Lebenserinnerungen. Zürich/Leipzig 1929. Bd. II,
    S. 106
51 Felix Poppenberg: Kreisleriana. Züge aus Hans von Bülows Briefen. In:
    Die Frau, 12. Jg. H. 11/1905, S. 649
52 Bahr-Mildenburg, S. 29

53   Strauss, S. 98
54   Poppenberg, a. a. O. (vgl. Anm. 51)
55   vgl. Klemperer, S. 11
56   Elke Blankenburg, Deutsche Volkszeitung v. 12. 5. 1977
57   »Ach, wissen Sie, ich gehöre nicht zu den Emanzipierten. Mich haben
     immer Männer gefördert. Hier werden Frauen nicht unterdrückt.
     Zumindest heute nicht mehr.« Die Komponistin Lotte Backes in: AZ
     (München) v. 19. 9. 1978
58   Schrader-Klebert, S. 3
59   zit. b. Thalheimer, S. 12
60   zit. b. Engel, S. 138
61   Högg, S. 12
62   Scheffler, S. 96
63   Kaulitz-Niedeck, S. 188
64   Balet/Gerhard, S. 256
65   E. Fuchs, S. 425
66   a. a. O., S. 428 und 441
67   Bauer, S. 381
68   Bab, S. 54 und S. 56. Obwohl Babs Essay von Schauspielerinnen handelt,
     lassen sich seine Aussagen auf die Sängerin übertragen, da historische
     Parallelen vorhanden sind.
69   Krehl, S. 25
70   Guilbert, S. 40. Vgl. auch die Schilderungen von Marguerite d'Alvarez
     über die versuchte Erpressung eines Direktors, der ihren vertraglich
     gesicherten Auftritt mit erotischen Forderungen koppelte. d'Alvarez, S.
     221 ff., 230, 261 usw.
71   Hempel, S. 34
72   Lotte Lehmann, S. 94
73   vgl. E. Fuchs, S. 427 ff.
74   In: Rieger, 1980
75   Kaulitz-Niedeck, S. 33
76   Pirchan, S. 26
77   zit. b. Pirchan, S. 38
78   Kaulitz-Niedeck, S. 33
79   Morsch, S. 105; vgl. auch La Mara, 1917, Bd. II, S. 194
80   vgl. Rieger, 1980, Einleitung
81   La Mara, 1911, S. 73
82   Wieck, S. 242
83   La Mara, 1917, Bd. I, S. 284
84   a. a. O., Bd. II, S. 192
85   Hempel, S. 144 und S. 147
86   Lotte Lehmann, S. 158
87   Marchesi, S. 218
88   Gertrud E. Mara, zit. b. Riesemann, S. 562 f.

89 vgl. Engel, S. 110
90 zit. b. Thalheimer, S. 77
91 vgl. die Beispiele in Rieger, 1980
92 Lepsius, S. 59 ff.
93 Jessel, S. 9
94 a. a. O.
95 In: Kern (Hrsg.), S. 226
96 Smyth, 1928, S. 16, 23, 19 und 38 (Übers. der Verf.)
97 In: Kern (Hrsg.), S. 221
98 Aaron Copland: Unsere neue Musik. München 1947, S. 150
99 vgl. Morsch, S. 30
100 Troubadoura, Frauenmusikzeitung 2/1978
101 Tibbe, S. 864
102 Elisabeth Emmerich: Warum soll eine Frau nicht komponieren? Ein
     Porträt von Erna Woll. In: Lied und Chor 4/1978, S. 79
103 Gojowy, S. 126
104 a. a. O.
105 a. a. O.
106 zit. b. Gerhard/Simon, S. 76
107 zit. b. Marie Goslich (Hrsg.): Briefe von Johanna Kinkel. Preußische
     Jahrbücher, Bd. 97/1899, S. 416
108 In: Kern (Hrsg.), S. 263
109 Im Bereich der Literatur vgl. Möhrmann; der Bildenden Kunst vgl. Inge
     Schumacher: Gespräch mit Gislind Nabakowski. In: Bierther/Kuwertz
     (Hrsg.), S. 99, Fußnote 3
110 Robert Schumann: Gesammelte Schriften über Musik und Musiker.
     Leipzig 1871, Bd. II, S. 44
111 Hanslick, S. 446
112 Oskar Bie: Das Klavier und seine Meister. München 1898, S. 262
113 Der Abend (Berlin) v. 15. 7. 1977
114 Der Abend v. 14. 10. 1978
115 Die Welt v. 16. 10. 1977
116 Kubisch, S. 47
117 Die Zeit Nr. 3/1976
118 Der Tagesspiegel v. 15. 2. 1978
119 Der Abend v. 14. 12. 1978
120 Engel, S. 180
121 Smyth, 1928, S. 21 f.
122 Guilbert, S. 40
123 Kohut: Die größten... (o. J.), S. 55
124 Clytus Gottwald, in: Dibelius, S. 70
125 Lissa, S. 122
126 Diese Thematik durchzieht über Wagners »Parsifal« bis zu Bergs »Lulu«
     zahlreiche Opern.

127 Lissa, S. 113
128 Goldschmidt, S. 253
129 Everett Helm: Liszt. Reinbek 1972, S. 93. Es ist bemerkenswert, daß
     Helms Kritik an der Fürstin, weil sie Liszt wegen seiner Trägheit, seines
     Lebenswandels und seines Aussehens tadelte, von ihm später zurückge-
     nommen wird, da sie, so Helm, berechtigt war (vgl. S. 126 und S. 93).
     Dies änderte aber nichts an seiner negativen Sichtweise der Fürstin.
     Auch Paula Rehberg geht in ihrer Liszt-Biographie wenig zimperlich mit
     der Fürstin um. Gregor-Dellin spricht von ihrem »störenden Einfluß« auf
     Liszt. S. 534
130 zit. b. La Mara, 1917, Bd. II, S. 60
131 vgl. a. a. O., S. 59 f. Daß die Fürstin sich für die Anerkennung weiblicher
     Leistungen aussprach, geht übrigens aus den an La Mara gerichteten
     Briefen hervor, vgl. a. a. O., Bd. I, S. 127, 217 und 333
132 in: Brinker-Gabler (Hrsg.), S. 320
133 in: a. a. O., S. 43
134 zit. b. Kubisch, S. 46
135 in: Dauzenroth (Hrsg.), S. 65
136 Heppe, S. 20
137 Gislind Nabakowski, in: Bierther/Kuwertz (Hrsg.), S. 95
138 Rich, S. 55 (Übers. d. Verf.)
139 Showalter, S. 15
140 Bovenschen, 1976, S. 73
141 Vorwort, in: Bierther/Kuwertz (Hrsg.), S. 3
142 Choisy, S. 67
143 Gojowy, S. 127
144 in: Rosaldo/Lamphere (Hrsg.), S. 42
145 a. a. O., S. 44
146 a. a. O.
147 vgl. Firestone, S. 215
148 Elisabeth Lenk: Die sich selbst verdoppelnde Frau. In: Ästhetik und
     Kommunikation 25/1976, S. 87

Literatur

(Literatur, die lediglich marginalen Wert für diese Arbeit besaß, ist in den betreffenden Fußnoten vollständig angegeben und fehlt hier)

Adorno, Theodor W.: Einleitung in die Musiksoziologie. Frankfurt 1977
  Philosophie der Neuen Musik. Frankfurt 1958
  Versuch über Wagner. München 1964

d'Agoult, Marie: Memoiren. 2 Bde., Dresden 1928

Altmann, Wilhelm: Nochmals/Musikalisch-schöpferische Frauen. In: Neue Musikzeitschrift 12/1948

d'Alvarez, Marguerite: Forsaken altars. (Autobiographie) London 1954

d'Aubigny von Engelbrunner, Nina: Briefe an Natalie über den Gesang als Beförderung der häuslichen Glückseligkeit und des geselligen Vergnügens. Leipzig 1803

Bab, Julius: Die Frau als Schauspielerin. Berlin 1915

Bäumer, Gertrud/Lange, Helene: Der Stand der Frauenbildung in den Kulturländern. Handbuch der Frauenbewegung, Bd. 3
  Gestalt und Wandel. Frauenbildnisse. Tübingen 1958

Bahr-Mildenburg, Anna: Erinnerungen. Wien 1921

Balet, Leo/Gerhard, E.: Die Verbürgerlichung der deutschen Kunst, Literatur und Musik im 18. Jahrhundert. Frankfurt/M. 1972

Barth, Herbert (Hrsg.): Der Festspielhügel. Richard Wagners Werk in Bayreuth 1876–1976. München 1976

Basedow, Johann B.: Basedows Methodenbuch für Väter und Mütter der Familien und Völker. Paderborn 1914

Bauer, Bernhard A.: Komödiantin – Dirne? Der Künstlerin Leben und Lieben im Lichte der Wahrheit. Wien/Leipzig 1927

Beaufils, Marcel: Mythos und Maske bei Robert Schumann. In: Sammelbände der Robert-Schumann-Gesellschaft. Leipzig 1967

Bekker, Paul: Beethoven. Frankfurt 1912

Belotti, Elina: Was geschieht mit kleinen Mädchen? München 1977

Bernhardt, Karl-Fritz: Zur musikschöpferischen Emanzipation der Frau. In: Kongreßbericht der Gesellschaft für Musikforschung Hamburg 1956. Kassel 1956
  Schumanns Weggefährtin. Zur musikpädagogischen Emanzipation der Frau. In: Musica 10/1956

Bierther, Ursula/Kuwertz, Evelyn u. a. (Hrsg.): Künstlerinnen international. 1877–1977. Berlin 1977 (Ausstellungskatalog)

Blochmann, Elisabeth: Das »Frauenzimmer« und die »Gelehrsamkeit«. Heidelberg 1966

Blüher, Hans: Die deutsche Wandervogelbewegung als erotisches Phänomen. Frankfurt/M. 1976 (Nachdruck von 1914)

Blumner, Martin: Geschichte der Sing-Akademie zu Berlin. Berlin 1891

Bonnin, Jasmine: Auf der Suche nach der Frauenmusik. In: Doormann, Lottemi (Hrsg.): Keiner schiebt uns weg. Zwischenbilanz der Frauenbewegung in der Bundesrepublik. Weinheim/Basel 1979

Borchard, Beatrix: Das Lied vom Nichtkönnen, weil wir nicht sollen. Frauenmusik. In: Thüne, Anna (Hrsg.): Frauenbilder Lesebuch. Berlin 1980

Bovenschen, Silvia: Über die Frage: gibt es eine »weibliche« Ästhetik? In: Ästhetik und Kommunikation 25/1976
Die imaginierte Weiblichkeit. Exemplarische Untersuchungen zu kulturgeschichtlichen und literarischen Präsentationsformen des Weiblichen. Frankfurt/M. 1979

Brandes, Ernst: Über die Weiber. Leipzig 1787 (anonym veröffentlicht)

Braun, Gerhard: Die Schulmusikerziehung in Preußen. Von den Falkschen Bestimmungen bis zur Kestenberg-Reform. Kassel/Basel 1957

Brinker-Gabler, Gisela (Hrsg.): Zur Psychologie der Frau. Frankfurt/M. 1978

Brusatti, Otto: Nationalismus und Ideologie in der Musik. Tutzing 1978

Buchhofer, Bernd/Friedrichs/Lüdtke: Musik und Sozialstruktur. Theoretische Rahmenstudie und Forschungspläne. Köln 1974

Budde, Harald: Komponistinnen – gibt es sie? In: Blickpunkt 12/1975

Bücher, Carl: Die Frauenfrage im Mittelalter. Tübingen 1882

Büchner, Luise: Die Frau. Hinterlassene Aufsätze, Abhandlungen und Berichte zur Frauenfrage. Halle 1878

Busse-Wilson, Elisabeth: Die Frau und die Jugendbewegung. Hamburg 1920
Stufen der Jugendbewegung. Jena 1925

Campe, Joachim Heinrich: Väterlicher Rath für meine Tochter. Braunschweig 1789

Choisy, Maryse: Kunst und Sexualität. Köln/Opladen 1962

Dahms, Walter: Die Offenbarung der Musik. München 1921

Dahlhaus, Carl: Die Idee der absoluten Musik. Kassel 1978

Dauzenroth, Erich (Hrsg.): Frauenbewegung und Frauenbildung. Aus den Schriften von Helene Lange, Gertrud Bäumer, Elisabeth Gnauck-Kühne. Bad Heilbrunn 1964

Dibelius, Ulrich (Hrsg.): Verwaltete Musik. München 1971

Dorpat, Draginja: Unser Plus. Annäherungsversuche zu einer Antwort auf die Frage: Gibt es eine weibliche Ästhetik? In: Notizbuch 2/1980

Drinker, Sophie: Die Frau in der Musik. Zürich 1955 (verkürzte Fassung von Drinker, Sophie: Musik and Women: The Story of Women in their Relation to Music. New York 1948)

Duden, Barbara: Das schöne Eigentum. Zur Herausbildung des bürgerlichen Frauenbildes an der Wende vom 18. zum 19. Jahrh. In: Kursbuch 47/1977

Ehrlich, Heinrich: Die musikalische Ausbildung der Frau. In: Die Frau 6/1894

Elias, Norbert: Über den Prozeß der Zivilisation. Soziogenetische und psycho-
genetische Untersuchungen. 2 Bde. Frankfurt/M. 1976

Elster, Alexander: Artikel »Musik«, in: Max Marcuse (Hrsg.): Handwörterbuch der Sexualwissenschaft. Bonn 1926

Engel, Hans: Musik und Gesellschaft. Berlin/Wunsiedel 1960

Export, Valie (Hrsg.): Feminismus, Kunst und Kreativität. Wien 1975

Faltin, Peter/Reinecke, Hans-P. (Hrsg.): Musik und Verstehen. Aufsätze zur
semiotischen Theorie, Ästhetik und Soziologie der musikalischen Rezeption. Köln 1973

Finke, Heinrich: Die Frau im Mittelalter. Kempten/München 1913

Firestone, Shulamith: Frauenbefreiung und sexuelle Revolution. Frankfurt/M.
1975

Franzen-Hellersberg, Lisbeth: Die Frau und die Jugendbewegung. In: Richard
Thurnwald (Hrsg.): Forschungen zur Völkerpsychologie und Soziologie,
Bd. 4 (Die neue Jugend). Leipzig 1927

Friedländer, H. H.: Die Forderungen unserer Zeit hinsichtlich der Erziehung
und Bildung des weiblichen Geschlechts. Elbersfeld/Iserlohn 1847

Friedrich, Annette: Beiträge zur Geschichte des weltlichen Frauenchores im
19. Jahrhundert in Deutschland. Köln 1961

Fuchs, Eduard: Die Frau in der Karikatur. München 1907 (darin Kap. 7: Vom
Kothurn zum Überbrettl)

Fuchs, Hans: Richard Wagner und die Homosexualität. Berlin 1903

Georgii, Walter: Geschichte der Klaviermusik. Freiburg 1950

Gerhard, Adele/Simon, Helene: Mutterschaft und geistige Arbeit. Berlin 1901

Gerhard, Ute: Verhältnisse und Verhinderungen. Frauenarbeit, Familie und
Rechte der Frauen im 19. Jahrhundert. Frankfurt/M. 1978

Gerhardt, Marlis: Der weiße Fleck auf der feministischen Landkarte. In:
Konkursbuch 1/1978

Geschichte der Gymnasialkurse für Frauen zu Berlin. Hrsg. vom Vorstand der
Vereinigung zur Veranstaltung von Gymnasialkursen für Frauen. Berlin
1906

Glaser, Hermann: Spießerideologie. Von der Zerstörung des deutschen
Geistes im 19. und 20. Jahrhundert. Köln 1974

Gleim, Betty: Erziehung und Unterricht des weiblichen Geschlechts. Leipzig
1810

Glümer, Claire von: Erinnerungen an Wilhelmine Schröder-Devrient. Leipzig
1862

Goetze, Dorothea: Der publizistische Kampf um die höhere Frauenbildung in
Deutschland von den Anfängen bis zur Zulassung zum Hochschulstudium.
Phil. Diss. (masch.-schriftl.) München 1957

Gojowy, Detlef: Beruf: Komponistin. In: Musikhandel 3/1977

Goldschmidt, Harry: Um die unsterbliche Geliebte. Eine Bestandsaufnahme.
(Beethoven-Studien 2) Leipzig 1977

Gregor-Dellin, Martin: Richard Wagner. München 1980

Groddeck, Georg: Psychoanalytische Schriften zur Literatur und Kunst. Wiesbaden 1964

Güldner, Hans: Die höheren Lehranstalten für die weibliche Jugend in Preußen. Bestimmungen, Verfügungen und Erlasse. Halle 1913

Günther, Karl Heinz (Hrsg.): Geschichte der Erziehung. Berlin 1971

Günther, Ulrich: Die Schulmusikerziehung von der Kestenberg-Reform bis zum Ende des Dritten Reiches. Neuwied 1967

Guilbert, Yvette: Lied meines Lebens. Erinnerungen. Berlin 1928

Gumprecht, Otto: Neue musikalische Charakterbilder. Leipzig 1876 (1. Kapitel: Die Frauen in der Musik)

Guthmann, Friedrich: Winke über den musikalischen Unterricht der Frauenzimmer. In: Allgemeine musikalische Zeitung Nr. 33/1806

Haas, Walter: Nachtigall in Samt und Seide. Das Leben der großen Primadonnen. Hamburg 1969

Habermas, Jürgen: Strukturwandel der Öffentlichkeit. Untersuchungen zu einer Kategorie der bürgerlichen Gesellschaft. Darmstadt/Neuwied 1978

Handschin, Jacques: Musikgeschichte im Überblick. Luzern/Stuttgart 1964

Hanslick, Eduard: Concerte, Componisten und Virtuosen der letzten fünfzehn Jahre. 1870–1885. Berlin 1886

Harich-Schneider, Eta: Charaktere und Katastrophen. Augenzeugenberichte einer reisenden Musikerin. Berlin 1978

Hausen, Karin: Die Polarisierung der »Geschlechtscharaktere« – eine Spiegelung der Dissoziation von Erwerbs- und Familienleben. In: Sozialgeschichte der Familie in der Neuzeit Europas, hrsg. von Werner Conze. Stuttgart 1976

Heise, Walter/Hopf/Segler (Hrsg.): Quellentexte zur Musikpädagogik. Regensburg 1973

Hempel, Frieda: Mein Leben dem Gesang. Erinnerungen. Berlin 1955

Hensel, Johann Daniel: System der weiblichen Erziehung. 2 Bde. Halle 1787

Hensel, Sebastian: Die Familie Mendelssohn. Nach Briefen und Tagebüchern. 3 Bde. Berlin 1879

Hensel, Walther: Über die gesamte Musikpflege in Schule und Volk. Rudolstadt 1924

Heppe, Hortense von: »Einfach kreativ sein.« Bewegte Sprache als Sprache der Bewegung. In: Berliner Hefte 7/1978

Herrmann, Ulrich: Erziehung und Schulunterricht für Mädchen im 18. Jahrhundert. In: Wolfenbütteler Studien zur Aufklärung, Bd. 3. Wolfenbüttel 1976

Heydenreich, Karl Heinrich: Der Privaterzieher in Familien wie er seyn soll. 2 Bde. Leipzig 1800/01

Hildebrandt, Hans: Die Frau als Künstlerin. Berlin 1928

Hippel, Theodor G. v.: Über die bürgerliche Verbesserung der Weiber. Sämtliche Werke, Bd. 6, Berlin 1828

Hitler, Adolf: Mein Kampf. München 1939

Hodek, Johannes: Musikalisch-pädagogische Bewegung zwischen Demokratie und Faschismus. Zur Konkretisierung der Faschismuskritik Theodor W. Adornos. Weinheim/Basel 1977

Höcker, Karla: Das Leben von Clara Schumann, geb. Wieck. Berlin 1975

Höckner, Hilmar: Die Musik in der deutschen Jugendbewegung. Wolfenbüttel 1927

Högg, Margarete: Die Gesangskunst der Faustina Hasse und das Sängerinnenwesen ihrer Zeit in Deutschland. Diss. Berlin 1931

Hoffmann, Freia: Musiklehrbücher in den Schulen der BRD. Neuwied/Berlin 1974

Hohenemser, Richard: Clara Wieck-Schumann als Komponistin. In: Die Musik 1905

Holst, Amalia: Über die Bestimmung des Weibes zur höhern Geistesbildung. Berlin 1802

Hopf, Helmut: Zur Geschichte des Musikunterrichts. In: Neues Handbuch der Schulmusik, hrsg. von Erich Valentin/H. Hopf. Regensburg 1975

Jakoby, Hermann: Die Grenzen der weiblichen Bildung. Gütersloh 1871

Janssen-Jurreit, Marielouise: Sexismus. Über die Abtreibung der Frauenfrage. München 1976

Jessel, S.: Warum giebt es so wenige Componistinnen? Frankfurt o. J. (1898)

Kalischer, Alfred Chr.: Beethovens Frauenkreis. Berlin/Leipzig o. J. (1909)

Kaulitz-Niedeck, R.: Die Mara. Das Leben einer berühmten Sängerin. Heilbronn 1929

Keldany-Mohr, Irmgard: »Unterhaltungsmusik« als soziokulturelles Phänomen des 19. Jahrhunderts. Untersuchung über den Einfluß der musikalischen Öffentlichkeit auf die Herausbildung eines neuen Musiktypes. Studien zur Musikgeschichte des 19. Jahrhunderts, Bd. 47. Regensburg 1977

Kehr, C.: Der Gesangunterricht. Gotha 1892

Kern, Elga (Hrsg.): Führende Frauen Europas. München 1929

Klemperer, Otto: Erinnerungen an Gustav Mahler. Freiburg/Zürich 1960

Klimowsky, Ernst W.: Geschlecht und Geschichte. Sexualität im Wandel von Kultur und Kunst. Teufen/St. Gallen 1956

Kohut, Adolph: Deutsche Soubretten. Düsseldorf 1891
    Die Gesangsköniginnen in den letzten drei Jahrhunderten. Berlin o. J. (1906)
    Die größten und berühmtesten deutschen Soubretten des neunzehnten Jahrhunderts. Düsseldorf o. J.
    Tragische Primadonnenehen. Leipzig 1887

Kokemohr, Elisabeth: Dogmatismus als Problem der Schulbuchrezeption. Wolfenbüttel 1976

Kolland, Dorothea: Die Jugendmusikbewegung. Stuttgart 1979

Kossolapow, Line: Musische Erziehung zwischen Kunst und Kreativität. Frankfurt/M. 1975

Krebs, Karl: Frauen in der Musik. Berlin 1895

Krehl, Stephan: Musikerelend. Betrachtungen über trostlose und unwürdige

Zustände im Musikerberuf. Leipzig o. J. (1912)

Krille, Annemarie: Beiträge zur Geschichte der Musikerziehung und Musik-übung der deutschen Frau (von 1750 bis 1820). Berlin 1938

Kubisch, Christina: Die Vertreibung der Frau aus der Musik. In: Spuren 4/1979

Kühner, Hans: Große Sängerinnen der Klassik und Romantik. Stuttgart 1954

Kupferberg, Herbert: Die Mendelssohns. Tübingen 1977

Kusche, Ludwig: Mütter machen Musikgeschichte. München 1972

La Mara (Marie Lipsius): Musikalische Charakterköpfe. Bd. 5: Die Frauen im Tonleben der Gegenwart. Leipzig o. J. (1902)
    Liszt und die Frauen. Leipzig 1911
    Durch Musik und Leben im Dienste des Ideals. (Autobiographie) 2 Bde. Leipzig 1917

Landau, Erika: Psychologie der Kreativität. München/Basel 1974

Langbehn, Julius: Rembrandt als Erzieher. Leipzig 1922

Lange, Helene: Lebenserinnerungen. Berlin 1921

Lange-Eichbaum, Wilhelm: Genie, Irrsinn und Ruhm. München 1942

Le Beau, Luise A.: Lebenserinnerungen einer Komponistin. Baden-Baden 1910

Lehmann, Lilli: Mein Weg. 2 Bde. Leipzig 1913

Lehmann, Lotte: Anfang und Aufstieg. Lebenserinnerungen. Wien/Leipzig/Zürich 1937

Leixner, Otto von: Ästhetische Studien für die Frauenwelt. Leipzig 1901

Lemmermann, Heinz: Musikunterricht. Bad Heilbrunn 1977

Lepsius, Sabine: Ein Berliner Künstlerleben um die Jahrhundertwende. München 1972

Levy-Rathenau, Josephine/Wilbranft, Lisbeth: Die deutsche Frau im Beruf. Handbuch der Frauenbewegung, hrsg. v. G. Bäumer/H. Lange, Bd. 5 Berlin 1917

Lissa, Zofia: Musik und Revolution. In: International Review of the Aesthetics and Sociology of Music 5/1974

Litzmann, Berthold: Clara Schumann. Ein Künstlerleben. Nach Tagebüchern und Briefen. 3 Bde. Leipzig 1918

Löbmann, Hugo: Volkslied und musikalische Volkserziehung. Leipzig 1916

Lucka, Emil: Die erotische Biographie Richard Wagners. In: Die Musik Jg. 11/1912

Ludendorff, Mathilde (Kemnitz): Des Weibes Kulturtat. Garmisch 1920
    Das Weib und seine Bestimmung. Leipzig 1927

Märten, Lu: Die Künstlerin. München 1914

Mahler-Werfel, Alma: Mein Leben. Stuttgart/Hamburg 1960

Marchesi, Mathilde: Aus meinem Leben. Düsseldorf o. J. (1888)

Marcuse, Herbert: Kunst und Revolution. In: Konterrevolution und Revolte. Frankfurt/M. 1973
    Triebstruktur und Gesellschaft. Frankfurt/M. 1971

Marcuse, Ludwig: Das denkwürdige Leben des Richard Wagner. Zürich 1973

Matt, Peter von: Die Opus-Phantasie. Das phantasierte Werk als Metaphantasie im kreativen Prozeß. In: Psyche 3/1979

May, Benjamin: Die Mädchenerziehung in der Geschichte der Pädagogik von Plato bis zum 18. Jahrhundert. Straßburg/Leipzig 1908

Meichsner, A. v.: Friedrich Wieck und seine beiden Töchter.Leipzig 1875

Meiners, Christoph: Geschichte des weiblichen Geschlechts. Bd. 4. Hannover 1800

Meyer, Ernst H.: Musik im Zeitgeschehen. Berlin 1952

Meyer, Kathi: Der chorische Gesang der Frauen. Teil 1: Bis zur Zeit um 1800. Mittenwald 1917

Metzger, Heinz-Kl./Riehn, Rainer (Hrsg.): Richard Wagner: Wie antisemitisch darf ein Künstler sein? Musikkonzepte, Bd. 5 München 1978

Michaelis, A.: Frauen als schaffende Tonkünstler. Ein biographisches Lexikon. Leipzig 1888

Möhrmann, Renate: Die andere Frau. Emanzipationsansätze deutscher Schriftstellerinnen im Vorfeld der Achtundvierziger Revolution. Stuttgart 1977

Möser, Justus: Patriotische Phantasien. Teil 1. Berlin 1804

Morsch, Anna: Deutschlands Tonkünstlerinnen. Berlin 1894

Moser, Dietz-R.: Erotik und Musik. In: Kritische Stichwörter zum Musikunterricht, hrsg. v. Walter Gieseler. München 1978

Mosonyi, Deszö (Desiderius): Psychologie der Musik. Darmstadt 1975 (Nachdruck von 1936)

Moulin-Eckart, Richard Graf du: Cosima Wagner. 2 Bde. Berlin 1929/1931

Münster, Robert: Komponistinnen aus drei Jahrhunderten. Katalog. München o. J.

Nabakowski, Gislind/Sander, Helke/Gorsen, Peter: Frauen in der Kunst. 2 Bde. Frankfurt/M. 1980

Natorp, Paul: Pestalozzi und die Frauenbildung. Leipzig 1905

Nettl, Paul: Frauen in der Musik. In: Musik im Unterricht, Jg. 51/1960

Neukäter-Hajnal, Ildikó: Ideologische Wurzeln der Kunsterziehung. Kastellaun 1977

Niemeyer, D. August Hermann: Grundsätze der Erziehung und des Unterrichts. 3 Bde. Halle 1799

Niemöller, Klaus W.: Untersuchungen zu Musikpflege und Musikunterricht an den deutschen Lateinschulen vom ausgehenden Mittelalter bis um 1600. Kölner Beiträge zur Musikforschung, Bd. LIV., Regensburg 1969
Historische Musikpädagogik als Gegenstand allgemeiner Musikgeschichte. Musikpädagogik, Forschung und Lehre, Bd. 9, hrsg. v. S. Abel-Struth. Mainz 1973

Niethammer, Friedrich I.: Der Streit des Philantropinismus und Humanismus in der Theorie des Erziehungs-Unterrichts unsrer Zeit. Weinheim 1968 (Nachdruck von 1808)

Nochlin, Linda: Why have there been no great women artists? In: Art and

Sexual Politics, hrsg. v. Thomas B. Hess/E. Baker. New York 1974

Paul, Heinz O.: Musikerziehung und Musikunterricht in Geschichte und Gegenwart. Saarbrücken 1973

Pestalozzi, Heinrich: Wie Gertrud ihre Kinder lehrt. Baden-Baden 1947

Pfitzner, Hans: Die neue Ästhetik der musikalischen Impotenz. Ein Verwesungssymptom? München 1920
Palestrina (Textbuch zur gleichnamigen Oper). Mainz 1916
Über musikalische Inspiration. Berlin 1940

Pirchan, Emil: Marie Geistinger. Die Königin der Operette. Wien 1947

Placzek, Siegfried: Erotik und Schaffen. Berlin/Köln 1934

Pontvik, Aleks: Heilen durch Musik. Zürich 1955

Preussner, Eberhard: Die bürgerliche Musikkultur. Hamburg 1935

Pudor, Heinrich: Laokoon. Kunsttheoretische Essays. Leipzig 1902

Puschmann, Theodor: Richard Wagner. Eine psychiatrische Studie. Berlin 1873

Raabe, Peter: Die Musik im Dritten Reich. Regensburg 1935
Die Frau im musikalischen Leben. In: Zeitschrift für Musik Jg. 108/1941

Rebling, Eberhard: Die soziologischen Grundlagen der Stilwandlung der Musik in Deutschland um die Mitte des 18. Jahrhunderts. Berlin 1935

Rehberg, Paula: Liszt. Eine Biographie. München 1978

Renner, Hans: Reclams Konzertführer. Stuttgart 1959

Rentmeister, Cäcilia: Berufsverbot für die Musen. In: Ästhetik und Kommunikation 25/1976

Rich, Adrienne: Conditions for work: The common world of women. In: Lesbian Art and Artists. Heresies 3/1977

Rieger, Eva: Frau und Kreativität. In: Zeitschrift für Musikpädagogik 9/1979
Frau und Musik. Frühe Texte. Frankfurt 1980

Riesemann, Oskar von: Eine Selbstbiographie der Sängerin Gertrud E. Mara. Allgemeine musikalische Zeitung Leipzig, Nr, 32–38/1875

Röhrich, Lutz: Das verführte und das verführende Mädchen. Liebes- und Sozialkonflikte im älteren erzählenden Volkslied. In: Festschrift Siegfried Gutenbrunner, Heidelberg 1972

Rolle, Georg: Didaktik und Methodik des Schulgesangunterrichts. München 1915

Rosaldo, Michelle/Lamphere, Louise (Hrsg.): Woman, culture and society. California 1974

Roske, Michael: Studie zur Entwicklungsgeschichte des privaten Musiklehrers. Wolfenbüttel 1978

Rost, Karl: Die Tonkünstlerin. Leipzig 1899

Rudolphi, Caroline: Gemälde weiblicher Erziehung. Heidelberg 1815

Rutschky, Karin (Hrsg.): Schwarze Pädagogik. Quellen zur Naturgeschichte der bürgerlichen Erziehung. Frankfurt/M. 1977

Schebest, Agnese: Aus dem Leben einer Künstlerin. Stuttgart 1857

Scheffler, Karl: Die Frau und die Kunst. Berlin o. J. (1908)

Schering, Arnold: Von großen Meistern der Musik. Leipzig 1940
  Ausgewählte Aufsätze, hrsg. von Karl M. Komma. Stuttgart 1974

Scheu, Ursula: Wir werden nicht als Mädchen geboren – wir werden dazu
  gemacht. Frankfurt/M. 1977

Schleuning, Peter (Hrsg.): Warum wir von Beethoven erschüttert werden und
  andere Aufsätze über Musik. Frankfurt/M. 1978

Schöfthaler, Ele: Troubadoura und Meisterin. In: Kursbuch 47/1977

Schöppa, G.: Das Mädchenschulwesen in Preußen. Ministerielle Bestimmungen und Erlasse. Leipzig 1909

Schornstein, Richard: Das höhere Mädchenschulwesen, seine bisherige Entwicklung und Zukunft. Elberfeld 1866

Schrader-Klebert, Karin: Die kulturelle Revolution der Frau. In: Kursbuch 17/
  1969

Schrecker, Heinz H.: Die Erotik im Soldatenlied. (Diss. masch.-schriftl.)
  München 1921

Schreier, Josefine: Göttinnen. Wien 1968 (Neuaufl. München 1977)

Schünemann, Georg: Geschichte der deutschen Schulmusik. Leipzig 1931

Schulte, J. F.: Johanna Kinkel. Nach ihren Briefen und Erinnerungsblättern.
  Münster 1908

Scott, Cyril: Chopin, the Pre-Raphaelites and the emancipation of women. In:
  The influence of music on history and morals. London o. J.

Sedlmayr, Hans: Verlust der Mitte. Die bildende Kunst des 19. und 20.
  Jahrhunderts als Symptom und Symbol der Zeit. Salzburg 1948

Segler, Helmut: Reflexionen zur musischen Bildung. In: Zeitschrift für
  Musikpädagogik 7/1979

Showalter, Elaine: A literature of their own. British women novelists from
  Bronte to Lessing. London 1977

Simmel, Georg: Weibliche Kultur. In: Philosophische Kultur. Gesammelte
  Essays. Leipzig 1911

Singer, Kurt: Vom Wesen der Musik. Psychologische Studie. Stuttgart 1924

Smyth, Ethel: A final burning of boats etc. London 1928
  Impressions that remained. Memoirs. London 1919

Sokoloff, Alice: Cosima Wagner. Außergewöhnliche Tochter von Franz Liszt.
  München 1973

Sombart, Werner: Händler und Helden. München/Leipzig 1915

Sowa, Georg: Anfänge institutioneller Musikerziehung in Deutschland.
  Regensburg 1973

Specht, Franz A.: Geschichte des Unterrichtswesens in Deutschland von den
  ältesten Zeiten bis zur Mitte des 13. Jahrhunderts. Stuttgart 1885

Stein, Leon: The racial thinking of Richard Wagner. New York 1950

Steinhausen, Georg: Häusliches und gesellschaftliches Leben im neunzehnten
  Jahrhundert. Berlin 1898

Stephan, Gustav: Die häusliche Erziehung in Deutschland während des 18.
  Jahrhunderts. Wiesbaden 1891

Stern, Susan: Women composers: a handbook. New Jersey 1978

Stieger, Franz: Opernkomponistinnen. In: Die Musik 13 Jg., 4/1913

Storck, Karl: Musik – Politik. Stuttgart 1911

Strauss, Richard: Betrachtungen und Erinnerungen. Hrsg. von Willi Schuh. Zürich/Freiburg 1949

Sucher, Rosa: Aus meinem Leben. Leipzig 1914

Supprian, Karl: Frauengestalten in der Geschichte der Pädagogik. Leipzig 1897

Thalheimer, Else: Johanna Kinkel als Musikerin. Bonn 1924

Theweleit, Klaus: Männerphantasien. 2 Bde. Frankfurt/M. 1977

Tibbe, Monika: Frauen in der E-Musik. In: Stereophonie 13/1974

Uden, K. F.: Über die Erziehung der Töchter des Mittelstandes. Stendal 1783

Ungewitter, Otto: Die Entwicklung des Gesangunterrichtes in den Gymnasien seit der Reformationszeit. Königsberg 1872

Voelcker, Bruno: Franz Liszt. Der große Mensch. Weimar 1955

Vormbaum, R.: Die evangelischen Schulordnungen des 16. Jahrhunderts. Gütersloh 1860

Voss, Ludwig: Geschichte der Höheren Mädchenschule. Opladen 1952

Voß, Ludwig: Die Mädchenschulreform mit besonderer Berücksichtigung der Trierer Mädchenbildungsanstalten. Trier 1909

Wagner, Cosima: Tagebücher. Bd. I: 1869–1877. Bd. II: 1878–1883. Hrsg. v. Martin Gregor-Dellin und Dietrich Mack. München/Zürich 1976/77

Wapnewski, Peter: Cosima Wagner und Cosimas Wagner. In: Merkur 2/1977

Weber, Marianne: Frauenfragen und Frauengedanken. Gesammelte Aufsätze. Tübingen 1919

Weinhold, Karl: Die deutschen Frauen in dem Mittelalter. Wien 1882

Weininger, Otto: Geschlecht und Charakter. Wien/Leipzig 1903

Weissmann, Adolf: Die Musik der Sinne. (Der Virtuose. Die Primadonna. Der klingende Garten.) Berlin/Leipzig 1925

Wieck, Marie: Aus dem Kreise Wieck-Schumann. Dresden 1914

Wienstein, Friedrich: Frauenbilder aus der Erziehungsgeschichte. Arnsberg 1904

Worbs, Hans-Christoph: Le tribut à la mode. Die Anfänge der Salonmusik. In: Neue Zeitschrift für Musik 3/1971

Wychgram, Jakob: Vorträge und Aufsätze zum Mädchenschulwesen. Leipzig 1907

Zelinsky, Hartmut: Richard Wagner – ein deutsches Thema. Frankfurt/M. 1976

Ziegenbein, Johann W. H.: Schulschriften über Gegenstände aus dem Gebiete der weiblichen Erziehung. Blankenburg 1809

Zimmermann, Paul: Prostitution und Musik. In: Geschlecht und Gesellschaft, Bd. VII. Berlin/Dresden 1912

Zinnecker, Jürgen: Emanzipation der Frau und Schulausbildung. Weinheim 1972. – Sozialgeschichte der Mädchenbildung. Weinheim 1973

Bildnachweis

Ex libris. Die Musik 4. Jg. 1904/05

Frauenmusik im Freien (16. Jahrhundert). Aus: Robert Haas: Handbuch der Musikwissenschaft. Verlag Athenaion, Potsdam 1931

Aus: Oscar Bie: Das Klavier und seine Meister. Bruckmann Verlag, München 1898

Konzert. Gemälde von Gerhard Terborch. Aus Oscar Bie, a. a. O.

Karikatur (18. Jahrhundert). Aus: Eduard Fuchs: Die Frau in der Karikatur. Langen Verlag, München 1907

Karikatur (1799.) Aus: Eduard Fuchs, Die Frau in der Karikatur. Langen Verlag, München 1907

Die Ausbildung. Karikatur (19. Jahrhundert). Aus: Fuchs, a. a.O.

Aus: Carl Dahlhaus: Die Musik des 19. Jahrhunderts. Athenaion Verlag, 1980

»Doch der wilde Knabe brach...« Verbrämte Vergewaltigung? Das Heidenröslein. Nach einer Zeichnung v. F. Hass. Aus: Die Musik 3. Jg. 1903/04

Sozialisation des Mädchens... und des Jungen: Aus *einem Schullieder-buch, 1927.* Aus: H. Lohmann/R. Röckel: Liederbuch. Hildesheim/Leipzig 1927

Der Komponist Luigi Cherubini. Gemälde von Ingres. Aus: Die Musik H. 11 Jg. 11/1912

Der Komponist Johann Sebastian Bach (Huldigungsblatt). Aus: Die Musik Jg. 5 1905/06

Brahms-Denkmal (Wien). Aus: Die Musik 7. Jg. 1907/08

Inspiration. Lithographie von Gavarni. Aus: Eduard Fuchs/Alfred Kind: Die Weiberherrschaft. Ergänzungsband. München 1914

Hans Pfitzner. Aus: Josef Rufer: Musiker über Musik. Stichnote Verlag, Darmstadt 1956

Haydns Visitenkarte. Aus: Die Musik Jg. 8 1908/09

Geburt Beethovens. Zeichnung von Glasenapp. Aus: Die Musik H. 6, Jg. 10 1910/11

»Cosima, komm zu mir und bleib bei mir!« Karikatur, 1891. Aus: Eduard Fuchs/Ernst Kreowski: Richard Wagner in der Karikatur. Verlag Behr, Berlin 1907

Tannhäuser im Venusberg. Gemälde von E. Kaempfer. Aus: Die Musik 4. Jg., H. 10 1904/05

Ludwig II in der Venusgrotte. Zeichnung von R. Aßmus, 1886. Aus:

Programmheft der Deutschen Oper Berlin
Venus: »Mein Ritter! Mein Geliebter! Willst du fliehen? Aus: Opern-
Typen, Heft 1. Verlag Kölle, o. J.
Zum Tode Wagners. Zeichnung von Fantin-Latour. Aus: H. Zelinsky,
Richard Wagner – ein deutsches Thema. Eine Dokumentation zur Wir-
kungsgeschichte Richard Wagners 1876–1976. Frankfurt/M 1976
Frauenorchester in Venedig. Gemälde von Guardi Francesco. Im Besitz
der Bayerischen Staatsgemäldesammlungen, Alte Pinakothek
Clara Schumann. Aus: Marie Wieck: Aus dem Kreise Wieck-Schumann.
Verlag Zahn und Jaensch, Dresden 1914
Cosima Wagner als Geschäftsfrau. Karikatur (1891). Aus: Fuchs/Kre-
owski, a. a. O.
*Frau Cosimas Walkürenritt (mit dem Sänger Ernst van Dyck). Karikatur
(1890)* Aus: Fuchs/Kreowski, a. a.O.
Cosima Wagner. Aus: Cosima Wagner: Tagebücher, hrsg. v. M. Gregor-
Dellin/D. Mack. Piper Verlag, München/Zürich 1976
Mendelssohn-Denkmal, Leipzig. Aus: Die Musik H. 9, 8. Jg. 1908/09
Karikatur auf die Berliner Konzerte mit Nicolo Paganini. Aus: Die Musik
H. 15, 14. Jg. 1914/15
Max Klinger: Evocation aus der »Brahmsphantasie«. Aus: Die Musik,
Jg. 1908
*Die neuesten Noten zur neuen Offenbach-Operette. Zeitgenössische
Karikatur.* Aus: Emil Pirchan: Marie Geistinger. Frick Verlag, Wien
1947
Brahms-Denkmal von Max Klinger. Aus: Die Musik H. 8, 8 Jg. 1908/09
Ein Engagement. Zeichnung von Albert Guillaume. Aus Eduard Fuchs:
Die Frau und die Karikatur, a. a. O.
*Am Ziel von F. v. Reznicek: »Nicht wahr, jetzt bekomm ich die Isolde zu
singen, Herr Intendant?«* Aus: E. Fuchs: Die Frau und die Karikatur, a.
a. O.
Marie Geistinger und Adolfine Ziemaier (ihre Rivalin) als Spielkarten
werden von ihren Direktoren gegeneinander ausgespielt. (Karikatur)
Aus: E. Pirchan, a. a. O.
Gertrud E. Mara. Aus: R. Kaulitz-Niedeck: Die Mara. Salzer Verlag,
Heilbronn 1929
Zwei gegensätzliche Titelblätter
»Ein Mann in ihren Interpretationen . . .«: Teresa Carreno. Aus: Oscar
Bie, a. a. O.
Fürstin Sayn-Wittgenstein. Aus: La Mara: Durch Musik und Leben im
Dienste des Ideals. Leipzig 1917